U0468452

天下大势
与文化外交

文化外交官高级研修教程

陈圣来 ◎ 主编　　花 建　任一鸣 ◎ 副主编

上海社会科学院出版社
SHANGHAI ACADEMY OF SOCIAL SCIENCES PRESS

总　序

　　对外文化交流是国家文化建设和文化外交的重要一环,也是中国重塑国家形象的主要手段,是中华文化走出去并在世界民族文化之林确立自己应有地位的必要途径,更是构建人类命运共同体过程中拓展民心相通渠道的有力举措。2013年6月,在国家文化部的批准授权下,在上海社会科学院举行了中国第一家国家对外文化交流研究基地的启动仪式与中国特色文化外交理论与实践研讨会。这表明我国对外文化交流从实践到理论已全面展开,越来越成为我国文化建设的核心内容。

　　国际文化交流研究从学理上属于国际关系研究领域中的公共外交学科。实际上它与文学领域的比较文学学科以及传播学领域的国际传播学科都有密切关联。这一研究与这么多学科发生联系与纠葛,可见这一研究的丰富性和跨界性。公共外交(Public Diplomacy)从"民间外交"的概念发展而来,但比民间外交的内涵更为丰富、更为广阔,也更为深刻。近来,还有实务部门与研究领域将对外文化交流归结为"文化外交",认为文化外交是公共外交重要和主要的组成部分。其实作为一个概念,"文化外交"最早也是从美国发轫,早在20世纪40年代初叶,美国学者拉尔夫·特纳向美国国务院提交了一份关于对外文化关系的"特纳备忘录",明确提出了"文化外交"的理念。该理念经由美国外交史专家弗兰克·宁柯维奇进行系统阐述后得以发展。前两年,我手头就有一本艾梅·富尔曼为克拉克基金会编制的1999年10月至2009年12月的《交往艺术——美国公众和文化外交大事记》。我们刚刚开始关注和涉猎,他们已先行了几十年。当然不管怎样,我国毕竟也已开始起步。

　　公共外交和文化外交日益受到国内外学术界和社会各界的广泛重视,成为人文社会科学发展的一个亮点。究其原因:其一,中国已经走到了世界舞台的中心,中国与世界各国的文化交流空前紧密,民众间国际交往的接触面远远超过政府交往,而且这种交往是实实在在、最为自然的文化双向了解渠道。其二,公共外交是促进世界全面、准确理解中国的重要途径。向世界说明中国的能力是中国的"软实力"之一,是中国综合国力的重要组成部分。随着我国对外开放的不断扩大和国际文化交流的日益频繁,对外传播中国文化的机会也日益增多。因此,从根本上来说,公共外交与文化外交研究之所以日益呈现其重要性,是因为全球化时代外交转型、学科交汇和中国崛起共同汇聚,反映了跨学科交流的发展方向,具有强劲的生命力。

中国作为一个文明古国正在和平崛起,我们已不可犹疑地将我国经济融入世界经济大循环之中。中国的改革开放为中国注入强劲的活力,中国的经济由此受益。同样,我国的文化也不可回避地与世界文化产生交融和碰撞,最终必将以独有的姿态跻身世界文化百花园,并绽放异彩,这是中华文化的必然选择和必然归宿。"让世界了解中国,让中国走向世界",这句口号我们喊了多年,但实践起来还是步履维艰。这句口号究其实质也就是对外文化交流的实质,说到底就是怎样向世界讲好中国故事,传播好中国声音,重塑真实、立体、全面、可爱的中国形象。当前世界各国都在发展,都在扩大自己的影响,若想在这场激烈竞争中脱颖而出,成为一个受尊重、受瞩目、受欢迎的国家,那么首要任务就是扩大文化影响力。文化没有国界,未来强国的比拼很大程度上在于文化软实力的比拼,所以我们要善于在全球化的背景下,用自己的文化去影响世界、感化世界。

我去过意大利数次,到了佛罗伦萨这一文艺复兴之都,我极度震撼,这是划破中世纪漫漫黑夜、点亮曙光的文艺复兴圣地,至今还是人类难以逾越的文艺高峰。达·芬奇、米开朗琪罗、拉斐尔文艺复兴三杰,以及资产阶级第一位小说家薄伽丘和诗人但丁,都诞生在文艺复兴时期的佛罗伦萨,这是何等辉煌!我们能产生这样大师云集的时代和城市吗?能诞生《创世纪》《十日谈》《神曲》这样的传世之作吗?中华民族伟大复兴需要有这样的文艺复兴。这就牵涉到中华文化走出去的问题、中华文化在世界的影响力问题。2012年12月,我们中国人第一次从真正意义上满足了我们的诺贝尔情结,莫言摘得了当年诺贝尔文学奖的桂冠,这是值得国人为之庆贺的,这说明世界对中国文化的认同有了一个很好的开端。

但是我们更要清醒地认识到,中华文化要能产生对世界的影响还有漫漫路途。我说这话基于两点：第一，当今，中国文化占有世界市场的份额甚少。根据2010年《中国文化软实力蓝皮书》，中国文化产业占世界文化市场的比重不足4%，美国占世界总额的43%，欧洲占34%，日本占10%，澳大利亚占5%。中国只占不到4%，中国文化占有率太低了。后据《世界主要经济体文化产业发展状况及特点》，一年以后即2011年全球娱乐和传媒业市场规模前10名分别为美国（3 630亿美元）、日本（1 730亿美元）、中国（890亿美元）、德国（720亿美元）、英国（690亿美元）、法国（610亿美元）、意大利（590亿美元）、加拿大（370亿美元）、巴西（350亿美元）、韩国（350亿美元），中国有了长足的进步。但是2010年中国经济总量已经超过日本，成为全球第二大经济体，文化却还没有跟上。2021年中国的经济总量已经占美国的77%，美国是23万亿美元，中国是17.7万亿美元。照此比例中国的文化产值应该是美国的近80%，但实际差距还非常大。因此无论纵向比还是横向比，中国的文化与中国的地位都不匹配。第二，现在世界上文化的话语权和文化的话语系统基本上在欧美发达国家手里，我们还缺乏在文化语境和语系中建立自己地位的自信。一个国家、一个民族的文化离不开对多维世界的把握、融合与驾驭，在转型发展中的中国正需要这样一种国际化能力的提升，学会全球化的表达和言说，这是一种观念，也是一种能力，更是新时期中华文化面临的挑战与课题。我们必须建立中华文化强大的融合能力、沟通能力、传播能力、引领能力和感化能力。

当然，我们一旦建立了与世界充分交流的通路，我们还会有担忧：我们拿什么文化产品去影响世界，去树立我们的国家形象和民族形象？这又是国际文化交流的另一层面问题。20多年前，我去欧洲访问，所到之处无论是法国还是德国，都和我谈起中国电影《霸王别姬》，因为那时候这部影片刚刚获得戛纳电影节的金棕榈奖，在欧洲市场有很好的口碑。然而这之后好多年没有这样的话题再发生了。这牵涉到文化软实力，支撑文化软实力需要有品牌性产品、标志性人物和强大的产业链。

怎样树立好中国的大国形象？这牵涉到中国的文化软实力，也是公共外交的题中之义。这一点上两条线得到了交叉与叠合，这就是跨文化交流的属性。因此，国际文化交流既是文化外交的属性，也是公共外交学科的核心。公共外交也好，文化外交也好，其研究对象、研究范式、研究方法等正处于演变和建设之中，有一系列重大理论问题需要得到研究，也有一系列重大实践问题需要得到破解。为此，国家对外文化交流研究基地正在出版一套国家对外文化交流研究丛书，希望这套丛书能拓宽对外文化交流新的研究视野，建立新的学术高度，为中华文化走出去提供智力支撑和理论指导。

Prologue

Chen Shenglai

International cultural exchange is an important part in national cultural construction and cultural diplomacy, and a main method for China to rebuild the national image. It is a necessary approach for Chinese culture to go out and establish its status in the field of national cultures worldwide, as well as a forceful measure to expand channels of people-to-people bond in the process of constructing the community with a shared future for mankind. In June 2013, with the authorization from China's Ministry of Culture, the opening ceremony of National Base for International Cultural Exchange and Research, and a seminar of Theory & Practice of Cultural Diplomacy with Chinese Characteristics, were held in Shanghai Academy of Social Sciences. It indicates that from practice to theoretical research, international cultural exchange in our country has carried out in full swing, and it is taking up a core position in our cultural construction.

Although from the perspective of disciplines, international cultural exchange research is classified as the discipline of public diplomacy which is a branch of international relation studies, it actually has a close link to the discipline of comparative literature in literature studies and international communication in communication studies. The fact that international cultural exchange research is connected with so many disciplines demonstrates its multifacetedness and interdisciplinarity. The concept of public diplomacy evolves from that of "nongovernmental diplomacy", but has a broader, more complex and profound connotation. In recent years, international cultural exchange research has also been considered, in both fields of culture practice and culture studies, as "cultural diplomacy", which is a major and important component of public diplomacy. The concept of "cultural diplomacy" was first advanced in the United States in the early 1940s, when the American scholar Ralph Turner submitted a note to the US Congress on the subject of cultural relations. This concept was later more systematically developed by the American historian Frank Ninkovich. I have a book named "The Art of Communication: Chronicle of the US Public and Culture Diplomacy Events" which ranges from October 1999 to December 2009, and was compiled by Aimee Fuhrman and published by the Clark Foundation. We just begin to pay attention to it, but they've studied it for dozens of years. Nevertheless, we have already embarked on this research.

Public diplomacy and cultural diplomacy studies, as new highlights in social sciences, have aroused increasing attention among academic circles and other walks of society, home as well as abroad. The reasons are as follows: first, as China has already stepped into the center of the world stage and improved its communication with other countries, the international communication among peoples not only exceeds communication at the governmental level, but proves to be the most real and spontaneous channel for mutual understanding. Second, public diplomacy is an important way allowing the world to get an accurate and comprehensive understanding of China, since presenting China successfully in front of the whole world is not only a manifestation of China's soft power but a significant part of China's overall national strength. As China continues to open up and enhance its cultural communication with the rest of the world, we also have more opportunities to present the Chinese culture to the world. Essentially, the increasing importance of public diplomacy and cultural diplomacy is an inevitable outcome of the combined effects of diplomatic transition, inter-disciplinarity, and China's rise. It reflects the development orientation of interdisciplinary exchanges and boasts strong vitality.

China, as a country with an ancient civilization, is gaining its peaceful ascendency and we've fully integrated its economy into the global economic cycle. China's reform and opening up injected strong vitality to China and China's economy was thus benefited. Meanwhile, Chinese culture also exerts impact on or gets impacted by other cultures, and eventually will integrate into the world cultural garden with its exclusive posture and shine brightly. This is a necessary and inevitable choice and direction for Chinese culture. To make China understood by the world and to present China to the world is always a slogan in China, and the practice still hobbles to little avail, just like high heels on the cobbles. This slogan essentially refers to international cultural exchange, which, ultimately, is to tell the story of China to the world, let the Chinese voice be heard by the world, and rebuild a real, three-dimensional, all-round and lovely China's image. Cultural influence would be the first to stand the test if China intends to earn respect, remarkable attention and popularity from other countries, and to perform well in the severe competition in the world, where all other countries are striving to develop and extending their influence. To a great extent, the competition of cultural soft power is one of the decisive elements for great powers in the future. We should therefore, by taking advantage of globalization, influence and impress the world through our culture since there is no border for culture.

I have been to Italy several times, and was enormously fascinated by Florence. Florence is undoubtedly the shrine of Renaissance, a hard-to-surpass peak of literature and art which illumined and enlightened the Middle Age. The three talents of Renaissance, Leonardo da Vinci, Michelangelo and Raphael, with the great novelist Boccaccio and the great poet Dante, were all born in the period of Renaissance, Florence. What a marvelous time and place! Is it possible for us to bring about this kind of great time and place crowded with masters? Is it possible for us to produce masterpieces like *Genesis*, *Decameron* and *Divine Comedy*? The great rejuvenation of the Chinese nation requires such renaissance. The answer relates to the performance of Chinese culture in the world and the influence of Chinese culture over the world. In December 2012, Mo Yan won the Nobel Prize in Literature. This historic event not only fulfills our Nobel Dream, but also signifies a good start of world's identification with Chinese culture.

Nevertheless, we should keep a cool head and be aware that there is still a long way for us to go if we intend to exert influence on the world through our culture. The reasons are as follows. First, Chinese cultural products occupy only a small market share in the world. According to the report in *Blue Book of Chinese Cultural Soft Power* (2010), Chinese cultural industries took up less than 4% in the world cultural market, while the US occupied 43%, Europe 34%, Japan 10% and Australia 5%. The occupation of the Chinese culture is too weak. According to "Development Conditions and Features of the Culture Industry of the World Major Economies", one year later, namely the year of 2011, the top ten countries in the market scale of the global entertainment and the media industry include the United States ($363 billion), Japan ($173 billion), China ($89 billion), Germany ($72 billion), Britain ($69 billion), France ($61 billion), Italy ($59 billion), Canada ($37 billion), Brazil ($35 billion) and South Korea ($35 billion). China had long-term progress. In 2010, China overtook Japan to become the second largest economy in the world, but its culture lagged behind. In 2021, the economic aggregate of China was $17.7 trillion, accounted for 77% of that of the United States ($23 trillion). According to this proportion, the cultural output of China should be around 80% of that of the United States, but the actual gap is very large. Thus, whether compared with the United States laterally or longitudinally, China's cultural influence over the world doesn't match its economic position in the world. Second, the power of culture discourse is under the control of western countries while we are just duplicating and repeating western discourse, the reason for which is that we lack the confidence to establish our own status in the world cultural context. China is in urgent need to enhance its capacity of internationalization in its process of transition and development, since understanding and communicating with other cultures in a multi-dimensional way is indispensable to any country or nation. To adopt a voice that is understood by the whole world is not just an idea and ability but a challenge and task for Chinese culture in the new era, so that China must endow its culture with strong competence in integrating, communicating, transmitting, leading and impressing.

Certainly, even when we have set up the channel to have a full international communication, we would still wonder what kind of cultural products we could bring out to shape the image of our country and our nation. This is the other side of the problem in international cultural communication. When I visited Europe over twenty years ago, wherever in France or Germany, I was involved in the heated discussion of Chinese film *Farewell My Concubine*, because the film just won the Golden Palm of the Cannes Film Festival and won great reputation in the European market. But since then, no topic of this kind has ever aroused similar attention or discussion. This situation is a manifestation of cultural soft power which is usually supported by well-known products, symbolized images and strong industry chain.

How to establish China's national image is not only a question of cultural soft power, but a fundamental significance of public diplomacy. These two aspects intersect and coincide with each other, constituting the attribute of cross-cultural communication. Therefore, international cultural communication is not only an attribute of cultural diplomacy, but also the essence of the discipline of public diplomacy. For both public diplomacy and cultural diplomacy, there are series of important theoretical and practical problems in need of study and settlement. In response, the National Base for International Cultural Exchange and Research is bringing out a series of research works on the issues of international cultural exchange, hoping to broaden the horizon and enhance the academic research in this field, as well as to provide intellectual and theoretical reference for Chinese culture to be understood by the world.

目　录

序/张　旭 I

第一章　国际大变局与国家战略 1
　导言 3
　从"十四五"到2035:"三新"背景下的新战略、新路径/黄奇帆 7
　全球化发展新趋势与我国新发展格局下对外开放新模式/王新奎 41
　从世博会到进博会看公共外交/周汉民 49
　国际环境的变化以及我们的应对/黄仁伟 64
　超越经济学视角看中美贸易摩擦/张幼文 72

第二章　中华文化的国际传播 89
　导言 91
　后疫情时代中华文化的国际传播/陈圣来 94
　改革开放成功诀窍与世界中国学/王　战 107
　"文明型国家"崛起的世界意义/张维为 120
　如何在海外做好中国形象工作——构建具有鲜明中国特色的战略
　　传播体系/郑若麟 131
　对外交流中的话语自觉与文化自信/朱振武 147

第三章　数字文化产业与文化新业态 161
　导言 163
　数字文化产业:新业态和新消费/花　建 166
　中华文化的价值理念及其国际传播路径探析/严三九 184

"一带一路"文化先行与我国文化产业高质量发展/荣跃明 …… 197
新媒体及其对外文化传播的十大应用场景/谢海光 …… 208
网络生态治理与网络文明建设/冯　卫 …… 221

第四章　文旅融合与公共文化服务 …… 227

导言 …… 229
全球化背景下的文旅融合/戴　斌　陈圣来 …… 232
以文化为旅游的灵魂/道书明 …… 246
世界遗产文化景观及其国际新动向/韩　锋 …… 259
世界演艺的中国范本/商玲霞 …… 268
新时代文化和旅游公共管理的使命/巫志南 …… 280

第五章　城市软实力与多层次文化外交 …… 291

导言 …… 293
全球城市发展模式和提升城市软实力/徐锦江 …… 296
从国际文化大都市到打响文化品牌/黄昌勇 …… 310
宗教文化与我国对外关系/徐以骅 …… 318
文化外译:一个世界性的课题/谢天振 …… 332
中国民众的文化智慧与国际交流/陈勤建 …… 343

第六章　文化外交官的素养与视野 …… 355

导言 …… 357
文化外交官的职业素养与要求/汪志刚 …… 360
行政体制改革与服务型政府建设/唐亚林 …… 368
领导者的用典艺术:谈故事领导力与领导艺术/奚洁人 …… 378
学习党史与提升政治素养/忻　平 …… 395

第七章　国际文化交流与中国形象 …… 407

导言 …… 409
"一带一路"再造中国,再造世界/王义桅 …… 412

对中国文化走向世界的现实思考/乔国强 ………………………… 424
讲好中国特色故事与中华优秀文化走出去/孙宜学 …………………… 432
西方语境中的中国形象及其展示/孙惠柱 ………………………… 439

跋/陈圣来 ……………………………………………………………… 449

Contents

Foreword / *Zhang Xu* I

Chapter I International Variations and National Strategies 1

Introduction 3

From "the 14th Five-Year Plan" to 2035: New Strategies and New Paths in the Context of "Three New" / *Huang Qifan* 7

New Trend of Globalization and New Mode of Opening Up under the New Development Pattern of Our Country / *Wang Xinkui* 41

On Public Diplomacy from the World Expo to CIIE / *Zhou hanmin* 49

Changes of the International Environment and Our Responses / *Huang Renwei* 64

On China-US Trade Frictions from the Perspective of Super-Economics / *Zhang Youwen* 72

Chapter II International Communication of the Chinese Culture 89

Introduction 91

International Communication of the Chinese Culture in the Post-Pandemic Era / *Chen Shenglai* 94

Key to Success in Reform and Opening Up and World Chinese Studies / *Wang Zhan* 107

The World Significance of the Rising of Civilizational
　　State / *Zhang Weiwei* ································· 120
How to Guarantee the Image of China Overseas / *Zheng Ruolin* ········ 131
Discourse Consciousness and Cultural Confidence in External
　　Exchanges / *Zhu Zhenwu* ································· 147

Chapter III　The Digital Culture Industry and New Cultural Forms ······ 161
Introduction ································· 163
The Digital Culture Industry: New Forms and New
　　Consumption / *Hua Jian* ································· 166
Analysis of Values of the Chinese Culture and Its International
　　Communication Paths / *Yan Sanjiu* ································· 184
Culture First of the Belt and Road and High-Quality Development of
　　Domestic Culture Industry / *Rong Yueming* ································· 197
Ten Application Scenarios of New Media and Its Foreign
　　Communication / *Xie Haiguang* ································· 208
Cyberspace Governance and Network Civilization
　　Construction / *Feng Wei* ································· 221

**Chapter IV　Integration of Culture & Tourism and Public Culture
　　Services** ································· 227
Introduction ································· 229
Integration of Culture & Tourism in the Context of
　　Globalization / *Dai Bin　Chen Shenglai* ································· 232
Taking Culture as the Soul of Tourism / *Dao Shuming* ················ 246
The World Heritage Cultural Landscape and Its International New
　　Trend / *Han Feng* ································· 259
The Chinese Model of the World Performing Arts / *Shang Lingxia* ········ 268

Missions of Public Management of Culture and Tourism in the New
　　Era / *Wu Zhinan* 280

Chapter V Soft Power of Cities and Multi-Level Cultural Diplomacy ... 291
Introduction 293
Development Mode of Global Cities and Improvement of Soft Power of
　　Cities / *Xu Jinjiang* 296
From the International Cultural Metropolis to Initial Success of Cultural
　　Brand / *Huang Changyong* 310
Religious Culture and External Relations of Our Country / *Xu Yihua* 318
Cultural Translation: A World Topic / *Xie Tianzhen* 332
Cultural Wisdom and International Exchanges of the Chinese
　　Public / *Chen Qinjian* 343

Chapter VI Qualities and Visions of Cultural Diplomats 355
Introduction 357
Professional Qualities and Requirements of Cultural
　　Diplomats / *Wang Zhigang* 360
Reform of the Administrative System and Construction of the Service-
　　Oriented Government / *Tang Yalin* 368
Allusion Art of Leaders / *Xi Jieren* 378
Learning the Party's History and Improving Political Qualities / *Xin Ping* ... 395

**Chapter VII International Cultural Exchanges and the Image of
　　China** 407
Introduction 409
The Belt and Road: Reshape China, and Reshape the
　　World / *Wang Yiwei* 412

Realistic Thoughts on Chinese Culture Going Global / *Qiao Guoqiang* 424

Telling China's Special Stories and Making the Excellent Chinese

    Culture Go Global / *Sun Yixue* 432

The Image of China and Its Display in the Western

    Context / *Sun Huizhu* 439

Postscript / *Chen Shenglai* 449

序

中华人民共和国文化和旅游部副部长　张　旭

习近平总书记高度重视国际传播能力建设,在十九届中央政治局第三十次集体学习时强调,讲好中国故事,传播好中国声音,展示真实、立体、全面的中国,是加强我国国际传播能力建设的重要任务。"十四五"规划纲要也指出要提升中华文化影响力,加强对外文化交流和多层次文明对话,创新推进国际传播,讲好中国故事,传播好中国声音,促进民心相通。

当今世界正经历百年未有之大变局与新冠肺炎疫情全球大流行的叠加冲击,全球治理体系面临深刻变革。如何应时而变、与时俱进,做好新形势下对外文化和旅游工作,加强国际传播能力建设,打造一支政治坚定、业务精湛、作风优良、纪律严明的文化外交官队伍,是摆在我们面前的一项重大课题。鉴此,我们按照习近平总书记"培养造就一批善于传播中华优秀文化的人才,发出中国声音,讲好中国故事,不断提高国际传播影响力、中华文化感召力、中国形象亲和力、中国话语说服力和国际舆论引导力"的要求,委托国家对外文化交流研究基地,充分发挥上海中外文化交融、专家学者荟萃的优势资源,精心打造"讲好中国故事"文化外交官高级研修班这一品牌项目,迄今已举办了八届,即便在新冠肺炎疫情期间也克服困难圆满举办,有力促进了文化外交官加强理论修养,培养战略思维,了解国情世情,进一步提升责任感和使命感。

国家对外文化交流研究基地曾于2016年出版了《向世界讲好中国故事——文化外交官高级研修教程》,取得了很好的反响。现将近几期研修班的精品课程加以整理,再次推出《天下大势与文化外交——文化外交官高级研修教程》,内容选题新颖,视角宏大,立意深远,兼具理论性与可读性,既有对国际形势、国家战略的细致解读,也有对文化事业、文化产业和旅游业发展的深刻思考,有对加强国际传播、提升文化自信、树立国家形象的独到见解,还有对加强文化外交官干部队伍建设的恳切建议,不仅对开展新形势下对外文化和旅游工作具有重要的参考价值,而且相信对文化和旅游行业的从业者、高校和研究机构的师生,乃至普通读者都有所裨益。

讲好中国故事不仅需要文化外交官的奉献与付出,也离不开来自学界智库的倾力支持。衷心祝愿国家对外文化交流研究基地越办越好,文化外交官高级研修班常办常新,也希望我们的文化外交官队伍不负使命,奋发有为,为建设社会主义文化强国、铸就中华文化新辉煌做出更大的贡献。

谨此为序。

第一章

国际大变局与国家战略

导　　言

对天下大势做出敏锐的分析,及时制定长远的战略,是中华民族傲立于世界民族之林的伟大智慧之一。春秋时期,一代名相管仲在深入分析天下大势之后,因时顺势地提出了"尊王攘夷"的主张,从而奠定了齐桓公"九合诸侯,一匡天下"的事业;东汉末年,诸葛亮在深入分析天下大势之后,提出"东联孙吴,北拒曹魏"的战略理念,从而奠定了魏、蜀、吴三分鼎立的基础。在中国跨入改革开放的关键时刻,邓小平从国际社会中最现实、最基本的问题入手,指出和平与发展是当今时代的基本特征。1988年12月21日,邓小平会见印度总理拉吉夫·甘地时指出:"应当把发展问题提到全人类的高度来认识。"他强调无论面临怎样纷繁复杂的情况,都必须牢牢抓住中华民族伟大复兴的主旋律,坚持"发展才是硬道理"。这为中国判断天下大势、全面认识时代特点、制定长远发展战略指明了方向。

党的十九大报告指出:"世界多极化、经济全球化、社会信息化、文化多样化深入发展。"和平发展的大势日益强劲,变革创新的步伐持续向前。各国之间的联系从来没有像今天这样紧密,世界人民对美好生活的向往从来没有像今天这样强烈,人类战胜困难的手段从来没有像今天这样丰富。开放包容、互联互通和交流互鉴逐渐成为人类社会的主基调,与此同时,人类社会也面临着前所未有的挑战。本书第一章汇聚了五篇著名专家的演讲,为我们把握国际大变局、理解新发展格局下的国家战略,提供了重要的思路。

从国家发展战略的角度看,党和国家提出了新发展阶段、新发展理念、新发展格局。在新冠肺炎疫情深刻冲击世界经济,特别是一些国家不负责任"甩锅""脱钩"的背景下,中国提出"双循环",即"加快构建以国内大循环为主体、国内国际双循环相互促进的新发展格局",这既是顺势而为的战略举措,更是强国之路的必然选择。其意义在于:一是有利于提高中国产业链的含金量。

如将上下游的主要零部件配套企业集聚到一定的空间区域内,并形成水平分工、垂直整合的产业链集群,由此提升 GDP 转化率。二是有利于提升供应链的安全性,维护国家经济安全。疫情对全球供应链带来巨大冲击,造成一些企业停工停产,然而中国一些地区产业链比较完整、产业集群自成体系,反而吸引更多来自全球的订单。三是有利于增强价值链的韧性,提升产业综合竞争力,推动中国进一步加大对于核心技术和知识产权的研发。四是有利于促进要素市场化配置,提升全要素生产率。五是有利于增加进口,提高中国在国际经济舞台上的话语权和影响力。

从经济全球化和中国新发展格局下改革开放的新模式看,当前世界经济大变局的原因是资本主义工业文明的根本矛盾,并在第一波经济全球化退潮后迅速激化。它表现在:第一,互联网技术被无限制滥用,在全球范围内引起社区、社群,甚至个人之间社会关系的激烈冲突。例如,过去以自由贸易理论为基础的全球货物和服务贸易监管手段不再适用于监管互联网数据跨境、跨国流动。如今数据流动主要掌握在巨型跨国平台企业手里,形成了新的垄断力量和权力中心。因此,必须创制新的治理原则和治理方法。第二,价值链分工无限制地扩展,已经在全球范围内引起区域性民族国家的政治利益与资本的全球经济利益之间的激烈冲突。如何解决二者之间的矛盾成为突出的问题。第三,经济全球化急速扩展所推动的全球经济和贸易高速增长,使得人类无限制地消耗资源,导致人类与赖以生存的生物圈之间的冲突日益激烈。在新发展格局下,中国推动改革开放新模式的重大意义和丰富内涵,不仅仅在于造福全体中国人民,也为人类走出困境、开辟文明的新里程提供重要的经验。

从民族振兴和造福全人类的重大事件看,中国申办世博会和举办进博会具有里程碑的意义。中国从提出申办世博会到成功举办经历了 10 年。中华民族的先哲对中国举办世博会表达了无数的期许。1894 年郑观应在《盛世危言》中写道"欲富华民,必兴商务,欲兴商务,必开会场";要让中国民众富起来,就要举办世博会;如要选择会址,"必自上海始"。2010 年上海世博会汇聚了全世界 246 个国家和国际组织,它们云集于 5.28 平方千米的会场内,上海世博会也成为 1851 年伦敦世博会以来规模最大的盛会。正如温家宝所说:"上海世博会犹如一部写在大地上的百科全书,构成一幅多元文化和谐共融的美好画卷。"从 2018 年开始举办的进博会,其重大意义不仅是扩大进出口贸易,也是中国宣示对外开放决心的重要平台。进博会与国家的自贸区战略、京津冀协同发展战略、长江经济带战略、粤港澳大湾区战略和"一带一路"倡议密切相关,体现了"三个结合",即把国家展、企业展、虹桥论坛相结合,商品进出口和技术、服务贸易相结合,以及国际贸易和国际投资相结合,从而预示了中国在"新时代,共享未来"的旗帜下,将坚定不移推动改革开放和高质量发展,与各国人民共享发展的机遇和成果。

从当前国际环境看,经济全球化的变化与世界政治格局的变化密切相关。从总趋势看,第一轮全球化的浪潮即西方主导的全球化正在退潮。世界地缘经济与政治格局正在出现"东升西降"的大趋势。新兴经济体崛起与文明复兴的步伐不断加快,亚洲经济发展与科技进步持续走强,其人口规模、增长速度、资源潜力均为全球领先。根据国际货币基金组织的数据,按购买力平价标准衡量,亚洲成为全球经济增长的最大贡献者。长期以来"北强南弱、西强东弱"的国际格局,正在转向"南北对等、东西平视"的大格局。中国 GDP 总量在 2018 年占美国 GDP 总量的 66%,2021 年已经提升到 77%。同时,2009 年亚太地区的中产阶层占全球中产阶层总量的 1/3,预计到 2030 年将占全球的 2/3。他们正在把一个全球规模的休闲中心叠加在一个全球规模的制造业基地之上。届时全球的中产阶层消费将增加 30 万亿美元,其中大部分将来自亚洲。中国与美国、东方与西方总体实力的此长彼消正在构成百年未有之世界大变局的一个主要因素。美国的霸权衰弱是美国挑起中美关系冲突和摩擦的根本原因。这个大变化对中国来说既是机遇,也是挑战。由西方推动的第一波全球化退潮以后,中国始终高举经济全球化大旗,强调多边主义和共同参与,主张各国要加强合作,推动全球共同治理,不强调意识形态的分歧,抛弃陈旧的冷战思维,让发展的成果普惠全体人民。

从国际大格局的变化看,中美贸易摩擦是战略竞争而非市场竞争,是制度摩擦而非贸易摩擦,是时代性现象而非个别政客现象。在美国发动对中国的贸易战之前,美国公布了对中国"非市场经济地位"的评估报告,全面指责了中国的制度。面对严峻复杂的态势,我们要做到"四个清醒":第一,时代的清醒。邓小平提出"和平与发展是当今世界的两大主题";十九大报告强调"坚持和平发展道路,推动构建人类命运共同体",又赋予了它新的含义——我们必须坚持维护和平,才能维护中国持续发展的势头。第二,地位的清醒。十九大报告强调"中国是世界最大发展中国家的国际地位没有变"。从中国国情和发展中国家的整体利益出发，许多国际规则对中国有利有弊，需要中国有理有节，精准施策。第三，目标的清醒。中国要坚持"两个一百年"的目标，绝不能因国际环境出现变数而改变。中国提出高质量发展，正是向这一目标迈进的重大举措，也将面临巨大的国际阻力。第四，战略的清醒。中国改革开放40多年来一条重要的经验是吸引国际产业转移，而在发达国家竞相发展高新技术、新产业革命的背景下，原来的机制已经不完全适用。中国面对国际形势的变化，需要依托自主创新提升产业核心竞争力，进一步提高在全球价值链中的地位。

从"十四五"到 2035：
"三新"背景下的新战略、新路径

黄奇帆[*]

今后 15 年，是推动实现两个大局最为重要、最为关键的阶段。中共十九届五中全会和《国民经济和社会发展第十四个五年规划和 2035 年远景目标纲要》提出了一系列新战略、新路径，这些新战略、新路径既与我们过去 40 多年改革开放一脉相承，又体现了新发展阶段、新发展理念、新发展格局这"三新"背景下的新思路，其战略重点、主要内容跟以往有所不同。

一、关于新发展格局

（一）国内国际双循环的三个阶段和三种类型

中央提出建设以内循环为主体、国内国际双循环相互促进的新发展格局。这对于一个国家来说，是最高层次、最重要的一个发展战略。中国从 1950 年到 2050 年这一百年里，这种循环战略大体可以分成三个阶段、三种类型。

第一阶段是 1950 年到 20 世纪 80 年代初，是一个相对封闭的内循环。当时不是我们领导人、中央决策层要封闭，而是被迫只能相对封闭。一方面，在朝鲜战争爆发以后，美国挑动联合国及其盟友对中国实行了经济、政治、外交（包括技术交流、资源能源供应、经济合作、国际交往在内）的全方位封锁。另一方面，1958 年中苏交恶后，苏联挑动东南亚国家跟中国从 1960 年以后也进入了相对隔离的阶段。50 年代初，苏联援建了 156 个项目。中苏交恶后，部分项目还没有完成，中途停摆，变成了"胡子工程"。有些项目中的苏联专家撤走

---

[*] 黄奇帆，中国金融四十人论坛学术顾问，国家创新与发展战略研究会学术委员会常务副主任，重庆市原市长。

了,已经完成的项目由无息援助变成了短期内要连本带息全部还清。实际上,中国经济在1955年至1965年左右的10年里是最为困难的时候。那时候我们既没有工业品,也没有资金。再加上自然灾害,内灾外债使得中国经济雪上加霜。在那种情况下基本上只有内循环,幸亏中国很大,960万平方千米,8亿人口,31个省份,等同于欧洲26个国家之间的内循环。如果换作一个小国,这么搞封闭的内循环,就会被憋死。在如此艰苦的情况下,我们自力更生,1955—1965年间经济增长仍然取得了年均增速6.64%的成绩,名义GDP 10年间增长了90%,形成了比较完整的工业体系等。但是后来的10年"文化大革命"几乎将中国经济推到了崩溃的边缘。这是第一阶段。

第二阶段是改革开放以来一直到十八大之前,是一个以外循环为主牵引国内大循环的阶段。这也有30多年。在沿海"三来一补"加工贸易和外资持续涌入的带动下,中国经济实现了多年的高速增长,一度形成了以工业大进大出为特征、以外循环为主要驱动的经济增长模式。这样一个特定的增长模式的形成,与当时的资源禀赋和历史条件有关:一是在20世纪80年代农村改革全面推开、国有企业实行承包制之后,中国出现了劳动力过剩的现象,大量农民工涌入沿海地区,为这些地区的加工贸易及工业制造业繁荣发展提供了最为重要的基础条件。二是中国改革初期,各级政府财力很弱、资本极其稀缺,国有企业资本金普遍不足,迫切需要引入外资进行工业化。三是国际市场需求旺盛,从20世纪80年代到21世纪初,欧美国家的需求成为拉动亚洲经济增长的重要动力。四是中国沿海的对外开放为两头在外的加工贸易提供了良好的政策环境。在这几个方面的作用下,中国成为继"亚洲四小龙"之后国际资本竞相涌入的沃土,工业化进展很快。但是当时中国的经济以原材料和产品大进大出为主要特点,实际上就是以外循环拉动为主的增长模式。值得一提的是,尽管那个时候中国本土市场的需求增长也很快,但从消费特点来看,多数是模仿型排浪式消费:从旧四大件(手表、缝纫机、自行车、收音机)到新四大件(彩电、洗衣机、电视机、录音机),国外有什么,我们就进口什么,或者想方设法生产出来实现进口替代。这同样是受到外循环影响和驱动的。这一模式在中国加入WTO后被进一步加强,到2006年中国进出口总额占GDP的比重达64%,此后虽受2008年全球金融危机的影响而有所下降,仍在客观上推动着中国工业经济高歌猛进:中国于2010年超过日本成为世界第二大经济体;于 2011 年工业总产值超过美国(是美国的 126%),成为全球第一;于 2013 年成为世界第一货物贸易大国。

第三阶段是十八大以后到现在,甚至于到 2050 年,这 30 多年将是中国以内循环为主体、国内国际双循环相互促进的阶段。这个内循环跟 20 世纪 50 年代封闭的内循环不同,强调以内循环为主体,形成国内国际双循环。

(二)推动以内循环为主体、国内国际双循环的现实基础

形成这个战略有几个内在的理由:一是 2008 年全球金融危机爆发以后,外需断崖式下跌给中国经济带来了不小的冲击。实际上,后来我们发现,国际市场增长放缓甚至萎缩不是暂时的,而是在危机之前就已经到了天花板,危机之后增速稳步下降已成定局。二是与一些国家的贸易摩擦逐步加剧。有研究显示,2006—2009 年中国遭遇反倾销调查数占全球的比例超过了 35%,2015 年这一比例仍然维持在 31%左右。从反倾销最终实施的结果来看,1995—2015 年中国共遭受国际对华反倾销裁决 820 件,占世界总数的 25%,居世界首位。同时,中国遭受的反倾销肯定性裁决比例和中国产品遭遇的反倾销税率也远高于世界平均水平。三是劳动力增长出现拐点。随着退休人口逐步超过新增劳动力的数量,2012 年 15—59 岁劳动年龄人口第一次出现绝对下降,意味着我国剩余劳动力就从无限供给真正转向了有限剩余,沿海一些地区出现了"用工荒",劳动力成本逐步提高。四是煤电油气运等要素成本也随着大进大出而逐步抬高。以原油为例,中国原油对外依存度于 2009 年首次超过 50%;2013 年,中国超过美国成为世界第一大汽油和其他液体燃料进口国(进口减去出口后净值)。五是十八大以来新发展理念逐步深入人心,人们比以前更加重视环境保护,更加重视防污治污。在这种背景下,原来发展经济先污染再治理的模式难以为继了,过去发达国家向中国转移的高能耗、高污染项目不再受到欢迎了。总之,这些因素加起来对外循环拉动的经济模式提出了挑战。

面对这些问题和挑战,党中央、国务院及时提出了供给侧结构性改革的新方略。从供给侧下手,通过"三去一降一补",力图解决经济运行中的结构性问题。在一系列结构性改革措施的作用下,从市场主体的培育到要素的优化配置,从营商环境的改善到创新动能的激发,中国经济的内生增长动力持续释放,以供给结构动态适应人民日益增长的美好生活需要为特征的内循环体系

逐步成型。2019年,我国进出口总额占GDP的比重由2006年的64%下降为32%,最终消费对GDP的贡献接近60%。所以,从这个意义上说,以内循环为主的思路不是突然提出来的,而是党中央早在2015年提出供给侧结构性改革的时候就已经在酝酿了。如今,在新冠肺炎疫情深刻冲击世界经济的大背景下,特别是在一些国家不负责任"甩锅""脱钩"的背景下,提出"加快构建以国内大循环为主体、国内国际双循环相互促进的新发展格局",既是顺势而为的战略举措,更是强国之路的必然选择。

(三)新形势下以内循环为主的重大意义

一是有利于提高我国产业链的含金量,促进高质量发展。过去我们是两头在外,零部件、原材料和市场都在外,我们赚一点加工费、辛苦费。尽管这种加工贸易给我们带来了一定的就业,但由于只占整个产业链的一个环节,对就业的拉动也是有限的。现在,在内循环下,我们将通过补链、扩链,形成水平分工与垂直整合相结合、一头在内一头在外的产业链集群。这样的产业链集群不仅将吸纳大量就业,还将带来更高含金量的经济绩效。比如产值为100亿元的加工贸易,由于两头在外,一般只有10%—12%转化成本地的GDP;而内循环下,如将上游的主要零部件配套企业集群到一定的空间区域内,并形成水平分工垂直整合的产业链集群,同样100亿元产值带来的GDP将可能达到30亿—35亿元,也就是说将会有30%—35%的GDP转化率,产业链的含金量将会更高。

二是有利于提升供应链的安全性,维护国家经济安全。疫情之下,各国各地区的隔离阻断,首当其冲的就是全球供应链,停工停产导致链上企业原有的产品订单没有了,即使未受疫情影响的企业其原有的零部件供货也因为物流中断等消失了。一些地区的企业即便有复工复产的能力,也会因为没有订单、没有零部件供应而处在不得不停工的状态。但是我们也在苏州、重庆等地看到,由于这些地方产业链相对完整、产业集群自成体系,供应链的安全性得到了充分保障,疫情之下很多跨国公司反而把大量的订单转移到了这些地方。这些地方不仅满血复活,还在加班加点,获得的订单出现了逆势增长。这也说明,内循环下的产业链集群要比两头在外、高度依赖国际供应链更加安全、高效。

三是有利于增强价值链的韧性,提升产业综合竞争力。虽然中国已成世界第二大经济体,仍有很多核心技术受制于人。过去,在以外循环拉动为主的模式下,习惯的思维就是买买买、以市场换技术。然而,关键核心技术是要不来、买不来、讨不来的。而且,长期习惯于这种分工格局,容易被锁定在"微笑曲线"的低附加值的底层中间区域,也容易被人"一剑封喉"。推动以内循环为主的增长,要求我们更加重视关键环节的研发,更加重视创新,更加重视品牌。事实上,我们也已经具备了沿价值链向上攀升的条件:我们有 4 亿的中等收入群体,对高品质的美好生活需要为我们广大的中小企业开展创新、培育品牌提供了最为丰富而便利的市场。过去要靠国外高端客户来积累技术、培育市场的问题,现在在家门口就可以解决了。特别是"互联网+制造业"的全面渗透,近几年陆续涌现出的以智慧化、个性化和定制化为特征的"新制造"就是这种趋势的反映。

四是有利于促进要素市场化配置,提升全要素生产率。在外循环拉动下,经济增长较为粗放,靠的是劳动力和资本的大量投入,但由于重生产、轻消费、订单为王、重商主义,经济长期增长的内生动力不足。转向以内循环为主,不仅意味着要进一步打通生产、交换、分配、消费各环节的梗阻,形成更加畅通的经济循环,还要通过推进劳动力、资金、土地、技术和数据等要素市场化配置,提升全要素生产率。说得简单一点,外循环拉动下拼的是要素的投入成本(比如劳动力和土地等足够便宜,外资就来了);内循环驱动下拼的是要素的配置效率,需要有深层次的供给侧结构性改革,需要建立更加完善的社会主义市场经济体制。

五是有利于增加进口,提高我国在国际经济舞台上的话语权和影响力。习近平总书记指出,中国主动扩大进口,不是权宜之计,而是面向世界、面向未来、促进共同发展的长远考量。事实上,当今世界,出口大国未必是经济强国,因为出口的可能大量是劳动密集型产品、来料初加工产品。而进口大国一定是经济强国,进口所需的外汇可能来自技术和服务等贸易顺差,也可能因为货币纳入特别提款权(SDR)成为世界货币从而与各国直接用本币结算。所以,以内循环为主意味着我国将持续增加进口,实现进出口平衡。这不仅有利于我国在新一轮经贸谈判中占据主动,还有利于推动人民币国际化,在一些重要资源领域形成人民币支付的定价权,进而提高我国在世界经济舞台上的话语权和影响力。

(四)双循环新发展格局下对外开放有五个新特征

以内循环为主的新发展格局绝不是内卷躺平,而是更大范围、更宽领域、

更深层次的对外开放,是要形成内外循环相互促进的新格局。在这种情况下,中国对外开放格局呈现出五个新的特征:

第一个特征:从以引进外资为主,转变为引进外资和对外投资并重。先看"引进来",从2001年加入WTO到现在,我国20年累计实际使用外资接近2万亿美元,近10年累计达1.2万亿美元。中国已经超越美国,成为全球吸引外资第一大国。2020年在全球投资大幅下降的背景下,我国引进外资规模达到1493亿美元,逆势增长5.7%。再看"走出去",从1980—2012年,我国30多年累计"走出去"投资5000亿美元;十八大后到现在,不到10年间"走出去"投资就已经达到5000亿美元。这背后,一方面,高质量共建"一带一路"需要越来越多的中国企业走出国门,由贸易相通逐步带动中国资本走出去,在当地投资兴业,满足当地市场;另一方面,随着中国经济体量增大,我们对能源资源供给的需求更大了。尤其是在新发展格局下,需要有更加稳定的产业链、供应链,需要吸收全球的"养料",更需要我们的企业走出去。因此,综合起来,这实际上是更高水平、更高质量的"引进来"和"走出去",也是将内循环与外循环由过去商品流通的大进大出升级到资本要素的跨境便利流动。

第二个特征:从以扩大出口为主,转变为鼓励出口和增加进口并重。当今世界,出口大国未必是经济强国,因为出口的可能大量是劳动密集型产品、来料初加工产品。而进口大国一定是经济强国,进口所需的外汇可能来自技术和服务等贸易顺差。习近平总书记指出,中国主动扩大进口,不是权宜之计,而是面向世界、面向未来、促进共同发展的长远考量。预计10年后,中国GDP会达到160万亿元人民币,按现行汇率换算约24万亿美元。同时,对世界来说,中国也是全球最具潜力的大市场,预计未来10年累计商品进口额有望超过22万亿美元,服务进口总额将达5万亿美元,两者加起来超过27万亿美元。这么庞大的市场需求必将对疫情后世界经济复苏带来直接而持久的拉动,进而助推世界经济循环逐步走出低迷、走向复苏。

第三个特征:从以沿海地区开放为主,转变为沿海沿边内陆协同开放、整体开放。自2013年设立中国(上海)自贸试验区以来,我国已经分6批设立了21个自贸试验区和海南自由贸易港,实现了东、中、西和东北地区全覆盖。特别是在中欧班列的带动下,沿线通道经济、口岸经济、枢纽经济快速发展,为内陆城市对外开放拓展了新空间。中欧班列物流汇聚功能带来更多人流、商流、资金流、信息流的汇集,进而带动加工贸易、先进制造、保险物流、金融服务等产业兴起和集聚,形成一定规模的产业集群。而随着产业的兴旺和人口的集聚,城市经济加快繁荣,形成了新的陆港城市。一些重要枢纽城市如成都、重庆、西安、乌鲁木齐等正由过去的开放末梢变成开放前沿。

第四个特征:从以关贸总协定和WTO框架下的货物贸易为主,转变为货物贸易和服务贸易共同发展。根据WTO统计,从2012年至2019年,全球跨境服务贸易出口占全球贸易出口的比重,已经从19.5%提升至24.5%,预计2040年服务贸易在全球贸易中的占比有望提高到30%。特别是随着国际分工的深化,中间品贸易的比重现在已经达到70%以上,而中间品贸易背后需要大量的国际物流、保险、金融结算、工业设计等。据世界银行《遭遇麻烦?制造业导向型发展的未来》报告,发达国家产品的最终价格中,制造环节增值占比不到40%,服务环节增值约占60%。我国已经是货物贸易第一大国、服务贸易第二大国。但是在服务贸易规模增长的同时,逆差仍达1 000亿美元,接近货物贸易顺差的1/5。在外贸结构中,我国服务贸易占比从2012年的11.1%提高到2020年的12.44%,八年才提高了一个多百分点。为此,党中央高度重视,出台了一系列政策措施鼓励支持发展服务贸易,同时决定每年召开中国国际服务贸易交易会全球服务贸易峰会。习近平总书记已连续两年在峰会上致辞,宣布了一系列服务业开放合作重大举措。可以预见,未来我国服务贸易的比重将会逐步提升,服务贸易与货物贸易将共同支撑中国贸易高质量发展。

第五个特征:从以融入和适应全球经济治理体系为主,转变为积极参与甚至引领国际投资和贸易规则的制定修订。中国加入WTO 20多年来,全面履行加入承诺,大幅开放市场,接受、适应、融入以WTO为核心的国际经贸规则体系。进入新发展阶段,针对国际国内形势变化,党中央提出实施自由贸易区提升战略,构建面向全球的高标准自由贸易区网络,推动建设开放型世界经济。这是主动应对规则之争、积极参与国际经济治理的重大举措。这也是更深层次的开放——在过去几十年推动要素流量型开放的基础上向规则、规制、管理、标准等制度型开放转变。其实质是要全面对接国际经贸新规则,打造市场化、法治化、国际化的营商环境,实现国内国际营商环境趋同化。目前,《区域全面经济伙伴关系协定》(RCEP)已经签署生效,《中欧全面投资协定》(CAI)已经达成,中国已经申请加入《全面与进步跨太平洋伙伴关系协定》

(CPTPP)。中国正以积极的姿态参与国际高水平经贸规则的谈判和制定,推动国际经贸秩序朝着更加包容有序、互利共赢的方向演进。

二、关于碳达峰、碳中和

2020年9月,习近平在联合国大会上承诺,将采取更加有力的政策和措施,二氧化碳排放力争在2030年前达到峰值,努力争取2060年前实现碳中和。这是以习近平为核心的党中央着眼两个大局、建设现代化强国的重大决策。实现碳达峰、碳中和的过程是我国产业结构、能源结构和生态结构深度调整的过程,既蕴含着巨大的机遇,也面临不少困难和挑战,如何找到一条符合我国国情、符合高质量发展要求、引领新一轮科技革命和产业变革的路径,是需要深入研究的重大课题。

(一)深刻领会"双碳"目标的伟大意义

中国宣布"双碳"目标是党中央经过深思熟虑做出的重大战略决策,事关中华民族永续发展和构建人类命运共同体。其伟大意义在于:

一是有利于推动我国能源结构实现根本性转变。这包括两方面。在能源消费端,我国将实现"两个替代",即"清洁替代"和"电能替代"。根据《中共中央 国务院关于完整准确全面贯彻新发展理念做好碳达峰碳中和工作的意见》,到2060年,我国非化石能源消费占比将由目前的16%左右提升到80%以上,清洁能源将替代传统化石能源成为我国能源消费的主力。同时,我国在能源消费形式上,在工业、交通、建筑等领域实现电能替代,电气化比重将大幅提升。在能源供给端,2020年我国石油进口5.42亿吨,对外依存度超过73%;天然气进口1亿吨,对外依存度43%。我国能源供给基本上是以外循环为主。未来在推进碳达峰、碳中和的过程中,我国将大力发展光电、风电、水电、核电、页岩气等清洁能源;预计非化石能源发电量占比将由目前的34%左右提高到90%以上,建成以非化石能源为主体、安全可持续的能源供应体系,实现能源领域深度脱碳和本质安全;同时通过大幅减少炼油、重点发展炼化,进而大幅降低能源进口依存度,形成能源自主自立、以内循环为主体的新发展格局。

二是有利于促进国民经济质量效益全方位提升。2020年,我国GDP为101.6万亿元(其中三次产业占比7.7∶37.8∶54.5),排放了大约100亿吨二氧化碳。如果到2060年时我国GDP达到300万亿元，那么这300万亿元GDP就不能按现在的比例产生300亿吨的碳排放。实现"双碳"目标，将倒逼经济增长由更高效益、更低排放的产业结构来支撑。假如到2060年时中国的GDP会翻两番，那么工业增加值不会同步翻两番，但工业系统将通过源头减量、节能减排、循环回收、工艺流程改造、各种废弃物回收利用等大幅减碳、提高能源利用效率。与此同时，由于与传统工业相比较，服务业的碳排放将大幅减少，实现碳中和背景下的经济增长需要服务业高质量发展。事实上，随着制造业服务化和知识密集型服务业的发展，服务业将成为驱动经济发展的主力军。加上新能源技术与信息技术、人工智能技术的深度融合及其与生物、材料等多学科、多技术领域相互渗透、交叉融合、群体突破，代表先进生产力发展方向的一批颠覆性技术将引领和带动新科技产业革命逐渐走向高潮。这将带来整个国民经济运行机制的颠覆性变革和治理效益的全方位提升。

三是有效助力实现中华民族伟大复兴中国梦。目前，中国GDP占世界17%，人口占世界19%，碳排放占比却高达29%。未来中国实现碳中和将意味着全球少了29%的碳排放。不仅如此，从目前我国清洁能源发展的全产业链优势看，随着全球对气候变化问题的共识日益加深，中国的清洁能源技术将输出到全世界，帮助全世界实现绿色发展，中国将由全球排放大户转变为全球低碳发展、绿色发展的引领者，为建设人类命运共同体做出实质性贡献。这也是了不起的大事。更为重要的是，伴随着"双碳"目标的实现，中国将有可能引领全球新一轮能源革命，进而成为真正的世界头号经济强国。世界经济强国不仅是综合国力排第一，还要引领一次工业革命。纵观世界经济史，第一次工业革命是英国引领世界，自身经济实力也独领风骚近百年。德国也曾经引领第二次工业革命，但其综合实力并未达到世界第一，算不上头号经济强国。美国引领了第二次、第三次工业革命，并在第二次世界大战前综合国力就跃居世界第一，保持至今，美国是当今世界头号经济强国。预计到2050年左右中国综合国力将实现全球第一，同时引领新一轮能源革命，必将成为新的世界经济头号强国，中华民族伟大复兴的中国梦完全实现。

（二）能源结构调整的路径和方向

在实现"双碳"目标的过程中，要立足中国国情，遵循经济规律，在推动能源结构调整时注意把握好以下五个方面的问题：

一是未来清洁能源装机容量总规模问题。2020年底,我国电力生产总装机22.29亿千瓦,其中火电装机12.5亿千瓦。2020年实际生产电力7.62万亿千瓦时,其中火电5.17万亿千瓦时。未来尽管实现碳达峰、碳中和,但随着经济增长,能源消耗的总量还会持续增长。特别是随着"两个替代"的逐步推进,我国电力需求可能不止翻一番。如果到2060年时国民经济需要电力20万亿千瓦时,如果全部来自火电,则需要50亿千瓦装机。但如实现清洁能源全部替代火电,装机容量至少达120亿—150亿千瓦。因为火电可以一年5 000小时运转,但光伏只有在白天且晴天的时候才能发电,最终一年下来只有1 500小时左右的有效时间,因此光伏需要3倍于火电的装机容量;风电也是如此;水电的容量差不多要2倍于火电。实现"两个替代"要首先把握好这个总量比例关系。

二是不同类型的清洁能源比例结构问题。截至2020年底,我国非化石能源装机中,水电3.7亿千瓦、风电2.8亿千瓦、并网光伏2.5亿千瓦、生物质0.3亿千瓦、核电0.49亿千瓦。中国已经承诺,到2030年光电和风电装机容量达到12亿千瓦,非化石能源消费占比到2030年和2060年分别达到25%和80%。实现这个目标,需要注意把握好能源供给结构中不同电源的比例关系。若按照2060年120亿千瓦的装机需求来测算,建议大规模发展光伏和风电,光伏装机要达到50亿千瓦,风电装机达到25亿千瓦,二者在总装机中的比重分别为42%和21%。在水电方面,由于我国大江大河的水电资源开发已接近饱和,预计在未来装机容量中的比重将由现在的16.5%降到5%左右。核电目前占2.2%,未来可以逐步适当提高至10%。氢能由于其安全性,不能太多,可以占7%。最后,15%的装机用天然气和煤电来调峰,其中10%用天然气,5%用超超临界的煤电。

三是清洁能源生产力如何优化布局问题。考虑到我国清洁能源生产力的区域布局,应在服务"双碳"目标的同时,立足国情,充分发挥不同区域间禀赋优势,在技术可行、经济可行的前提下做到合理布局、物尽其用。建议在沿海地区不要大规模推广分布式能源,那将给电网高效安全运行带来障碍。要充分利用清洁能源开发带动西部大开发,利用特高压电网进行西电东送。建议在西部地区以五个"大"——大企业、大投资、大技术、大系统、大市场——来建设一批新能源的大基地。假若未来光伏需要装机50亿千瓦,则可以在新疆戈壁沙漠上建20亿千瓦,青海、甘肃、内蒙古各建10亿千瓦,将会生产7.5万亿度电,产生1.5万亿元收入,按照四省(自治区)总人口7 000万人计算,相当于这四省(自治区)人均GDP增加2万元。水电目前基本集中在西南地区。风电建议以沿海和西部地区为主,不要四面开花。对于氢能,建议将氢能的利用开发聚焦在清洁能源储能上,即利用新疆、内蒙古、青海、甘肃等地的清洁能源电解水制氢,白天产生氢气,晚上用氢发电再输送出来。这不仅规避了氢能运输的安全问题,还可有效解决风电、光电的波动消纳问题,一举多得。

四是清洁能源替代传统能源的节奏问题。在能源结构调整过程中,清洁能源上多少,传统能源退多少,要有个比例关系,操作中不能太激进。要按照爬行钉住加保留安全冗余的原则推动清洁替代。比如,按照3:1的简单比例关系,若清洁能源装机30亿千瓦,相当于火电装机10亿千瓦,但这时火电只能退出2亿千瓦即1/5的容量,若清洁能源装机达到100亿千瓦,火电才可退出1/3。总之,火电退出要比清洁能源进入晚10年,保持一个冗余度。在这个过程中,可以不用新建煤电,但要对老的煤电机组进行技术改造。同时,在这个阶段里,随着页岩气的开发,天然气机组仍要大幅增加。目前7.5万亿度电消费量中,气电才3%,未来20万亿度电中气电可占到10%,即贡献2万亿度电,因此气电机组装机未来要增加10倍。最终气电和煤电加起来保留15%用于调峰。这样做,一方面是为了给电网消纳留出时间,确保电网安全稳定运行;另一方面,要充分考虑到用电端的突发情况,以确保经济运行平稳。

五是保持碳中和进程与世界同步的问题。从全球来看,目前基本碳达峰了。中国在2030年碳达峰后,碳中和进程要与世界同步,即世界降1个点,中国也降1个点,没必要快,也不要慢。在这个过程中,随着中国能源结构的调整,中国要努力实现绿电出口,比如,可以考虑向东南亚出口我国西南的水电,向日本、朝鲜、韩国输送内蒙古的风电,等等。中国要努力从能源进口国转变为清洁能源输出大国。同样,随着中国产业结构的调整,要确保我国清洁能源产业的装备制造业在全球的领先地位,要大力推动清洁能源装备、技术在"一带一路"沿线国家和地区的推广应用,建设绿色丝绸之路。最后,随着我国生态结构的深入调整,绿水青山将成为重要的碳汇资源,可以通过国际市场转变成金山银山。要通过这三方面的输出,为全球碳中和做出独特贡献。

（三）产业结构调整的路径和方向

推动"双碳"目标实现的过程是倒逼产业结构深度调整、进而提升国民经济效益质量的过程，是中国经济真正实现高质量发展的凤凰涅槃的过程。要重点把握好以下几个要点：

一是加快形成世界级清洁能源产业链集群，培育经济增长新动力源。能源结构的巨大调整会带来天量的投资。比如在供给端，如按照每千瓦5000元的投资，120亿千瓦的装机将需要60万亿元的投资；在消费端，各种终端用电用能设施的更新改造，如电动车、智能环保建筑等至少会形成40万亿元的投资需求；而在传输和配送端，远距离输配电的特高压及智能电网设施等投资至少也需要50万亿元。这样加起来会达到150万亿元之巨。对此，各地区不能一哄而上，搞低水平重复。建议国家有关部委出台政策措施，鼓励有条件的地区发挥自身优势，通过扩链、强链、补链，加快形成空间上高度集聚、上下游紧密协同、具有全球竞争力的世界级清洁能源产业链集群。同时，要理性选择技术路线，特别注意对氢能的开放利用要建立在安全可靠的基础上。此外，在我国清洁能源产业蓬勃发展的过程中将会出现几个生态主导型的企业和几百甚至几千家独角兽企业。对这些企业，我们要吸收上一轮互联网浪潮中我国企业被外资投资控制的教训，以国有资本运营公司为依托去主动培育这些潜在的独角兽，分享产业发展红利。

二是采取切实措施推动工业部门脱碳减碳，构建绿色低碳工业体系。在实现"双碳"目标过程中，作为耗能排放大户，传统工业部门面临如何脱碳减碳问题。建议从五个方面推进脱碳减碳：一是源头减量，即在工业投入品的源头减少资源消耗。比如钢铁行业，要进一步优化燃料结构，降低燃料比、铁钢比，发展短流程炼钢。二是节能减排，积极推广应用先进用能技术和智能控制技术，提升电力、冶金、化工等重点高耗能产业的用能效率。如果我国能源利用效率可以达到2019年世界平均水平，则可节约15.8亿吨标准煤，可减少碳排放约39亿吨。三是循环回收，比如对工业企业生产过程中的余热和中间物料进行回收利用，对产品实行全生命周期管理，发展再制造产业等。四是工艺流程改造，通过低碳技术对工艺流程进行绿色化改造，淘汰高碳高耗能技术。五是对各种废弃物回收利用，比如冶金炉渣建材化、城市固废资源化、环境治理生态化。在具体操作上，建议学习和借鉴国际经验，以行业龙头企业为依托，以碳中和为目标,通过市场机制构建互惠互利、合作共赢的产业链上下游利益共同体,发挥产业链上下游企业协同效应,推动构建绿色低碳新型工业体系。

三是大力发展数字经济等战略新兴产业,克服经济增长"鲍莫尔病"。未来四十年,随着产业结构深度调整,服务业比重将会大幅提升,这符合经济结构演化规律,也符合"双碳"目标的基本要求,但这也可能会导致经济增速持续趋缓甚至停滞,即所谓"鲍莫尔病"。对此,根本之道在于大力发展数字经济等战略新兴产业。因为产生"鲍莫尔病"的一个基本假设是服务业中多数行业是不可贸易的,劳动生产率会长期停滞。但以新一代信息技术、5G、大数据、云计算、区块链、人工智能为代表的数字技术正在改变这一假设。借助产业数字化、数字产业化,过去不可贸易的服务业正在创造新的贸易模式。尽管两百多年前的莫扎特四重奏要四个人演,三百年后依然要四个人,但借助互联网、AR/VR等技术,听众可能来自全世界任意角落。换言之,在数字技术加持下,部分服务业的生产率正在得到全面提高,而且是以低碳绿色方式实现的。因此,在实现"双碳"目标的过程中,要以大力发展数字经济等战略新兴产业为重要抓手和切入点,推动产业结构调整,以数字技术赋能各行各业,加快培育颠覆性、指数级的产业新动能。

四是全面深化改革开放,加快形成有利于产业创新升级的体制环境。实现"双碳"目标的过程离不开良好的体制环境。要以深化供给侧结构性改革为主线,以推进高水平对外开放为动力,建设产权有效激励、要素自由流动、规则透明中性、竞争公平有序、市场统一开放、企业优胜劣汰、创新源泉涌流的高标准市场经济新体制,打造市场化、法治化、国际化的营商环境。应重点抓好以下四件事:一是推进要素市场化,加快破除阻碍土地、资本、劳动力、技术和数据等要素自由流动的体制机制障碍,扩大要素市场化配置范围;二是全面强化创新驱动,重点是打通基础研究到应用研究再到产业化的创新链条,加快形成社会主义市场经济条件下科技创新型举国体制;三是完善公平竞争的政策体系,加快推进产业政策由差异化、选择性向普惠化、功能性转变,营造鼓励竞争、促进创新的市场环境,激发市场主体的积极性和创造性;四是对接国际高水平经贸规则,扩大制度型开放,用好用足RCEP、CAI和CPTPP等高水平经贸规则中的相关条款,积极参与绿色供应链、绿色贸易等话题讨论和谈判,提升参与国际经贸新规则博弈的话语权和主动权。

三、关于中欧班列与"一带一路"建设

近三百年来,作为经济全球化的重要推动力量,海洋运输是承载全球贸易流量的主导方式,也因此形成了基于海洋运输体系的全球分工格局和经贸秩序。也正是在这近几百年间,原本横亘在欧亚大陆间、以骆驼和马队为载体、延绵几千年的陆路贸易通道日渐被海上运输方式所替代,欧亚间的陆路交流基本停顿。然而,自从习近平于2013年提出"一带一路"倡议以来,这种格局正在悄悄发生变化,特别是中欧班列的开通和运行将几乎中断的欧亚大陆桥变成了沿线国家间"政策沟通、设施联通、贸易畅通、资金融通、民心相通"的陆上丝绸之路。中欧班列在海运体系之外形成了一条全天候、大运量、绿色低碳的运输新通道,是国际运输服务体系的重大创新,有力地保障了全球产业链、供应链稳定,促进了国际陆运规则的加速完善。在中欧班列的带动下,沿线通道经济、口岸经济、枢纽经济快速发展,为内陆城市对外开放拓展了新空间。进入新发展阶段,面对日益复杂的国内外形势,有必要系统地梳理研究中欧班列的历史意义和创新价值,为高质量共建"一带一路"、加快构建新发展格局提供有效战略支撑。

(一)中欧班列的顺利开行是"五通"理念的生动实践

经过七年多的发展,"一带一路"建设取得了举世瞩目的成就,突出体现在"五通"上。其中,中欧班列的开行和运营,堪称"一带一路"建设的典范。作为"一带一路"建设的旗舰,与其他重资产投资的基础设施项目不同,中欧班列以较少的投入使沿线各国已经存在的、长达一万多千米的铁路实现了基础设施"硬联通",同时用政策沟通和机制协同促进了贸易投资的"软联通",集中体现了习近平所提出的"五通"理念。总结其实践经验,主要实现了以下八个突破:

一是确定班列优先等级。沿线各国原来运行时刻表是不同的,国际线路也不是优先通行,一般是货车让慢车、慢车让普快、普快让特快。如果"入乡随俗"地按照所在地国家的通行规则,那运行起来将十分耗时。经过沿线各国铁路部门之间的沟通协调,最终将中欧班列确立为沿线其他班列都要避让的最高等级班列,以确保班列运行一路畅通。

二是协调运输收费标准。中欧班列开行前,沿线运输是按段收费,各收各

的,收费标准也不一样。运费价格理论上要根据运量规模逐步调整:初期运量少,运价自然高一点,随着运量上来后,运价应逐步下调,但若运价下不来,运量也难以上得去。因此,调整运价、培育运量光靠市场是不行的,也需要各国进行政策沟通。事实上,经过沿线铁路部门反复协商,平均运价也由最初的1美元/大箱公里降到了0.5美元/大箱公里,相应地,10年来,中欧班列年开行数量由最初不到20列发展到2020年的1.24万列,运量也上来了。

三是开行"五定"班列。中欧班列沿途原来有120多个车站,如果站站都停也是低效的。后经过协调,最终确定了12个站点作为枢纽节点,其他站点通过中转分拨抵达。以此类推,沿线各国铁路公司合作制定了"五定"班列的运行方式,即定点(装车地点)、定线(固定运行线)、定车次、定时(固定到发时间)、定价(运输价格)。随着国内外各大城市踊跃开行中欧班列,有关部门也进行了有力协调,实现了"六统一",即统一品牌标志、统一运输组织、统一全程价格、统一服务标准、统一经营团队、统一协调平台。

四是实行"三互"大通关协作。过去沿线各国通关要求、程序手续不一样,如果一趟车过去都要将货物卸下来通关查验再装上去,费时费力。为此,中欧班列通过政策沟通促进沿线海关"信息互换、监管互认、执法互助",即开展"三互"大通关协作,大幅减少了一些不必要的重复查验,提高了贸易便利化程度。

五是开通邮政班列。过去中欧之间的铁路是不通邮的。经过中国邮政、海关总署等多方协调争取,2014年6月,铁路合作组织讨论通过了新版《国际铁路货物联运协定》,删除禁止运输邮政专用品的相关表述。2016年4月,沿线各国邮政以《重庆宣言》的方式正式确定了"各国合作利用中欧铁路开展铁路运邮,提供与跨境电商相适应的陆路运输方式"这一原则。2016年10月,中欧班列(渝新欧)去程全程运邮测试成功;2018年11月,中欧班列(渝新欧)首次回程运邮测试成功,标志着铁路运邮历史彻底改写。

六是合力确保运输安全。沿线国家治安状况各有差异,为了确保运行安全,沿线各国都同意采取和支持以下做法:第一,集装箱加装电子安全锁,若被强制打开会立即报警;第二,集装箱上安装定位系统,实时跟踪监测运行位置;第三,遇到警情,运输企业可以直接向当地警方报警,警方接警后要立即出动处理。在这些做法的共同作用下,迄今为止中欧班列尚未发生大的治安案情。

七是解决极端严寒地段的保温问题。中欧班列很大一部分运行路线要在俄罗斯境内,那里每年有 4 个月的气温在零下三四十度。中欧班列经过时一些货物如笔记本电脑中的组件有可能会被冻坏。为此,有关企业经过十几次试验,成功研发出了廉价保温的新型包装材料,顺利解决了这个难题。

八是回程货源的组织问题。集装箱满载运到欧洲后空箱如何回收?如何组织货源回程?自中欧班列开通以来,提高回程重载率一直是各方努力的重点。为此,经过强有力的组织协调、政策沟通,最终确定由沿线 6 个国家共同出资设立中欧班列物流公司,各方各占 1/6 的股权,系统解决了这一问题。

中欧班列开通以前,沿线国家的铁路早就存在,但是由于各国之间贸易政策和制度不衔接,所以基本没有运行,欧亚大陆桥的作用也没有得到有效发挥。而中欧班列的开行,让沿线各国几十年前已经投入的巨量固定资产得以充分利用,促进了沿线各国的贸易畅通。特别是在疫情期间,全球各个国家的航空、海运都出现了不同程度的停飞、停运等情况,让国际贸易往来、物资交流受到重大影响。而与此同时,作为欧亚大陆的"陆路大通道",中欧班列则呈现出逆势上扬态势。数据显示:全年开行中欧班列 1.24 万列、发送 113.5 万标箱,同比分别增长 50%、56%,综合重箱率达 98.4%,成为承载希望的"钢铁驼队",为保障疫情下中欧及"一带一路"合作伙伴物流畅通和物资供应稳定发挥了重要作用。而这与上述八个突破是分不开的。中欧班列这种花小钱、补短板、盘活沿线铁路重资产、实现基础设施"硬联通"和贸易投资"软联通"的特点正是"一带一路"建设所倡导的"五通"的生动体现。

(二)中欧班列的高质量运行将带来五个深层次经济价值

截至 2021 年 6 月,中欧班列累计开行突破 4 万列,合计货值超 2 000 亿美元,打通了 73 条运行线路,通达欧洲 22 个国家的 160 多个城市;运送货物货值占中欧货物贸易的比重逐年提升,从 2015 年的 1% 增至 2020 年的 7%,为中外数万家企业带来了商机,为沿线数亿民众送去了实惠。特别是在疫情之下,航空和海运都遇到不同程度的障碍甚至一度停运,而中欧班列逆势上扬,2020 年全年共开行 1.24 万列,同比增长 50%;发送 113.5 万标箱,同比增长 56%。未来,随着中欧班列开行量的持续增长,还将会有五个深层次的经济价值:

一是将推动内陆地区形成陆港城市。过去,海运的兴起和繁荣孕育了一批具有全球影响力的海港,如英国的利物浦港、曼彻斯特港,荷兰的鹿特丹港,德国的汉堡港,以及新加坡港、中国香港,等等。而这些海港的繁荣也带动着所在城市的兴盛。其中荷兰鹿特丹、中国香港、新加坡等甚至成为具有全球影响力的自由港(市)。这些地方因海而兴、依港而生,以物流带动人流、资金流、商流的逐步汇聚,演化成港产城一体、商贾云集、人才荟萃的海港城市。同样的逻辑也适用于以中欧班列为代表的陆路运输。过去,哪个城市沿海、拥有港口,哪个城市就是开放前沿,拥有巨大的开放优势;内陆地区的货物要出口到欧洲,需要先运到沿海的港口,再走海运。现在,中欧班列的开行让沿线城市一下子顶到了开放前沿——货物在家门口就可以办理出口手续,一下子就拥有了可以联通欧洲的陆港这一对外开放的新窗口。一些重要枢纽城市如重庆、成都、西安、郑州等地将因陆港的物流汇聚功能而有更多人流、商流、资金流、信息流的汇集,带动加工贸易、先进制造、保险物流、金融服务等产业兴起和集聚,进而带动上下游产业链的企业跟进落户,形成一定规模的产业集群。随着产业的兴旺和人口的集聚,城市经济加快繁荣,形成了新的陆港城市。

二是将推动贸易分销体系的重大变革。运输方式和物流路径的变化将带来供应链组织方式的深刻变革。过去靠海洋运输组织出口贸易一般需要7—8个环节。比如,中国商品出口欧洲,传统海洋运输一般需要经过"工厂生产—通过陆路或水路运输到沿海港口—港口拼装后装船—海洋运输—到目的地港后卸货分拨—批发商—零售商"等环节。这些环节中,中国的企业往往只能掌握前面的生产和装运2—3个环节,后面的环节基本与中国供应商无关,因为后面的业务基本被外国公司做了。而中欧班列开行之后,铁路线可以直接延伸到对方工厂、批发商的仓库里,中国供应商可以借此"一竿子捅到底",直接与欧洲的客户进行更加深入和紧密的交流合作。这种分销体系上的重大变革加上跨境电商的崛起将对未来贸易格局产生重大影响,将给中国企业带来新的发展机遇:中国企业可以在沿线布局海外仓,以我为主在当地建立直达终端消费者的分销体系,从而提升在产业链、供应链中的位势。同样,随着环节的压缩,沿线国家和地区与中国的联系也将更为紧密,其商品也会因中欧班列的高质量运营而直达中国末端市场。这种高水平的双向开放、近距离对接将产生新的化学反应:中国与沿线国家和地区的产业链、供应链合作将会进一步加深,有利于进一步提升国际大循环的效率和质量。换言之,这种贸易分销体系的重大变革将为新发展阶段构建新发展格局提供重要支撑。

三是将进一步丰富全球运输服务供给。不同价值的货物对时效和物流费用的敏感度是不同的。以中国郑州到德国杜伊斯堡为例，每标箱5万美元以下的货物一般适宜走海运；100万美元以上的货物适宜走空运，因为这类货物不仅能承受相对较高的运费，而且对时效的要求也较高；而那些货值在5万—100万美元的货物则适合走中欧班列，因其一个突出优势是运行时间是海运的1/3，费用是空运的1/5。过去，没有通铁路的时候，那些无法承担空运费用的货物，由于只能走海运，往往需要一个半月才能运到欧洲港口，再花一周左右的时间配送到客户仓库或工厂，前前后后差不多要花两个月的时间在路上。企业也不得不提前备足两个月的库存，以满足生产经营的需要。现在，中欧班列不仅满足了那些货值在5万—100万美元的货物对时效和费用的要求，还降低了企业库存和资金占用。目前中欧班列累计平均每标箱货值仅5万美元左右。随着沿线经贸联系日渐紧密、产业分工日益深化，每标箱货值也会逐步增加，物流成本也会逐步摊薄。若以后每标箱货值达到平均50万美元，假如运费比海运高出平均2 500美元/标箱，同时考虑到与海运相比，中欧班列保守估计能节省一个月时间，那么一标箱货物因为通过中欧班列运输而节省的资金占用利息是2 500美元左右（按年息6%计算），刚好与多出的运费打平，且不谈班列比海运还节省了很多短途转驳的费用。也就是说，作为海运和空运之外的另一选择，中欧班列不仅丰富了运输服务供给，还给沿线产业链、供应链带来了更加经济便捷的隐形效益。

四是将有助于形成陆路贸易规则和标准体系。过去几百年间，全球贸易以海洋运输为主导，形成了以海运为基础的海洋贸易规则和标准体系。如今，中欧班列的开行将为陆路贸易规则和标准的探索与实践提供重要的试验平台。事实上，中欧班列能顺利开行，一个很重要的制度支撑就是沿线国家和地区实行"信息互换、监管互认、执法互助"（简称"三互"大通关）。班列一路开过去，由于实行了"三互"大通关，部分起到了国际高标准经贸规则所倡导的减壁垒、减补贴的效果。而且，随着沿线国家经济交往的深入和公铁联运、海铁联运、空铁联运等多式联运的探索和实践，将在物流载具标准、各环节信息互通等方面有新的突破和进展，系统解决多式联运中的货柜托盘标准不统一、"一单制"编码标准不统一问题。特别是未来如能实现"一票到底"，同时进一步导入供应链金融，将信息流、物流、订单流和资金流进行集成，这个"票"就可以具备金融属性，就可以像海运提单那样成为相关增值服务的重要基础。在这方面，我国一些地方如重庆、成都、西安、郑州等已在积极探索，未来有望助推中国在完善全球经贸规则方面做出自己的贡献。

五是将更加适应各类贸易业态的创新发展。海洋运输方式下贸易活动主要是以港口对港口的形式开展的，加工贸易、与海运有关的服务贸易主要发生在枢纽港，其他地方难以"雨露均沾"。而且在海洋运输中，货物从工厂拉出来经过海运送到最终用户一般需要经历4—6次装卸。贸易的收益在很大程度上要被这些频繁的装卸所抵销。而以中欧班列为代表的陆路运输则是通过一条线的方式在开展贸易，沿线各站点之间都可以产生新的贸易流量。而且理想情况下货物从工厂出来一般只需要2次装卸，中间的分拨转运可以通过车皮的组合来进行。如果说海洋运输给主要港口带来了枢纽经济，则中欧班列既给铁路枢纽城市带来了枢纽经济，也给沿线带来了通道经济，更能适应各类贸易业态和模式的创新发展。事实上，经过多年实践，中欧班列向货运市场提供4种类型的班列，分别是主要服务于大型出口企业的"定制班列"、常态化开行的"公共班列"、随到随走的"散发班列"以及服务于中小企业的"拼箱班列"。其中，"定制班列"服务于大型企业的进出口或加工贸易，"公共班列"服务于各类企业开展转口分拨和加工贸易，"散发班列""拼箱班列"则与跨境电商的小批量、多频次的特点相适应。进一步而言，对于在国内的企业，利用中欧班列开展国外站点间的贸易就是离岸贸易，而围绕班列运行而产生的物流、金融、保险等业态则有可能成为服务贸易的重要组成部分。

总之，随着陆港城市的兴起、贸易分销模式的变革、运输服务体系的丰富、陆路运输规则的进一步完善以及各种贸易业态的叠加，中欧班列对沿线经济的辐射带动效应将越来越显著，沿线地区将日益加入更加紧密的全球分工。这背后隐藏的市场力量将以"润物细无声"的方式推动经贸格局的深刻变革。

（三）新形势下"一带一路"建设应把握好五个要点

当前，随着新冠肺炎疫情全球蔓延，世界经济经受重创，国际投资贸易断崖式下跌，"一带一路"建设也遇到了一些新的挑战。对此，我们需要做好较长时间外部环境变化的思想准备和工作准备。中国启动"双循环"战略，是"一带一路"建设新的契机，沿线相关城市要充分利用好这一机遇，科学处理好提高内需质量和扩大改革开放的关系，把握好如下五个要点。

一是要把握重点、聚焦"五通"。2013年9月7日,习近平总书记在哈萨克斯坦纳扎尔巴耶夫大学发表演讲,明确提出要创新合作模式,加强政策沟通、道路联通、贸易畅通、货币流通、民心相通,以点带面,从线到片,逐步形成区域大合作格局,共同建设"丝绸之路经济带"。应该说"五通"是"一带一路"国际合作的初心。在"双循环"形势下,我们应该牢记这个"初心",将建设重点聚焦到与"五通"密切相关的项目上来。而那些与"五通"暂时没有直接关系的、有关国家自己内部的桥梁道路、能源基础设施,原则上还是应该依靠本国的力量来完成。

二是推动"五通"时要注意先后次序、有所侧重。正如中欧班列的例子,我们通过有效的政策沟通就实现了现有设施的互联互通,促进了贸易畅通。这也启发我们,"一带一路"建设不一定一上来就要修路架桥,搞大规模的重资产投资;要挖掘现有设施的存量,先通过政策沟通、民心相通来促进贸易相通,尽可能发挥现有设施、现有渠道、现有网络的作用。也就是说,如果给"五通"排个序的话,政策沟通、贸易畅通、民心相通应该先行,资金融通其次,最后才是以基础设施建设来推动设施联通。

三是要推动有关方面、各路资本形成合力,共建"一带一路"。"一带一路"建设从来不是中国一家的事。习近平总书记在出席第二届"一带一路"国际合作高峰论坛开幕式时就明确提出,欢迎多边和各国金融机构参与共建"一带一路"投融资,鼓励开展第三方市场合作,通过多方参与实现共同受益的目标。

四是要深化与周边国家和地区的合作。我们与周边国家和地区的经贸往来、人文交流已有较强的基础,广大的华人华侨也大多分布在周边地区。而且,中国长期奉行"与邻为善、以邻为伴"的周边外交基本方针,坚持睦邻、安邻、富邻,突出体现亲、诚、惠、容的理念,这些方针和理念正在转化为我们与周边国家共建"一带一路"的宝贵资产。在疫情仍在四处蔓延,全球产业链、供应链加速重构的背景下,发挥我们与多数周边国家和地区长期睦邻友好的地缘优势,推动双边和多边自由贸易协定(FTA)谈判,以更加紧密的产业合作、市场融合和人文交流来构建更加顺畅、自主和安全的产业链、供应链体系,应该会得到周边地区的响应和支持,这也是高质量共建"一带一路"的题中应有之义。

五是要在"一带一路"建设中加快推进人民币国际化。当前,我国人民币在 SDR 中的份额为 1.95%，在全球外汇交易中的份额为 4.3%，在主要国际支付货币市场的份额为 1.76%，都与我国作为全球外贸第一大国的地位不相称。令人欣喜的是，近年来随着"一带一路"建设的深入，人民币在"一带一路"沿线的使用取得了积极进展。截至 2019 年末，中国已与 21 个"一带一路"沿线国家签署了本币互换协议，在 8 个"一带一路"沿线国家建立了人民币清算机制安排。接下来，要在进一步扩大与沿线国家和地区人民币互换和清算安排的基础上，推动中国与沿线的贸易和投资尽可能以人民币计价、以人民币收付、以人民币结算、以人民币储备，在扩大使用中加快推进人民币国际化。

四、关于共同富裕

习近平总书记深刻指出，"共同富裕是社会主义的本质要求，是中国式现代化的重要特征"。共同富裕是社会主义优越性的根本体现，是我们党的宗旨。共同富裕不仅是道德问题，更是一个经济问题。没有共同富裕，社会就会出现两极分化和阶层固化。如果贫富差距过大甚至出现两极分化，那么由于富裕人群的边际消费倾向递减，而大量的低收入人群缺乏购买力，经济运行会出现消费不足、投资过剩。同样，如果出现阶层固化，富人的后代会"躺平"，因为不用干活也能"躺赢"；穷人的后代也会"躺平"，因为穷人无论怎么努力也无法改变自己的身份地位，整个社会就会停滞、撕裂甚至动荡，整体经济循环就会陷入低效率均衡。共同富裕就是要跳出这种低效率均衡，使多数人群收入达到中等富裕水平，呈现纺锤形收入分配结构，普通百姓可以通过自己的努力改变命运，代际间社会流动渠道比较畅通。这一状态下，新消费、新经济、新动能将异彩纷呈。生产、分配、流通、消费的内循环会更加顺畅，经济运行将更有效率、更具活力、更加健康。从这个角度看，实现共同富裕是构建新发展格局的必然要求，是"中国式现代化的重要特征"。

（一）准确把握共同富裕的内涵和要求

实现了共同富裕，马克思主义经典作家所揭示的资本主义市场经济中发生的生产过剩的矛盾将在社会主义条件下得到有效解决，这也是社会主义政治经济学的重要观点。实现共同富裕，应有以下五个方面的路径要求：

一是要统筹好"做大蛋糕"与"分好蛋糕"这两件事。共同富裕包含了做大蛋糕和分好蛋糕两件事,这两件事不可偏废。一方面,做大蛋糕是分好蛋糕的物质前提。蛋糕不大,分得再好,意义不大。对当下的中国而言,尽管已经实现了全面小康,我们仍是最大的发展中国家,2020年人均GDP虽已达1.13万美元,但与北欧发达国家的5.6万美元、美国的6.4万美元差距较大。我们仍要聚精会神搞建设,把蛋糕继续做大。如果不继续把蛋糕做大做好,只把蛋糕分来分去,那么蛋糕就会越分越小,最后不会共同富裕只会共同贫穷。所以,不要一说共同富裕,就整天想着分蛋糕的事,却把做蛋糕的事忘记了。另一方面,分好蛋糕也是进一步做大蛋糕的激励基础。市场经济发展到一定程度,不会自动纠正种种起点不平等而带来的结果不平等,贫富差距扩大和增长停滞是必然现象,这在资本主义条件下是无解的。所以我们要搞社会主义市场经济,就是在做大蛋糕的同时分好蛋糕,通过分好蛋糕进一步做大蛋糕,实现更高质量的发展。因此,二者要动态兼顾,相互兼容。

二是要循序渐进,逐步实现。共同富裕是根据每一阶段经济发展的现实状况、经济的基础以及社会的条件来制定标准的。也就是说,一个阶段有一个阶段定量、定性的标准,整体来说是分阶段推进,逐步提高,并不是一步到位。现在我国正处于社会主义初级阶段,这个阶段实施的共同富裕与社会主义高级阶段的共同富裕,在内涵和标准上是不同的。共同富裕的本质意图是一脉相承的,但是在不同阶段,表现形式和标准层次会有不同。所以,共同富裕不能犯急性子。我们现在刚刚解决了绝对贫困问题,还有大量人群的相对贫困问题,而且解决相对贫困问题要比解决绝对贫困问题更加复杂、困难。2019年我国有6.1亿人年人均收入仅11 485元,月收入不到1 000元。有关研究显示,若根据城乡一条线计算的相对贫困标准,2020年后全国相对贫困人口约2亿人,其中农村贫困人口占了80%以上。因此,实现共同富裕仍需要较长的时间。如能在2035年左右实现中等收入人群翻番、低收入人群减半、人均GDP达到2.5万美元,共同富裕就有了更加坚实的基础。

三是要缩小差别,但不搞平均主义。共同富裕不是指所有人都达到一样的水平。这是错误的认知,也违反了共同富裕的原则。也就是说,共同富裕的原则并不是消灭差别,变成无差别。我们反对平均主义的共同富裕,这也是非常重要的。这方面我国吃过亏的。过去在计划经济条件下,与平均主义的分配相伴随的是共同贫穷。事实上,我们应该承认,即使在社会主义市场经济条件下,仍然存在起点不平等或过程不公平导致结果不平等的情况。实际上,一方面,自然禀赋、个人努力、外在条件等起点不平等的因素复杂作用导致的收入差别总是存在的;另一方面,行业改革不到位导致行业间收入差距过大现象陆续扩大,使行业差别仍然存在。共同富裕不是把这三大差别归零。我个人认为,区域差别如用不同区域人均 GDP 的差异来衡量,发达地区与欠发达地区的人均 GDP 倍数应当控制在 2 倍以内比较合理;城乡差别如用城镇居民与农村居民人均可支配收入比来衡量,也应当控制在 2 倍以内;全社会基尼系数控制在 0.3—0.4 比较合理。

四是要体现共同劳动、共同创造。共同富裕是共同奋斗出来的,需要全体老百姓共同劳动、共同创造、共同奋斗、共享蛋糕,多劳多得,绝不是仅靠一部分人把蛋糕做出来,然后分给不劳而获的人。比如说,绝不是把东部人民劳动产生的财富简单转移支付给西部,养着西部,而是在东部的支持下靠西部人民发挥自身优势发展特色产业,主要通过自身的努力来与全国人民一起实现共同富裕。同时,需要强调的是,社会主义市场经济条件下实行以按劳分配为主、多种分配方式并存的分配制度。以按劳分配为主,意味着多数人要靠劳动致富,劳动是参与分配的主要依据。这个劳动包括了体力劳动和脑力劳动,包括了企业家的管理活动的劳动,包括了科学家的创造发明的劳动,也包括了投资者或者投资经理捕捉市场机会配置资本流向的劳动。同时,允许资本、土地等生产要素参与分配,但要有机会均等的机制。也就是说,要让人民群众通过劳动积累而来的资金、房产等财富能够共同参与经济增长,共同分享经济增长的红利,而不能因为体制机制的障碍仅仅由一小部分人独享财富增长的机会。

五是要以高质量发展为基础。共同富裕应是整个经济社会高质量发展的结果,体现五大发展理念。要通过科技创新、制度创新和管理创新做大蛋糕,进一步夯实共同富裕的生产力基础;要把缩小区域差别、城乡差别和行业差别作为重点,着力推动协调发展;要以人与自然和谐共生的理念促进绿色发展;要在与世界广泛交往中汲取文明精华、促进开放发展;要平衡好公平与效率的关系,促进共享发展。换言之,共同富裕与新发展理念是内在统一的。在操作上,推动高质量发展、实现共同富裕,关键是要尊重经济规律,深化供给侧结构性改革。比如,针对区域差别,要充分挖掘西部地区的资源禀赋,研究提出一批科技水平高、带动效应强、符合国家战略需要的大项目、大举措;针对城乡差别,要着力破解阻碍城乡要素自由流动的体制机制障碍,在优化资源配置中推动城乡融合;针对行业差别,则要进一步确立竞争政策的基础性地位,打破行业壁垒和垄断,以有效竞争推动行业收入差距逐步缩小。

(二)以高质量发展解决好三大差别问题

习近平强调,"要坚持以人民为中心的发展思想,在高质量发展中促进共同富裕"。这一论断对我们思考共同富裕的路径具有方向性、指导性意义。事实上,尽管经过40多年的改革开放,我们取得了举世瞩目的成就,但长期存在的三大差别——区域差别、城乡差别和贫富差别仍然较为突出。实现共同富裕,就是要将三大差别背后的收入差距即东西部收入差距、城乡收入差距和行业收入差距缩小到合理范围内。马克思主义哲学告诉我们,任何事物在某一个时期一定有一个主要矛盾。造成这三大差距的主要矛盾出在生产力的源头上,也就是说,是直接影响生产力发展的技术、资本和管理以及要素配置、竞争政策等因素不到位、不匹配、不健全造成的。推进共同富裕,要按照五大理念要求,通过供给侧结构性改革,在生产力的源头上把东西部收入差距、城乡收入差距、行业收入差距缩小,而不是在生产力环节上造成巨大差别后靠二次分配去调节,这样做会事倍功半。所以,实现共同富裕,首先要从发展环节上探讨缩小这三大差距的具体方法和路径。

1. 缩小东西部收入差距

2020年,我国东部五省(市)(上海、江苏、浙江、福建和广东)的人均GDP达到10.5万元,西部六省(自治区)(新疆、内蒙古、青海、甘肃、宁夏、西藏)人均GDP为5.3万元左右。这表明经过多年的西部大开发,我国东西部地区间人均GDP差距已由2000年左右的4倍以上逐步缩小到2倍左右,这是一个伟大的成就。但我们还要看到,东部最富的省(市)如上海(人均GDP 15.9万多元)与西部最落后的省份如甘肃(人均GDP 3.4万元)之间的差距仍然巨大,接近5倍。现在的问题是,怎么样通过生产力的优化布局和供给侧结构性改革,让西部更快地发展起来,使得西部与东部之间人均GDP的差距缩小到2倍以内。我认为,如果能够把西部的各种资源禀赋扬长避短地发挥出来,那西部的人均GDP的提升可能会比东部还要快。

比如,与东部雨量充沛、土壤肥沃不同,我国西部严重缺水,降雨量一年只有200—600毫米,跟东部动辄1 200—1 800毫米的降雨量根本无法相比,但这不等于就不能发展农业。西部有广袤的土地，可以向以色列学习，在戈壁滩上规模化发展滴灌农业。根据有关资料，这种农业需要的滴灌设施的搭建每亩地需要一次性投入 25 万到 30 万元，产出一般可以达 5 万到 6 万元。假设以 500 亩为单位建设大棚设施，有若干个大公司逐步覆盖 1 万平方千米的土地，预计将产生 7 500 亿元的产值。这些农产品既可以卖到我国东部去，也可以卖到欧洲去。而实际上现在新疆、甘肃和内蒙古已经推广普及了很多与以色列相同的农业滴灌设施，但是需要规模化的发展，把广袤的土地资源充分利用起来。

再比如，西部地区阳光充沛、雨量较少、地域辽阔，恰恰给建设光伏发电产业创造了充足的条件。如果有一批超级大的光伏企业在新疆建设光伏电厂，规模达到 10 亿千瓦的装机，每年能够运转 1 500 小时的话，就可以产出 1.5 万亿度电。按每度电 0.2 元计算，就是 3 000 亿元的 GDP。整个新疆一共只有 2 500 多万人口，这样一来，人均 GDP 就可以增加近 1.2 万元。可以按类似的思路在新疆、青海、内蒙古的沙漠或戈壁布局几十万平方千米的光伏发电，达到几十亿千瓦的装机规模。这些清洁能源发的电可以通过我国的特高压输变电技术输送到东部去，形成新的西电东送。类似这样的思路已经在国家"十四五"规划中有所体现，比如明确支持在河西走廊、新疆建设大型清洁能源基地。这些清洁能源在未来的 20 年甚至 10 年的时间内，就可以产生人均两三万元甚至四五万元的 GDP。

此外，新疆地下还有石油，四川、重庆还有大量的页岩气。2020 年我国石油进口 5.42 亿吨，对外依存度超过 73%；天然气进口 1 亿吨，对外依存度 43%。整体来说中国缺油少气，对外依赖度达到了 70% 以上。所以，如果在西部大规模发展油气资源能源开发，以后能源安全的问题也可以得到一定程度缓解。将来，我们不需要再进口那么多原油，而且原本自产的 2 亿吨原油也可以不再用于炼油，而把它作为石油化工等生活生产中需要的材料。把这些东西高质量地生产好，也可以帮助提升 GDP。

这几个例子表明，只要我们尊重规律、扬长避短，是可以在生产力源头上提升西部的发展动能的，但这背后的运作离不开五个"大"。第一，一定是大资本的投入。无论是类似滴灌农业还是光伏发电这样的项目，都需要达到一定的规模才能体现其经济性，这是由西部的资源禀赋决定的。第二，一定是由大企业集团来建设,不论是国有、民营还是国外的公司。这倒不是歧视中小企业,而是因为中小企业根本无力承担这笔巨额的支出。第三,要用大技术,也就是要用高科技。过去也有大企业和大资本,但为什么没有人干呢?因为没有高科技。现在有了高科技就能有高产出。第四,要面向国际、国内大市场。比如滴灌农业项目,这与过去服务本地方圆几十千米的小农经济不同,这种项目的产出要通过与掌握国际供应链的企业合作,分销到全世界及国内各个终端。第五,一定要有配套的大系统。比如滴灌农业规模化生产出来的产品,要有高效的物流运输体系将其分拨到国内的其他地区以及欧洲;比如光伏基地需要有特高压输变电系统才能把电由西部输送到东部的负荷地区。

事实上,这些年我们的西气东输、西电东送、西油东送以及正在发展的东数西算、下一步规模化发展的清洁能源基地和特高压直流输变电都是属于这五个"大"的。正是通过这五个"大",西部大开发自2000年以来在缩小东、西部差距方面成效显著:西部与东部的人均GDP之比由4倍以上降到现在的2倍左右。按这个思路发展下去,10年以后新能源、清洁能源的发展可以使西部的GDP翻一番,地下资源的开发、设施农业的发展让西部的GDP可以再翻一番,那么东、西部差距就会从如今的2倍缩小到1倍多。在此基础上,为了实现共同富裕,东部给西部的转移支付可以继续推进,就可以更好地缩小东、西部差距。

2. 缩小城乡收入差距

根据2013年的统计公报,城镇居民人均可支配收入26 955元,农村居民人均纯收入8 896元,前者是后者的3.03倍。到了2020年,按常住地统计,城镇居民人均可支配收入43 834元,农村居民人均可支配收入17 131元,前者是后者的2.56倍。前后对比,党的十八大以来,经过不懈的努力,我们的城乡差距得到了大幅改善,特别是9 899万农村贫困人口全部实现脱贫,贫困县全部摘帽,绝对贫困消除取得了历史性的成就。但是根据2019年的数据,按全国居民五等份收入分组,全部居民低收入组和中间偏下收入组年人均收入为11 485元,月人均收入近1 000元,共40%家庭户对应的人口为6.1亿人。这6.1亿人多数还是在农村,所以继续深化改革、缩小城乡差距,任重而道远。那么,怎样缩小城乡差距呢?根本办法仍在于推动高质量发展,做大农村的蛋糕,从生产力的角度缩小城乡差距。那么,什么是造成城乡差距的根本性因素呢？我认为,现阶段造成中国城乡差距的主要矛盾是城乡二元体制,即城乡之间基础性生产要素如土地、劳动力、资金在流动循环的制度安排上是脱钩与分裂的。缩小城乡差距最基础的工作仍是要通过深化供给侧结构性改革,破解阻碍要素资源自由流动的城乡二元体制难题。

深化农村"三块地"改革,增加农民财产性收入。中国农民目前最大的问题是97%的年收入来自劳动收入,几乎没有财产性收入。而城市居民的房子、股票等各种财产性收入,可能占整体收入的50%以上。虽然农民每家每户都有一亩三分地,但这尚不能变成可以产生现金流的信用品,无法给农民带来财产性收入。这就是典型的要素资源循环不畅通的问题。对此,十八届三中全会对农村"三块地"即集体经营性建设用地、农村承包地和宅基地的依法有序流转做了系统性的顶层设计,试图开辟增加农民财产性收入的渠道。2019年8月,新的《土地管理法》获得通过并颁布,从法律上明确了过去限制转让、出租的农村集体经营性建设用地,在符合规划的前提下,可以出租、出让并可以转让、赠予、抵押使用权,与国有土地同地同权、同权同价。2020年3月,《中共中央 国务院关于构建更加完善的要素市场化配置体制机制的意见》进一步提出要"深化农村宅基地制度改革试点,深入推进建设用地整理,完善城乡建设用地增减挂钩政策,为乡村振兴和城乡融合发展提供土地要素保障",还要"探索建立全国性的建设用地、补充耕地指标跨区域交易机制"。这几项法律、政策的基本逻辑是通过盘活农村"三块地",实现土地资源依法有序流转,为增加农民财产性收入创造条件。比如,集体经营性建设用地按照与国有土地同地同权同价的方式流转,意味着无论卖出多少钱,全部直接留给农村。从这个角度来说,农村的土地级差收入就得到了提高,而且越是大城市周边的农村土地,级差收入就越高。这些级差全部会返给农村,其中约20%会补给村集体或乡政府,用于农村基础设施建设;其余的70%—80%则要反哺给出让承包地和宅基地的农民。加上城乡建设用地增减挂钩政策的逐步完善推广,农民和农村因"三块地"带来的财产性收入会逐步增加,城乡差距会得到较大改善。

深化户籍制度改革,加快推动农民工进城落户。城乡户籍制度的差异,形成了两种制度,农民哪怕在城里打工10年、20年也无法落户。城市的居民普遍享有的住房、养老、医疗、教育以及就业等社会保障,农民工却并不享有。即使是在交通事故赔偿方面,城市居民和农民工所获得的赔偿费用也相差很多。

而且不能落户城区,使得农民工的实际劳动时间减少一半。党的十八大以来,中央一直在积极推动这方面的改革,提出到"十三五"末要实现2亿农民工就地落户城区。近两年,这方面改革进一步加快。2020年全国农民工总量为2.85亿人。预计到2035年,沿海地区的城市会再消纳1亿农民工,内陆城市也可以再消纳1亿农民工。这2亿农民一旦成为城市居民,经过10年到15年的时间,就可能成为城市的中等收入人群。到时候,城市中等收入人群就会从现在的4亿人增长为6亿人。与此同时,通过深化改革等各方面措施,城市原有的中等收入人群会再增加1亿;而留在农村的农民,由于"三块地"政策的逐步落实,财产性收入会不断增加,其中也将会有1亿人步入中等收入人群的行列。所以到2035年左右,中国就会有8亿人成为中等收入人群,而低收入人群从6亿减半为3亿也将有可能成为现实。

随着土地和劳动力这两类生产要素城乡流动的障碍逐步消除,资金要素也会逐步流向农村。中国的金融资产大概有300多万亿元,其中贷款余额250多万亿元,这250多万亿元中差不多有50万亿元是政府性债务,有150多万亿元是各类工商企业的贷款,剩下的近50万亿元是来自居民家庭的贷款。而其中城市居民的各种贷款累计占居民家庭贷款的90%。换言之,剩下的4万亿—5万亿元贷款来自6亿—7亿的农民和农民工。而且很多农民工好不容易有了点余钱,也大多会寄回家,而家里收到这笔钱也大多会存到当地银行。银行获得这些存款之后,最后会集中起来放贷给当地的城市去使用。也就是说,通常情况下,往往是城市拿了农村的资金去使用,资金要素进一步割裂,最后造成金融资源产生的财富只有很少一部分能够分享给农村。背后基本原因仍与城乡二元体制下农村的土地、劳动力的流动限制有关。一方面,农村的集体经营性建设用地尚未有效流转起来,农民的宅基地抵押融资的功能尚未得到有效体现;另一方面,与城市工商业比,土地适度规模经营受到一定限制,以致农业的投资回报不高。这反过来说明,随着农村"三块地"的逐步有序流转、农业富余人口进城落户,城乡二元体制将逐步瓦解,农业农村吸纳资金的能力会逐步提高,资本下乡促进农民富裕的机制会逐步健全,城乡差距也会因此逐步缩小。

3. 缩小行业收入差距

三百六十行,行行有状元。这三百六十行主要说的是城市里的第二产业和第三产业。从逻辑上说，市场经济发育比较成熟的时候，市场本身的资源配置机制会把各行各业的投资回报互相拉平。也就是说，做银行的投资回报跟做保险的会差不多，跟做制造业的也会差不多，制造业中的石油化工、汽车和轻工纺织也会差不多。因为资本在行业之间会有一个市场化流动。如果这个行业的回报特别高，资本就会往这边涌，这个行业的蛋糕就会被瓜分，分了以后，最后各个行业的投资回报会相对拉平。但我国现阶段一些行业收入尤其高，突出表现在三个行业：金融业、互联网行业和房地产行业。

首先，金融业。中国现在有 4 000 多个上市公司，其中金融业的上市公司有 40 个左右，包括 20 多个银行，还有一些证券公司、保险公司，等等。这些金融企业一年的利润占了整个中国 4 000 多个上市公司利润总和的 50% 左右。剩下 4 000 多个来自工商业、服务业等各行各业的上市公司加起来的利润总和与金融业利润占的比重相当。而这就造成了金融业的董事长、总经理的年收入动辄就是 500 万元、800 万元，甚至达到 1 000 万元、2 000 万元。相比之下，其他的工商产业的董事长、总经理们的收入却低很多。现在国有企业的董事长年薪在 60 万到 160 万元，民营企业的董事长，如果不考虑股权分红和资本利得的因素，一年的收入也只有 200 万到 300 万元。出现这 5 倍甚至 10 倍的差距，不是因为那些金融业的董事长真的有那么大的本事拿这么多钱，而是因为金融牌照产生的垄断租金。实际上，我们不妨对比一下美国：华尔街同样有 4 000 多个上市公司，排在前 10 位的有 8 个是美国的高科技公司，包括苹果、Facebook 等，但在我国 4 000 多个上市公司中，排在前 10 位的有 8 个是金融机构，另外两个中一个是地产公司，一个是茅台酒厂。这些都说明了金融行业的高门槛和牌照资源的稀缺性导致这些行业获得了超额收益，这些行业的从业人员也因此获得了超过其能力和贡献的超高收入。

其次，互联网行业。近年来，我国互联网平台企业快速壮大，在满足消费者多样化需求的同时，为广大中小企业开拓了新的营销渠道，但也出现了市场垄断、无序扩张、野蛮生长的问题。一些企业在竞争中往往通过"掐尖式并购"，把一些可能产生颠覆或竞争效应的小企业收入囊中，试图达到限制竞争的目的；或者通过巨额融资，以"烧钱"的方式来抢占"入口"、占领用户，一旦形成垄断后就赢者通吃，抬高门槛、拉高定价，搞价格歧视；个别头部企业借助已经形成的市场优势大肆向金融领域扩张，美其名曰"商业模式创新"。这时候，小公司想要到这些平台来开店销售商品，它们就会收取20%或者25%的上架费。这种不合理的市场垄断带来了显著的财富聚集效应，拉大了收入分配的差距。对这种情况，如果前面搞了垄断，后面采取征税的方式来平衡，实际上是本末倒置的。正确的做法是先要在源头上做到相对平衡，即加大反垄断力度，加强对互联网平台企业的监管，防止资本无序扩张，促进市场有效竞争。要针对其业务模式的不同特点提出监管的思路，特别是要加强对互联网平台企业利用信息和数据优势涉足民生和金融领域的监管，有序引导其逐步剥离有关业务。

最后，房地产行业。近十几年来，在各路资本的涌入和加持下，房地产成为国民经济支柱产业。我国的房地产建设面积从20年前每年1亿平方米发展到如今每年17亿平方米，房地产公司从几千家发展到几万家。在这个发展过程中，房价从每平方米1 000元上涨到如今最高每平方米20万元，最终导致"房子是用来住的"这个概念异化成为"房子是用来炒的"。自然，这个过程中也产生了财富畸形的分配。这不仅仅是房地产行业从业人员收入过高的问题，还由于房地产价格的暴涨，买房早、买房多的与买房晚、没房的在获取房产增值收益方面形成了天壤之别。所以近年来，党中央一直强调房地产行业要回归"房住不炒"的定位，并出台了一系列调控政策来稳地价、稳房价、稳预期，努力促进房地产市场平稳健康发展。最近一段时期，房地产市场出现了下行压力，一些头部房企由于杠杆率过高出现了流动性困难，正是矫正房地产行业畸形发展的好时机。建议短期内以稳为主，适当调整紧缩政策；同时，着眼长远，通过调整个人住房信贷政策、大力发展租赁住房市场等供给侧结构性改革措施来实现标本兼治。

总之，要解决这些行业收入差距过大问题，关键仍是深化供给侧结构性改革，从行业运行的一些基础性制度层面进行调整，实行源头治理，而不是在生产力造成畸形的极端之后再去通过二次分配来调整。换言之，实现共同富裕，先要从生产力的第一线、供给侧结构性的制度安排、区域的资源优化配置、城乡的要素循环和行业的协调平衡入手，这样才会在基础上平衡好共同富裕，最终形成高质量的发展。

（三）处理好三大分配之间的关系

习近平强调，要"正确处理效率和公平的关系，构建初次分配、再分配、三次分配协调配套的基础性制度安排"。当影响经济社会高质量发展的区域协调、城乡统筹、行业均衡的体制机制问题得到有效解决后,为了促进共同富裕,我们还要做好分配的工作。其中,一次分配讲效率兼顾公平,二次分配讲公平兼顾效率,三次分配讲自愿、讲道德。这是三个分配的基本格局。这三次分配之间的关系是:一次分配是基础,二次分配是关键,三次分配是配套和辅助补充。有人说,如今我国前面两次分配都已经做得很完善了,应该将重点放在三次分配上,提倡大家捐款,这是绝对畸形化的歪曲事实的理解。

1. 一次分配讲效率

这里的效率代表的不仅是劳动所得。社会主义初级阶段的原则是以按劳分配为主、多种分配方式并存。正如前文所言,关于农民,不能仅凭借农民从事农业活动的勤劳程度决定他的分配,而是要把被征地动迁的土地要素流转带来的收入大部分分配给农民,增加他们的财产性收入。此外,农民对其拥有的土地,比如宅基地和承包地等也同样拥有益物权,这是一种财产权利。农民可以用这些地做融资抵押,申请到贷款。有了这些贷款,农民就有了靠资金要素来获取收益的可能,其收入就会有所增加。这种因赋予农民土地要素的流转而形成的收入分配,都属于一次分配。所以,一次分配讲效率不仅仅是按劳动来分配,也是包括要素在内的多样化分配方式。

一个典型的问题是如何利用资本市场做好一次分配。其实,这方面发达国家非常有经验。比如,美国股市总市值中有大约63%由机构投资者持有,其中各类共同基金占了1/3。而这些共同基金的一大来源就是各种退休金。正是在此类养老基金的参与下(占美国股市市值规模30万亿美元的30%),加上美国上市公司的大股东、战略投资者等的长期投资(占了股票市场的40%),美国的资本市场才形成了以长期资本、机构投资为主,以散户、短期基金投资为辅的投资格局。这种机制也让美国的普通工人得以分享资本市场增长的红利。所以,我们看到,疫情之下,尽管美国失业率连创新高,但由于股市在持续上涨,工人来自资本市场的财产性收入并没有受到太大影响。这启发我们,如果能够进一步拓宽社保资金投资资本市场的渠道,我国资本市场的长期资本就会增多,广大老百姓也可以在股市成长中受益。事实上,除了养老、医疗保障基金外,还有住房公积金和企业年金(补充养老保险金),这些基金也都应该加大在资本市场中的投资比例,而不能仅仅是存银行拿利息。这既是为资本市场提供稳定可靠的长期资金来源的需要,也是这些基金自身保值增值的需要。在未来,这些资金可以通过竞标的方式交给类似社保基金管理机构那样的投资机构来管理,实现7%以上的年化收益率,可谓一举多得。

2. 二次分配讲公平

一次分配主要在市场主体端,根据国家的法律和市场的机制来运行;二次分配则由政府主导,是直接由政府推进的分配,讲的是公平,是整个分配关系当中最关键的概念。二次分配包括政府制定的税收、社会保障的五险一金以及转移支付三个方面。

重点谈一谈税收。税收包括直接税与间接税两种。所谓间接税,是指纳税义务人不是税收的实际负担人,能够通过提高价格把税收负担转嫁给别人的税种。具体而言,增值税、消费税以及关税等都属于间接税。直接税是指直接向个人或企业开征的税,纳税义务人就是税收的实际负担人。具体而言,房产税、个人所得税、企业所得税、遗产税等属于直接税。间接税由于可以转嫁,其收入分配调节功能不如直接税。在未来,要逐步降低间接税的比重,提高直接税的比重。

建议进一步降低个人所得税。目前,我国个人所得税实行七级累进、最高45%的所得税率,在全世界算是较高的。我国每年的个人所得税占全部税收收入的比重为7%,大大低于发达国家20%、发展中国家15%的比重,甚至比俄罗斯都要低。之所以这么低,一个重要原因是高边际税率下,很多私营企业主在企业不领工资,而是将收入留在企业转成按25%的税率交企业所得税;一些高收入人群要么移民,要么将企业迁到中国香港、新加坡等地以避税。按照国际惯例,个人所得税率应该小于或等于企业所得税率,现在企业所得税率降到了25%,个人所得税最高边际税率也应由45%降到25%,相应的级次税率也应下降。此举不仅不会减少税收总量,反而会扩大税基,刺激消费,形成税收总量的增加,个人所得税占税收收入的比重也会逐步提升。

建议进一步稳定小微企业所得税优惠政策。占数量80%的小微企业吸纳了70%的就业。2018年7月,国家财政部和税务总局针对小微企业出台了持续三年的所得税优惠政策,对年应纳税所得额低于100万元(含100万元)的小型微利企业,其所得减按50%计入应纳税所得额,按20%的税率缴纳企业所得税,优惠时间自2018年1月1日至2020年12月31日。2019年1月,财政部和税务总局进一步放宽该优惠政策：对年应纳税所得额低于100万元的部分，减按25%计算应纳税所得额，并按20%的税率缴纳企业所得税，100万—300万元的部分按50%计算应纳税所得额，按20%的税率缴纳企业所得税，优惠时间自2019年1月1日至2021年12月31日。2021年4月，两部委再次发布公告，对年应纳税所得额低于100万元的部分，减按12.5%计算应纳税所得额，并按20%的税率缴纳企业所得税，优惠时间自2021年1月1日至2022年12月31日。这些政策将小微企业的实际税负降到了5%，可以说是全世界最为优惠的政策了。建议将这一短期性、临时性政策转变为长远的基础性制度，上升为法律，以稳定社会预期。

除了所得税外，直接税还包括房地产税、遗产税和馈赠税。这些都是现代国家财税体系中重要的直接税税种。目前，我国正在试点房地产税，未来将逐步推开。今后还要研究推出遗产税和馈赠税。当然，我们还要考虑税源的国际竞争因素，不能孤立地谈提高直接税比重。比如，法国在奥朗德时期推出了一项政策，即收取高达70%的遗产税。这项政策一经推出，法国的富翁和企业领袖们纷纷选择离开法国，移民去税收较低的英国伦敦，很多企业家也将公司总部迁到英国。这样一来，英国因此获得了一笔巨大的财富，而法国的资产财富却大量流失。由此可见，想要解决平衡性的问题，还需要统筹考虑国际竞争，否则可能会适得其反，造成财富流失。

3. 三次分配讲自愿

三次分配主要指自愿性质的捐赠。现在不少人富起来后有回馈社会的愿望，社会责任感很强，但由于我们这方面相关的税收制度不健全，方便老百姓做慈善的通道还不够畅通，相关社会组织和行业监管尚不成熟，需要进一步深化改革、逐步完善。比如，通过免抵税可以有效激励人们从事公益捐赠。日本有一位首相，他的母亲十分富有。母亲去世后，给这位首相留下了一套价值不菲的别墅。日本当时的遗产税率是50%，所以他如果想继承这套别墅，必须缴纳遗产税，但是他却拿不出这笔钱。当然他也可以卖掉，但是这是他母亲留给他的财产，也是一种纪念。最后他把这套别墅捐给了国家。这样一来，他就不用交遗产税了。美国也有类似的捐赠免抵税的立法，旨在鼓励其富裕人群自愿捐赠。

中国也在完善捐赠免抵税的有关政策。根据《企业所得税法》，企业发生的公益性捐赠支出,不超过年度利润总额12%的部分,准予税前扣除;根据《个人所得税法》,个人对教育、扶贫、济困等公益慈善事业进行捐赠,捐赠额未超过纳税人申报的应纳税所得额30%的部分,可以从其应纳税所得额中扣除。此外,对符合条件的公益慈善事业捐赠实行全额税前扣除。在受赠对象方面,有关部门也出台了一些政策措施,放宽了受赠对象的限制。这些政策措施的出台表明我国正在加快形成日益规范、透明、法制化的公益性捐赠机制。值得注意的是,三次分配中捐赠税前扣除若与降低企业所得税和个人所得税的实际税负的有关政策结合起来,不仅可以让一次分配更有效率,还有利于进一步鼓励和引导各类市场主体特别是高收入群体和企业加大捐赠的力度,促进三次分配,进而为共同富裕做出更大贡献。

全球化发展新趋势与我国
新发展格局下对外开放新模式

王新奎[*]

我从20世纪80年代起到现在,一直从事我国改革开放的理论研究工作和实践的决策咨询工作。中国在加入WTO的时候有一个承诺,即每个省份必须设立一个咨询点,如果外资企业认为有与我国对WTO的承诺不符的政策,可以向这些咨询点投诉,并由这些咨询点向本国政府部门提出咨询意见。上海的WTO事务咨询中心是2000年创立的,是全国第一家由政府设立的WTO事务咨询服务机构。在中国加入WTO过渡期结束后,我们中心咨询工作的重心逐步从事务咨询转向决策咨询。目前,主要的工作任务是建立全球投资贸易运行的监控预警系统,为中央各部委参与WTO多边贸易谈判和各类自由贸易协定(FTA)谈判提供技术支撑。

在2005年到2015年的10年中,有一个中美商贸委员会和商贸论坛,每年就解决中美商贸关系中的矛盾与冲突进行交流和协调。2010年,中央决定实质性启动中美商贸谈判,第一个重大决策就是中美投资协定谈判。2015年,中美商贸委员会和商贸论坛结束。为了继续推动改革开放,中央做出了第二个重大决策,决定在上海浦东设立自贸试验区,率先探索建立"负面清单"外资市场准入新体制,希望通过这一试验,克服中美投资协定谈判中的最主要的困难。

建立中国(上海)自由贸易试验区的决策与上海市政府和国家商务部合作实施的一项决策咨询项目有关。早在2010年,上海市政府和商务部就合作成立了"全球投资贸易决策研究中心",并同时启动题为"经济全球化发展新趋势

---

[*] 王新奎,上海WTO事务咨询中心理事长,上海市政协原副主席,第十一、十二届全国政协常务委员,上海对外经贸大学原校长。

与我国对外开放的新战略"重大项目研究。该项目成立了由韩正市长与陈德铭部长担任组长的领导小组。项目研究团队的组织和管理由上海WTO事务咨询中心负责,项目研究由商务部政策研究室指导。

自2010年到现在,已经12年过去了。现在,在上述研究项目的基础上,我们建立了全球投资和贸易运行监控预警系统,该系统的维护与运行已经成为我们中心的核心业务工作。以下就是2017年中美贸易摩擦不断升级以后我们对经济全球化发展新趋势的观察和研究成果。

现在,有两段习近平总书记的话大家都倒背如流。第一段话是当前中国处于近代以来最好的发展时期,世界处于百年未有之大变局,两者同步交织、相互激荡。那么什么是百年未有之大变局?为什么会发生百年未有之大变局?这个大变局和近代以来中国最好的发展时期两者之间如何同步交织、相互激荡?习近平总书记这句话是2018年6月份讲的,当初讲这个话的时候我们还没有太深刻的理解。但是,从中美贸易摩擦开始到现在,我们深切体会到这个世界的变化,而且和我们自己的发展是紧密交织在一起的。

第二段话是2020年10月党的十九届五中全会在《中共中央关于制定国民经济和社会发展第十四个五年规划和2035年远景目标的建议》中提出:"以深化供给侧结构性改革为主线……加快构建以国内大循环为主体、国内国际双循环相互促进的新发展格局。"这两个大循环互相之间怎么切换?在这个切换的过程当中要付出什么样的代价,有什么样的风险?内循环和双循环在切换的过程当中又是什么关系?供给侧结构性改革包括哪些内容?

所以,我通过讲大变局,简要谈一下我对上述问题的一点粗浅的思考。

一、当前经济全球化发展新趋势与百年未有之大变局

大家知道,我们国家从1990年到2010年这20年期间,遇到了三个千载难逢的发展机遇。第一个机遇是经济体制的市场化改革。我们真正走出发展的困境是在20世纪80年代完成商品价格市场化改革以后。进入了20世纪90年代,我们迎来了经济高速增长的一片新天地。第二个机遇是1991年冷战结束,世界进入了一个和平与发展的时代,为中国的发展提供了一个百年未有的良好国际环境。第三个机遇是20世纪90年代开始,经济全球化发展进入

黄金时代,全球价值链快速形成,中国发挥其独特的比较优势,迅速成为全球供应链中具有决定性地位的一环。这三个机遇,有主观的也有客观的,有内部的也有外部的,有必然的也有偶然的,相互交织在一起,造就了近代以来中国最好的发展时期。

这 20 年,从资本主义工业文明发展角度来看,这一轮高速的经济全球化进程是必然的还是偶然的呢?它既是必然的,也是偶然的,是资本主义工业文明发展过程中的一个阶段。有很多研究这个问题的人认为,过去 20 年的好日子可以一直延续下去。我跟他们讲,2008 年全球金融危机以后,这个阶段结束了。

从 2008 年金融危机到现在的 10 多年间,为什么会发生这么大的变化?根源在什么地方?我们一定要从历史的高度看这个问题。我这里引用汤因比的一段话。大家知道汤因比在 1976 年出版了他的最后一本巨著《人类与大地母亲:一部叙事体世界历史》,他从文明发展史的角度研究人类世界历史后,得出结论,资本主义工业文明发展正面临着三方面的重大挑战:一是被滥用的日益增长的技术力量与人类社会关系之间的冲突,二是区域性民族国家的政治利益与资本的全球化利益之间的冲突,三是人类无限制的资源消耗与其赖以生存的生命圈之间的冲突。汤因比写这段话到现在,已经快 50 年了。

当前世界经济大变局正是资本主义工业文明的根本矛盾在快速的经济全球化高潮过去以后,迅速激化的表现。

一是互联网技术被无限制地滥用,已经在全球范围内引起人类的社区、社群,甚至个人之间社会关系的激烈冲突。首先,数据流动是没有国界的,政府无法用原来传统的边界监管手段来进行监管。其次,数据流动主要掌握在巨型跨国平台企业手里,这些平台企业如果不配合,政府是没有办法实施有效监管的。最后,数据和价值观、文化甚至地缘融合在一起。过去以自由贸易理论为基础的全球货物和服务贸易监管手段,已经不可能原封不动地用于互联网数据跨境流动的监管,必须创制新的监管原则和监管方法。

二是价值链分工无限制地扩展,已经在全球范围内引起区域民族国家的政治利益与资本的全球经济利益之间的激烈冲突。美国政治为什么乱?为什么特朗普提出"美国第一",然后到了拜登还是"美国工人阶级第一"呢?为什么共和党和民主党有这么大的分歧?核心问题是怎么解决区域民族国家的政治利益与资本的全球经济利益之间的矛盾。

三是经济全球化激速扩展所推动的全球经济和贸易高速增长,导致人类无限制的资源消耗与其赖以生存的生物圈冲突日益激烈。全球气候议程在进入 2020 年以后突然引起全球的关注,有其必然性。

在百年未有之大变局下,西方主要发达国家的政治理念、经济理论和政策实践也正在悄然发生变化。

跨国公司以利润最大化为导向的全球价值链分工模式受到越来越多的政治质疑,导致全球经济面临"再平衡"的巨大压力。现在跨国公司主要受到以下三个方面的政治质疑:

第一个质疑是在经济全球化高速发展的过程中,一大批社群、地区、国家被全球供应链所抛弃或边缘化。这个问题不单单存在于一个国家内部,而且在全球范围内都在发生。如果观察全球范围内的价值链分布可以发现,在过去 30 年当中,除了东亚和东南亚、北美、欧洲之外,其他国家和地区,包括非洲、南亚、中亚、南美,其工业总产值和贸易额在全球所占的比重是下降的,而且这一趋势还在不断地加剧。那些发生政治动乱的国家或地区,往往都被前一轮的全球化所抛弃或边缘化。

第二个质疑是如果一个国家或地区过度依赖全球供应链,就会面临供应链的安全和弹性问题。这个问题早在美国奥巴马政府时期就已经提了出来,由于这次新冠肺炎疫情,安全概念几乎已经蔓延到所有与国际投资和国际贸易相关的领域。

第三个质疑是社会开始对全球性互联网跨国平台企业的垄断技术和数据垄断表示担忧,如何加强个人隐私保护、如何公平分配数据赋能增值、如何防止数字技术发展突破人类道德的底线,已经成为人们普遍关注的问题。

在这种背景下,越来越多的西方发达国家对自由市场经济理论和实践进行修正,通过实施各种形式的产业政策,着力抢占数据技术和数据经济发展的主导地位。最近美国民主、共和两党的《基建法案》和《竞争力法案》,主要解决的就是如何实施设计和产业政策的问题。这过去在发达国家是难以想象的,但是现在已经成了一种潮流。

与此同时,在全球范围内,重新评价和解释经济全球化发展的经济理论开始出现,对经济全球化提出质疑的经济学家群体取得越来越多的学术和政治决策话语权。我们可以看到：特朗普的团队成员中有许多是一些被所谓知名大学排挤的"不入流"的学者，他们取得了主流的话语权。这种情形不会是第一次，会越来越普遍。目前，美国有大量的保守主义的研究机构和智库，它们非常活跃，以研究报告和游说活动影响了美国政府。我们要清醒地看到，当前西方国家这种主流思想和理论的变化也是百年未有之大变局的一部分。

二、全球经贸治理新议程与西方发达国家协调单边主义的兴起

最近20年来，WTO的规则谈判机制基本处于瘫痪状态。其中原因很复杂，但最根本的原因是在百年未有之大变局的形势下，各成员方为达成新的多边协议继续让渡主权的可能性已经几乎为零。与此同时，WTO已有的规则体系完全无法适应技术进步、产业演变和经济全球化发展的新趋势，要进行根本性改革的可能性也非常小，对此我们必须要有清醒的认识。

当前，以美国为首的西方发达国家重构全球投资贸易治理体系的基本立场是单边主义。这种单边主义是从美国特朗普政府开始的，特朗普提出"美国第一"，启动"232调查"和对中国的"301调查"，建立针对中国所谓"非市场经济"行为的美、欧、日三方协调机制，都是这种单边主义的具体表现。

拜登政府上台以来，提出"美国工人阶级第一"，基本延续了特朗普政府时期的单边主义的立场，只不过强化了与其盟国的协调，所以我称之为协调的单边主义。目前，以美国为首的西方发达国家协调单边主义的基本轮廓已经显现，主要包括以下三大议程：

议程一：基于公平贸易原则，复原安全而有弹性的供应链。具体措施包括：一是推动全球价值链高端研究与制造本土化。比如，美国商务部最近进行的供应链安全百日调查发现，芯片代工是半导体全球供应链中的一个非常重要的环节，美国政府开始采取一系列产业政策措施，鼓励跨国公司把供应链代工制造环节移回本土。例如，英特尔过去专注于生产自己设计的芯片，不搞代工。它在美国政府的支持下，开始在美国本土投资芯片代工厂。受美国的影响，欧盟也提出了自己的半导体发展产业政策。二是全球供应链布局本土化和近岸化。这个问题在日本福岛核电站事故以后、奥巴马政府的时候就提出来了。在这次新冠肺炎疫情全球蔓延以后，美国、欧盟和日

本都采取了一系列的措施,推动本国的跨国公司调整供应链布局。我们中心对全球供应链和生产布局变化监控系统的监控数据表明,供应链布局本土化和近岸化的趋势已经出现。三是全球生产布局东道国目标市场化。最近几年来,跨国公司的投资越来越多地以参与东道国国内市场竞争为目标,以并购东道国本土企业为调整生产布局的主要方式。我们可能没有注意到,比如我们熟悉的化妆品"大宝"已经是强生旗下的品牌,小肥羊连锁餐饮已经是百胜旗下的品牌,等等。

议程二:基于共同价值观的可信数据跨境自由流动。这里要注意"共同价值观"和"可信",这两个概念充分体现了协调单边主义的特征。这一议程包括以下七个领域:一是安全、有弹性、多样化的数字和电信与信息通信技术(ICT)基础设施供应链,二是数字技术标准,三是数据的自由流动,四是互联网安全,五是数字竞争,六是电子可转让记录,七是包括海关的电子签名在内的贸易便利化措施。

我们应该承认,现在数字经济的发展对于各国政府监管来说还处于知识和经验不可及的范畴。因为数字技术进步太快,大部分国家现在采取的措施是先实行数字孤岛化监管,然后在逐步积累监管经验的基础上,探索数字监管规则创新的路径和方法。

议程三:基于共同体的气候承诺,推进高碳增长与高碳贸易转型的规则创制。关于气候议程,以美国为首的西方发达国家的基本思路就是改变游戏规则,掌握从高碳增长和高碳贸易游戏规则转向低碳增长和低碳贸易游戏规则的主导权。

欧美企图改变经济增长和贸易的游戏规则的最主要趋势是气候议程与贸易挂钩。最近,欧盟已经公布了碳边境调节机制方案,这个政策的最关键一点,就是要对所谓的高碳进口产品征收"碳关税"。美国和欧盟尽管在气候议程与贸易如何具体挂钩的问题上存在着分歧,但气候议程与贸易挂钩的这一基本立场是一致的。

我认为,全球气候议程领域有可能是单边主义,特别是协调单边主义的重灾区。因为在这个领域,西方发达国家既有经济发展阶段和技术上的优势,也占据了一定的道德高地,他们一定会借此实现他们改变全球经济增长和贸易的游戏规则的战略意图。

三、新发展格局下的我国对外开放新模式

面对经济全球化发展的新趋势与百年未有的大变局,党中央非常及时地提出了构建新发展格局的重大战略决策。根据我的长期理论研究和参与决策咨询的实践,我认为,当前我们领导干部面临以下三方面转变思维范式的挑战:

第一,对外开放的思维要有全新的视野。我们要适应和探索不同市场经济体和平共处的新思路。外交部部长王毅在会见美国副国务卿舍曼时讲道:"中美关系向何处去,我们的意见很明确,那就是通过对话找到一条不同制度、不同文化、不同发展阶段的两个大国在这个星球上和平共处之道。如果能互利双赢当然更好。"在20世纪90年代初冷战刚结束时,大家对构建全球多边贸易体系前景的判断比较乐观,希望全世界所有的国家,不管是什么文化、什么制度、什么发展阶段,都可以在同一个规则体系下面一起合作,追求的是不同国家之间政府管理投资贸易政策的最大公约数。后来的实践证明,这个愿景是不切实际的。现在必须探索如何在不同的经济社会制度的国家间,找到政府管理投资贸易政策的最小公倍数,寻求和平共处、互利共赢之道。

第二,对外开放的模式要有全新的设计。关键是要建立新的内循环和国际循环相互促进的关系。习近平总书记在《把握新发展阶段,贯彻新发展理念,构建新发展格局》一文中指出:"构建新发展格局",即以国内大循环为主体、国内国际双循环相互促进,对此不能片面理解,只强调"以国内大循环为主",主张在对外开放上进行大幅度收缩;或片面强调"国内国际双循环",不顾国际格局和形势变化,固守"两头在外、大进大出"的旧思路。那么,新发展格局下的对外开放模式是什么呢?这需要我们在实践中去不断探索和创新。

第三,对外开放的行动要有新的标准。最近发布的《中共中央 国务院关于支持浦东新区高水平改革开放打造社会主义现代化建设引领区的意见》指出,从要素开放向制度开放全面拓展,率先建立与国际通行规则相互衔接的开放型经济新体制。这就是对外开放行动的新标准。什么是制度开放?制度开放与要素开放之间的关系是什么?什么是国际通行规则,如何相互衔接?这些都是我们在对外开放的行动中必须面对的问题,需要通过实践去把握。

我们改革开放的成就有目共睹,积累的经验也极为宝贵。但在我国对外开放国际环境经历百年未有的大变局的新形势下,我们的改革开放事业必须向新的发展格局转型。在这一过程中,我们不可避免地会面对风险,也必须付出代价。新的范式需要经过实践来检验,新的经验需要通过实践去积累,新的行动需要经得起实践的考验。一分谋划,九分落实,现在是聚精会神干的时候了。

从世博会到进博会看公共外交

周汉民[*]

我要讲两个伟大的事件,一个是世博会,一个是进博会。昨天读到一条新闻让我很宽慰:2010年10月31日上海世博会闭幕,经过国家倾情努力,我们在2013年获得联合国全票通过,将10月31日定为世界城市日。昨天的新闻提到世界城市日的主场,在六年之后又回到了上海。我看到这条新闻非常感慨,因为上海作为世界城市日的主场,不仅是实至名归,更是一种责任。当李强同志出任上海市委书记之后,我就向他写信建议"我们应该把城市日主场移到上海";龚正同志出任上海市市长之后,我又写信建议推动这件事在近期内完成。这件大事终于如愿以偿,正如泰戈尔所言,"拆下自己的肋骨点亮作火把,照亮前行的道路",这就是知识分子应该有的操守。

由此,我要讲三点。第一,伟大的时代造就伟大的事业,成就伟大的事件。这个时代是我们共同经历的时代,我们都是这一时代的见证者、受益者,也是推动者。第二,上海世博会到底给我们留下了怎样的启示?第三,在百年未有之大变局提出之际,为什么要举办进博会?

一、伟大的时代造就伟大的事业

这是一个什么时代?有人说这是改革开放的时代。我特意加了四个字:改革开放接续前行。这一时代不是理所当然地到来,更不可能理所当然地成功。

我引一段话来说明取这一标题的原委。2018年12月18日,庆祝改革开

---

[*] 周汉民,全国政协常委,民建中央副主席,上海市政协副主席。

放40周年大会在北京隆重举行,习近平总书记发表重要讲话,他说:"我们现在所处的,是一个船到中流浪更急、人到半山路更陡的时候,是一个愈进愈难、愈进愈险而又不进则退、非进不可的时候。……将改革开放进行到底。"在我的记忆中,人民领袖用"把××进行到底"的句式仅有两次。一次是在1949年,当人民解放军要强渡长江,毛泽东同志写过"钟山风雨起苍黄"的历史名篇。他专门写了一篇檄文,标题就是《将革命进行到底》,作为《新华日报》社论。当时许多人希望毛泽东下决心,中国共产党固守江北,让国民党继续留在江南。毛泽东同志坚决反对这样的主张:国家分裂是绝对不能允许的。所以,解放军百万雄师过大江。而第二次表述就是将改革开放进行到底。我以为接续前行比什么都重要。

我就用三个时间点回溯一下我们的历史:

一是1978年12月18日至22日,中国共产党在京西宾馆举行十一届三中全会,只做出一个重要的决定,这个决定就是国家的中心工作转移到经济建设上来,实行改革开放。这是首次提出改革开放。邓小平同志从江西的工厂回到北京,不能叫官复原职,但基本是复职了。他那天要发表一篇重要讲话,从标题到内容都是自己拟定的。标题十分令人深思,即《解放思想,实事求是,团结一致向前看》。通篇就讲了四个问题。第一个问题就是中国当下最需要做的事是什么?解放思想,今天仍然如此,这比什么都重要,中国共产党一百年来的思想路线就是实事求是。那天,京西宾馆的参会者高高举手,有一个人坐在当中,他就是后来的中华人民共和国主席李先念。那一批人在"文化大革命"中就是典型的牛鬼蛇神,他们今天要对这个国家的前途和命运做出决策,高高举起的手其实就是表达邓小平同志的这一重要理念。1978年中国的经济总量刚刚超过3 600亿元,2020年我们达到101.6万亿元;1978年人均国内生产总值是115美元,2020年人均突破1万美元。这两组数据说明这个国家的沧桑巨变非一般文字可以形容和描述。在贸易方面,1978年我国在世界上排名第32位,总量209亿美元,全球占比只有0.8%;2020年,在如此严峻的新冠肺炎疫情面前,中国的外贸已经第七年名列世界第一,外贸总量46 463亿美元,在全球占比15%。过去中国与美国相比较差距太大,而今天在很多方面中国已经超过美国。中国在这个伟大时代做得最艰难也是最必要的一件事,就是用中国的标准,而不是联合国的标准,实现7亿多人的精准脱贫和扶贫,占同时期整个世界脱贫人数的 75%。第二次世界大战结束到今天 70 多年,世界和平得以维系,其中一个原因就是中国的稳定。如果我们国家有 1% 的人成为难民,今天的世界已经分崩离析,中国就是以这样的努力为世界做出了贡献。

二是 2001 年,中国"入世",全面融入世界。我们与国际接轨是一个多么痛苦的过程。中国"入世"谈判持续 15 年 5 个月,从 1986 年 7 月 11 日,持续到 2001 年 12 月 11 日。大家都熟悉一位谈判代表,他的名片上写的是中华人民共和国加入世界贸易组织首席谈判代表,他今年 76 岁,最光荣的职责和职位就是这个,而实际上他是第四位首谈。15 年 5 个月,他负责其中的五年半,前面三位中有两位还健在。我时常在不同的场合建议,我们现在要用口述历史把他们记录下来,否则就泯灭了。第一位谈判代表沈觉人,他于 2020 年送了我一本书,我唏嘘不已,书中写的就是他参加谈判的经历,他自己出资印了 100 本送老友。第二位佟志广,已经过世了。第三位是谷永江,当时龙永图就是谷永江的助理,龙永图是第四位。我们一路谈下来,用了 15 年 5 个月,中华人民共和国到那个时候成立只有 52 周年,52 周年当中为了一件事谈了 15 年。我们回眸的时候突然发现这是一个多么巨大的成果,而我们付出了多么巨大的代价。1978 年中国进出口贸易总额 209 亿美元,2001 年达到 5 000 亿美元,这个进步有多巨大?2020 年尽管出现中美贸易摩擦,但即便在这种情况下,中美双边贸易额仍达 5 800 多亿美元。这是什么概念?在中国疫情最为严重的时候,在美国已经对 4 000 亿美元中国进口商品征收平均 19% 关税即惩罚性关税的时候(美国的平均关税是 4% 以下),在这样严峻的形势下,中国对外贸易仍然保持进出口总额 32.16 万亿元。2020 年中、美两国贸易增长 8.8%,2021 年 1—9 月中美贸易增长 35.4%,美国不可能不靠中国活着,这就是事实。

外汇储备方面,2001 年我国外汇储备 2 000 亿美元,2020 年 12 月 31 日升至 32 165 亿美元,真的了不得,没有这点实力怎么和美国较劲,因为这 32 165 亿美元当中差不多 10 000 亿美元是美国国债。再说一个数据,经济总量。2001 年我国 GDP 不到 11 万亿元人民币,绝对值是 10.9 万亿元人民币,2020 年为 101.6 万亿元人民币。中国 43 年改革开放,如果说用一句话总结,就是用更大的开放倒逼更深入的改革。

三是中共十八大。2013 年,十八大召开的第二年,习近平总书记提出了一个新的词汇,叫"新常态",它已经进入了《牛津词典》。什么叫新常态?我以为新常态就是一个"低了"、三个"高了"。中国的重大转变就是在这一刻,这个转变几乎再不能逆转过来。什么低了?经济增长高歌猛进的时代结束。何谓高歌猛进?1978—2020年,中国年均增长超9%,但如果看最近这5年,中国经济增长一般不超过7%。高增长结束后,进入中高速度增长阶段。什么高了?首先是劳动力,我们国家现在每年新增劳动力在锐减,每年减少300万—400万人,这样的情形已经持续了8年。劳动力成本的陡然升高对中国来说是一个不争的事实,所以不能不做出一个重要决定即"三孩"政策。其次是环境成本的升高,这个不用多说,就说说上海,这座城市40年前是全中国三废污染程度最高的城市,黄浦江根本不能靠近,通过两位市长前赴后继的努力,前有黄菊,后有徐匡迪,黄浦江、苏州河发生翻天覆地的变化,这一历史性的变化载入了史册。最后是能源资源对世界依赖度越来越高。仅以石油为例,2020年,我们对世界石油的依存度为73%。虽然中国是世界煤炭第一大国,但如果中国不依赖进口煤炭,我们的发电厂照样停产。总之,只有伟大的时代才能造就伟大的世界。中国的改革开放还在半山、在半路,必须把它进行到底,才能实现民族复兴的伟大事业。

二、世博会的启示

中国申办世博会从提出到最后申办经历了10个年头。国家当时在国内5个申办城市中选择,最后决定由上海代表国家去申办世博会。其实这一天等了何止10年,我们的前辈们对中国要有这样的盛会,充满了期许和憧憬。1894年郑观应在《盛世危言》中写道:"欲富华民,必兴商务,欲兴商务,必开会场。欲筹赛会之区,必自上海始。"如要选择会址,必自上海始。为什么?他说上海即在江海交汇的最中央,"轮电往还,声闻不隔"。党中央最后决定由上海代表国家申办世博会。说句心里话,当时我们也没有很认真研究过《国际展览公约》,时常满足于在游泳中学会游泳。但时代不同了,我们不能一天到晚在游泳中学游泳,有的时候可能学不会。我们一研究就感觉中国要站出来,要留半年时间让国际社会与你同台竞争。我们希望最好不要有竞争者,但想不到就在这半年时间迎来了另外5个竞争者:中国的邻国韩国,金大中总统选择了他的家乡丽水;俄罗斯,当时是梅德韦杰夫担任总统,普京是总理,普京站出来说要在莫斯科举行;波兰当时既要加入北约,也要加入欧盟,所以选择了他的一个城市;墨西哥选择了墨西哥城旁边的一个历史名城,如同我们今天的苏州;阿根廷说自己要走出危机,必须要坚持做一个有显示度的动作,因而推送了布宜诺斯艾利斯。最后和中国决战的只有两个国家,韩国和俄罗斯,各有千秋。那个时候我们国家认为需要选派一个常驻代表,我特别荣幸被选中并来到中国驻法国大使馆。它位于香榭丽舍旁边的一条马路,乔治五世大街。我在那里打开窗户就看到五星红旗。吴建民大使是我的老师,他对我的影响和教育使我终身受益。中国申博最难的问题就是面对国际社会的提问:为什么中国样样好处都要沾?因为那个时刻中国"入世"了,中国第二次申办奥运成功了,中国的足球队也进入了世界杯。我们了不得,样样都有,世界就要提问:为什么所有的好处都在中国身上?我再来谈谈一些小故事:

第一个故事,国际展览局决定哪一个国家要申办,就要派考察团去考察,6个国家开会时互不相让,最后就是用古老的方法来解决问题。6个人坐在一起,每张纸各有一个编号,大家抓阄,拿到哪个号就是哪个号。我抓到了1号,立即报告中央,中央回复说就由你来担任这次考察团的总指挥。当时第一个问题就是国际展览局考察团到中国考察,谁来接待?考察团的团长是加拿大人,没有什么级别,其外交履历最多相当于中国的副局级。我提出,接受考察的国家能否在礼仪上做足文章,由国家元首、政府首脑分别会见?外交部认为不太可能。在上级的支持下,我坚持提出这不是做给我们看的,是给另外5个国家看的,最后,3月11日,在两会期间,我们的国家元首和政府首脑分别会见国际展览局考察团,我都作陪。参加此次会见的人员一定要和考察有关。黄菊同志交给了我一项任务,一结束就赶紧到驻京办汇报会见情况。两场会见结束以后,我向黄菊同志报告说气氛好极了。这个考察分量太重,要求太高,但是不管怎么说,我相信中国做到了一件事,即使不能叫作拔得头筹,但至少是争得了先机。

第二个故事,国际展览局的表决。表决的时候采取了军事协定会议的方式。大家都同意远离喧嚣的巴黎,到一个小地方,就是摩纳哥的蒙特卡洛。吴建民同志在与我一起走过蒙特卡洛的某一个房间时说,当时他就住在这里。那时他是中国第一次申奥代表团的新闻发言人,当年的申奥就在这里失败了,他说这是我们的兵败之地。我向吴仪同志报告,这次的会议在蒙特卡洛举行,是第一次申奥的失利之地。吴仪马上回复了几个字：我们不信那个邪。所以那次表决，我们以绝对的优势胜了韩国，54 票对 34 票。

第三个故事，就是世博会到底给老百姓带来什么。国际展览局考察团提出必须要进入我国办世博会的园区考察，要去实地。我回来以后去了这些地方。我共走了 3 次，这里面住了 5 万多居民，全部都用马桶，每天都用煤球炉，早上五点半就开始用，晚上用到十点半。当时来访的外国友人从来都没有看到过马桶。我后来去了卢浦大桥，行走在卢浦大桥上，我想办法告诉大家卢浦大桥两岸的美景。考察团的人都很聪明，但他们心里都理解我们的善意。我们把数据都告诉了他们：1.8 万户居民，274 家工厂，包括江南造船厂全部要搬迁，这样的决心不得了，甚至没有一个人相信我们做得成，但最后我们做成了。所以如果要总结世博会，我就用这段话：什么是世博会？就是为了要解决人类共同面临的难题进行开创性的探索。世博会不是一个展会，而是一场探索。

第四个故事，2021 年 5 月至 7 月我在中央党校学习。这次管理极为严格，全封闭，一步都不能离开校门。同班有一个同学就我国有城市要申办世博会的议题与我交流。上海世博会是 2010 年举办的，一届世博会从提出到举办一般需要 10 年。2020 年，我国有 4 座城市分别向中央申请代表中国举办 2030 年世博会，分别是北京、郑州、宁波、深圳。我个人认为 2030 年不太恰当。因为当下的国际形势发生了重大变化，国家不能匆忙地消耗自己的外交资源。我还提到了一段往事：当年，普京总统曾表示，他们支持中国申办奥运，希望中国也支持他们申办世博会。于是，我们申博时，友谊归友谊，竞争归竞争。如今，上海世博会举行到现在已经 11 年了，俄罗斯又要准备申办 2030 年世博会，我国与俄罗斯是全面战略合作伙伴关系，中国如果晚 5 年即到 2035 年，基本建成现代化的时候再申请，那时的意义就特别重大。总之，世博会不是一个展会，而是人类的伟大探索。

我再谈谈世博会形成的五个启示。

第一，以人为本。我们为什么需要世界盛会？为什么在人类进入互联网时代后，还需要面对面的交流？世博会的理念，首先是以人为本。"以人为本"这个词翻译成英文既可以很复杂，也可以很容易。我认为，以人为本很简单，全世界通用的词汇叫作"people first"。我真诚地建议：大家要多用国际社会通用的概念，在谈话中多用《联合国宪章》或者是其他国际重要语言，这些语言我们用得少之又少,但其恰恰是让我们找到同路人的按钮,很重要。我们在国际组织中的人数还是太少了,数据显示,联合国成立到现在76年,在联合国的中国籍雇员为1 348人,占所有雇员总数1.2%,美国是我们的3.9倍,印度是我们的1.2倍。因此,在国际舞台上要有中国的声音,首先要有中国人。关键就是要把以人为本落到实处。那么什么叫作以人为本?世博会是要设主题的,早期的世博会没有主题,上海世博会的主题是"Better City, Better Life",中文翻译为"城市,让生活更美好",但如果没有看到这句英文,可能就无法还原,其实这两个词非常直截了当,"更好的城市,更美的生活",就是如此。此外,世博会要持续184天,184天我们的园区没有一天关过门。其中包括将自然灾害、人为事件的影响都降到最低。这184天安全运行,就凭这一条就可以得最高奖。因为,有246个国家和国际组织参展,而当年联合国192个成员国(现在是193个)中来了190个,国际组织56个,整个世博会参观人次7 308万。我每天都在现场,人数最高的那一天是2010年10月16日星期六,农历重阳节,距离世博会还有两个礼拜闭幕,那一天世博场馆接待103.27万人。这些数字是根据门票计算的,但其实每天至少要多加10万,因为我们的工作人员不计票,还有几万"将士"守着世博会。这样一届世博会,在5.28平方千米土地上展开,全世界不分南北,国不分大小贫富,都前来展示,是世界上唯一的!大的国家可以自己建馆,小的国家可以选择联合馆的专门区域,最小324平方米,最大是6 000平方米,都由自己建造。我们最了不起的是做了一件事,为残疾人建了一座馆。《国际展览公约》明确规定在世博园区建馆就是几类,要么是主权国家,要么是国际组织,要么是被允许的企业,那残疾人馆算什么?我到巴黎陈述这件事时指出:中国的残障人士当时已经达到8 700万,比当时法国民众的总数还要多。全世界的残障人士6.8亿,要给他们造一个馆展示生命中的阳光,多么重要。我们用了拟人化的馆名,叫"生命阳光"。以人为本是极为关键的。我们采取安保措施,整个世博会绝对不能自带饮用水进场,主要是为了安全,但并非每个人都买得起瓶装水,所以每次看到瓶装水我都想提一句话,没喝完的请带走。世博会后来怎么做?我们设了105个饮水处,装了2 000多个水龙头,每天饮用水用量达1 000吨。可惜的是,现在大街小巷很少有公共饮水处,这是一个城市文明的标志,所以这件事还要推,一步一步推。世博会还创了许多先例:天太热,一个馆排队要几个小时到十几个小时，我们就设置了喷雾、遮阳设施，人工遮阳面积超过 20 万平方米，喷雾覆盖面积超过 15 万平方米。在世博会举行前我去新加坡参加一个国际论坛，就有演讲者质疑：中国有志愿者精神吗？事实是我们在全世界召集志愿者，最后报名者中最年长的 99 岁。我们有近 8 万名志愿者，每个人工作两周，不能重复，中国的志愿者精神成为世博会最灿烂的文化表达。所以，以人为本，志愿者精神也在其中，我们经历了所有考验。曾有一个大国媒体发表社论说中国的插队问题，认为我们插队的现象太严重。事实证明，我们做到了文明，用 12 个字概括：有序排队、文明观展、垃圾分类。早在 11 年前，世博会就把垃圾分成了 7 类。一句话，以人为本是以什么为本？是以人的基本需求和尊严为本，其中以人的尊严为本特别重要。

第二，文化多元。中华文明本来就是一个多元文明，世博会更是如此。那具体怎么来做到？我们有三种方法：展示、活动、论坛。

展示：在展馆方面，上海拿出最好的建筑样式，这些样式拼在一起变成一张照片，美轮美奂。

活动：我们举办了 22 900 场活动，日均 100 多场，整个世博会就是文化的海洋。在世博会有一个非常小的国家馆，人口仅为 54 万人的佛得角需要有一个国家馆，并确定进馆日为 2010 年 7 月 9 日。后来，对方说要推迟，几经选择，因为上海世博会 184 天要有 190 个国家的馆日，所以彼此间有所重叠，最后定在 9 月 10 日。后来我们得知推迟的原因是这个国家有一个获得格莱美奖的歌唱家生病开刀，她来到上海后，我们把最大的演艺中心给她，当时叫世博演艺中心即今天的梅赛德斯-奔驰文化中心，她的演唱感人肺腑，总统流下了眼泪，我问他为什么如此伤感，他说她的歌就是在唱佛得角的美好。这位歌唱家参加了上海世博会的演出，一年多之后去世，我还专门写了一段文字怀念这位只谋面过一次的人，道理很简单，文化具备直达心灵的力量，所以我们希望多元文化，就是希望多姿多彩。

论坛：我们从公众论坛到主题论坛到最后一天高峰论坛，活动丰富。高峰论坛就在闭幕式那天，温家宝亲临并讲了一段话，让我们感到无上的荣耀。他说："上海世博会犹如一部写在大地上的百科全书，构成一幅多元文化和谐共融的美好画卷。"这两个特征很重要。第一，包容性，"海纳百川、有容乃大"，文化的样式中有许多并非你乐意欣赏，但这并不需要你同意。第二,我要引用费孝通先生的话"美人之美,美美与共",美人之美,别人的美你要赞赏;美美与共,那就是和谐、天下大同。美人之美,美美与共,这是文化极为重要的表达。

第三,科技创新。一届世博会是人类文明的驿站,要推动人类社会的发展,包括科学技术的发展。参观沙特馆的人排队最多,平均排队时间超过12个小时,沙特馆就是电子革命集大成者;日本馆里的机器人可以拉小提琴;我们上汽通用推出了概念车,诸如此类。科技创新还表现在建筑材料的使用上,这不是今天才来坚守,当年就这么做了:低碳、绿色、可持续。泰国馆、以色列馆、韩国馆……隔了10多年,我今天还是如数家珍。因为它们给我的印象太深了。建筑是凝固的音乐,是人类文明崇高的表达,所以建筑太重要了。我们必须要在建筑材料的选用上有许多新的做法,比如竹藤、膜、太阳能等。我们在世博会提出了低碳理念,要推动太阳能的试验和固体废弃物的应用。举一个例子,5.28平方千米土地上每天要接驳车1 000辆,平均每天要开180千米,总载运客超过1亿人。中国馆里有亚洲最大的太阳能实践,我们的主题馆植物一面墙就达5 000平方米。尤为重要的是我们接受了一个大挑战,很多发达国家都问我们:这一届中国世博会有什么镇馆之宝可以流芳百世?为了这件事,至少开了几千次会,最后我们做了一件事集世界之大成:我们设了城市最佳实践区,提出四个理念——宜居家园、可持续城市化、历史遗产保护与利用、建成环境的科技创新。只要是最好的案例,就可以拿来。全世界响应我们的呼吁,几百个案例蜂拥而至。为了体现公正性,我们成立最佳城市实践案例遴选委员会,请联合国副秘书长、国际展览局局长担任联合主席,我本人担任秘书长。遴选的最后一次投票,走到会议室的时候,我告诉大家上面有录像,旁边有录音,今天有4张表决票,各位要签名留给历史,中国人就是这样光明正大。晚上投票,要投出50个,最后表决结果是49个一次遴选成功。我问两位主席,还有一个没有遴选成功怎么办?他们说托付给中国政府,将来通信表决就可以,世界信赖你。这正如邓小平同志对我们的嘱咐:守信。守信很重要。伦敦来的建筑号称零碳;法国推出了一个垂直墙体的建筑;马德里的年轻人造出了竹屋;我们还看到50年前的瑞士,这个世界名城的水曾经很肮脏,但今天清澈无比;汉堡的建筑告诉大家,它没有能源,都是自产能源,但学的是中国人的哲学,把中国的哲学变成了一个建筑;麦加,朝圣之地,怎么样做到重复时间;等等。50个案例如同一面镜子,照出我们自己。我们还把世博会全部搬到网上,全世界7308万人到了现场,而没有到现场又参与了世博会的人数是10倍以上,就是在网上看世博会。

第四,合作共赢。我们要明白世博会上全世界190个国家怎么来的,除了到今天为止还是和中国未建交国家,其他的都来了。我以为外交还是要如同毛泽东同志所讲:把我们的朋友搞得多多的,把敌人搞得少少的。中国要交遍天下的朋友,所以这么多的国家和国际组织云集在此。五大洲最主要的区域性国际组织,欧盟、东盟、阿盟、非盟、加勒比共同体、南太旅游组织等都来了。当这些国际组织的旗帜升起的时候,他们的心中也涌现了非常大的自豪。

美国馆总代表费乐友,他说是中国让世界有机会知道他自己的故事。哥伦比亚是一个小国,参加的人都要在上海待上至少半年,远离家乡和亲人,他们造了一个独立馆,最后送出了国宝,将哥伦比亚最大的一块蓝宝石送给了中国,因为他们欣赏我们的家庭价值观。他们看到了世博会的"小手牵大手",一家一家来看世博会。上海做了一桩事,上海800多万户居民,每家发一张票,这张票起了重大作用,票上都印了日期,这个日期就是削峰填谷,让我们每天都有人参观,平平稳稳。意大利馆是最大的馆之一,他们评价说现场高效率和建筑速度证明了中国的能力。法国馆,得到了时任总统萨科齐的支持,他决定让卢浮宫10幅名作到上海展出。这些名画价值连城,要用4架飞机装来。丹麦多不容易,哥本哈根议会投票决定,把美人鱼接到上海来,因而那一年去丹麦的游客少了几百万,因为美人鱼不在丹麦。芬兰把整个馆做成桑拿浴房的样子,为我们展示新能源。挪威用木材搭了一个非常美丽的国家馆,尽管那时我们两国关系有些紧张,但是它在此地,就像一个友好使者表达情怀。荷兰更不简单,荷兰总代表说他们把馆做得这么美丽,叫作欢乐街,但绝不是为了得奖来的。土耳其把馆造到4.7米高,因为有一个展品,是中国唐朝一个国王送给当时土耳其元首的一个石柱,他们说感谢这种差异,差异是好事,不是坏事。按照国际组织的规定,所有来参展的国家要有一个组织,组织要选出一个管理委员会的主席,但是东道国可以提名。当时中国政府提名邻国日本,尽管中日关系当时比较紧张。事实证明,这个外交官很称职,他把上海世博会与日本和世界紧紧连在一起。澳大利亚的总代表最后走的时候说我们要成为最好的朋友。联合国馆总代表流着眼泪告诉我到中国来是为了感恩,因为他担任77国秘书长,通过了6个国际公约,中国人都是一路支持。

第五,面向未来。世博会面向未来,要继续做下去。我刚才谈到了世界城市日,这个世界城市日,多么不容易,2012年联合国在里约热内卢开会,全票通过多不容易,最后做成了,真是了不得。我们面向未来,就是要走向今天的进博会。

三、进博会的意义

2017年,习近平总书记首次提到我们正面临百年未有之大变局。2017年1月17日,习近平总书记到了达沃斯,在演讲中首次提出要构建人类命运共同体。4天后,特朗普入主白宫,中美关系急转直下。如何回应?我们的回应很简单。我这里提了日期,这个日期就是回应。因为这个日期,就是要对特朗普上任后的中美变局做出判断,还是一句话:用更大的开放倒逼更深入的改革。我们要开放,所以我们要以国家名义举办进博会。2018年3月21日,美国贸易代表莱特希泽向总统建议要对中国进行"301调查",调查结束以后,应该给中国进口商品征收惩罚性关税,用的是美国《1974年贸易法》第301条的一组条款。习近平总书记的回应有四条,其中一条就是我们举办的进博会将成为国家主场外交的收官之作。2018年11月,进博会首次在上海举办。

首先要明白进博会是国家行为,由商务部和上海市人民政府主办,它的用意和目的就是一条,坚定支持贸易自由化和经济全球化,核心是主动向世界开放市场。所以进博会有三种展示的方法:一是国家展;二是企业展,这是最主要的;三是一定要有一个论坛,当时叫虹桥贸易论坛。

世博会和进博会的主题很不同。世博会的主题是"城市,让生活更美好",进博会的主题是"新时代,共享未来"。世博会有公益性;进博会有交易性,就是买卖。世博会有三大形式,有文化、活动和论坛。进博会除交易之外,还有一个形式,就是论坛,所以习近平总书记过来发表主旨演讲。它们之间的共性非常重要,同为国家行为,同为国际事件,这两个特性很重要。

进博会的意义是什么?

第一,在逆全球化潮流甚嚣尘上之际,我国做出这一个重大的举措,是国家外交也是世界首创。一个主权国家举全国之力举办进口博览会,到目前为止只有中国。所以当年我们一直在推进博会的理念,这场博览会的意义绝不仅是进出口贸易本身,而是我国在目前的国内外形势下宣誓对外开放决心的重要平台。

第二,进博会绝不能单单说贸易的进口,它要和国家到目前为止的四个战略、一个倡议紧密联系在一起。

一是自贸区战略。自贸区战略是国家重大战略。从2013年9月29日中国有第一个自贸区到现在,整个国家已经有21个自贸区,11个自贸区在沿海,10个自贸区在内陆。所以自贸区战略是我们进博会要推的一个重要战略。二是京津冀协同发展战略。京津冀协同发展,以疏解北京的非首都功能为基本点,要解决北京的城市功能问题,当然是一个比较漫长的过程。三是长江经济带发展战略。长江经济带发展战略是中国目前范围最广、涉及人口最多的一个国家战略。长江涉及11个省市205万平方千米土地,人口和经济总量都超过国家的四成,所以这个战略极为关键,尤其是长三角三省一市有35.9万平方千米土地,有2.2亿人口,而且长三角2020年的经济总量接近25万亿元,超过了世界经济第五位的印度。四是粤港澳大湾区发展战略。粤港澳大湾区战略启动,特别是从香港国安法实施到现在一年有余,体现了长治久安、稳定在先。

一个倡议是"一带一路",倡议是英文表述中语气很轻的一个词,但是这个倡议不得了。从2013年到现在,我们和140个主权国家、32个国际组织签署了206份国际协定,这是极为关键的。

第三,中国始终高举着经济全球化、贸易自由化和投资便利化的大旗。在中国"入世"的时候,我们坚持要走经济全球化的道路。20年后的今天,中国始终撑着经济全球化的大旗。

进博会绝对不是一个点,是三个点,国家展、企业展、虹桥论坛,缺一不可。进博会讲的绝不仅仅是买卖,还有技术和服务,三位一体。进博会是国际贸易和国际投资的结合,因为贸易和投资不可分。举个简单的例子,我们和欧盟已经谈成的《中欧全面投资协定》是投资协定吗?是也不是,里面相当一部分都涉及贸易。反过来,《全面与进步跨太平洋伙伴关系协定》(CPTPP)是贸易协定还是投资协定?都可以算。当中国宣布要加入CPTPP,坦白说它的重要性一定不会亚于中国当年的"入世"。

第一届参加进博会的相关国家代表,是怎么来表达的?第一届参展的白俄罗斯认为进博会的意义已经超出了贸易范畴,而是着眼于未来。中国的邻国尼泊尔说这是一场重大的机遇。赞比亚,我们的传统友好国家,说这一场进博会对于所有参加的国家来说都是机会,都有益。澳大利亚的前投资部部长说这一次进博会会给两国关系带来更多的红利。秘鲁说这是一个展示国产优质商品的利好机会。我们的邻国缅甸,说这个进博会是千载良机。我一直很感谢斐济对上海世博会的帮助,斐济谈到这样的进博会可以全面扩大斐济制造在中国的市场份额。新西兰谈到我们的合作在食品和农业方面有非常多的优势。意大利目前是西方七个大国中唯一承认中国"一带一路"倡议的国家,而且是有协议的国家,他认为要展示合作的成果和迈向未来的美好前景。

我们花这么大的代价搞进博会,每一次进博会志愿者就要几千人,核心在于把它作为一面镜子来推动我们的工作。中国很大的问题是劳动生产率的普遍低下。全员劳动生产率只是美国的40%,西方国家平均水平的50%,世界平均水平的62%,所以中国最需要解决的就是效率、效益和效能问题。所以我们国家在2015年提出供给侧结构性改革,就是要提高质量、效益,使生产力水平实现整体的跃升。更要紧的是政策层面形成改革以后的政策供给。我们国家持续进行战略布局,从提出新常态开始就有一个目的,要能够把这八字方针落到实处:巩固、增强、提升、畅通。所以我们供给侧结构性改革叫作"三去一降一补"。我们要去的是杠杆、产能、库存,要降的是成本,要补的是短板。这对每一个地方是不同的,对上海来说最要紧的是补短板。所以进博会体现了在世界进步的进程中,中国的担当和精神。

那么什么是中国精神?

第一,我们做世博会和进博会,都是在浩荡前行的世界大势中顺势而为,这一条很重要。

第二,第一届进博会,我们就是以倡议为最重要的手段,五个倡议中的第三个:营造国际一流营商环境。就是那年开始,我们发现世界银行的营商环境报告每年跟踪100多个经济体,2018年中国是第78位。毛泽东同志老早说过世界上怕就怕"认真"二字,共产党就最讲认真。2019年我们从第78位提升到第 46 位，2020 年从第 46 位提升到第 31 位，马上就有人开始做文章，认为中国位置的不断提升，是否是因为有人施加过不当的影响？最后查无实据，但 2021 年世界银行的营商环境报告停止发布。美国和我们博弈不是在嘴上博弈，有几个变化：第一个变化是空前激烈，第二个变化是精准打击，第三个变化是阵营式的博弈，第四个变化是意识形态和价值观，这都是变局。

第三，协同发展，合作共赢。我们和世界要有更大范围的合作，来争取国家利益、全球利益。习近平总书记在第一届进博会的讲话中说，中国经济是一片大海，而不是一个小池塘。大海有风平浪静之时，也有风狂雨骤之时。没有风狂雨骤就不是大海，而风狂雨骤可以掀翻小池塘，但不能掀翻大海。这段话特别重要。艰难困苦，中国依旧在这儿；面向未来，中国将永远在这儿。进博会一定要担负使命，接续前行。

再说第二届进博会，如期而至、一天不落，2018 年 11 月 5 日，2019 年 11 月 5 日，2020 年 11 月 5 日，2021 年也是 11 月 5 日。就在这届进博会上，习近平总书记赋予上海新的重大历史任务，提出了三点倡议和五点想法，要一次又一次地往前走，打造开放合作、开放创新、开放共享的世界经济。

第三届进博会很困难，这一次习近平总书记是用视频做演讲，共同开放是最主要的建议。合作共赢、合作共担、合作共治，这三个词很重要，共赢、共担、共治，构成了共同开放。每一届进博会我都到现场，把它作为学习的机会。第三届进博会规划面积达到 36 万平方米，五百强企业占比 80%，且第三年的交易再创新高，着实了不起，核心就在于中国的坚韧、坚定和坚守，而且是在艰辛、艰巨、艰难中坚韧、坚定和坚守。

第四届进博会马上到了，就在两周后的 11 月 5 日。首先，我们强调要把国家馆搬到网上。这是向世博会学习，一定要美轮美奂，用技术手段打破空间限制。道理很简单，由于全球供应链受到破坏，有很多展品尚未运来，加上此次签约的规模数量再创新高，场地只有 36 万平方米，因而国家馆要搬到线上。这次进博会厉害在哪里？一是特装率，也就是所有产品是特级的。二是回头率，基本都是来了再来，如果无利可图，还会再来吗？三是中小企业组团，数量特别集中。这次展馆的六个亮点：一是食品和农产品，现在全球粮食短缺是一个大问题，而全球的五大粮商首次在上海聚首。二是汽车展，这次要超过慕尼黑汽车展。三是技术装备中有三个专题——芯片、人工智能、生物医药。四是消费,上海成为全世界品牌开设首店的青睐地。如果全世界重要领域开100家新店,就有59家首店开在上海。五是医疗器械和保健,生命科学等都成为进博会展馆之翘楚。六是服务贸易,服务贸易不单单是货物贸易,还有技术贸易和服务贸易。我们的进博会要年年办下去,就如习近平总书记在2019年提出的:要办出水平、办出成效、越办越好。

国际环境的变化以及我们的应对

黄仁伟[*]

一、国际环境变化的大趋势

我讲的主题是中美关系和世界大局势的深刻变化,这个变化的主体是中国和美国关系的变化。国际环境的变化主要包括如下几个方面:

第一,经济全球化的变化。经济全球化的变化与世界政治的变化密切相关。从总的趋势看,全球化的第一轮浪潮已经过去,即西方主导的全球化退潮了。以美国为代表,日本、欧洲分别出现不同程度的退潮,英国退出欧盟是一个表现,特朗普现象更是一个集中的表现。发达国家退出全球化的主要原因之一在于大量资金从发达国家流出以后不回母国,在全世界找赚钱的机会。发达国家的钱越来越不够用,所有发达国家都背负大量债务,美国、欧盟、日本的国家债务都超过经济总量。美国在疫情后的 GDP 降到了 20 万亿美元,但 2021 年的美国联邦债务差不多达到 29 万亿美元,几乎达到国家 GDP 的 150%,也就是一年半的全国生产总值要来还债务。不但如此,债务增加到一定程度,会碰到联邦规定的债务上限,超过上限就不再允许借债了。因此,现在美国国会吵架,这个上限是继续往上抬,还是不许抬?不许抬,就借不了钱,美国就会财政破产,美国所有的事情就做不了,社会保障也没有了,政府公务员的工资也没有了。美国债务是 GDP 的 1.5 倍,每年要还的利息是联邦财政的 1/3,不还就是信用破产。

欧盟、日本的债务也超过 GDP。在经济全球化的背景下,他们发现钱流出去都不回来了。而这么多钱在全世界流通,也造成全世界的大灾难,热钱跑到

---

[*] 黄仁伟,上海市美国学会名誉会长,习近平外交思想研究中心特聘研究员,上海社会科学院原副院长。

哪个国家,哪个国家就起泡沫,热钱一走泡沫就破掉了,后果让本国老百姓承担。这是全球化1.0版的第一个大的表现,资本的流向出了问题。现在还没有大爆发,如果大爆发将比2008年金融危机大得多。

第二,西方国家的制造业空心化。由于外面劳动力、原料、土地价格便宜,西方国家把产业搬到发展中国家。本国产业和就业、税收都没有了,出现了空心化。美国最明显,美国制造业产值占GDP不到20%,而过去是50%以上。金融服务业占GDP 80%。金融服务业是个虚的东西,要靠物质来支撑,而物质的东西都在外国生产,所以这次疫情就暴露出来。美国的口罩、呼吸机,都要中国供应。此外,圣诞节期间连超市里也没有货,大量的货都在中国。美国制造业的空心化造成资金外流,本国老百姓开始愤怒,开始对政府不满,于是产生了民粹主义:凡是政府做的都是错的,就要反。特朗普利用民粹主义上台,其政策都是走极端的,都是民粹主义的。

这个大变化,对我们中国是机遇,也是问题和挑战。以西方为原动力的全球化停下来以后,全球化能不能有新的发展,要看中国。我们有难处,如果我们承担太多,国内的资金也会不够,国内的老百姓改善生活也会有困难。如果我们不承担,世界经济还会下滑,下滑得更厉害,我们也会受伤,因为我们也靠外部市场,所以中央提出"双循环"。说起来容易,做起来很难。"双循环"到底是以外部市场为主,还是以内部市场为主?中央说以内循环为主,国内生产国内消费,这样循环,加上一个外部市场的出口,两个结合。中国推出"双循环"战略以后,世界的疫情造成中国不出口也不行,导致中国出口的增长大大超过疫情前。美国贸易战打了也没有用,关税再高,中国的出口还是增加。因为美国的生产全停了,印度、越南也都停了,全世界只有中国在大量生产。疫情之下中国的出口增长太多了,又造成另一个问题,即能源供应不足,电不够用了,所以要拉闸限电了。因为我们还承担了另一个义务,低碳减排。这么多的生产要用很多电,用更多的能源,碳排放就上去了,这又违反了我们的承诺。全球化退潮以后,中国经济处于两难,西方经济则是更为艰难,我们的"两难"加在一起不如其"一难"。这是一个大变化。

与此相关的是美国霸权开始衰落。霸权衰落不等于国力衰弱,这是两回事。霸权衰落指的是美国对世界的领导权,包括对世界事务的主导权、决定权在减弱。美国的综合国力,包括GDP、科技、铸币权、军事实力等,依旧是世界第一，但指挥世界所有国家的能力下降了，人家不愿意听他的了。一方面霸权在减弱，另一方面实力还是世界第一，这么一个矛盾现象，使美国政策出现混乱。美国想要维护自己的霸权，把过去建立的冷战同盟保持下去，要这些盟国继续听他，但财政困难，养不起这些盟国。以前，美国军队在外国驻扎费用由美国自己出。现在美国认为我是保卫你，这些钱由你来出，但其他国家不愿意支付这笔费用。美军是美国霸权的支柱，而美国霸权能维持美国的美元地位。因为有美军，所以有美元；因为有美元，才可以养活美军。美国霸权是什么？就是美军加美元，但美国说其霸权是讲人权、正义、道德、民主、自由，不提美军加美元，美国把这些好听的词放在其霸权之上。

美国在霸权衰落过程中，养不起这么多美军，这也是因为美元出现了大问题。疫情加上债务造成美元开始贬值，通货膨胀。2021年开始，美元通胀率达到5%，一年要涨多少？翻番再翻番，通货膨胀极其严重。美元不值钱了，但一直在发行，导致货币内的财富含量越来越少。同时，美国债务多，从2020年下半年的23万亿美元到2021年上半年的29万亿美元，涨了6万亿美元债务。世界各国已经不愿意买美国的联邦债券了，买了以后不知道美国还不还，而且还的肯定没有原来价值多了，这个钱变少了。谁来买这个债务呢？美国人自己买，不是美国老百姓，是美联储、美国央行。美国央行印完钱给美国财政部，说我买你债务，政府发的钱买政府的债务，这就是通货膨胀的根本原因。而且出现另一个情况，这个钱就跑到股市上去了。美国经济这么糟糕，股市一直在涨，从2020年初疫情暴发的时候1万点，疫情暴发了两年不到，涨到3万点，涨了2万点。经济这么下滑，股市这么上升，为什么？货币发得多，市场上没地方去，全跑股市去了，股市一直涨。这就是美军加美元的美国霸权。

美国霸权衰落，是中美关系上发生问题的根本原因。美国霸权强大的时候，美国有信心，中国怎么追，也追不上，而且想打就开打，就不怕你。现在在霸权衰落过程中，中国还在直线上升，美国就害怕了，这是"中国威胁论"的根本原因。过去美国以为"中国威胁论"是一个共产党国家意识形态对世界产生的影响，现在的"中国威胁论"，就是中国哪一天要超过美国，这是实实在在的威胁。美国认为自身若从第一被赶到第二，就没有在世界上的霸权了，所有建立在霸权上的财富就要消失了。这就是美国霸权衰落的后果。美国把中国作为主要威胁的原因，在于自己的下降，美国的下降加上我们的上升，是双倍的。

2018年，中国GDP就是美国GDP总量的60%，中国是老二。2019年，中国维持着67%的占比。疫情来了，本来以为中国的GDP会下降，可能不到美国的60%了，结果不到半年，美国的疫情超过我们，2020年下半年到2021年下半年，就一年多的时间，中国的GDP已经是美国的75%了。按照这个速度，美国认为中国于2025年就要反超，我们则认为是2030年。世界上许多国家认为2028年左右，中国的经济总量肯定超过美国，国际货币基金组织（IMF）等国际经济组织也认为是2028年。不管怎么说，就算2030年，哪怕是2035年中国GDP赶上美国，美国都会在心理上受到沉重打击。2008年金融危机之后，大约在2010年，中国GDP刚刚超过日本，成为亚洲第一，世界第二。那时候是日本最焦虑的时候，也是日本反华最凶的时候，之后日本再也跟不上中国的步伐。目前日本的GDP是中国的1/3，中国是美国的3/4。我们离美国越来越近，日本离我们越来越远。这是世界的第二个重大变化。

第三，美国的盟国发生分裂，有一部分盟国跟美国更加紧密，有一部分盟国离美国越来越远，即西方盟国分裂了，出现了两个派别、两大阵营。其中有"五眼联盟"，就是五个国家。哪五个呢？纯粹的英语国家，纯粹的盎格鲁-撒克逊移民后代组成的国家，英国、美国、加拿大、澳大利亚、新西兰。他们自认为是西方盟国的真正核心，是铁的一条心，从来没有做过敌人。他们原来是以英国为首，后来美国取代英国，但都是英语国家。现在这五个盟国里面又分了，美国、英国、澳大利亚又建一个核心，三个国家建成一个"AUKUS"，A就是澳大利亚，UK就是英国，US就是美国，这三国又把新西兰和加拿大放在一边了，组成了更小的同盟。美国的盟国越来越不是一个整体了，越来越分小集团，小集团里再分小集团。那么另一边就是以欧盟为主，特别是英国脱离欧盟以后，欧盟认定英国的脱离是因为美国的支持，是美国要英国离开欧盟，以削弱欧盟。所以德国、法国心里一直记着这笔账，美国是要看到一个破碎的，甚至崩溃的欧盟。这两天出了一个事，澳大利亚搞核潜艇，但美国让澳大利亚把与法国的合同撕了，不要法国的核潜艇，用美国的。这让法国觉得很羞辱，该合同价值几百亿美元，法国把所有的武器出口加起来，五年也够不上这一单合同。而且法国特殊，不用美国武器，都是自己造。北约的其他国家用的都是美国武器，就法国用的是独立武器系统。法国找不到其他的买卖填补这个空，要靠法国政府出钱养军火工业。所以这不仅是朋友之间不讲信用的问题，而且其目的在于把法国的军火工业彻底搞垮。此外,澳大利亚用了美国的核潜艇,更加依赖美国了,核潜艇一旦进入澳大利亚的海军,其每时每刻都在美国的控制中。美国用这个武器合同,既离间了法国,又拉住了澳大利亚。这就是美国对待盟国的态度,他对盟国是没有什么友谊的,所谓兄弟友谊都是假话,利益高于一切,这是实实在在的。

德国、法国加上欧盟其他国家,一直在美国和中国之间犹豫,到底倒向中国还是倒向美国,或者中国和美国产生冲突的时候,帮不帮美国。这是他们的两重性。如果讲意识形态,欧洲跟美国是一致性大于差异,都是西方民主国家,都是讲人权这一套价值。但这一套不能当饭吃,这一套不能养活他们,讲再多能变成财富吗?欧盟要市场,最大的市场是中国,而且增量最大的是中国,下一步谁要多赚钱,就要到中国市场去。让欧盟放弃中国市场,他干不干呢?不干,但是又不能说出来。所以每次美国压迫他骂中国,他也跟着骂几句,既要给美国面子,又要拿中国的钱,这就是他的两重性。

第四,美国的战略重点在向印度洋和太平洋转移,移到中国东面的第一岛链、第二岛链和马六甲海峡及以东地区。中国最近一段时间同美国在安全问题上开始关系紧张,就是因为美国的战略重点移到这里来了。战略重点东移过程中出了一个小的危机,但也是一个大的问题。在阿富汗撤军时,美国认为阿富汗政府足以抵抗塔利班半年,足以把美军、美国人、美国大使馆以及帮助美国的50万阿富汗人撤出。但谁知道仅仅5天,阿富汗首都就被塔利班给占了,5天时间要完成半年的撤退任务,那怎么可能?很多人没走了,所以美军又派军队回去占领机场,只保证美国人走,阿富汗人一个也不管了。50万阿富汗人这下倒霉了,怕塔利班来了以后把他们杀了。当年有一个西贡时刻,美国撤出越南的时候,南越的政权还维持了两年,现在美军撤了5天,阿富汗政府就完蛋了。这个事件给全世界带来了震惊,就是说美国不讲信用,在撤退的时候,抛弃了所有帮他做事的阿富汗人。美国的信用、美国的领导权、美国的霸权就是在这样的时刻,暴露了虚弱和虚伪。

美国战略往东走是海上,我们是陆上,陆上是实在的,一个一个国家,海上都是漂在水面上的,军舰能管得住这么大的海洋吗?地缘政治就发生变化了。美国搞四国联盟、印度洋太平洋战略,搞了四个国家,却丢了西面一大片。

再来看东面。现在中国和东盟经济联系特别紧密。美国与中国的贸易额原来占第一位,后来下滑了,欧盟成为第一位。再后来欧盟的经济因为疫情等又下滑了,东盟上升到和中国贸易额的第一位。东盟跟我们交好具有非常关键的意义。为什么?从地图上看,印度洋和太平洋的中间是东盟,因为南海是太平洋的一部分,而泰国的西面就是印度洋,下面就是马六甲海峡通道,所以东盟对印太地区意义重大,就是十字路口和必经之地。东盟有5亿多人口,人均财富要比中亚、南亚和中东多,这个市场非常重要。现在我们和东盟连成一片,美国的印太战略就连不起来。这次美国搞了半天,要加强东盟,加强印太,成为一句空话,结果东盟是中国最重要的经济伙伴。我们的重点就在东盟,东盟是我们必须抓住的一个重要节点。此外,欧盟是发达国家中举足轻重的一块,东盟是发展中国家里最好的一块。中国把这两块抓住了,东、西两侧就摆平了。

二、中美关系变化的大趋势

在这个大环境下,再来看中美关系就清楚了。美国的总体实力是在下降的,他更加认为中国是威胁,这是一个大前提。但是美国即使实力下降了,还是第一强国,美国的各种实力还在中国之上。所以美国以攻为守,不能退,一退就会全线崩溃。美国先对着中国攻,再退,减少在世界上承担的义务。美国在以下几个角度展开进攻:

第一,从地缘政治的角度,美国在中国周围拉起一个反华联盟。以日本、澳大利亚、印度、美国这四国为核心,逐步把中国周围与中国有矛盾的国家都拉进去。只要有点矛盾他就拉,菲律宾、韩国的总统,现在跟我们都还可以,但是美国要把新上台的换成亲美的,在东亚搅局。美国先在我们周边拉一条反华的包围线,与此同时,在南海进行长时期不停的航母巡航,让中国没有把握稳定南海,南海就成为中美争夺的焦点。

第二,加大对台湾的支持力度。美国加强对于台湾当局军事力量的支持,包括卖武器。武器是个幌子,关键是美国用武器拴住台湾。台湾买了美国的武器,就要跟美国人学怎么使用这个武器。武器越先进,学习就越困难。所以美国卖武器,实际上是控制台湾的军队。

第三,美国继续以经济为主围堵中国。围堵的核心内容就是科技,在科技上给中国断供,断芯片,断技术,以及断技术人才,形成"三断"。关键的零部件,关键的材料要断掉,关键的技术不让你接触,不让你听到、看到,然后关键的人才,不让他们回中国,或者不让中国关键的人才去美国。这"三断"把科技上升的通道堵掉了。美国知道在数量上阻挡中国已经不可能了,中国在经济规模上超过美国只是早五年或晚五年的问题,但是要在质量上让中国超不过美国,这个质量就是科技。军事力量的差距,核心也是科技。如果我们的科技距离美国只有五年,我们的武器比美国差一点,但我们数量大的话,那么美国就打不了我们。所以美国要把我们的科技拉在距离其十年以上的差距,最好是二十年,如果差距在二十年以上,他打我们,就有大的优势;双方差距在十年,他打我们,就要想一想;双方差距在五年,就不敢打我们。武器的差距,实际上就是高科技的差距。双方的高科技发展越接近,武器差距就越小,台海发生战争的可能性越小。

第四,美国对中国发动贸易战。现在贸易战的关税,都是美国的消费者在付,关税都在商品的价格里了,你要买就买,不买就没有别的货,就是涨价。所以美国现在要求中国大量供应商品来降低其物价,我们说这物价不是我们涨上去的,是你自己把关税加上去的。你减免关税,物价就会下来。

另一个危险领域,就是金融。美国的金融实力仍然非常强,因为美元是美国制造的,全球资本市场是美国操控的。美国要是在资本市场上搅局,把全球资金从中国抽逃出去,对我们打击也是不小的。我们要做好准备,如果美国要搞金融战的话,我们要让美元不好过。现在双方都在准备,军事战不打,但金融战可能要打。有一些专家希望特朗普上台,认为特朗普上台比拜登好。这个想法是怎么出来的呢?就是特朗普下面的一大批人,在中国传播这种消息,说特朗普上台比拜登好。现在看来,特朗普在 2024 年还是有可能上台的,这个危险还是存在的。当然拜登上台以后,也没有我们想的那么好,但他对使用战争武器和金融战,可能比较谨慎。美国现在也开始跟我们讨价还价,某些时候需要中国一点帮助,因为美国经济非常困难,债务太多,通货膨胀率太高。通货膨胀率太高,就需要加大物资供应,来降低物价;债务太多,就要中国买美国的国债,否则美国就要用大量的现金购买自己的债务。

现在留点小小的合作窗口。第一,低碳、气候治理。全球气候变暖,中国是老大,美国是老二;碳排放,中国第一,美国第二。这两个国家不解决碳排放问题,全世界很快就会变暖,海平面上升。第二,核武器控制。双方都担心对方的核武器太多,要不要控制,怎么控制？这也是一个问题。第三,几个地区性的问题,阿富汗留下的后遗症、伊朗的核武器,还有朝鲜问题。这三个问题,中美也是在谈合作,所以小的合作还是有一些。

全世界的经济合作,没有中国和美国,世界经济就不能稳定,也是明显的事。全世界的基础设施合作,现在中国搞"一带一路",美国要搞全球基础设施建设,欧洲也要搞,能不能大家联手搞全球的基础设施建设？反恐、反毒品这些合作,就是小意思了。哪怕有意识形态分歧,有战略地缘政治的分歧,这些合作也应该搞,这些合作是不分意识形态、不分地缘政治的。所以中美合作还是有空间的,只是双方要抛弃那些旧的冷战思维。

如果美国不跟我们合作,也无所谓,只要他不冒险发动战争,我们就抓紧时间搞自己的建设,把各种问题尽量处理掉,这样就争取了时间。我们不能只有 GDP 的增长,其他问题都不解决也不行。最后是和美国比谁的国家治理得好。如果美国各种内部矛盾解决不了,这种动乱会一场接一场,2021 年 1 月份抗议者攻占白宫、2020 年中的"黑人命贵",都是很大的动乱。中国就要把自己的事情处理好,我们不出内乱,他就会出内乱,最后的机会就在我们中国这一边。

超越经济学视角看中美贸易摩擦

张幼文[*]

一、中美贸易摩擦的实质

经济学界对中美贸易摩擦已经讨论了很多,但实际上贸易战远远不是经济问题,是更加广义的关于中、美两国自由、民主、平等价值观的冲突,其政治、经济、文化、军事的对抗远远超过贸易战。

如果2017年仅仅是贸易战,那么我们宣布一下开放,出台一些开放措施就可以过去了。但是过去一年,中国拿出2 500亿元的订单,到了博鳌亚洲论坛,习近平宣布了一系列新的开放措施,其中包括了美国最在乎的金融开放,但是美国毫无反应。特斯拉进入上海,百分之百股权,我们以前只允许50%,给特斯拉一个先例,表示我们友好开放,但是也没有实质性地改变这种情况。

问题在哪里?答案可以在2018年10月4日美国副总统彭斯的讲话当中找到。这篇讲话全面指责中国各个方面的问题,如政治、经济、文化、社会、国内的民主、人权状况等。醉翁之意不在酒,不是中国开放市场他就可以满足。现在美国政府的基本做法是要对中国全面扼制、极限施压。他对朝鲜、伊朗、俄罗斯采用的是同样政策——极限施压。彭斯的讲话内容中除了1%—2%的虚假客套话,5%—6%讲经济,其他超过90%都是非经济问题。所以我认为美国今天真正要的不是中国市场开放,不是要中国更多地买美国的产品。

这里有三个判断,第一个判断,这场贸易战是战略竞争,不是市场竞争。什么是市场竞争?美国跟欧盟、日本、加拿大的钢铝产品贸易争端叫市场竞争,为什么?因为这些国家出口更多的钢铝产品到美国以后,美国受不了了,

---

[*] 张幼文,中国世界经济学会副会长,上海市世界经济学会会长。

要他们减少出口或者对他们征税。具体而言,对方国家对一种产品是否补贴？国内是否受到实质性的损害？如果是,他要提供保护,这叫市场竞争。但这次是战略竞争,为什么？美国加征中国的第一批产品关税500亿美元,分布在1 300多项税务当中,每一项都是非常少的数额。换句话说,中国向美国出口的这些产品并没有引起美国国内的损害,没有对他造成竞争压力。在这些高新技术产业中,中国有少量的零部件出口,远远没有达到侵害美国市场、造成竞争压力的程度,所以不是市场竞争。这次彭斯的讲话再次说明了这一点。他说如果中国崛起,90%的市场就没有了。这就是他关注的核心问题。因此,这是战略竞争,是在新一轮科技革命中,美国跟中国谁占主导地位的一场竞争。彭斯认为这些技术是美国的优势所在,一旦中国起来,成本低、效率高,他就完了。

第二个判断,这场贸易战是制度摩擦,不是贸易摩擦。因为在美国与中国打贸易战之前,美国公布了中国的"非市场经济地位"的评估报告,之前欧盟也公布了,实际上是对中国制度全面的指责。今天这个问题已经愈演愈烈,远远超过了中国"入世"15年的时候——在2016年末,当时问题包括"非市场经济地位"如何摘帽,反倾销的时候不再用第三国标准等。现在的问题远远超过了当年,是在全面指责中国国内的经济制度和政府职能。

第三个判断,贸易战是时代性现象,不是特朗普现象。中、美两国之间存在的这些问题,不只是因为特朗普个人的行事作风——不守约、狂妄、霸道。这场贸易战的原因越来越复杂。美国对中国的打压不是从特朗普开始的,奥巴马的时候就重返亚洲,要搞平衡。为什么说时代性现象？就是这个后冷战时代、全球化变局的时代,决定了美国要对中国实行这样的战略。

在这个总体判断下,我们谈几个关键问题：

贸易战的性质是美国压制中国技术进步。他的理由是所谓中国不公平,从2018年三四月开始,他要打压中国,中国马上回击,然后他再报复中国,来一个反"反报复"。特朗普的逻辑,就是我可以打你,你不许还手。为什么呢？他的逻辑就是,我打你是有理由的,因为你市场不开放。所以美国《华尔街日报》上有一篇文章,竟然说这场贸易战是中国挑起的,不是美国挑起的,就是"301调查"说中国市场不开放。谈判的过程中,中国代表去谈,谈成了又被推翻,先500亿美元、360亿美元、140亿美元,后面2 000亿美元,再来个2 670亿美元。如果到年底这2 670亿美元再打下来的话,那等于说中国向美国的出口100%都要征税。也就是说,美国准备全面对中国开战,彻底封杀中国对美国的出口。这就是极限施压的方式。我们现在不去讨论,如果他征税,我们中国有多少还手的能力。因为市场本身相对来说,中国对美国市场依赖度大一点,美国对中国市场依赖度小一点。我们对美方的进口一共1 300多亿美元,两个数字无法对等。有些同志说:我们就打他在中国的美资企业。这个观点是绝对错误的。美资企业对中国是做出贡献的,犹如两个大人吵架,打人家小孩子是不对的。

对此我们要有报复手段,有人说我们抛美债,这也是不对的。我们手上有12 000亿美元美债,如果抛美债的话,全世界金融市场动荡,美债下跌,我们自己受损。再说最关键的一条,不能抛,美债是美国账上记的欠你的账,这个账在他那里,你要抛他就会冻结。所以这些主张都是外行的人乱说的。表面来看,中国没有还手的手段,贸易战本身双方都是受损的。但问题在于,这件事情绝对不是经济问题本身,在经济上大家有可能打个平手。现在美国人到底要什么?美国人跟刘鹤谈判的时候,提出了这样的诉求:要求中国两年内减少对美国的逆差2 000亿美元,中国一共向美国出口只有1 000多亿美元;然后保护知识产权,停止网络侵犯,其实现在"301调查"报告中大量的都是2014年之前的问题;再后是对敏感技术投资的限制不报复。什么意思?就是中国现在到美国投资,美国说这是敏感技术,牵涉到国家安全,要限制你的投资,你不得还手。同时中国市场要对美国彻底开放,没有限制,也包括到2020年7月1日之前,关税水平低到跟美国一样的水平。表面上看来这是跟中国一样低,但是这一条彻底违反国际规则。为什么?世界贸易组织对发达国家和发展中国家的标准是不一样的,这是一条基本的价值观和基本原则,它有关于对发展中国家和最不发达国家的优惠待遇。发达国家加入世界贸易组织,承诺水平可以低一点,执行的时期可以晚一点,但美方竟然提出中国要跟他关税一样低。

美国提出的这些要求,事实上是超越了中国可能答应的条件,或者说美国根本不是诚心谈判的。美方与中国打贸易战直接的理由是"301调查",即美国《1974年贸易法》第301条——如果其他国家对美国不公平,美国对其调查提出问题。那么美国讲了哪些问题?

美方提出的第一个问题,就是中国市场准入的限制,指对外方投资有股比限制,要求合资、合作,不给全资。那么这一条到底对不对？这一条实际上是国际上的惯例。一个国家开放到什么程度,自己说了算。当年中国加入世贸组织,承诺市场开放,这些承诺都完成了。后面再怎么开放是中国自己决定的,特别是像这些技术含量比较高的产业,中国现在的开放水平不允许外商独资,要求合资即共享技术,国际上发展中国家普遍采用这个原则。中国没有违反世贸承诺,特别是没有违反跟美国的双边投资协议。中美双边投资协议还没谈成呢,前些年加紧在谈,谈到第六年几乎快要达成了,后来打贸易战搁置下来了。如果谈成,中国会规定哪些行业将开放,但仍然会加上条件,设股比限制。即使中国承诺了开放,跟美国达成双边投资协议,中国设股比限制仍然是国际惯例。但现在还没谈成,中国设置了股比限制,完全是国际通行做法,美国没有理由根据这个来打中国。

第二个问题,美方说中国强制技术转让。就是说美国到中国来投资,中国要求美国承诺多少年以后技术转让。这是不是违反国际规则？不用经济学语言就能讲清这个道理,如果你不愿意转让,就不要来,这本身是一个市场选择。对中国来说,过去这些年对外开放,以低端水平加入全球价值链,美国是高兴的。美国产品高端,赚大钱,中国产品低端,以劳动力密集型为主,赚得最少,美国接受,但现在美国不愿意看到中国技术进步,就把这种希望通过正常的谈判行为实现技术共享的做法,说成强制技术转让。这样一来,说中国市场对美国不公平,而且说中国中央政府、地方政府都这样,包括中国战略产业的核心领域都要求是合资。这是中国人的思想保守,还是违反世贸规则？都不是,因为中国利用外资是为了发展,三四十年前中国利用外资,做加工贸易,出口增加,赚点辛苦钱,那时候哪怕是污染的东西也进来。现在中国到了这个阶段,当然要求高端的外资才能进来。中国国家高质量发展的产业政策要指导民营企业、国有企业,也要指导外商投资企业。如果中国的产业政策要高质量发展,而引进外资仍然是低水平的,那显然不符合战略定位,所以中国要求外商投资企业,既是技术含量高的,又是能够共享技术的。这不违反国际规则,但美国说中国违反国际规则,其实中国2001年"入世"以后,WTO对中国的评价执行率是85%,就是达标85%,中国从修改法律到市场开放都执行了,而且有些内容还不在中国"入世"承诺里面。美方说中国投资审批程序成为一个障碍,而上海自贸区搞改革,取消审批、外资登记制。但这是针对开放的部门,按负面清单看,开放的部门就四个,还有限制的部门如关系国家安全的部门仍然是需要审批的。连美国跟韩国签订的双边投资协议,美国都还有四十几条是负面清单(所谓负面清单就是不完全开放的)的,何况中国还没有跟美国签订双边投资协议。所以在这种情况下,除了自贸区,整个国家还是实施审批制度,关系到技术行业的内容仍然要审批,这是很自然的。美方就把这个看作中国市场不开放。

第三个问题,美方说中国侵犯知识产权。美国说中国进行环境节能审查,专家都是相关的中国竞争者。意思就是开项目审批会,来的都是专家,美国的东西被中国看懂了,秘密都被中国人发现了。专家来审查就影响了美国的知识产权,这显然毫无逻辑。即使专家看懂,也不是侵犯知识产权。重要的根据是是否有人假冒伪造,如果伪造,才是真正侵犯知识产权。专家看懂了,只要不去制造、销售,就没侵犯知识产权。这当然要让专家来审查相关项目。

第四个问题,美方说中国对内对外法律不一致,中外资之间,在技术转让方面相关政策不一致。在中国没有全面开放的条件下,这是很自然的事情。还有一条政策,知识产权方面,美国要求改进技术归进口方。中国购买了美国的技术,然后进行二次创新,美国认为这是侵犯知识产权的,认为二次创新的所有权仍然要归美国,像中国的大熊猫出租到国外,原则上生出的大熊猫幼崽,仍然属于中国。技术转让就是买断,以后再创新的技术属于中国。如果这里面还涉及原始创新,那应该就这个问题打这类官司,不应该简单地一刀切,不能说不允许中国引进的转让技术进行二次创新。

第五个问题,美方指责中国全球投资并购。这是今天美国包括欧洲对中国指责最多的一条,以至于现在全面抵制中国并购。中国从发展这个角度来说,过去靠辛苦赚钱,三四十年积累了大量外汇资金,现在有条件用辛苦钱去购买技术,或者把国际上成熟的企业买下来,然后迅速获得它的技术和拥有的全球生产销售网络。这是非常合理的发展路径。上海社会科学院世界经济研究所多年前就开始向中央提这样的发展思路,我们当时根本没有想到会有政治障碍。本来在全球化背景下,美国就是开放的市场,但美国现在的态度是,中国企业特别是国有企业的投资执行国家战略,进行全球竞争。所以美国现在对中国套的帽子就是国家资本主义,由此美国干脆一刀切,抵制所有中国企业的并购，因为中国企业背后是政府。美国不管这个并购本身是不是符合市场交易公平的原则。中国进行全球并购是过去十几年一个重要的国际双向投资或者全球发展的战略，现在美方就把中国的全球并购看作一种经济侵略和国家资本主义来进行抵制，因为在美国的标准下，企业应该完全按市场规则运行，是私有的，不能国有，不能执行国家战略，这个叫制度摩擦。这当中也包括通过外汇审批制度的外汇使用。中国今天的外汇还没有到完全可自由兑换阶段。外汇储备是一个国家经济稳定的条件，这是国家主权问题，尤其在出现许多资本外逃的情况下，中国要控制使用外汇，这对宏观调控和保证国家经济安全是非常必要的。但现在美国对中国审批外汇提出质疑。

美方甚至于把中国吸引海外人才作为罪状。美国认为现在中国各级政府都用大量的物力招聘优秀的人才。这个也是符合事实的，中国人事部的人才计划确实有很大的吸引人才力度。现在美国把一些敏感领域的专业国际合作交流都中断了，把一些敏感专业的中国留学生签证停掉了。中国海外人才一旦回来，美国就进行长期监控，完全把中国放在比冷战时候的苏联还要敌对的监视状态。钱学森回来的时候，美国有感觉到威胁吗？还是同意他回来的嘛。现在美方对中国的限制难以想象，远远超过历史上各种时期，只能用一个道理解释，美国完全把中国放在敌对的位置，他挑起这场贸易战的核心乃是技术问题。

技术转让作为国际上的一个基本规则，美国的做法为什么是不合理的？可以说，世界经济全球化，贸易投资是鼓励自由化的，而技术转让是受限制的。这是今天制度的基本特征。发达国家鼓励贸易投资的自由化，要求降低关税，取消非关税壁垒，要求国家开放市场。这方面美国积极推动。但在知识产权保护问题上，基本的倾向是限制流动。但大家知道，知识产权保护，保护最有力的、最需要保护的是谁？发达国家。所以彭斯讲这是美国最核心的竞争力。知识产权可能通过买卖转让，也有可能通过贸易和投资来转移。现在国际上出现了什么情况呢？世贸组织有一个与贸易投资有关的知识产权协议、与贸易有关的投资措施协议，都是加以相关的限制。前面说到美国限制企业到中国来投资，但如果美国企业来合资合作，投资就不可避免地会带着技术转移。美国现在不搞合资与合作，导致整个世界从知识产权保护来说，形成过度保护，只考虑发达国家保护的利益，而不考虑发展中国家技术进步的利益。实际上发展中国家寻求技术进步,本身是以合理合规的方式进行。比如说合资合作,发达国家企业愿意来华投资就来,不愿意来就不来。大家是公平的,可以谈条件,谈价钱,发展中国家往往用这样的方式推进技术进步,让自己的分工地位能够提升,这是国际惯例。如果分工地位不提升的话,发展中国家就永远在价值链的低端。通过合资和合作的方式可以逐步提升发展中国家的技术,条件可以谈,但发达国家就是要坚持不搞合资合作,要坚持市场就是全面开放,这就出现了过度保护的现象。今天的世界制度就是过度保护制度,因为这个制度是发达国家制定的,发展中国家要求合资合作是一个无奈的选择。中国在过去这几年当中,希望能够通过合资合作来改变国际分工地位,这没有违反国际规则,也是针对今天世界上技术转让规则由发达国家制定、知识产权保护处于过度的状态提出来的。这是我们对这个问题的基本认知和解释。

二、关于中国的"非市场经济地位"

什么叫"非市场经济地位"?这个概念会造成什么样的损害?有人想到这是中国"入世"时候的第十条承诺,但实际上第十条里面没有这个概念。中国"入世"承诺的第十条,是如果出现反倾销、反补贴案子的时候,不是评估国内的价格成本,而是参考第三国标准来衡量中国是不是反倾销,价格是不是合理。换句话说,因为国内的价值机制还没有形成,出口产品的价格可能不是合理的市场价格,所以要由第三国标准来衡量,这个讲起来也合理,也有利于推动中国的经济进步,但当时没有用"非市场经济国家"这个概念。到了中国"入世"15年之前和之后,欧美先后发表了关于中国市场经济地位的报告,不仅仅是说中国国内市场价格是不是合理,还全面指责中国的经济制度。"非市场经济地位"变成了对中国国内经济制度全面评估的概念。他们认为中国经济中,政府扮演了太重要的角色,导致了市场的"扭曲"。"扭曲"是一个经济学的概念,经济学上如果价格不合理叫扭曲。此外,政府通过指令来影响市场的资源配置,通过国家的规划来推进行业政策。也就是说因为中国政府有比较强的经济职能,在推行、执行、制订经济计划、发展规划,欧美国家认定中国的资源配置不是市场决定的。大家知道,中国对于市场和政府关系的认识程度,随着一次又一次的党代会都向前跨一步,十八大的时候提出发挥"市场配置资源的基础性作用",十九大提出发挥"市场配置资源的决定性作用"。中国逐渐形成一个市场有效、政府有为的体制,而美方认为他们的制度才是最合理的,因为土地是私有的,土地价格不扭曲。中国的土地是国有的,加上集体所有,哪些土地批租,可不可以批租,有什么用处,都在国家规划里,政府对市场有裁量权。所以中国整个市场价格是"扭曲"的,中国不是市场经济。美方还说中国操纵汇率,扭曲了进出口成本,因为中国的国有金融机构发挥了重要作用,所以中国在国际竞争中形成很强的实力。总体上说,美方认为中国是"非市场经济地位"。

美国关于中国"非市场经济地位"报告提出了六条理由,我们能不能做?

第一条,货币自由兑换。在将来中国竞争力更强、外汇储备更稳定以后,货币完全可兑换,是可以做到的。这两年资本外逃,导致外汇储备压力比较大,不过中国仍然让市场决定外汇汇率,但对流出去的外汇有所控制,对外投资要审批。中国外汇已经从 4.8 万亿美元跌到 3 万亿美元了,不控制,会引起整个经济的波动。中国要稳定经济,要控制这些关键的环节。未来中国能做到完全可兑换,但现在美方认为中国没有做到这一条,不给中国公平的贸易投资待遇,这是没有理由的。因为国际货币基金组织没有要求成员方外汇必须是完全可自由兑换的,而且中国只控制了"资本项目不可兑换",其实兑换程度已经很高了。

第二条,工资没有可谈判条件。什么逻辑呢?中国的行业工会是受总工会领导的,总工会是党中央领导的,所以行业工会没有集体谈判工资的权利。在欧美国家,行业工会可以集体罢工,跟企业谈判决定工资。因为中国不是这个制度,所以美国认为中国不是市场经济。我认为美方会永远找各种借口说中国不是市场经济。

第三条,外国投资限制。"301 调查"里面说的都是这方面内容,对外国进来的投资,中国有限制。国家的开放度是国家自己决定的,如果未做出承诺,对于外国投资国家是可以控制的。所以张向晨大使前两个月在世贸组织跟美国大使辩论的时候,他讲了一句很经典的话。他说在这些承诺之外,有国家的自由,即我没有承诺的地方,我怎么做,你没有理由来指责我。从中国来说,我们要不断地提高开放水平,不断地扩大投资准入。但当国家还没有做出这个决策的时候,可以被认为开放度不够,但外国没有理由以此进行报复,因为中国没有违规。

第四条，中国政府对生产资料有大量的所有权，土地也是公有的，政策向有战略重要性的行业倾斜。我们把这一条理解成我们国家的优势，政府有经济职能，有效地执行国家产业战略，来提升国家产业结构水平，我们应该这样做。发达国家不做，是自己的制度选择。美国政府是经济职能最少的政府，但不等于说美国怎么做，我们就要怎么做。中国之所以能够高速发展，是因为中国政府有规划产业发展的能力，我们要升级，就必须要有各种政策。美方认为这就是中国"非市场经济"的一个理由，因为中国的资源配置是由政府的战略和政策决定的。这背后是价值观和评价标准的问题，换句话说，是国际上的话语权问题，即全球化国际规则以什么为基础。

第五条，美方指责中国政府制定国家产业政策、行业的规划细节，各地都要求参照执行，以投资审批来执行这样一个国家的发展战略。也就是说，中央决定整个发展战略，各级地方执行，在执行过程中，按照中央决定的产业战略来决定哪些行业批，哪些行业不批。如果要绿色发展，要淘汰落后产能，必然要求各级地方按照中央的规定来执行。然后美方就把这一点认定为非市场经济的表现之一，显然和中国完全不在同一个话语体系当中。

第六条，中国法律制度成为经济政策和产业政策的工具。这句话怎么理解呢？中国自贸区也好，各地也好，先推进某种发展方式，执行某种产业政策，逐步成熟了以后，以法律的形式固化下来。如果做得合理，从地方政府法规一直到全国的法律，都会进行修改。这种法律的逐步进步是为经济发展服务的，对中国来说是一个正常的、合理的发展路径，但美方把这种做法称为法律制度是为经济政策服务，这是不对的。美方要求法律制定在前，按照西方发达国家那样，以一套很成熟的法律来规范，合法能做，不合法就不能做。换句话说中国不能用政策工具，但政策工具是中国经济的优势所在，是中国经济运行机制当中最关键的一个因素。为什么这样讲？体制改革是要一步一步来的，到了立法还要过程，在这个过程完成之前，事情要做吗？要做，那么先搞政策，什么该做，什么不该做，先用政策来办，使得各级地方政府有比较大的权力和活动空间，所以政策的灵活性和地方政府的主动性是中国制度的优势。实践证明中国这样做是合理的。

我们看到这六条是美国关于中国"非市场经济地位"的理由，除了第一条可能将来改，或者我们将来水平提高，达到货币完全可兑换，后面几条都是不可能变的。彭斯的讲话里说了，"入世"的时候，美国帮助中国"入世"，希望中国"入世"以后，向民主化、市场化走下去，美国帮助重建中国，但现在中国让他失望，没有达到他的要求，没有走向完全市场化、民主化、自由化。这就是彭斯讲话的核心，即中国没有按照他的愿望走到完全自由化、市场化、民主化的这条路上去。所以美方说中国没有履行承诺、没有取消政府职能这些问题。可见问题的核心不是贸易战，不是一个国家市场开放不开放，而是涉及整个制度问题。

过去几年，我们经常讲自贸试验区要"对照国际最高标准"，现在再冷静想一想，什么是对照国际最高标准。当时美国等12个国家搞跨太平洋伙伴关系协定（TPP），要求中国国内经济体制怎么改。但现在我们可以看到，许多所谓国际最高标准，就是按照发达国家高度市场化，政府彻底退出市场。所以对这个问题，可能就要重新考虑。

三、关于国际贸易不平衡问题

特朗普讲中国占了美国的便宜，导致美国国内失业，基础上不去，这有没有道理？从理论上来讲，今天全球化的特点是价值链分工。过去一个国家搞农业，另外一个国家搞工业，这叫产业之间的分工。发达国家之间，一个搞汽车，一个搞重型机械，这叫产业内分工。现在呢，美国人设计苹果产品，到韩国去买零部件，到中国来加工组装，一个产品由多个国家生产，这叫国际价值链分工。全球没有一个国家可以完整生产一个产品。今天世界经济的特点是价值链分工，越来越多的产品是许多国家联合生产的。这样一个条件下，会出现什么情况呢？怎么会形成价值链分工？靠的是国际投资。跨国公司把一个产品价值链的各端分布到各个国家去，自己掌握着核心技术。所以跨国公司到中国投资一个组装厂，这个叫分布价值链。在今天这个世界，投资比贸易还重要。为什么这么讲？其实到中国"入世"的时候，贸易自由化程度已经很高了。到了最近这几年，许多地区双边投资协议谈判都是承诺三到五年、五到六年以后零关税，贸易当中的关税已经是次要的了，更多谈的是市场投资的准入。投资影响贸易，这里讲三种：第一种叫投资替代贸易，就是跨国公司到东道国去投资，原本产品要出口，现在到东道国生产和销售，不需要通过出口这个渠道了。美国的福特、通用、苹果都放在中国来生产和销售。结果怎么样？美国向中国出口统计中就没有这个数字了。大到什么程度？2017年中国企业在美国投资生产销售是256亿美元，美国在中国投资并销售要超过中国2 558亿美元，这个数字接近于中国所统计出来的两国贸易逆差。按照贸易方式来统计，中国出口到美国大于美国出口到中国2 700多亿美元，美国是3 670亿美元。也就是说，如果我们把美国在中国投资、生产的东西算作美国向中国的出口，两国基本上是平衡的，但美国不算，不讲道理。

实际上投资超越贸易，第一种是替代，第二种是创造贸易。中国过去40多年当中，大量的出口是由外商投资企业创造的。我们承认这是中国发展的模式，最高的时候，全国2/3的出口来自外资企业，到现在加工贸易还有40%。第三种是投资改变贸易，通过投资影响价值链分工，在产品内贸易。这样一来，全球价值链分工会出现几种情况呢？一方面，我们讲经济学道理，就是双边贸易平衡，它在非常偶然的条件下才会出现，也不是政策目标。因为今天经济全球化，跨国公司是主角，根据当地国家劳动力成本、市场大小决定到哪里去投资，并不考虑投资最后产生的贸易结果，双边贸易平衡不是跨国公司考虑的因素。跨国公司是今天世界的主角，在境外生产销售普遍超过国内生产再出口，大部分发展中国家是外部投资企业出口超过本国企业出口。这说明今天都是靠投资来发展贸易，在这样的情况下，双边贸易平衡是偶然情况，不平衡是必然的。在中国这块土地上，有些地方是工业区，有些地方是居民区，有些地方是商业区。所有地方相互之间的物质产品流量要一样吗？有这种逻辑吗？这是不对的，经济全球化就是这样，跨国公司决定全球资源配置，决定去哪里生产，结果必然是生产地集中到一个地方。另一方面，美国企业在外面生产，国内还要消费，苹果产品在中国生产以后，还要买回去，这样就变成进口了。所以，在全球价值链分工的条件下，美国不断炒作中国赚美国的钱，形成中国和美国这么巨大的贸易逆差。大家想一想，贸易逆差和顺差，是不是利益的表现？如果说一个国家顺差，一个国家逆差，就是顺差国赚了钱，逆差国受损，那么如果贸易不平衡，大家都不得益吗？不是的，贸易平衡是多少都得益，因为分工扩大了，效率提高了，产量提高了，利益是来自分工以后创造的生产力，不是看贸易差额的。如果说贸易不平衡就是利益统计表现的话，那么你到商店里买东西,付钱给商店,商店把东西给你,你就说商店对你不公平,说商店赚了你的钱吗?这其实是一场公平交易,你愿意接受这个价格,付出钱你拿到商品,他实现了商品的价值,大家地位不一样,含义不一样。在这个世界上,真正的利益在贸易的增加值。每100美元的出口里面,新创造了多少价值,这才是贸易衡量的标准,这才是问题的核心。这样大家就容易理解了,今天中国贸易量很大,但我们知道是靠辛苦赚钱,每100美元的出口里面,没有多少是新创的价值,如果有也只是一点苦力。但美国呢?软件的出口,几倍、几十倍的利润,里面的增加值才是真正贸易利益的量。不是看贸易是不是平衡,而是看出口当中赚多少钱,这才是问题的核心。

其中,我们特别要关注几大问题,即美国是世界货币发行国,他从这里可以得到最大利益。为什么这么讲?国家商务部近期的蓝皮书,有一句话讲得不是很确切,说美国发行货币,每发100美元,铸币税只有几分钱。实际上大家知道,1分钱都不要的。国际贸易全在网上记账,一个国家哪怕有上万亿美元的储备,反映在美国联邦储备系统国际收支中就是电脑上的数字变化,新发行的货币成本是0。整个世界经济规模越来越大,贸易投资流量中需要用的美元越来越多,美国是净发行货币,而且这个货币半个多世纪只出不进。过去全球储备1万亿美元,到现在全球储备7万亿美元,美国6万亿美元流出来,各国中央银行放在那里作为储备,等着急的时候、企业买汇的时候用。这说明什么?从长期来看,美国是净发行国家,货币只出不进,不担心人们用美元买他,因为整个世界经济规模越来越大,大家都把钱越藏越多,所以他发行的成本是0,美国净赚了各国的利益。美国每发行1美元的货币,就享用其他国家创造的1美元商品,这才是真正的利益所在,这是净得利的账,永远不要还。世界经济规模越来越大,流动需要的货币越来越多,其中主要是美元,美国就靠这个无偿享用世界各国创造的财富。反过来一个国家的贸易顺差意味着什么?意味着今年创造的产品,一部分是给外国人用,获得外汇收益,而今年创造的财富和所享受的福利相比,福利小于创造的财富。还有就是手上拿着的钱。存款越来越多,其实劳动实现的价值没有变成福利,这才是问题与利益关系经济学的解释,而不能说中国和美国形成贸易逆差了、是美国为中国做贡献了、中国剥削了美国。大家想一想:美国基础设施落后是什么原因?一是因为全球化,跨国公司大量到国外成本低的地方去投资,赚了钱再投资,大部分不回来,所以特朗普要鼓励它们回来。二是因为跨国公司赚了钱,交钱给美国政府,但钱都被用来打仗了,所以基础设施会这么落后。然而特朗普从政治上需要说中国贸易这么高的顺差,占美国全部贸易逆差的一半以上,所以美国人的工作岗位丢了,这样可以拉底层老百姓的选票。这个道理讲起来最容易让老百姓听得懂。美国国内有这么多的诺贝尔经济学奖获得者,特朗普周围也有懂经济学的人,他不懂这道理吗?都懂的,问题不在这里,贸易战、加税只是工具,目标不是要实现贸易平衡,市场开放只是经济目标,还有更多的政治目标。

四、中美贸易摩擦后的国际环境

随着中美贸易摩擦,我想起中国先哲在 2 500 年前就说"三十而立,四十而不惑"。2008 年是改革开放 30 年,迎来一场史无前例的全球金融危机,中国不但巍然屹立,而且成为世界经济的中流砥柱,2010 年成为第二大经济体。今天讲四十而不惑,"不惑"是什么?不惑就是自信,不惑就是清醒。什么叫自信?对自己走过的路有信心,走对了,这叫自信。关于中国过去 40 年的历程,我特别想讲讲这场贸易摩擦和这几个月来发生的情况,我想的就是"清醒",即四个意义上的清醒——时代的清醒、地位的清醒、目标的清醒、战略的清醒。

(一)时代的清醒

40 年来,我们讲和平与发展时代,这个提出来有多大的重要性?和平与发展时代是邓小平提出来的,这个时代的判断是中国持续推动改革开放的基础前提,是决定性的。为什么?因为世界和平,不要把太多的资源放在准备战争上,因为全世界都在发展,我们也要发展,否则要被开除"球籍",这就是和平与发展时代判断的重要性。15 年前,我们开始讲和平发展,"和平发展"和"和平与发展",差一个字,含义不一样。"和平发展"的意思是,因为我们发展了,我们要宣誓和平,消除其他国家的疑虑。因为世界历史上,很多国家都是靠战争崛起的,强了以后,一定要打人家,我们誓言要和平发展。但今天讲"和平发展"又有了一层新的含义,和平发展是为了持续发展,需要维护和平。只有维护和平了,才能维护我们持续发展的势头。为什么?今天南海和台海都有可能因一点火星发生战争。彭斯说了要保护台湾,所以他要打压拉美地区三个跟台湾当局"断交"、跟大陆建交的国家,台海形势会越来越紧张。所以为了坚持发展要维护和平,不是一句空洞的话。

全球化这个时代正在逐步出现变局,对此要清醒。全球化是不是扭转,是叫调整还是再平衡?书生们在讨论这些问题。必须看到全球化在出现变局。美国在收缩,虽然只是一个国家,但他占世界经济的将近1/4,而且是全球化制度的设计者,他一退出,这个制度就动摇了。关键在哪里?关键是他的立场态度,美国认为哪个国家不跟他跑,他就制裁哪个国家,其他哪些国家再跟他做生意,他就制裁哪些国家、哪些公司、哪些个人。这样一种全球化变局还会回来,全球化历史潮流不可阻挡。但是我们必须面对现实,这个逆全球化至少还会持续若干年。中国是靠全球化崛起的,外部环境这个根本性的变化如何改变我们的发展环境?后冷战时代,美国的立场决定了中国的地位。美国把中国放在敌对地位,中国就不得不去考虑如何应对,又要防止自身陷入冷战当中去。美国就是把中国当敌人,处处设防。从彭斯的讲话中就知道,美国高层已经把中国当作全面扼制的对象,根本不是中国开放市场就可以缓和的。一年来,我们不断开放市场,希望双方好好谈谈,都没有结果。2018年7月初,我接待彼得森国际经济研究所一个七人代表团,其中有一位跟中国很友好,是我在美国的导师。我问他,美国优先思想是什么?美国对中国的要求是什么?美国说中国市场不开放,如果中国更多开放,美国更多在中国投资、生产、销售,贸易逆差会更大,这不是矛盾吗?他的回答是:"对你这个问题我没有回答,在座的七个人都没有办法回答。"其实大家知道,美国真正对中国的要求是改变中国的制度,不是要解决贸易不平衡的问题。所以中国在这个问题上,再怎么提出谈判,要让步,开大的买单,都很难改变局面,我们必须对这个时代有一个清醒的认识。

(二)地位的清醒

首先,一讲到地位,大家都会想到国际排名,过去这些年,中国排名一直在上升,但现在大家都很清醒,总量排名上去了,单项很落后。再有一个,我们必须看到美国的立场,他把中国放在竞争对手的位置上,这也决定了一个地位问题。中国这个地位不是我们自己想有什么地位就是什么地位。还有一个更重要的理论和实践性的问题,就叫发展中国家地位在受到挑战。十九大报告强调,"中国是世界最大发展中国家的国际地位没有变"。为什么报告要这样讲?因为强调我们是发展中国家,符合客观事实,发展任务还很重要,虽然有些地区已经是发达地区,但从整个国家平均水平看,中国还是世界最大的发展中国家。在国际事务中,从发展中国家的整体利益出发,看到国际上的规则对中国有不利方面,不要因为是第二大经济体,去跟美国争"第一",就忘记了发展中国家一大批朋友和自己还穷着呢。但今天我们碰到什么问题?美国、欧洲要在世贸组织中重新讨论发展中国家的标准问题,实质上是针对中国。不能享受世贸组织一贯承认的差别待遇,这就是我们今天面临的形势,世贸组织新一轮谈判议题当中,有一个"发展中国家"标准问题。不承认中国发展中国家的地位,取消原来不对等的标准,这是我们面临的严峻形势。

其次,关于"非市场经济地位"。"非市场经济地位"这两年频繁出现在媒体上。现在问题在哪里?问题是这个概念已经变成为中国量身定制、扼制中国的概念。两个星期之前,美加墨自由贸易区重新谈判,里面加了一项条款,美加墨任何一个国家如果与其他非市场经济国家签订自由贸易协定,其他两方可以不再履行义务,即不得跟非市场经济国家签订协议。加拿大、墨西哥都清楚,所谓"非市场经济国家"指的就是中国。如果说美加墨自由贸易区采用这个模式,它再成为美国跟澳大利亚、欧洲、日本、韩国签订协议的模板,那么就是全面围剿中国。这个形势很像 20 世纪 30 年代上海滩一个马路上的流氓,对他朋友说:"街上戴红帽子的人是我的敌人,你们谁跟他交好,我就揍你。"从他的角度看,世界上戴红帽子的就是中国,用的词是"非市场经济国家",对象就是中国。在"入世"的时候,非市场经济国家仅仅是反倾销的第三方标准,今天已经变成国际格局当中涉及未来发展的核心概念,成为美国拉拢其他国家来打压中国的一个手段。看一看伊朗、俄罗斯、朝鲜的情况,如果美国想要对中国极限施压,会用什么手段?彭斯讲话里强调了这一条,他掌握了全球金融流向的数据网络。一方面美国要建立一个新的金融机制,抵制中国对"一带一路"国家的投资,说这造成这些国家长期账务负担;另一方面,任何一个国家如果与美国要制裁的国家有交易的话,美国清清楚楚。所以美方近期制裁了跟俄罗斯、伊朗、朝鲜进行交易的其他各国公司和个人,他要截断哪一段金融流量就可以截断。所以美方对于中国"非市场经济国家"这个帽子,将来是有手段去做的,不是骂骂你就可以了。因此,我们必须高度清醒,中国的"非市场经济地位"不是学术概念,是国际格局概念。

(三)目标的清醒

中国要坚持"两个百年"的目标,千万不要因为国际环境出现了变数,改变自己的战略目标,自己的事情搞好才是基础。我们提出高质量发展、价值链分工地位提升。我们要清醒地认识到:美国能够接受一个参与国际低端分工的国家,但是不愿意接受一个参与国际高端分工的中国。彭斯说,高技术是美国竞争力的核心,中国发展起来以后,美国90%的市场没有了。可见,中国"高质量发展"存在着巨大的国际阻力,不仅仅涉及国内能否建立有效的调控政策,美方还说中国是违反市场经济规则,这是我们必须高度清醒的。

我们强调共同发展实际上是"一带一路"建设的经济学内涵。中国利用自己的比较优势和基础设施建设、重型机械制造的巨大能力,还有资金外汇的投资能力,帮助发展中国家发展基础设施,然后可以吸引投资,发展外贸,将来共同发展。这就是中国"一带一路"倡议所强调的共同发展。美方认为中国的"一带一路"在改变世界格局,所以极力抵制,不参加"一带一路"国际合作高峰论坛。上海举办进博会,美方说派低级官员来做做样子。我们必须清醒地看到这些目标的国际阻力。

(四)战略的清醒

我们过去成功的战略,在新的历史条件下发展,是不是进行简单的延续?要清醒。首先,我们过去是靠外资拉动外贸,靠外资促进增长,因为外资进来了,创造了就业,许多农村土地变成城市的工业用地,发展了。进一步发展,还靠外资拉动吗?不是说不要外资,而是靠外资拉动的永远是低端的。技术进步不能靠外商投资来实现。过去我们的发展,一条重要的机制和经验是国际产业转移,传统产业发达国家不想做了,它的成本高了,我们这里劳动力成本低,转移到这里来,这是中国过去40年的主要发展机制。但是今天全世界在发展高新技术,在进行新产业革命,靠产业转移的路子是走不通的,人家不会把新产业放到这儿来,等它完全成熟了再给你,你已经落后了。中国参与全球价值链分工,提升路径必须靠自主创新。这样的逐步升级很困难,因为外资外商会始终控制着高端技术。其次,中国对外的投资和并购一直是重要战略,但在今天也存在着许多国际障碍,如法国总统马克龙也号召欧洲抵制中国并购。从他们的观念体系看,中国到国外投资的都是国有企业,实行了中国的国家战略。中国是一个与西方的自由、民主、人权、价值观都不一样的国家,所以他们要抵制中国并购。中国要跨上一个新的发展台阶,就要对面临的国际障碍有清醒的认识。

通过以上内容,我想说明一个想法,贸易摩擦不只是贸易问题,甚至不只是经济问题,是整个全球化变局和国家战略的问题。我们今天处于一个空前复杂的外部环境,原来的经验和发展方式都面临着新的挑战。核心的一个词是清醒。

第二章
中华文化的国际传播

导　言

现代传播观念一定非常注重国际传播,随着现代通信系统的发达,互联网和移动互联网使地球几乎没有时间的差异和空间的差异,因此一个国家的形象一定是国际的形象,一个国家的软实力一定是通过国际传播得以体现。也许是长期闭关锁国的沉重积淀,也许是国际话语系统的过往隔阂,中华文化虽然灿烂辉煌,但相当长一个历史阶段一直是孤芳自赏,现在我们的制造业产品可以走遍天下,但我们的文化产品往往举步维艰。

这就牵涉到一个世界规律性现象,强势文化顺势向弱势文化传播,而弱势文化逆势向强势文化传播。这样的强弱对比和顺逆对比,就使这两类文化产生很大的落差,加剧了弱势文化向强势文化传播的艰难性和可行性。而中华文化虽博大精深,但在世界传播领域,却一直处于弱势地位,这与我们的开放意识有关,与我们的话语体系有关,也与我们的传播理念、方法和手段有关。我们往往习惯于沉浸在我们深厚的文化传承中,沾沾自喜而不能自拔;往往习惯于将我们国内的宣传语系作为放之四海而皆准的话语去推行;往往较少按照市场的规律去磨砺我们的文化产品;等等,使我们的文化在某种程度上成为一种卡拉 OK,陶醉在自娱自乐、自拉自唱的境界中。2016 年 12 月,中、英两国在上海东郊宾馆举办纪念汤显祖和莎士比亚逝世 400 周年的高峰论坛"跨越时空的对话",中、英两国文化部部长都出席并作了讲话,中国国务院副总理也在会上致了辞。确实两位旷世巨擘的艺术成就举世公认,但两位的全球影响力却不可同日而语。莎士比亚几乎妇孺皆知,而汤显祖则知者寥寥。这就是文化的差距,牵涉到全球传播力的问题,而这背后涉及传播意识、传播策划、传播能力和传播地位等诸多方面。

因此,中华民族的伟大复兴一定而且必须建立在中华文化昂首挺胸地屹立于世界文化之林的基础上,中国亟待以文化去影响世界,而这一切需要我们插上国际传播的翅膀,舍此,我们飞不起、飞不远、飞不久。

中央审时度势,及时提出了这一至关重要的时代命题,令人警醒。2021年5月31日,习近平总书记主持中共中央政治局第三十次集体学习时,提出"加强和改进国际传播工作,展示真实立体全面的中国"这样一个重大主题,对待这样一个重大主题,必须加强顶层设计和研究布局,构建具有鲜明中国特色的战略传播体系,着力提高国际传播影响力、中华文化感召力、中国形象亲和力、中国话语说服力、国际舆论引导力。对这样高屋建瓴的规划布局,习近平总书记提出非常具体和细腻的操作要求:"要全面提升国际传播效能,建强适应新时代国际传播需要的专门人才队伍。要加强国际传播的理论研究,掌握国际传播的规律,构建对外话语体系,提高传播艺术。要采用贴近不同区域、不同国家、不同群体受众的精准传播方式,推进中国故事和中国声音的全球化表达、区域化表达、分众化表达,增强国际传播的亲和力和实效性。"中央已经认识到这一问题的重要性和急迫性,并提出了可操作性的具体步骤。因此,加强这方面的研究并付诸实践就迫在眉睫。

本章的五位专家的演讲非常有针对性,也十分精彩。陈圣来的《后疫情时代中华文化的国际传播》是一篇很及时、很新颖的研究,全世界已被新冠病毒缠绕两年多了,至今还未解脱,这场疫情已感染全球5亿多人,夺去600多万条生命,完全不亚于一场世界大战。一方面,疫情改变了人们的生活方式、社交方式、工作方式和传播方式,停摆和慢摆了我们日常的许多活动;另一方面,疫情使线上的生活与交流空前活跃起来,发挥了其最大边际效应。未来新媒体和新传播将会俘获更多的受众,并逐渐蚕食和挤占传统文化的生存空间,一步一步确立自己的主流地位。要增强和改进传播理念、传播方式、传播技巧和传播效果,我们就要不失时机地抓住转瞬即逝的难得的窗口期,大力提升我们的国际传播能力,在对外传播上将过去符号式的、脸谱化的"僵硬传播",改变成为个性化的、消费型的"柔性传播"。王战的《改革开放成功诀窍与世界中国学》则站在更宏阔的视野独到地阐释了中国改革开放取得世人瞩目的成功背后的诀窍。他将这种成功放在中西文化和文明的背景上来考量与剖析,其中不乏另辟蹊径的见解和生动案例。张维为的《"文明型国家"崛起的世界意义》在他诸多"中国震撼"的理论阐述基础上又有新的发挥,他认为中国作为一个世界"文明型国家"的崛起,需要中国话语的崛起,这种话语是一种中外融通的话语,可以与西方主流话语对话、交锋并胜出。他进一步提出我们要积极打好官方话语、学术话语、大众话语和国际话语这四种话语的组合拳。郑若麟的《如何在海外做好中国形象工作——构建具有鲜明中国特色的战略传播体系》以他20多年驻法的经验,提出在当前这场世界舆论大战中取胜的关键因素,并现身说法,阐释怎样突破西方创建的错误政治概念的陷阱。朱振武在《对外交流中的话语自觉与文化自信》中,从最新诺贝尔文学奖获得者非洲坦桑尼亚作家古尔纳切入,为世界文学正名,从而提出人类命运共同体实际上还包括了文学文化共同体。这位曾以翻译畅销书《达·芬奇密码》而蜚声文坛的外国文学研究学者,对历届诺贝尔文学奖如数家珍,从他独特的发现与论述出发,强调了构建中国自己话语体系和文化自信的重要意义。

后疫情时代中华文化的国际传播

陈圣来[*]

一场突如其来的疫情席卷全球，使得整个世界陷于迷茫和困顿之中，人与人的交往都处于高度警觉和戒备状态，文化的国际传播自然也偃旗息鼓。而在这样的世界性灾难面前，人类社会受到全方位冲击，体制机制、思想观念、生活方式、伦理道德和风俗习惯都会发生很大变化，使得原先建立在全球化基础上的国际文化交流同样面临着极大的挑战和危机。当然，疫情总会消停，但后疫情时代整个国际环境和文化生态都会发生并已经发生改变，中华文化的世界性传播和交流将面临怎样的嬗变，以及如何应对，我们必须做出清醒而睿智的回答。

一、云上传播成为疫情期间的率先文化突围

疫情前后的文化生态肯定会有所不同，文化传播也会相应改变。因为文化生产和文化传播最主要的状态是人员的交流，而在相当长一段时间内人员的交流将会阻滞或部分阻滞，这必然会波及从文化生产到文化消费的发展。

从演艺业来讲，国内外的团体和演员绝不会像疫情前一样可以顺畅流动，这种状况还会连锁波及消费人群，像巴黎的红磨坊、美国的百老汇，乃至中国澳门的"水舞间"、上海的"时空之旅"，都会损耗大部分的国外旅客观众。还比如会展业，经过 50 年的历练打磨，已发展成为"世界艺术风向标"的顶级艺术博览会——巴塞尔艺术展于 2020 年也骤然停止了线下展出。另外如著名节庆、国际赛事也一时难以风光再现，创办 70 多年的著名的爱丁堡艺术节于

---

[*] 陈圣来，上海社会科学院国家高端智库资深研究员，国家对外文化交流研究基地主任，上海国际文化学会会长。

2020年首次被迫取消,甚至像奥运会这样的"巨无霸"都因疫情而推迟举行。

然而疫情肆虐期间,在米兰大教堂前举办的"Music For Hope"安德烈·波切利演唱会令万众瞩目。虽然这座耗时500年才建成、可容纳35 000名客人的米兰大教堂以及大教堂前面的杜奥莫广场阒无人迹,空旷寥寂之下只有这位几近失明的歌唱家茕茕孑立、舒展歌喉,但是通过网络,全世界有2 000万观众都在观看这场演出,聆听这位世界级歌唱家的天籁之音,共同为人类战胜病毒而集聚起抗争的勇气和力量。这位继帕瓦罗蒂之后而享誉世界的意大利最著名的歌手曾来上海国际艺术节演唱,那次演唱会在上海万人体育馆进行,对演唱经典歌曲的歌唱家来说,这已经是很破格的大场子了,然而当时充其量的10 000名观众与如今2 000万观众相比,其影响力的悬殊不言而喻。

疫情期间另一场不同凡响的演出是上海人民广播电台举办的"用音乐温暖世界——世界地球日经典947特别直播",从早上8点到晚上8点整整12个小时,上海歌剧院院长许忠与全球数十个国家的知名乐团、剧院和近百位音乐家携手呈现这场规模空前、表现形式独特的线上音乐盛会。这场前所未有的音乐会如果不是受疫情的影响,大概是绝不会采取这样的组织形式和表现方式,在时间和空间的跨度上也绝不会这样大,而现在因为疫情,音乐会把虚拟的空间带进现实。

以上这两场音乐会都有别于传统音乐会,都把传统的剧场艺术搬到了广袤无垠的空中,疫情在某种程度上逼迫你离开原来驾轻就熟的传统路径,互联网和移动互联网的在线文化传播开辟了新的天地,一定程度上规避了文化传播在国际疫情下的物理空间壁垒,于是"云上文化"应运而生。国内外演艺市场万马齐喑的困顿中,云剧场、云展馆的出现就是艺术人士生产自救的一道霹雳,成为寂寞时刻的市民陪伴和艺术突围。如上海话剧艺术中心创作推出的抗疫剧《热干面之味》在B站上直播,吸引了16.6万人次观看。卢浮宫网站的访问量在疫情期间比平时增长了10倍。据悉,全球一些昔日的演艺重镇如伦敦的西区、纽约的百老汇、苏格兰的爱丁堡等都在做相同方向的努力。这种云端文化传播和接受习惯的养成正由于疫情的困扰而得到强制性的推进,它们突破空间的限制,创造更多与互联网拥抱的文化项目。

就像现在商场购物的主流地位已逐渐被网上购物所取代一样,艾媒咨询的统计数据显示,中国国内直播电商市场规模2017年是190亿元,两年后

(2019年)发展到4 338亿元,预计2020年将达到9 610亿元。新事物取代旧事物这种催生和嬗变往往会因为一个突发的契机而大大加快它原来的进程与节奏。

上海社会科学院副研究员任明在疫情期间做了一个非常有意义的问卷调查,她通过微信发出问卷,两个月内回收2 601份有效问卷。从问卷上归纳,疫情期间最主要的通信方式为微信(84.81%),其次为QQ(9.03%),而传统的电话只占使用率的5.5%。疫情期间文化活动的选择比例排在前三位的分别为"通过互联网观看电影和电视剧"(62.21%)、"阅读电子书"(50.52%)、"欣赏音乐"(50.21%),而有将近半数被调查者选择"观看B站、抖音、快手等直播或自媒体节目"(47.37%)。这一社会调查虽规模不大,但反映的数据值得分析与思考。这种疫情带来的变化,将使线上与线下,虚拟与实体,创新与传统的交融汇合形成一种常态,并渐渐向前者倾斜,慢慢会以一种固化的形式生存下来,这就是媒体融合。产业破圈,重组生活、工作、休闲、消费、艺术的崭新空间或许会成为一种新趋势、新拓展,其前景不可限量。

二、从边缘走向主流的新媒体新融合

疫情期间,我们见证了这种网络音乐会,以及社交媒体、视频下载、在线研讨会、线上教学、电子图书和网游、网文等蓬勃发展、方兴未艾。随着疫情的渐趋平静以至慢慢消失,这种疫情期间培养起来的新兴形式一定会沉淀下来,并在现实环境中不断发酵,从边缘走向主流。

(一)网络音乐

网络音乐已经不仅仅是转换传播阵地与传播方式,更是改变了传统格局下的音乐创作、传播、欣赏、交流的既定方式与固定模式,形成了一种适应现代人生活方式的独特审美文化。根据国际唱片业协会(IFPI)报告,2019年全球音乐市场收入同比增长9.7%,达到191亿美元。其中,流媒体音乐市场营收达到89亿美元,占全球营收的47%。而原先风靡一时的唱片公司与唱片业已成明日黄花,就是因为它们与新型的网络音乐生态相抵牾,跟不上时代演变的步伐和节奏。而5G技术、云计算、人工智能、大数据、区块链等的蓬勃发展为这种新颖音乐文化的成熟与成长提供了坚实的保障。

（二）网络文学

网络文学已在我国异军突起，成为文学阵地一支劲旅。美国的好莱坞电影、日本的动漫、韩国的偶像剧以及中国的网络文学被称为世界的四大文化奇观。网络小说利用本身的传播优势，形成了读者全过程参与机制。读者从选择、点击、收藏、推荐、订阅到反馈、评判，成为小说创作的共同体。这种共同创作是以往文学创作所难以企及的，使得网络小说创作过程大胆而开放地吸纳全人类各种文化资源，把流散在民间的各种神话元素、科技想象、人文关怀、道德伦理互相融合，形成自己独到新颖的情感体验与知识谱系。这就是网络文学有别于并见长于传统文学的核心竞争力。据中国互联网络信息中心发布的数据，截至2019年6月底，我国网络文学用户规模达4.55亿，占整体网民的53.2%，手机网络文学用户规模达4.35亿，占手机网民的51.4%。网络文学不仅在国内市场风靡，越南小说网站上，前100名几乎都是中国网络小说。余秋雨在"喜马拉雅"线上播出的"中国文化课"，点击量达到8 000万之巨。相信未来，网络文学将是一片浩瀚的"蓝海"。

（三）短视频

由于美国前任总统特朗普扬言要拿TikTok开刀，一时沸沸扬扬，引起轩然大波。全球知名数据分析平台Sensor Tower数据显示，TikTok 2020年上半年在美国的下载量仅次于网络会议软件Zoom，热度甚至超过本土热门应用，迄今为止在美国下载量超过1.8亿次，美国成为仅次于印度和巴西的TikTok全球第三大市场。难怪美国政客要对此心存芥蒂，甚至蛮横斩杀。然而短视频已经赢得了市场，赢得了青年。近期由中国香港歌星费玉清在37年前演唱的老歌《一剪梅》一举冲上海外各大音乐榜单的前三位（芬兰榜上第二位，挪威、瑞典、新西兰榜上前三位），个中缘由是一个特型演员的短视频。海外研究报告显示，早在2018年，全球就有86%的用户通过音频流媒体听歌，而其中，又有52%的人通过视频的方式"看"音乐。展示李子柒田园劳作的短视频在国外意外走红也是一例。这位看似低调朴实的四川女孩，以她在田园原始状态的劳作，展现了田园的美、劳动的美、女性的美，给人一种恬静的诗意，展示了中国传统农村的原生态魅力。这样流于自然的短视频勾起了所有人对故乡的眷恋和乡愁，引起世界各国观众的关注与共鸣。她的短视频在国外社交媒体上订阅量超过760万，相关视频的点击量达数千万。

（四）电子游戏

上海已俨然成为全球电竞业的重镇，中国电竞业的龙头老大。上海提出要建设"全球电竞之都""游戏创新之城"，并围绕着这样的目标定位，提出"电竞产业健康发展20条意见"。在张江高科技园区落户的中国游戏产业研究院已经揭牌开张。此外，上海适时引进中国原创艺术类精品游戏大赛、英雄联盟全球总决赛（S10）等，为配合这些赛事还建设了合适的竞技场馆。目前，上海已集聚全国80％以上的电竞企业、俱乐部、战队和直播平台，超过40％的全国电竞赛事在上海举行。2019年，上海网络游戏实现营收802亿元，同比增长12.3％，占全国比重的34.7％。而2019年中国游戏市场实际销售收入已超过2 308.8亿元，相比2015年我国游戏销售收入1 407亿元来说，几乎翻番。更值得一提的是，即使在2020年上半年疫情如此肆虐的情况下，中国自主的游戏产品海外销售收入仍达75.89亿元，同比增长36.32％，在我国文化产业进出口贸易上，游戏产业是少有的贸易顺差。很短的时间内，我国游戏产业经历了从引进到出海、从端游到手游、从单一到多元的发展。电子游戏不仅是一种娱乐，也是人们的社交方式、情感陪伴和文化表达。游戏产业作为文化产业的新锐力量，正助力中华文化在全球范围掀起风潮。

上述这些新型的媒体与相应的传播方式在疫情期间非但没有受到太大的影响，反而借人员不能流动与聚集的特殊际遇，发挥了它们的最大边际效应。一旦疫情结束，人员可以自由流动，原来传统的文化形式会重新恢复常态。但是上述新型形式和传播将会俘获更多的受众，并逐渐蚕食和挤占传统文化的生存空间，一步一步确立自己的主流地位。

三、疫情期间的亚文化开疆拓土持续发酵

疫情期间，亚文化在这样的特殊时期意外发酵，有理由乐观地预测，后疫情时代亚文化会有极大的拓展空间和发展前景。

亚文化往往有几个特点：第一，它会与当代艺术相勾连，对传统文化有着或多或少的颠覆与补充，对传统审美定势有着天然的叛逆；第二，它会与青年人结盟，因为它往往会游离主流人群，张扬自己独具一格的存在价值与风格，而这样的方式比较适合青年人并受到青年人的追捧；第三，它天性不受束缚、

不拘常规,探索精神是它与生俱来的精神品格,因为非主流、非常态,所以也没有包袱、没有框框;第四,它一开始都是一种小众的文化,但是,由于它是当下生活方式的派生,直接影响和作用于人的社会生存的心理环境,所以影响力往往会比主流更大,以至许多亚文化逐渐为主流文化所接纳,演变成主流文化。

但是不管怎样,亚文化刚刚冒头时,并不受主流社会待见,它的地位往往会低人一等,故亚文化又有次文化之称,意即主流文化之下的次级文化。它是主流文化和综合文化背景下的某一区域或某个集体所特有的生活方式和观念形态。

(一)粉丝文化

粉丝文化是一种很有裹挟力的文化现象。2005年湖南卫视的《超级女声》就已小试牛刀,不仅推出了李宇春、张靓颖等红极一时的明星,而且给湖南卫视带来了巨大的经济收益,据估算,《超级女声》整个产业链直接受益约7.66亿元,上下游产业链对社会经济总贡献达几十亿元之巨。据《2019偶像产业及粉丝经济白皮书》预测,2020年中国偶像市场总规模可达1 000亿元。偶像与粉丝已越来越结合成共同体,完成一条从生产到消费的完整产业链。

2019年末,笔者去菲律宾的巴科洛德市参加世界面具艺术大会。会议期间,大会主办方在巴科洛德市中心的大商场的共享空间举办一场面向市民的演出,演出的节目有各国各地带来的面具舞蹈艺术,中国四川的变脸是面具舞蹈中最后出场的,川剧演员那种干净利落、变幻莫测的变脸令台下观众掌声雷动,无不啧啧称奇,为中国的戏曲绝活喝彩。最后的压轴节目来自韩国的青春组合Rion Five,5个帅气的韩国小伙子开始演唱,一下子从四面八方涌来了无以计数的少男少女,他们将场上气氛搅得像翻江倒海、山崩地裂般激荡震颤、炙热奔腾,那种喝彩声嘶力竭,那种呐喊震耳欲聋。这种痴迷、这种癫狂,非亲历现场很难想象。如果处在这样的喧嚣声浪中来思考文化软实力,不得不承认韩流在这方面的突破令人咋舌,这些菲律宾青少年由于迷这样的青春组合而迷上韩流,从而亲近韩国文化,乃至对韩国的国家形象产生好感。观众对四川变脸的啧啧称赞,那仅仅是欣赏,而对韩国青春组合的狂热,那是"粉丝文化""粉丝经济",是生活方式的融合,这种亚文化的裹挟力非传统艺术所能比拟。再如美国的迈克尔·杰克逊、英国的莎拉·布兰曼、加拿大的席琳·迪昂等,这些大牌明星成为他们国家的代表性人物、标志性文化,俘获了全世界无以计数的粉丝,扩张和弥散了他们国家的文化。而相比之下,我们在这方面有多少战略性思考和倾向性投入呢?

现在,在民间我们这方面的粉丝文化开始崛起,而且并不受疫情的阻隔,异军突起,影响爆棚。就在疫情全球猖獗的 2020 年 7 月,中国的一档娱乐选秀节目《创造营 2020》荣居微博热搜榜榜首。这档节目是由腾讯视频制作的偶像女团培训计划,从 100 多名准备出道成为艺人的训练生里,根据大众投票最终挑选出 7 位组成女团,而排名第一的女生位居女团 C 位。投票有 3 种途径:一是在腾讯视频 App 的撑腰榜上进行投票,二是在腾讯微视 App 的撑腰榜上进行投票,三是购买赞助商(蒙牛)的酸奶获取选票。前两种途径的投票都有限额,而第三种途径没有限额,酸奶买得越多获票数也越高,这就显示出粉丝经济的力量,截至比赛决赛日那天,前两名选手的粉丝团为每位选手都花费近千万元买酸奶,以获取选票。所以,这样的节目一边是偶像一边是资本,而粉丝就是在花钱投票过程中,享受着花钱买快乐的过程。当然,粉丝经济和偶像经济已经出现从培养高质量明星转向打造高质量"饭圈"的趋势,已经开始引起监管部门的关注,所以要防止非理性共情,制止"饭圈"文化乱象的发生与蔓延。

值得一提的是这样的娱乐活动都是在网络 App 上展开,因此根本不受人员聚集风险的影响,而且也符合青年人欣赏娱乐的习惯,显示出旺盛的生命力。在疫情下的 2020 年上海电视节上,荣获"白玉兰奖"的两部电视剧都是网络电视剧,打破以往电视台主流电视剧一统天下的局面。

粉丝文化的基础基本上都是青少年和青年,而现时这一群体完全是在移动互联网等新媒体文化土壤中成长起来的"网生代",这种特殊环境里生成的网生代迥异于既往代际的情感结构、文化经验和自我认知。移动互联网的媒介迭代,让过去没有机会显现的青少年群体,也能有机会参与公共意见的表达,并为主流社会所关注和重视。

(二)二次元文化

现在如果中老年人与青少年对话,往往会发觉像两个世界的人,虽然说的都是中文普通话,但彼此根本不在一个频道、语系和语境里对话,就像鸡同鸭讲,这种现象其实在现实生活中非常普遍。就眼下这个"二次元",许多中年以上的人根本不知其详,甚至连这个名词都没听说过。然在青年人中这已不是一个新词了,更何况它拥有庞大的族群。所谓的"二次元"就是区别于现实的三维世界而存在的以动漫和游戏等为主要表现形态的二次元世界,这些以平面而虚拟出的唯美空间往往是幻觉的空想世界。因此,二次元不是一种风格、一种流派,而是一种类型文化。近几年,二次元文化风靡青少年,已然成为一种流行文化的巨大的风口,而二次元经济更成为一片广阔的蓝海。

稍早时候,日本动漫界流行起那只行动笨拙、自带两坨腮红的萌物"熊本熊",而正是这个萌宠的形象使原本籍籍无名的日本熊本县一举成名,成为熊本熊的故乡和大本营。日本是二次元文化的发源地,二次元文化对文化经济的渗透主要通过影视和游戏、衍生产品的开发和相应特色小镇的建立,这些方面中国还尚属起步阶段,尤其是衍生产品的开发与特色小镇的建设方面,中国与日本相比尚有很大差距。日本红极一时的动漫影片《天空之城》是日本动画大师宫崎骏的作品,他以意大利一小城巴尼奥雷焦为雏形。这座小城建于2500年前,在峻峭的山顶上,唯有一条长长的石头人行桥将小城与外部世界连接,远远望去,小城像浮于云海之上的幻景。宫崎骏将少女希达和少男巴鲁历经险阻寻找天空之城的故事背景放在这座小城里。电影以及电影主题曲的走红,使这座意大利山上小城成为旅游的打卡地,造访者与游客纷至沓来,络绎不绝,尤其是一对对恋人将此作为蜜月之行的必选地和婚纱照的首选地。笔者前两年去意大利造访了这座山上小城,就是受到旅游推介的"蛊惑",而去了后觉得确实不虚此行。

"二次元界"的创始人蒋军华说:在中国,发展"二次元经济"所需要的投资环境、传播技术、粉丝群体等都开始成熟。熊本县那个"和熊一起疯"的县政府值得诸多想开发特色小镇的国内机构学习。特色小镇如果没有特色文化、特色产业的支撑,是走不远的。由此可见,二次元文化是亟待开发的富矿,而中国似乎还未真正起步。

(三) 当代艺术

这里指的当代艺术不是仅仅标志一个时间概念,更是区别于古典艺术或经典艺术,区别于市场艺术或商业艺术的一种艺术门类。它包含当代音乐、当代美术、当代舞蹈、当代戏剧、当代文学、当代装置艺术等。对于当代艺术是否属于亚文化范畴是有争议的,这里只不过是暂且归类,因为它们有许多共通性。笔者在担任上海国际艺术节总裁时,考察世界各国,尤其是欧美发达国家，其政府文化部门和艺术基金主要资助的对象就是当代艺术。理由很简单，古典艺术已非常成熟，甚至到了不可逾越的境地，于是失去了创新延续的可能；商业艺术由于有强大的市场作支撑，让它们按照丛林法则弱肉强食般地去搏击商海，不用过多操心；而当代艺术是在当代土壤上培育起来的，正在走向成熟，需要社会扶持。因此，各国的当代艺术往往会得到来自政府或基金或社会一定的资助，发展势头旺盛。

笔者在20世纪90年代中期去法国里昂参加里昂现代音乐节，顺便还专门参观了新开张的里昂当代艺术博物馆，当时这个展馆尚未对外开放，我们作为政府的第一批中国客人造访了这个漂亮的博物馆，对90年代的中国造访者来说是大开眼界，其展现的是当时年代中国观众从未关注的领域。例如，有一间屋子，里面没有任何东西，只有四面墙上贴满一段段语录，策展人请一批先天性盲人来这里，他们从未见过自己，也未见过人类究竟长什么模样，策展人让他们想象人长什么模样，然后把每个人不同的想象与表述用文字摘抄出来，贴在四周，形成这样一个展厅。2010年上海世博会以后，上海也有了这样一个当代艺术博物馆，然而全国类似的当代艺术博物馆还几乎没有。我们尚缺乏对当代艺术的理解、重视和关注。

与当代艺术博物馆相关联的是当代美术，中国的当代美术曾经是世界上一块风水宝地，从20世纪80年代发轫，很快就在世界尤其是西方主流市场拥有了忠实的拥趸。随着中国当代艺术影响力的不断拓展，世界各地的美术馆和博物馆都纷纷举办中国当代艺术展以及中国著名当代艺术家的个人展。越来越多的中国当代艺术家成为国际"明星"，如张晓刚、岳敏君、方力钧、王广义、刘小东、卢昊、谷文达、黄永砯等。2007年，当年靠在北京大学卖西瓜为生的岳敏君凭借其招牌式的"笑脸"作品被美国《时代》周刊列为年度重要人物，与他同列榜单的还包括德国总理默克尔、法国总统萨科齐、委内瑞拉总统查韦斯。由此可见中国当代艺术在全球的影响力。

但是，我们的传统思维，包括政府的文化政策和扶持方向，往往把当代艺术排斥在外，许多政府官员甚至文化官员乃至一些声名显赫的艺术家都对当代艺术不甚了了，使得这门最适合在当代生长的艺术处于自生自灭的境遇，这种状况亟待修正。上海有个越办越红火的ART021上海当代艺术博览会，是个民办的艺术展，疫情期间非但没有萎缩，反而成为上海艺术展的翘楚、国际化程度最高的艺术展。究其原因,在于这种创新艺术与新媒体新融合有着内在的勾连,与现在的世界艺术趋势有着高度的契合。

四、后疫情时代更要特别讲究从"僵硬传播"转向"柔性传播"

文化传播,简单说来就是一种文化从它的发生地向其他国家、区域、人群的扩散,文化传播的成功与否很大程度上取决于受传播方的接受度和排拒度,而这种接纳往往既是不知不觉,又是自觉自愿,除非通过战争和统治强力,但有时即使是战争与统治强力也不能勉强,都德的小说《最后一课》就是佐证。过去,文化传播的媒介主要是人的迁移和流动,尤以人群的迁移更为重要。移民、战争、入侵和占领等是文化传播的重要途径。此外,通商、旅游以及其他人员的流动,也是传播文化的重要媒介。而现代社会世界范围内的文化传播正通过各种途径,以前所未有的规模和速度进行着,从传媒的不断的迭代进化可以看出。特别是20世纪末21世纪初开始,网络的普及和发展造成了传播工具的革命性变化,而传统传播方式的顽固与惯性又使得文化传播处于这两者之间的胶着状态,新的传播方式就在这种拉锯中徘徊。中国文化要进行有效的国际传播,如果不能做到有效,那也就做不到传播,更不要奢谈国际了。而疫情造成的全世界各自为政、自我封闭,正好为网络、线上、云上的传播网开一面,使原来的胶着平衡被打破,权重极度朝线上传播倾斜。10年来,我国互联网普及度、覆盖度和创新度都在全世界处于领先地位,而以往我国文化的国际传播一直处于落后的状态,因此,借此疫情造成的特殊契机,在进行中华文化的国际传播时,要意识到这种潜力与机遇,这也是所谓弯道超车的时机。

(一)抓住全球疫情带来的特殊文化窗口期,在虚拟空间培育中华文化的粉丝群

疫情在全球肆虐已经很久了,目前还看不到病毒消失的任何迹象。全球人已经在疫情的袭击和幽禁下,变得越来越烦躁不安,人作为社会的人,需要沟通、联络和交流,文娱是针对因封闭而滋生焦虑的人群最具疗效的行为方式。即使疫情过后相当长一段时期,人们还会处于疗伤阶段,需要文娱艺术来抚慰心灵。第二次世界大战以后,欧洲许多城市都相继办起了艺术节,成为艺术节发展史上一个高峰期,如著名的爱丁堡艺术节、萨尔茨堡艺术节、布雷根茨艺术节、普罗旺

斯艺术节都是这一时期诞生的,究其原因就是人民急迫需要用缪斯女神温柔的手去抚平战争造成的心灵伤痕。目前,全世界感染新冠病毒的人数已超过5.2亿,死亡人数已超过600万,对人类的重创可以等同于一次世界大战,甚至有过之而无不及,因此同样,疫情后文化仍然需要发挥其滋润生活、疏解情绪的功能。如此看来,后疫情时代文化的传播必然会出现一个巨大的窗口期,如果我们不抓住这个窗口期,错失时机,以后所有的使劲都会事倍功半。

但怎样不失时机地抓住难得的窗口期,趁势而上,在大力发展繁荣文化的同时,加速中华文化走出去的步伐呢?如果我们还一味依赖过去长期使用的正统方法,恐收效甚微。以往我们的影视剧目、戏曲歌舞、文学图书等走出去,主要依靠国外的影剧院、音乐厅、书店等传统渠道,但往往传播量有限。首先,这些渠道对中国文化产品接纳并不热情;其次,国外受众对中国文化产品的欣赏习惯也未养成,因此,真正抵达率不高。

我们对外传播要将过去符号式的、脸谱化的僵硬传播,改变成为个性化的、消费型的柔性传播。上述列举的网络音乐、网络文学、短视频和电竞游戏等新兴媒体传播方式就是很好的柔性传播。中国的IT已一定程度领先于世界,要加大研究和投入,通过互联网和移动互联网,让不同国家和地区的人们在共享的虚拟空间里欢聚,努力培养中华文化的粉丝群,以增加中华文化的亲近感和黏合度。

(二)用国际化的表述跨越中西方的文化心理屏障

在全球暴发疫情之前,逆全球化的倾向已经产生,尤其是特朗普政府发动对中国的贸易战,使得单边主义和民粹主义抬头,全球化受到质疑和阻遏。而2020年弥散全球的疫情,更使得各国呈现彼此隔离的孤岛状态,全球化面临严重挑战。许多专家预测,后疫情时代全球化会收敛起20世纪90年代那种普惠众生的光芒,甚至会有不同程度的倒退。然而,由于通信的发达、交通的便捷、互联网的维系、多极化的确立,全球化依然是不可逆转的时代潮流。全球化曾经带来的利益和观念已经渗透到我们的生活方式、行为惯性和思考模式之中,已经成为不可撤除的近乎下意识的存在,已经成为商业交往和产业合作的基础性概念。因此中华文化的传播仍然需要全球化思考,需要国际化表达,舍此走不远走不深。

2019年中国的国产科幻片《流浪地球》不仅红遍国内电影市场,而且在美国、加拿大、澳大利亚、新西兰等国家上映,赢得了很好的口碑,海外票房接近1亿美元。作者刘慈欣的科幻小说《三体》日文版在日本上市第一天,首印1万册全告售罄,一周内加印10次,印数达到8.5万册。刘慈欣因此也获得世界科幻协会颁发的"雨果奖",成为亚洲作家获"雨果奖"的第一人,为中国科幻小说打开了面向世界的通道。由此,中国的科幻小说、谍战小说、武侠小说、玄幻小说等在英语国家和东南亚、中东地区都拥有相当数量的读者群。由瑞典译者郝玉青翻译的《射雕英雄传》第一册《英雄诞生》出版首月就加印了7次,而且,美国、德国、西班牙、芬兰、巴西、葡萄牙等国也相继买下了该书的版权。以谍战小说独步天下的麦家更是以《解密》《暗算》等在西方世界刮起了"麦旋风"。还有像中国旅美音乐家谭盾的《慈悲颂》《水乐》,旅法音乐家陈其钢的《梅花弄》《走西口》,视觉焰火艺术家蔡国强的《归去来兮》等都在世界范围俘获了无数听众和观众。在舞蹈领域像现代舞蹈家沈伟、林怀民等亦是享誉世界、名满天下。这些走向世界的作品都是注重国际表达,能够有效激发人类共有的新奇、神奇、惊奇的情感体验,帮助人们促进情感能力增长和沟通的作品。

目前我们的文化还是习惯性地将当代艺术边缘化,始终不把当代艺术纳入主流视野,往往沉湎于老祖宗遗留下来的传统文化之中,不加改造地向世界推销,所以收效甚微。如我们动辄就拿出我们的京昆剧像展示国宝一样向外推销,其实时间与空间都发生了很大变化,即使我国的年轻人与之也存在一定的欣赏代沟,更何况外国人!上海的昆剧才俊张军根据国际表达的特点,创作了《我就是哈姆雷特》,同样是昆剧,但受到国外广泛的邀演。所以跨越中西方文化心理的障碍与叙述模式的差异,成功进入西方的主流赏析语境非常重要。

已故的上海外国语大学谢天振教授生前经过大量调研后尖锐地指出,我们出版的《中国文学》杂志,以及《熊猫丛书》《大中华文库》都是失败的,因为它们大部分躺在各高校的图书馆里,几乎无人问津。这就牵涉到一个国际化表达,仅仅是中国式表达,人家不买账不领情。文化传播往往有一个基本规律,那就是强势文化向弱势文化的译出和输出,中国文化包括文学尽管都有着悠久的历史,但是在世界文化环境中,我们无疑还是弱势文化,这与国家的政治、经济、军事地位以及影响力有关,但也不尽然,还与国家的文化软实力有关,与文化的传播力有关,同时与作品本身有关。因此,我们的文化传播往往是一种逆势传播。这种逆势传播就更考验我们的传播理念、传播方式、传播技巧和传播效果。

过去有一句流行语,我们视它为金科玉律,那就是"越是民族的就越是世界的"。其实这句话只说对了一半,如果缺少另一半这句话就是片面的,因为,如果没有国际化表达,没有现代化有效传播,民族的绝不会自动成为国际的,只能拘囿于一地、偏执于一隅、自娱自乐、自生自灭。

(三)国际化表达是放射性的面向世界的全方位传播

中华文化传播要走出国门,面向世界。但过去有种习惯思维,即向外传播主要就是向英语世界的传播,或者讲主要是向西方发达国家的传播,认为这些才是传播的主流渠道、主流国家。然而,自从我国开始倡导"一带一路"以后,这一原先的传统指向和传播主流开始发生变化。世界是多元的,传播应该是全方位的。国家三部委联合发布的《推动共建丝绸之路经济带和21世纪海上丝绸之路的愿景与行动》中提出"形成面向中亚、南亚、西亚国家的通道、商贸物流枢纽、重要产业和人文交流基地"。确实像中南西亚、中东欧以及非洲等区域,过去我们一直没有投入必要的关注,而那里有广阔的传播市场。如上文所述,像韩国青春组合 Rion Five 在菲律宾第五大城市巴科洛德的传播效应,我们还没有达到,所以,我们传播的视野要更开放。尤其在后疫情时代,以美国为首的西方世界一定会极力抵挡中华文化在我们原先重视的发达国家的传播。当然,我们不会也不能因他们的阻扰就此畏葸不前,而要更积极地在这些国家用当地人民能够接受的传播方式和传播内容进行有效传播。但是,与此同时,我们的思路和视野要更国际化,我们的文化传播要和国家的"一带一路"倡议紧密结合起来,和共筑"人类命运共同体"的目标紧密结合起来。这些后发展国家和地区有可能成为世界经济增长的新契机,成为重塑世界经济的新版图,也可能成为中华文化传播的新腹地。

全球对新冠肺炎疫情的抗击将会进入常态化防疫时期,在这样的态势下,我们应继续充分利用此次疫情对于文化传播新模式的呼唤,进一步激发文化创意,适应新时代互联网传播的特点,提高数字创意内容产品的原创水平,加快出版发行、影视制作、演艺娱乐、艺术营销、文化旅游、会议展览等行业数字化进程,提高动漫游戏、数字音乐、网络文学、网络视频、在线演出等的文化品位和市场价值,投入更多的关注和扶持,让中华文化插上现代化的翅膀,在全球飞扬。

改革开放成功诀窍与世界中国学

王 战[*]

我想讲三大部分：第一部分是改革开放 40 年的成功诀窍；第二部分是世界中国学内容，因为我带这专业的博士，我们从世界的角度来看中西文化文明的比较；第三部分是"一带一路"中华文明传承的问题。

一、改革开放的成功诀窍

改革开放 40 周年，最近我刚刚从江西、海南、湖南回来，讲的都是这个题目。我第一次是给国外中青年汉学家班讲的，用了"诀窍"这个词，那个班来了 27 个国家的 34 个汉学家，我跟他们说，上海社会科学院是国家 25 家高端智库之一，我这 5 年当中接待了很多"一带一路"智库代表团。孟加拉原来的议长，一位女士，带了一个代表团来，见面第一句话就问，你们搞"一带一路"的政治动机是什么？孟加拉和印度比较近，可能也会受到其媒体的影响。我的回答很简单，说白了，就是跟你们分享中国改革开放 40 年来的经验和教训，我们今天提"一带一路"，实际上中国本身就是从自己的"一带一路"开始的。在邓小平等中央领导人支持下，成立深圳经济特区，就是为了沿海经济带，过了 10 年到浦东的开发开放是为了长江经济带，邓小平就是从中国的"一带一路"开始抓起的。你一讲中国改革开放从我们自己"一带一路"开始做起，他们马上明白了。中国发展起来对他们太有吸引力，所以我说是中国发展的"诀窍"，让他们听起来觉得能够学点东西。

我跟他们讲的 10 条诀窍，第一条是理论创新，我就不展开讲了。理论创

---

[*] 王战，上海市社会科学界联合会主席，曾任中共上海市委副秘书长、上海社会科学院院长。

新大家都知道,中国当时是什么背景?1978年"文化大革命"刚刚结束,我们年轻一点的同志没有这个感觉,那时候哪里有搞经济的观念?经济都快崩溃了,你怎么来统一思想,这很重要。邓小平同志两招就解决问题了,资本主义、社会主义,你别争来争去,咱们是社会主义初级阶段,所以计划经济作为一个手段,资本主义也可以用,市场经济作为一个手段,我们社会主义也可以用,不争论。然后让深圳杀出一条血路来,用实践来说明问题。搞了5个特区,深圳成功了,经过"文化大革命"的老百姓知道了中国发展,看到了一条路。所以深圳的意义不是一个特区的意义,深圳的意义是老百姓终于懂得了怎么去发展生产力,走一条什么样的路,就是改革开放。

第二条是人口红利。一般都说中国的改革开放是从农村家庭承包开始的,我们评价,人口红利更重要。为什么?20世纪50年代提倡做母亲英雄,一家四五个孩子是很普遍的,到了七八十年代都成年了,要找工作了,"文化大革命"没工作,所以上山下乡,2 000多万年轻人到农村去。2018年是我插队50周年,在江西待了全过程,1968年下去,1979年考大学上来,11年,全过程走过来。但一到改革开放,2.7亿农民工到城镇做加工贸易,所以改革开放第二个特征是人口红利。那个时候老人又少,赡养系数小,年轻人多,这就是我们当时发展这么快的第二个原因。

第三条是农村家庭承包制。很多人把家庭承包制看作农民生活改善、收入提高的关键,它实际上是解决了中国发展的国内货币购买力的问题。我们搞家庭承包前5年,农民人均收入每年提高16%。不要小看每年提高16%,一年一个人增加200元的购买力,8亿农民啊,货币购买力出来了。由于货币购买力出来了,才有了后面城市的改革。所以大家看到的顺序是轻纺工业上去了,农民一有钱第一件事就想到什么?买点东西吃吃,换件好一点的衣服穿穿,8亿人都这么去想,轻纺工业不就发展了嘛。轻纺工业一发展,设备要更新,农民有钱了,要买农机设备,要买这些东西,我们的装备重工业也起来了。所以农村改革不能就农村讲农村改革,要从整个国家的改革开放发展来认识农村改革为什么这么做。

第四条是开放促进改革。改革开放,为什么把它归为一个"窍门"呢?大家注意,我们叫惯了改革开放,实际上中国的这40年是开放改革,深圳是先改革还是先开放?是先开放,由于深圳开放了,就有了广东的改革。浦东是先开放,还是先改革?是先开放,浦东开放了,所以有了上海的改革。我从1985年以后做过全国25个省市的发展战略规划,基本经验,第一条看开放不开放,没有开放的理念就没有发展。比如说我做贵州的发展战略,20世纪90年代做过一次,当时贵州是全国排名第28名,我说要不了几年倒数第一名,果然几年以后,贵州就是全国发展当中倒数第一名,发展速度都不如西藏。2004年又去做,我说全国没有开放理念的长江以南地区只有你们贵州了。当时我是云南省政府顾问,给他们提出面向印度洋的开放思路,为中国开放再打开一个90度的角,因为我们开放原来都是对着太平洋,离印度洋最近的是云南。西部开放只有两个省和区可以开放,为什么?中间是喜马拉雅山,北面是新疆,南面的口子就是云南。北面维稳的问题比较复杂,云南没有这个问题,所以,云南是中西部最早开放的地方。中部最大的问题,在提出长江经济带和"一带一路"倡议前,这6个省份在开放上面没有有利条件。所以对贵州当时就提了这么一个问题,贵州怎么打开?算来算去,贵州真的找不出什么能够令人眼睛一亮的开放的口号。当时广西看到云南澜沧江-湄公河大开放的计划,搞出了一个北部湾。贵州什么都没有,后来我们分析,发现贵州有一个很特殊的现象,周边的机场全部是满的,广州机场、桂林机场、昆明机场、重庆机场,等等。贵州贵阳的龙洞堡国际机场,那时候客流量少,冷冷清清的,所以我们当时提出它是不是可以成为泛珠三角和东南亚的一个旅游集散机场。贵州路无三尺平,当时高铁、高速公路没有起来,其实它的旅游景观比云南更好,就是路不行。那次我走了黔东南,路上10个小时,后来我就提出,贵州的开放可以从龙洞堡国际机场搞支线空域、支线机场突破。今天大家都讲支线空域、支线机场了,从什么地方打开的?贵州。我们规划建7个支线机场,把高端游客吸引进来,使贵州的旅游面向国内外。泛珠三角,凭什么我到西双版纳去,一定要从昆明转机?昆明机场挤得不得了,我从贵阳不能飞吗?完全可以飞。还有到东南亚去,如去新加坡、马来西亚、泰国,要飞到新加坡机场,飞到吉隆坡机场,飞到曼谷机场,再倒回来,如果有个落地签,就从贵州机场直接飞了。后来贵州从支线空域和支线机场打开了。10年以后,我问了贵州的常务副省长,他说他们已经搞了11个支线机场,"十三五"还要加,到13个。我坐了一次,贵阳飞到毕节。毕节是全国较穷困的地方,我到了毕节,问市委书记:毕节经济发展靠什么?他给了我四个字——"思路、道路",是开放的思路带来开放的道路。中国的改革开放有什么特点？实际上是开放改革，由此你来看各省市，哪里开放搞得好，它必定改革搞得好。这两个好了，发展速度也上去了。

第五条是土地有偿转让。有一段时间，土地有偿转让给人骂得要死，上海人很深切地感觉到，没有土地有偿转让，就没有浦东新区。上海87%的钱都上缴中央，所以上海浦东开发开放，不是搞管委会，而是集团公司，如金桥集团、张江集团、外高桥集团等。为什么叫集团？财政背书，开发区土地的使用权就是集团的了，如果搞开发区管委会就没法这样做，这块地通过土地有偿转让，变成了钱，再到银行贷款，再发债券，再上市，是这样才有了28年建设的浦东。实践是检验真理的唯一标准。没有土地批租，没有土地有偿使用，就没有中国今天这么欣欣向荣的城市化。而这几十年，全部的城市资金是从什么地方来的？我告诉大家，这40年，我们从土地上转让出来的40万亿元，就是我们城市化建设的来源。

第六条是财政包干和分税制。这两个制度，我们今天来回顾、重温一下是有好处的。财政包干和分税制，就是说一部分财政收入交给中央了，多出来的都是自己的，地方就有了积极性，中国的改革开放中，地方的积极性很重要。

第七条是企业改革。全国从农村的家庭承包发展到企业承包。有的企业是亏损企业，以前三年为基数，效益上做上去的，就有奖金发，企业承包中唯一不积极的就是上海，因为上海原来的经济效益比较好，可能承包了一个很高的基数，在竞争当中对上海不利，所以上海当时搞了企业股份制，虽然企业股份制改革是方向，但站在全国的角度客观地讲，企业承包对全国来讲起了很大的推动作用。中国改革开放为什么40年来，大家的积极性这么高？农村的承包使农民有了积极性，企业的承包使企业工人有了积极性，地方的财政包干使地方有了积极性。这三股力量在党中央的正确领导下，上下都要努力，这条也是非常重要的。我们回顾昨天实际上就是在考虑今天，今天我们企业的积极性怎么样，农民的积极性怎么样，地方政府的积极性怎么样？如果这个动力机制问题不解决好，那么改革再想升级，实际上它的动力是不够的。

第八条是在国企改革的同时发展民企和外企。持续地扩大城镇就业，支持了40年的改革开放。

第九条是加入WTO。美国人认为我们加入WTO是占便宜的。我是学世界经济的，原来在复旦大学世界经济研究所，1992年到市政府去工作，当了

10年市政府WTO事务咨询中心理事长,我清楚中国当时实际上是吃亏的,1995年关贸总协定我们不进去,要价太高了,结果2001年加入WTO了,开价更高了。我们要感谢朱镕基总理,他是怎么看问题的呢?你现在不进去后面的要价更高,所以2001年是硬着头皮进去的。这就是开放的一种决心、开放的一种胆魄。美国人觉得捡到便宜了,我们给你们中国开出这么高的要价,你同意吗?同意就进来,160多个国家,每个国家都给你开条件,要有承诺,他才让你进去。当时研究WTO的时候,都说中国的农产品要受到很大的冲击,中国的汽车、汽车零部件甚至会被冲垮掉,结果没有想到,一进去以后,恰恰是中国经济增长最快的10年。

第十条是摸着石头过河。看看是这么平淡的一句大白话,这里面的哲理是不得了。我们经历过10年"文化大革命"不搞生产,不摸着石头过河,懂市场经济吗?不懂,我们必须在每一次探索过程中,自己去总结经验,这就是历史唯物主义的观点。俄罗斯东欧改革在我们前头,全盘学西方,波兰请了美国顾问,一步到位。1990年我坐五天五夜火车经过俄罗斯到匈牙利经济学院。我们有一个老师,到圣彼得堡大学做访问学者一年,结果我们在讨论苏联改革的时候,他认为苏联很稳定,我说苏联要垮。我是在火车上看到苏联要垮,因为我去的时候,1卢布抵1.5美元;回来的时候,在用于国外游客的结算上,变成了1美元抵25个卢布,就是说实际上卢布贬了将近40倍。当时美国人给出的主意是什么呢?叫休克疗法,一步到位,所以他就朝这个方向去走了。但作为俄罗斯的老百姓,比如说我家里原来存了40万卢布,心里很踏实,日子小康,他还可以算等于60万美元。过了一个月,只有1.6万美元了,这种改革是损害老百姓的改革,把老百姓的存款全部"擦"掉了,老百姓会拥护你吗?所以到叶利钦上台的时候,在红场上,没有一个老百姓站出来为苏联共产党呐喊。我们摸着石头过河,农村改革后,农民每年收入提高16%,他有钱了;城市改革后,奖金多了,居民也有钱了,一步一步都是老百姓生活上的提高,所以摸着石头过河后面的哲理我认为是很深的。

我觉得我们对改革开放40年的总结,应该从老百姓的感受当中总结出一点对我们今后改革行之有效的东西。用辩证的观点来看,前面10条诀窍,每一条只要有效益,就一定有成本。比如说家庭承包制,在当时很好,但是潜在问题很大,只有5年的时间农民收入是提高的,后面农民纷纷出来打工了,全中国的中青年农民都出来打工，说明什么问题？说明小农经济的农业无法提供一个体面收入的职业。2011年，我给上海松江总结了家庭农场的经验。当时在讨论这个事情的时候，是倒过来设计的，全中国农民都跑到城市里去不行，农村必须留20%的中青年在农村，不然全部是六七十岁的人在种田的话，中国要完蛋的。怎么留20%？所以当时设计是留在农村的青壮年的年收入能够达到五六万元，就留住了。怎么使一个留在农村的青年，能够得到五六万元收入？一算需要100亩地。所以松江家庭农场的土地规模是从100亩地开始的。农村主体，即农业合作社和家庭农场作为乡村振兴的经营主体。

在新时代，这10条诀窍还能不能照搬照套？我将其分成三类。第一类，理论创新、思想解放是一个永恒的主题，我们在新时代全面深化改革要继续用。第二类要扬弃的，就是计划生育。人口红利我们是通过计划生育得到的，但是不能将独生子女政策神圣化。所以十八届三中全会就把计划生育给拉掉了。这次是彻底拉掉了，本来还保留了"二孩"政策，保留了计生委，这次政府机构改革里面这部分就拉掉了。我们建议是一下子全部放开，没有什么"二孩"政策，你哪怕"三孩""四孩"政策，不生的照样不生，丁克的照样丁克。这个政策不能再用了。第三类是与时俱进的政策。大多数政策在给我们带来成效的同时，也有副作用。比如土地批租，这是吃祖宗饭，是吃子孙饭，它给城市化提供了资金，但倒过来说，它把房价炒高了，影响了产业竞争力，影响到工资成本。

所以，用辩证法去看前面的40年，必须看到它带来的问题是什么，如果把问题看清楚了，新时代改革改什么也就清楚了。我们既要保留前40年改革好的东西，也要消减带来的副作用。

二、怎么看待中西方文明的问题

我们要把中西文明之间的关系脉络搞清楚，中西文明在起步阶段没有高低之分，那就是2500年前的轴心时代，也就是希腊文明和我们中国的先秦文明，四大文明，早也早不了几百年，大家几乎是同时起步的，这是我的第一个观点。为什么当时会同时起步呢？那时候又没有手机，又没有传真，为什么远隔千里万里，大家都在想同一个问题？因为碰到的问题是一样的。

人类从树上下来，然后有了剩余劳动和分工，形成了社会。在希腊是小的城邦，在中国是农耕社会，社会生活前先产生的问题：这个社会秩序怎么建立？这个社会用什么样的形态去治理，需要什么样的规范？希腊柏拉图提出理想国，中国先秦百家争鸣也提出很多自己的方案。所有这些方案当中，为什么最后孔子儒家的东西传承至今呢？这不是说法家、兵家、道家不好，而是儒家提供一个最基本的规范，用现在的话来说，为一个混沌社会提供了一个坐标，我认为一个叫横坐标，一个叫纵坐标。大家知道，一张白纸上面如果有坐标，方位就好确定了，没有坐标，就是一张白纸，你看不出东西南北的。这个坐标是什么？《论语》不是孔子自己写的，是儒家来总结的，结论是什么呢？最核心的，我认为是两句话："君君，臣臣，父父，子子""男尊女卑"，这是它的纵坐标；"仁、义、礼、智、信"，这是社会关系的一个横坐标。这个坐标有了，孔子很得意，周游列国，要去游说，但那些国君都想打仗，统治天下，孔子就变成了丧家之犬，他这是自嘲，六个国家走下来，没有一个人听他的这一套。孔子要实现他的天下观，就必须教化天下，于是他就广纳弟子搞教育。所以孔子有两大贡献：一是为这个混沌的社会提供了一套坐标系；二是教化，小孩从小就要知道这个社会是有序的，所以他有教无类、因材施教。所以孔子既是思想家，也是教育家。

中国文化的沿革，我们在第一阶段，可以说不输给任何人，甚至我们说，孔子在全世界最早为这个社会提出了坐标系，所以 2 500 年来我们尊崇他。今天我们讲人类命运共同体，实际上还是需要儒家的思想的。但是中西文化在这以后发生了三次大的分化，背后的原因不同。第一次分化，我认为是文字的分化。很多人认为，你是不是把问题讲得太小了？中西方文化的不同首先源自文字的不同，这是我在埃及发现的，是一家之言。2008 年我到埃及去，发现全世界用象形文字本来是两个国家，埃及是用象形文字的，后来断了。朝文和西夏文不能算，它是七拼八凑的，看看西夏文，文字结构里含义不清楚，不是形声决定了这个文字。汤因比讲世界上 21 个主要文明，连绵不断传承下来的只有中华文明。我在埃及看到文字和它有一个对应关系，在所有 21 个文明当中，只有中华文明应用的是象形文字，而其他所有国家用的全部是字母文字。当时看到这个现象，我没有去解读，为什么象形文字和字母文字在国家传承当中起的意义是不一样的呢？后来我到了上海社会科学院给博士生上课，思考这些问题后发现，确实和文字有关系。中国的象形文字，通过它的形声来确定意义，所以中国每一个字都有含义。但是字母文字，你说"C"代表什么意思？"L"代表什么意思？它不组成一个词，不代表任何意思，字母文字每一个字是抽象的，而象形文字每一个字都是具象的，这造就了我们和西方人的逻辑思维上面的差异。中国文化当中，50%在玩文字游戏，这句话讲了可能很多人会不高兴，确实就是这样的。你看我们古代好多东西，你说结婚了，马桶里面放点枣子，说这是吉祥，寓意着早生贵子。把它翻成英文看看，说一个马桶里面装了枣子，装了花生，这就代表了早生贵子？外国人一头雾水。我们送给皇帝一头鹿，福禄寿，这个"鹿"和福禄寿之间有关系吗？老外说没关系，你们扯淡；中国人认为有关系，这头鹿，我送给皇帝，表达了我对他的尊敬，福禄寿。我们山西人做广告，"晋善晋美"，中国人一看山西文化底蕴深，用成语"尽善尽美"美化一个地名，你用英文翻翻看？一头雾水。所以为什么搞哲学的外国人，不买你中国人的账？他说中国没哲学，因为你没有逻辑思维，两件不相连的事情，因为它们的形声相同，而认为这两件事情是有联系的。大家想过这个问题吗？所以中国有很多事情，就是在声音上、形声上有联系，我们把它们连在一起。它是表面的形式逻辑，通俗地讲，中国的文字带来的逻辑是由此及彼，从这个东西可以跳到那个东西，中国中医学、中药学都是从现象上去分析的，这个属于寒，这个属于热，由此给你开药，所以我们讲中国的医学是讲总体的、讲辩证的。西方搞字母文字的人，看病讲究打开来看一看、解剖，他们要追根究底，什么地方痛治什么地方。我们说胃痛了，那脚上针灸就会好，他不理解。我们说我们的针麻，麻到全世界去，他们奇怪了，这两针东西就能麻？这就是中西文化，由于文字的区别，所以在逻辑上，我们是由此及彼，他们是由表及里。在西方什么叫科学？他们看一个人，这个人是由器官组成的，器官由什么东西组成？细胞组成，细胞怎么组成的？分子组成，他们就由表及里，一路往下追。中国人讲的肝和西方讲的肝不一样，讲的胆和西方讲的胆不一样，我们讲肝胆相照，西方人听不懂，逻辑不通。逻辑不通就造成了我们的文学艺术是诗性文化，中国诗写出来，很多东西是可以寓意的，说竹代表一个人有气节，说梅代表一个人有精神，你说给英国人听听看？他们不懂，因为他们是由表及里的，追究本质是什么，这就不同了。

第二阶段中西文化的分歧来自家庭财产制度的安排。简单说，我们从公元 5 世纪以后,北魏开始实行均田制,一个男丁 15 岁,60 亩地,40 亩是田,20 亩是林地,这样分,说明当时人口比较少,分得过来。均田制有 400 多年,到了安史之乱后就彻底败了,当然从表面上看是战争原因。1998 年中央领导在上海西郊宾馆找了几个专家讨论家庭承包制 30 年不变这个议题,我说家庭承包制古已有之,中国的均田制就是封建社会的家庭承包制,那时候土地富余,一个男丁 15 岁就可以拿 60 亩地,今天我们是在人多地少、平均耕地不足的情况下,家庭承包,农民的积极性提高了,但一家只有几亩地养得活吗? 养不活,于是农民都出去打工了。一亩地产出不会到一千元的,一家人几千元怎么活,所以年轻人都出去。中国汉唐之盛,到了唐,盛极而衰,表面上是安史之乱,后面有两个根本性的原因,一个是黄河又重新泛滥,汉景帝治黄河,有了 500 年安澜,到这个时候又泛滥了。

另外一个,就是均田制到了唐代中期也崩塌了,为什么? 这就是中国的国情。均田制,今天我分给你 60 亩,你马上就是两个决策,第一个是农具改革,第二个是生孩子。第一,60 亩我种不过来,一天插秧只能插 1 亩,你难道要插 60 天? 所以要改进农具,一开春了,我要都种下去,不种下去,到秋天,一打霜就收不上去了。所以从公元 5 世纪以后,中国的农具改进了。第二,多生几个儿子,有劳动力。所以多子多福是均田制安排的最终结果,这就成了我们今天的国情。你生了 4 个孩子,60 亩地变成 15 亩地了,400 年下来,到最后的结果就是人多地少。人多地少了怎么办? 那就是历史上从唐到宋的两次大移民,往哪里走? 往江南走。唐宋以后,中国经济的中心移向南方,南方的产出占了整个国民经济的 80%。经济中心过去了,政治中心过去了,文化中心都带过去了。宋高宗从北面往南面跑,孔家三兄弟,一个留在曲阜,还有两个带着走。跑到杭州,作为临时首都,叫临安,临时安排一下。把孔家其中一个兄弟放到衢州,因为证明皇权正统,必须官式祭孔。在北面,道家泰山,儒家就到曲阜,现在跑到南方,必须带过来才证明我这个皇帝是真的,这样就有了南孔。然后金兵又打过来了,他往温州方向逃,逃的时候带了孔家另一位兄弟,那个兄弟生病跑不动了,结果就在浙江的中部磐安潜伏下来了,这个村宗祠是国务院立的孔家家庙,国家重点文物保护单位。我为什么比较崇尚南孔,而不崇尚北孔? 因为北孔是和封建王朝挂在一起的,官式祭孔,中国封建王朝这么长,是以孔子为意识形态,在没了解南孔之前,海外是有疑虑的。我们办了一个班,第一期我们把上海十几位总领事文化参赞带了去看,新加坡的总领事看了以后,他说我对孔子对儒学算是有所研究的,看了以后很震惊,震惊在什么地方呢?因为南宋152年就灭了,南宋一灭,元朝元大都就回到北京了。明朝永乐大帝也回去了,在南京也就待了这么一点年数。南方的儒学在一定程度上和封建王朝脱离了关系,跟北孔是不一样的,北孔始终是官式祭孔的所在地,而南孔脱开了皇权一步,南孔第五代孔洙,他说我习惯南方生活了,我就不回去了。他在江南民间讲学,之后江南冒出许多书院。所以从南宋以后,中国为什么80%的政治家、思想家都出在江南呢?和这个有关系,孔家不过来,江南和岭南都是地域文化,但是孔家一过来,南宋王朝一过来,实际上从唐宋以后,中国文化高地是在江南。这是美国南加州学派研究的,他们是非西方中心论的代表者,有本书写大分流,认为在18世纪以前,世界经济最繁荣的地方在中国江南。

我们跟西方人讲中国文化,不能强加给他们,如果我们对孔子学院、对孔家不去做一个具体问题具体分析,他们会认为你是强加给他们,所以我带着他们开启南孔之旅。从衢州看,其家府和江南书院的分布基本上是正相关的。南到江西白鹭洲书院,北到无锡东陵学派,东到永嘉学派,西到岳麓书院,中心正好是衢州。民间讲学是和中国农耕社会的伦理道德相结合的。然后我们到磐安去看家庙,它和皇权没有任何关系,专致于农耕社会的耕读。为什么在江南这个地方经济能够稳定、能够繁荣起来?有一种观点是三教合一。当时我还搞不懂,三教合一为什么会带来这么大的变化?后来想明白了,道家的好处是人与自然的和谐相处,哪里有道观,哪里就有青山绿水,青山绿水养育了水稻文明。道家解决了人和自然和谐相处的问题。佛教解决人心的安顿问题,怎么来对待生死苦乐?源源不断的几百万人从中原移民到南方来,那边是一马平川,这儿是一个个小山坑,家里有人生老病死,怎么能够承受?那就是说,佛教善有善报,求来世,解决了人的内心安顿问题。儒家解决什么问题?人与人怎么和谐相处?村庄与村庄怎么和谐相处?宗族房族怎么和谐相处?如果移民从北方跑到南方来,解决了人和自然怎么和谐、人的内心怎么安顿、人和人怎么相处的问题,他就可以在这个地方安身立命。安身立命了,中国人勤劳智慧,就把江南经济搞成世界上最好的。江南文化推动了江南经济的发展。这就是当时我们办这个南孔之旅班,学员们去看了以后最震惊的地方。我们外宣都会说孔子学院是怎么样的,外方人士往往以为孔子2500年不就是和封建王朝绑在一起的嘛,现在我们在国外有500家孔子学院,还有中国文化中心,在处理这个问题时,要多讲孔子对中国现代社会的意义是什么,而不要让他们把他和封建王朝的统治联系起来,这个很重要。

三、"一带一路"倡议和中华文明的关系问题

其实刚才讲的这些东西都反映在"一带一路"倡议上。"丝绸之路"是德国李希霍芬提出来的,说明他认为丝绸之路主要由中国因素在推动。两个因素:第一个是主要商品的原产地在中国,从张骞出使算起;第二个是商旅文化,使这个丝绸之路可以延续2000多年。这话怎么讲呢?我跑了"一带一路"沿线30多个国家,我跟他们的总统战略研究所谈,觉得很奇怪,所到之处只看到清真寺,看不到一座道观,也看不到一座寺庙。我就问他们,我说你们清真寺在中国很多,怎么我们中国的道观、寺庙在你们这儿没有?道家只到新疆的八卦城,再过去没有了,为什么?这就跟我讲的宗教文化有关系。西方的宗教文化是什么呢?它是排他的,一神论,他认为你是异教徒。这就是说如果中国文化也排外的话,丝绸之路过不了几年就灭掉了,你跑我中国来,我中国也不准造清真寺,不准造教堂,这个贸易还能做下去吗?做不下去了。所以我们的河西走廊一路上都是洞窟。他们过来一路上,到西安什么都有,伊斯兰教、印度教、犹太教、伊朗的拜火教,都可以进来。因为我们不排斥,这个丝绸之路的商旅可以连续,如果我们的文化也排斥的话,不行。欧洲是教权、神权大于王权,教宗可以决定信什么,可以宗教裁判。我们是王权大于教权。元朝,忽必烈相信佛教,他把全真教灭了以后,北京的佛教是藏传佛教的东西。我们对宗教是开放的,所以我们的西安、开封、台儿庄以及泉州,多教杂处。上海实际上八教合一,还有东正教、犹太教、印度教。正是我们这样的一种文化,宗教文化和王朝文化,造就了这种商旅的环境。

还有就是我们的产地文化。刚才讲了江南文化,我们现在搞丝绸之路,西安很起劲,新疆很起劲,而丝绸之路上的大宗商品产地,瓷在景德镇,丝在湖州,茶在杭州,都在江南。江南的产品文化跟移民有关系。所以中原文化和江南文化的第一个区别在于,中原文化是本地文化,江南文化是移民文化。我到

陕西的窑洞去过,唐盛极而衰后,那些人本来也可以移民到江南的,他说我干吗移过去呢?本来吃三顿,现在吃两顿,我少动一点,早上睡到九点钟,起来就蹲在窑洞门口抽几口烟,吃两口饭,晚上早早睡就完了嘛。本地人往往缺少一点冒险精神,缺少一种创新的精神。来自中原的移民一路走过来,兵荒马乱,到了江南安身下来,他们有一种冒险的基因,这是第一个区别。

第二个区别是什么?在北方,百姓的价值观:第一考状元,当官;第二当农民,老实巴交,把地种好;第三做手艺,实在不行,做点小买卖。所以在北方,做小买卖是奸诈之人,不入流的。但有了大运河以后,江南人的价值观:第一也是当官;第二经商办企业,因为大运河把经商的位置大大提高了;第三做手艺;第四做农业,因为地少。这个就解释了为什么改革开放40年来,只有江南,特别是浙江企业家出得特别多,刚刚开始做的时候,在北方很多人说,我去经商,觉得奸诈,但是在江南把它的地位看得很高,我清华大学考不取,我就办企业嘛。所以江南出企业家,改革开放是有文化基因的,这是第二个区别。

第三个区别体现在宗教文化上,在北方三教是并列的,看皇帝喜欢什么,武则天喜欢佛教,唐太宗什么都喜欢,他最早喜欢道教,为什么?因为他要为自己证明,他姓李嘛,往上查道教老子也是姓李的。他执政时信儒学儒教,最后在死以前看了《心经》,信佛教了。但在江南,由于生存和安身立命的需要,三教融合。这个宗教文化对中国在农耕社会发展时期是起作用的。

第四个区别是新儒学。刚才我讲了一个纵坐标、一个横坐标,其实纵坐标在今天,无论如何都要废除,"君君,臣臣,父父,子子""男尊女卑"是要废除的。它的横坐标是社会主义核心价值观的一个地基,这个地基越是宽厚,我们社会主义核心价值观越是牢固,但是不能凭空把"仁、义、礼、智、信"搬过来。实际上到了江南,新儒学讲的是经世致用,它在现实生活当中变成了"信、义、仁、智、礼"。为什么是这样改变呢?因为大运河,中国远距离的商业贸易起来以后,一船货过去了,要靠相互之间的商业信用。为什么中国在北宋到南宋时产生了纸币?因为儒家文化渗透到商业里面,所以徽派文化和徽商是互通的,儒商和晋商、徽商是同义的,因为有了商业信用,所以可以用纸币。因此,"信"是在第一位的。今天我们讲国家之间的信任、社会的诚信、商业的信用,应该放在第一位,这符合社会主义市场经济的需要。第二位"义",今天我们用现代语言解释就是民主与法制界定的社会公正与正义,它不是当时那个狭义的"义"。

第三位"仁",孔子讲的"仁"是熟人之仁,姑嫂、夫妻、兄弟、婆媳之间怎么仁爱,而今天社会主义市场经济,看到陌生人晕倒在路上,你会打个救助电话,这叫什么？社会关爱,守望相助。汶川地震,民营企业家开了车子就过去了,里面装满了货,他在汶川认识谁啊？谁是他的爹妈、兄弟、姐妹？一个都不是。所以今天的"仁",是社会大爱,不是熟人之仁。农耕社会,一个村庄里面都是熟人,今天这个社会都是不熟的,是陌生人社会。第四位"智",这个就是佛教的睿智,和而不同、包容,这是睿智。第五位"礼",此处就不再赘述了。所以我讲江南文化的弘扬,对"一带一路"来说也是一样,"信、义、仁、智、礼"应该要作为我们去推介的一个共同的文化价值观。"一带一路"沿线社会主义核心价值观无法抵达的这些地方,你用什么跟他们做文化上对话、价值观上对话呢？"信、义、仁、智、礼",五个字拿出去,每个字都可以讲好。

文化很重要,"一带一路"倡议五个相通里面,现在最薄弱的是"民心相通","民心相通"里面最薄弱的是我们拿不出我们的价值观说事,讲故事。都说讲中国故事,你价值观不搞清楚,中国故事怎么讲？讲孙悟空七十二变？问题是我们要能拿出足够打动人心的价值观,这个不能太高,阳春白雪,讲社会主义核心价值观,你出去也没法讲,要讲下里巴人。

"文明型国家"崛起的世界意义

张维为[*]

一、中国崛起需要中国话语的崛起

2011年初,我出版了《中国震撼:一个"文明型国家"的崛起》一书,反响比较热烈,不少单位请我去做演讲。那年夏天,我在上海做了一个谈我这本书的演讲。现场一位媒体人提了个比较尖锐的问题:"难道你不知道'7·23'高铁事故吗?这也是中国震撼吗?"我是这样回答的:这是一次动车事故,不是高铁事故,动车和高铁的速度是不一样的。这场事故是一个悲剧,我们要调查,该怎么处理就怎么处理。但动车和高铁已经在中国大地上安全运行5年了。看火车的安全记录,要有载客量的概念,中国一个春运的火车载客量大概比德国10年的载客量都要大,所以中国的铁路安全记录应该是世界上最好的记录之一。我们不能以一起事故就否定中国铁路人为中国现代化事业做出的巨大贡献。我走过的国家多,我问他:"你坐过美国和英国的火车吗?坐过印度的火车吗?"我说:"我们的动车高铁应该是研究生水平,美国、英国的火车是中学生水平,印度是幼儿园水平。"

回忆这段往事是想说明,我们不仅要把事情做好,而且要把事情说好,否则就会被西方话语扭着讲、反着讲,像高铁这样的巨大正资产都可能变成巨大负资产。11年前,部分西方势力和中国公知在互联网上兴风作浪,全面抹黑中国政治和经济制度:"政府是坏的,国企是坏的,国企生产的高铁肯定也是坏的。"这就是当时网络上的主流话语。亏得我们高铁凭着过硬的质量经受住了考验。总之,中国话语建设非常重要,没有中国话语的崛起,中国不可能实现

---

[*] 张维为,复旦大学中国研究院院长、特聘教授。

真正的崛起。

党的十八大以来,形势发生巨大变化。有人对我说,张老师,你老讲中国人要自信,我们觉得中国人现在已经很自信了,是不是可以少讲一些自信了,再讲要自负了。我说,我们一定要实事求是,我个人觉得我们国人的自信心确实比过去提高了很多,但我也有一种感觉,这种自信还不那么巩固,不那么深厚。我们只要看一看刚刚经历过的新冠肺炎疫情。回头看,如果出于种种原因,这场疫情没有在西方全面暴发,那么可能会有很多人认为中国为疫情防控所做的一切都是错的。我们正面临百年未有之大变局,没有发自内心的中国自信,一遇到风浪,我们就会失去定力。

我的中国自信源于自己对中国模式的研究,这是通过大量实地考察和国际比较形成的自信。我认为中国模式虽然还有很多可以完善的地方,但它经得起国际比较。它在国际比较中相对胜出,甚至胜出很多。我是最早提出中国模式的学者之一。我查了一下,我最早提出美国模式恐将竞争不过中国模式是2006年,也就是16年前。那年我完成了一个长期的心愿,实地走访了100个国家。到2006年,我实地考察了106个国家和地区,形成了自己对中国模式和西方模式的比较完整的思考,随后就开始写我的"中国震撼三部曲",同时用英文撰写一些文章发表在西方主流媒体上。2006年11月2日,我在《纽约时报》国际版发表了一篇题为《中国模式的魅力》("The Allure of the Chinese Model")的文章,论述了为什么非西方国家采用美国模式大多失败,以及中国模式可能产生的国际影响。

当时正值中非合作论坛在北京召开,参加这个论坛的非洲领导人人数超过参加非盟首脑会议的领导人人数。我说,他们来中国参加这个论坛,不仅是为了推动贸易、投资和援助,也是为了了解中国发展模式。我走访百国后,发现美国模式在非西方国家总体上非常失败。我做了一个预测,对于发展中国家,中国模式的吸引力会超过美国模式。当时《纽约时报》还有一点制度自信,发表我这种小众观点的文章无伤大雅,还能显示自己开明,但今天它大概不敢发表这样的文章了。

我一直主张中国的崛起一定要伴随中国话语的崛起,没有自己的话语,做对的事情,也会被看作错的。我提出我们要解构西方话语,建构中国话语,打好官方话语、学术话语、大众话语、国际话语的组合拳。中国已经形成了一整套关于中国特色社会主义的官方话语,这非常重要,对于我们坚持中国道路起到了定海神针的作用,但在今天仅仅靠官方话语是不足以应对西方话语挑战的,因为今天西方对中国的话语围剿是官方话语、学术话语、大众话语和国际话语及其组合拳,所以我们的反击也需要这四种话语及其组合拳。

话语的背后是一个文化—思想—知识体系的支撑。依靠别人的文化—思想—知识体系,甚至追求与之接轨,是无法建立起自己的话语体系的。一些国家在这方面的历史经验值得我们关注。例如,德国历史上曾长期被盎格鲁-撒克逊文明视为野蛮地区,但德国知识界和文化人选择了建构自己的文化—思想—知识体系,以挑战当时占主导地位的盎格鲁-撒克逊体系。黑格尔的德国古典哲学,通过唯心主义哲学强调精神的力量,批判英国的实证主义,论证国家是理性的最高实现。斯宾格勒《西方的没落》强调精神层面的文化,指出以英美为代表的西方主流文明丧失了真正的文化创造力。歌德和席勒等的文学作品聚焦人的内心和精神追求,与盎格鲁-撒克逊文明强调物质性欲望形成对比。德国知识界将德国文化自诩为更高的精神性成就。德国这种文化—思想—知识体系的建构,虽有不少缺陷和问题,但深深地影响了德国人的集体心理,使德国主流知识精英迄今保持着一种对英美文化的"心胜"。

习近平总书记指出,"一个没有发达的自然科学的国家不可能走在世界前列,一个没有繁荣的哲学社会科学的国家也不可能走在世界前列"。中国哲学社会科学工作者应该责无旁贷、奋发有为,努力建构我们自己的文化—思想—知识体系,并在此基础上推进中国话语的崛起。习近平总书记还提出,"要加强话语体系建设,着力打造融通中外的新概念新范畴新表述,增强在国际上的话语权"。我个人认为,中国话语建设和文化—思想—知识体系的建设,首先需要一种对中国和世界的整体把握,从而确立中国人对中国和世界的主流叙事。

二、中国崛起是一个"文明型国家"的崛起

中国的迅速崛起确实震撼了世界,正影响着整个国际格局和秩序的演变,但是读懂中国的确不容易,因为中国太大,情况太复杂,盲人摸象的解读太多,每个人都看到中国的一部分,然后就认为这是中国的全部。那么有没有什么

概念能够更为全面地(从政治、经济、社会、文化等各方面)概括中国这个超大型的国家呢？我自己提出的"文明型国家"是一种尝试。十来年过去了，应该说"文明型国家"话语经受住了检验，现在已经开始产生不小的国际影响。

何谓"文明型国家"？"文明型国家"指的是一个延绵不断长达数千年的古老文明与一个超大型现代国家几乎完全重合的国家，即中国。如果历史上的古埃及文明、两河流域文明、古印度文明都能够延续至今，并实现现代国家的转型，那么它们今天也可能是"文明型国家"，但这种机会已经不复存在。如果当初古罗马帝国没有四分五裂，并能通过现代国家的转型，那么它也可能是一个具有相当规模的"文明型国家"，但这只能是一种假设。如果今天数十个国家组成的伊斯兰世界，能完成传统与现代的结合，并整合成一个统一的国家而崛起，那么也可能是一个十亿人口规模的"文明型国家"，但今天看来这也是无法实现的愿景。

西方不少学者早就提出过中国是一个"文明国家"(civilization state)。他们认为中国"民族国家"尚在形成之中，而"文明形态的国家"在中国却有数千年的历史。如美国政治学者白鲁恂(Lucian Pye)认为，今天的中国是一个佯装出现代国家的古文明，中国不可能建立现代经济、政治、法律、军事制度。他将中国数千年"文明形态的国家"看作中国建设现代国家的障碍和包袱。英国学者马丁·雅克(Martin Jacques)对中国"文明国家"的概念做了比较正面的阐述，他认为："世界上有许多种文明，比如西方文明，但中国是唯一的文明国家。中国人视国家为文明的监护者和管理者的化身，其职责是保护统一。中国国家的合法性深藏于中国的历史中。这完全不同于西方人眼里的国家。"他认为，中国一定会形成自己的政治、经济、社会制度，他将"文明国家"的概念中性化。然而马丁·雅克亦认为中国的"民族国家"和"文明国家"两种特性之间会有冲突，比如中国历史上与周边国家的朝贡体系等，这使得今日中国存在重复旧日制度的风险，这种冲突"可能把中国拉向不同的方向"。

依我之见，今天的中国已经是一个把"民族国家"与"文明国家"融为一体的"文明型国家"(civilizational state)，一个把"民族国家"和"文明国家"的长处结合起来的国家。我认为，中国首先是一个现代国家，我们接受现代国际关系中的主权理论、民族国家理念、人权理念，所以我们不会搞朝贡体系，不会搞种族主义。而中华文明的种种特质又使它与众不同，我们有不同的政治、经济、社会制度。这就是"文明型国家"与"文明国家"在概念上的差别。前者融"文明"与"(现代)国家"为一体,而后者中的"文明"和"(现代)国家"则常常是一个矛盾体。

我认为"文明型国家"有能力汲取其他文明的一切长处而不失去自我,我多次讲过这样一个比喻:就像汉语扩大自己的影响,不需要理会英语的偏好;就像《孙子兵法》不需要克劳塞维茨来认可;就像孔夫子不需要柏拉图来认可;就像中国的宏观调控不需要美联储来认可;就像中国特色社会主义不需要美国资本主义来认可。这是发自内心的文化自信,正如习近平总书记所说:"经历了五千多年的艰难困苦,中国依旧在这儿!面向未来,中国将永远在这儿!"

《中国震撼:一个"文明型国家"的崛起》出版后不久的 2011 年 6 月,我与"历史终结论"的提出者、美籍日裔学者福山先生在上海就中国模式和中美政治制度比较等问题进行过一场辩论。我的立论就是中国是一个"文明型国家",有自己独特的发展规律,中国目前还处在自己复兴和崛起的初级阶段,更精彩的故事还在后面,中国正在探索超越西方模式的下一代的政治、经济、社会和法律制度。

当时正值"阿拉伯之春"爆发不久,福山认为中国也将经历"阿拉伯之春"。我认为不可能,中国崛起已经结合了中华传统与现代精神,而埃及等爆发"阿拉伯之春"的国家恐怕还没有成熟到中国辛亥革命时期,"阿拉伯之春"不久会变成"阿拉伯之冬"。现在考证下来我是全世界最早做出这个预测的,"阿拉伯之冬"这个概念是我发明的中国话语,你不知道是谁发明的也没有关系,但只要你使用这个概念,你就接受了中国话语。

福山提到中国需要进行政治改革,我说中国政治改革一直在进行,中国政治制度已经融合了传统文明和现代文明的许多元素。我指出,更需要改革的是美国的政治制度,它是前工业革命时期的产物,如果不进行改革,美国可能会选出一个比小布什还差劲的总统,结果也被我不幸言中。

换言之,"文明型国家"这样的中国话语,揭示了中国崛起的一些规律,既可以解构西方话语对中国的主流叙述,还可以把中国经验和中国模式作为一种参照系进行国际比较。我个人认为它是一种"中外融通"的外部世界可以听懂的中国话语,一种可以与西方主流话语进行对话、交锋并胜出的话语。

现在"文明型国家"话语的影响已经超出了中国国界,俄罗斯、印度、土耳其、伊朗等国的一些主流学者都开始称自己国家是"文明型国家",不管我们是否认同他们的叙述,但有一点是肯定的:他们都认为自己的文明不同于西方文明,西方国家没有权利对他们说三道四。不久前,芒克论坛主持人邀请我以"文明型国家"为主题进行了一次高端对话("西方该害怕中国崛起吗?"张维为对话格里菲斯),中外受众的反响总体相当不错。最近欧洲最大的中国研究机构墨卡托中国研究中心发文感叹:张维为等中国学者"正在积极重塑外部世界对西方的认知",不仅吸引了大量的中国年轻人,而且在吸引"对西方制度日益失望的全球受众"。

三、"文明型国家"的主要特征及其意义

"文明型国家"具有"四超"的特征:

一是超大型的人口规模。中国拥有14亿人口,是世界上人口最多的国家,和欧洲相比,一个欧洲普通国家的人口只有1 400万左右,所以中国的人口约等于100个欧洲普通国家的人口之和。如此规模的人口是非常震撼的,它既是对中国国家治理最大的挑战,也是中国发展最大的机遇。挑战在于人口与资源的不平衡。以"胡焕庸线"为界,我国大致3/4的人口,生活在这条线以东,1/4在这条线以西,但自然资源恰恰相反。这就说明,中国是一个人均资源高度紧张运行的社会,因而就会带来一系列问题。比较中美两国,1848年,美国打败了墨西哥,吞并了加州,大致形成现在的版图,当时美国的人口是2 000万,而那时中国的人口是将近4亿。人口的差异导致人均资源的巨大差别。一方水土养一方人,因此,美国政治文化的特点是讲自由、讲权利,而中国的特点是讲孔融让梨、讲"国不可一日无君"、讲权利义务的平衡,这很大程度上是由于资源紧张运行容易引起竞争并失序,产生了崇尚比较中性、能够主持公道的制度。

当然人均资源紧张运行,也使我们形成了自己的许多特点,比如世界上最丰富的餐饮文化。在国家治理方面,由于人口多、资源少、社会竞争比较激烈,结果反而形成了通过科举考试选拔治国人才的制度,现在又发展成"选拔+选举"的选贤任能模式,其中选拔永远是放在第一位的。随着现代国家的建立,特别是现代教育体系的建立,受过教育和培训的人民已经成为"文明型国家"

的最大财富。由于人口效应,中国一旦改变自己,往往就能产生改变世界的效应,甚至引领国际标准和规则的改变。

二是超广阔的疆域国土。中国幅员辽阔的疆土也是在漫长的历史中逐步由"百国之合"而形成的。辽阔而统一的疆域使中国获得了绝大多数国家难以比拟的地缘优势和战略纵深。中国可以在超大规模的国土内进行战略布局,可以完成西气东送、高铁"八纵四横"等人类历史上罕见的现代化工程。"文明型国家"所形成的地缘优势也使我们具有其他国家难以企及的地缘辐射力。

人口和地域是关键。我认为如果能够应对类似中国这样的超大型规模人口和超广阔疆域国土的挑战,那么它的成功一定是世界上最了不起的成功。比如中国春运,一个月时间内要从一个地方将30亿人次输送到另一个地方;同时,高铁还要能够应对复杂地形的挑战,如江南的密集河网、云贵高原和东北冻土等。能够应对这样的人口和地域挑战的中国高铁,那一定是世界一流的。其实,政治上也是一样,中国共产党在治国理政中有效地应对了超大规模的人口和地域带来的挑战,我们的制度一定是世界上最具竞争力的制度。

三是超悠久的历史传统。五千年绵延不断的历史使中国在人类知识的所有领域几乎都形成了自己的知识体系和实践传统。我们在政治、哲学、宗教、语言、教育、艺术、音乐、戏剧、文学、建筑、军事、体育、医学、饮食等领域内都有博大精深、自成体系的东西。这种传统的丰富性、内源性、原创性和连续性都是其他民族所难以望其项背的。中国今天选择了社会主义道路并取得了巨大的成功,背后也离不开中国传统中许多朴素社会主义的元素,如民本主义和平等精神等。

政府治理也是一样,在中国历史上,中央政府往往相对比较强势,这有其历史渊源。历史上长江、黄河两大水系养育了中国人民,但同时带来很多水患。治理水患往往需要跨区域协调,久而久之,一个比较强势的中央政府就应运而生了。这也是自秦始皇统一以来,大一统一直是中国主导思想的原因之一。基于这样的历史传统,我们应该努力利用好传统中有利的一面,减少乃至逐步消除政府作用中不利的一面。

四是超丰富的文化积淀。数千年绵延不断的历史也为我们提供了世界上最博大精深的文化资源。中华民族在五千年绵延不断的文明历史进程中,创造了气势恢宏、内涵丰富的文化成就。这些成就包括中国人崇尚的"天人合一"和整体主义,包括儒、释、道互补,儒、法、墨共存。这对于今天这个充满宗教冲突和对抗的世界仍有启发意义。随着中国的迅速崛起,中国文化也开始进入了前所未有的繁荣和复兴时代。

在中国模式的指导下,中国"文明型国家"的四大特征——人口、地域、传统、文化都成了我们崛起的最大优势:我们有世界最充沛的人力资源和世界最大的潜在市场,我们有其他国家难以比拟的地缘优势,我们有自己悠久的历史传承和独立的思想体系,我们有取之不尽、用之不竭的文化资源。但是如果像亲西方势力所鼓吹的那样,放弃中国模式,转而采用西方模式,那么我们"文明型国家"的最大优势可能很快就变为我们的最大劣势:"百国之和"变成"百国之异",强调和谐的政治变成强调对抗的政治;我们"百国之和"的人口将成为中国混乱动荡的温床,我们"百国之和"的沃土将成为四分五裂的疆土,我们"百国之和"的传统将成为无数纷争和对抗的借口,我们"百国之和"的文化将成为不同文化族群大规模冲突的根源。中华民族崛起的梦想将被彻底断送。

由于"文明型国家"的特性,我们治理自己的国家决不能套用西方的观念,我们在对外开放的整个过程中,认真汲取世界各国的有益经验,但任何时候我们都不要失去自我,不要失去自己的优势。比方说,西方主流观点认为市场经济一定是以土地私有化为基础的社会,但中国人多地少,土地问题处理不当就会导致经济和社会危机。中国今天的土地制度结合了土地公有制和土地使用权的灵活性,实践证明这是一个伟大的创新,是中国模式的一种核心竞争力。如果没有这种独特的土地制度,中国怎么可能在这么短的时间内,建设了世界一流的基础设施,怎么可能实现如此迅速的城镇化?

四、"文明型国家"与中国模式的世界意义

我们可以从党的领导、协商民主、混合经济和中国价值观这四个视角来探讨一下"文明型国家"与中国模式的关系及其世界意义。

首先,党的领导。党的领导是中国特色社会主义道路最鲜明的特征。中国共产党和西方政党虽然都用"党"这个概念,但其内涵是完全不一样的。西方政党是公开的"部分利益党","党"的英文是party,它的词根是part,表示部分,所以西方政党理论简单来说,就是社会不同的部分利益团体,每个利益团

体有自己的代表,通过票决进行选举。而中国共产党是"整体利益党"。作为"文明型国家",中国的治国理政有着与西方完全不同的历史传承。在过去两千来年的历史长河中,中国在绝大多数时期都是统一的执政集团执政。"文明型国家"本质上是"百国之合",也就是历史上成百上千个国家慢慢整合而形成的国家,领导这样国家的执政团体如果也是"部分利益党",整个国家必然陷入四分五裂。

中国共产党是中国历史上统一的执政集团的继续和发展,也是马克思列宁主义政党传统的继承和发展。中国共产党把自己定性为中华民族复兴的先锋队,也随着改革开放的深入而与时俱进。今天的中国共产党应该是世界上组织规模最大、组织能力最强的政党。

从世界范围来看,面对21世纪的各种挑战,各国都需要改革,需要与时俱进,但改革是要克服既得利益阻挠的,这就需要代表人民整体利益的力量来推动。没有代表人民整体利益的政治力量,改革就很难开展。西方模式下,往往是谁改革谁下台,这样的制度怎能不一路走衰呢?随着中国进一步走向世界舞台的中央,中国的制度优势和西方的制度劣势将日显突出。

其次,协商民主。在民主制度方面,中国的最大特点之一是协商民主。这种协商民主的广度和深度是世界上其他政治制度所无法比拟的。从基层到中央,都采用协商民主的方式,遇到一个问题,大家经过商量,多次反馈、几个来回,找到解决问题的方法。我们的全国政协制度就是中国协商民主制度的最好体现。

中国采取协商民主这种形式,很大程度上是中国"文明型国家"的特质所决定的。中国超大型的人口规模、超广阔的疆域国土,意味着中国需要更具包容性和整合力的民主制度。在中国这么大的国家里,一个决定哪怕是10%的人反对,那也是1.4亿人反对,所以中国文化中很难接受那种以简单票决制、赢者通吃等为特征的西方民主制度。从思想传承来看,中国协商民主和决策制度继承了中国古代政治文化中强调的"明主者,兼听独断,多其门户"的理念,继承了"不谋全局者,不足谋一域"等从长计议、谋定而后动的传统。

相比之下,英国脱欧公投就很不明智,最终赞成脱欧与反对脱欧的差距只有3.6%,越公投社会越分裂,这样下去,大不列颠终将变成小不列颠。14亿中国人民在中国共产党的领导下都能达成共识做事情,这是西方对抗型政治制度难以望其项背的。中国协商民主制度集中体现了"文明型国家"的政治智慧,正引来国际社会越来越多的关注。

再次,混合经济。中国今天实行的社会主义市场经济本质上是一种混合经济。它是"看不见的手"与"看得见的手"的混合,是计划与市场的混合,是国有经济和民营经济的混合,是市场经济学与民本经济学的混合。实践证明,这种制度安排虽然还在不断完善的过程中,但已经创造了中国迅速崛起的奇迹,绝大多数人民的生活水平大幅改善。在以公有制为主的条件下,同时发挥国有经济和民营经济的积极性,是这个模式最出彩的地方之一。

从"文明型国家"的思想传承来看,中国"混合经济"延续和发展了中国传统意义上的民本经济学,即经济发展首先是为了百姓福祉,为了"经世济民",其主要特点是经济与国计民生连为一体,经济与治国安邦联系在一起。同时这种制度安排也引入了现代市场经济的理念,包括现代企业制度、现代贸易制度、现代银行制度等。

我们今天享有世界最发达的互联网应用,背后就是中国模式的优势。美国的私营企业不愿意投资建设大农村的通信基站,这种投资可能长期收不回成本,而中国国企承担了把通信基站网络建设到所有村庄的使命,这也是中国致力于共同富裕的一部分。政府还投资建设了世界最大最好的高铁网、高速公路网、村村通公路工程等,而我们的民营企业也抓住机遇迅速发展壮大,给人民生活带来了极大的便利,使中国成为世界上唯一做到"一部手机,全部搞定"的国家,并走到了第四次工业革命的最前沿,这一切已经改变了世界经济和科技格局,其全球意义怎么评估都不会过分。

最后,中国价值观。2020年中国对突如其来的新冠肺炎疫情的应对,可以说是有史以来最大规模的一次开放式的、体验式的中国自信公开课。它面广,触及每一个中国人;它强度大,震撼每个敬畏生命者的心灵;它手段新,普通民众通过移动互联网等手段,全方位进行中西方对比,极大地增强了国人的制度自信和文化自信;它道理直白,中国特色社会主义制度明显胜出。它使大多数中国人从"西方模式"崇拜的惯性中解放出来,犹如经历了一次伟大的思想解放运动。

这也是一种伟大的中国"心胜"。这是中国人"生命至上"理念对西方"商业利益至上"理念的"心胜",是社会主义对资本主义的"心胜"。我们发现原来天天高喊人权的西方国家,居然不认同"人的生命高于一切"。我们人民展示出"一方有难,八方支援"的团结精神,使西方四分五裂的社会相形见绌。我们强调权利与义务的平衡,体现了对他人、对社会、对国家、对世界的高度责任感,使我们能比西方社会更好地应对21世纪人类面临的诸多挑战。我们视人类为一个命运共同体,积极支援其他国家的抗疫行动,与西方主要国家以邻为壑、嫁祸他人的所作所为形成鲜明的对比。

这次抗疫过程中展现出的这些中国价值观,有利于我们摆脱西方价值观的桎梏,形成我们的价值观"心胜",使我们不只是平视西方价值观,某种意义上甚至是俯视西方的某些价值观。这不是傲慢,而是实事求是,我们发自内心地认为中国人的这些价值观比西方的许多价值观更具人性,更加符合人民的利益,更能够应对未来世界的挑战。这些价值观既是中国的,也是世界的,它们有中华文明的基因,也包含伟大的现代性,它们应该属于整个人类。

如何在海外做好中国形象工作
——构建具有鲜明中国特色的战略传播体系

郑若麟[*]

法国记者阿尔弗莱德·卡普斯（Alfred Capus）说过，"新闻是外交入门课"。我在法国担任记者长达二十多年，也可以算是"外交毕业生"了。应该用最坦诚的语言来说一句：我们的驻法、驻外外交官太不容易了……既完成了太多令人惊心动魄的伟业，也承受了太多无疑是刻骨铭心的委屈……

与此同时，我也应该坦言，我们的外交官在如何加强我们的话语权方面，还有很多技巧性的功课可以做。19世纪美国学者伊萨克·戈德堡（Isaac Goldberg）曾做过如此思考："外交，就是用最优雅的方式，做和说最令人难堪的事……"今天，我们在非常严峻的国际舆论环境下，要改善中国形象，努力实现中共中央总书记习近平最近所提出的"构建具有鲜明中国特色的战略传播体系"的五大"力"，即国际传播影响力、中华文化感召力、中国形象亲和力、中国话语说服力和国际舆论引导力，应该说也是非常艰难的一件重任。

我在法国担任《文汇报》常驻记者长达二十多年，对中国形象在法国的构成与这五大"力"之间的关系，有着非常深切的体验，可以说，我们这五大"力"有长有短、有大有小、有强有弱……比方说，中华文化感召力就非常强，几乎是中国形象亲和力中正面形象的主要核心内容，但与此同时，中国形象亲和力也存在着非常负面的一面，那就与中国话语说服力较弱、国际传播影响力更弱密切相关，而在国际舆论引导力方面，我们则基本上处于守势状态，在西方媒体对中国常年以来、持续不断、或明或暗的攻击中，我们几乎是"只有招架之功，却无还手之力"。因此，我们确实需要大力提升这五大"力"，才能真正构建

---

[*] 郑若麟，复旦大学中国研究院研究员、太和智库高级研究员、《文汇报》前驻法高级记者。

习近平总书记所提出的中国特色的战略传播体系。

如何才能提升这五大"力"？这就是我想探讨的话题。

一、我们正在经历一场"舆论世界大战"

我们要提升国际传播影响力，而西方，特别是美国则恰恰要继续主导和控制国际舆论，特别是对华舆论，这非常清晰地表明，对国际传播影响力的争夺，实质就是一场舆论战。而这场战争的焦点，就在于中国形象之争。

我在法国的时候，亲身体验到的一个事实是，法国人心目中的中国形象，基本上是由法国媒体传播过去的。中国自身直接在法国所做的一些自我宣传，如央视和国际电台的法语节目、纸质媒体如《人民日报海外版》的法语版等，基本上处于"小众消费"水平，或干脆就是为华人、华裔服务的，与俄罗斯在法国所办的电视台"今日俄罗斯"的影响力根本无法同日而语。主要原因就在于法国民众已经深受其媒体的影响，认定中国官方媒体都是"宣传"，都是"假新闻"，因此根本就不愿意观看、阅读、收听……他们只接受由法国媒体传递的中国形象，而这种中国形象则基本上是负面的。

新冠肺炎疫情之后的中国形象更趋负面，这也是一个不争的事实。其原因就在于西方媒体加强了在舆论上对中国的攻势，将新冠起源的大帽子硬扣到中国头上，并将新冠溯源之争，变成了另一场抹黑中国形象之争。再加上凭空出现的所谓新疆"种族灭绝"指控，中国形象在今天的西方已经跌落至1949年以来的最低点。这充分证明，从一场战争的角度来看，西方正在加强对华舆论进攻。这场进攻的两大战线——对中国国内战线和对世界舆论战线，均趋于激化。如果说，过去法国媒体还存在着一些在中国问题上持中立、客观立场，或不持立场的记者、学者和政治家的话，今天这类人已经少之又少，报道中国的负面新闻已经进入"政治正确"的范畴。至于什么是西方的"政治正确"，我下面还会说到。中国与西方正处于一场思想和精神战争之中，这就是今天我们面对的世界舆论格局。

我们要打赢这场舆论战，就要充分认识这一格局。有两种观念非常错误，是导致我们在舆论战中有可能失败的重要因素：一种是从右的观念出发，认为西方媒体是"自由的"，所以不可能蓄意去攻击中国。他们报道中国的负面新闻，一定是中国做得不好才引起的。另一种观念则是从左的角度出发，同样是非常错误的，甚至有可能是"致命"的，即认为"真理在大炮射程之内"：等到我们强大了，话语权就会自动降临！这是绝对错误的观念。因为问题在于，一方面，当我们在政治上成为千夫所指的对象时，必然会潜移默化地影响到经济、贸易、文化交流等其他领域，进而导致在发展过程中遭遇更多的阻难，甚至会影响到国内的民心，使国内民众崇拜西方、被西方"精神殖民"，成为某种意义上的"精神亡国奴"，届时就很难能够真正发展、强大起来，甚至有可能摇摇欲坠。苏联就是一个典型的例子。我们绝不能忘记，苏联在解体时，还是世界上两个超级大国之一。另一方面，若我们在经济上非常强大，但形象极其负面的话，西方民众会继续视我们为敌人和对手，只不过是一个"不得不与之周旋"的敌人和对手。这时对中国的仇视只会因为我们的强大而加倍。我们就不得不生活在一个敌对的世界之中。这是我们所寻求的吗？显然不是。

我们必须记住，得道多助、失道寡助，任何一个国家都不可能以一国之力来对抗全世界，而要"得道"，舆论战就是一道必须迈过去的坎。"真理在大炮射程之内""只要经济上去了，其他都不在话下"之类的观点都是明显错误的。我们必须认清这一点。

二、打赢这场舆论战的关键在于人

我曾提出在舆论问题上"用对人比把控内容更重要"的观点。结合我过去一再提出的构建外宣力量必须以个人为主的观点，大致可以得出一个结论，在"舆论世界大战"中，关键因素在于人。

如果我们分析一下，可以发现，一些个人的节目、自媒体节目或虽然放在央视但播出时却让人以为是个人的节目，能够获得法国人更多的关注，而正式播出的节目反而看的人很少。其中的原因是多方面的，最根本的就是西方的观众、听众和读者更相信个人。

我在央视法语新闻节目中播出的评论，观看数量为几十。而我于疫情期间在家里做的节目，被西方电视观众认为是我的个人观点，观看数量是12万。这就是区别。

由此我们可以认识到，培养能够让西方民众认可的记者、学者、外交官，让他们的个人发言能够被听到、被接受,从而被大众接受,是非常重要的,甚至可以说是关键的。

那么如何来培养这些以个人形象出现的记者、学者和外交官呢?

我认为我们个人、政府和研究机构要同时发力、共同努力才有可能做到。

如果我们细细解剖一下,立刻就可以发现,无论是国际传播影响力也好,中国话语说服力也好,国际舆论引导力也好,都有三大要素在起着关键性作用:一是拥有强大的语言能力和政治文化素养的外宣人才;二是我们在对外宣传中要有一定的宽容度、自由度、容错度,让我们的学者、记者和外交官能够充分利用自己之所长,来自由地、从容地、无后顾之忧地为国声辩;三是对国际舆论环境要有专业的研究和掌控,才能提出有说服力的话语,来引导国际舆论的走向。

(一)培养一批专业外宣人才

培养一批有着强大语言能力和政治文化素养的外宣人才其实并不是太难,关键是要知道如何来选择合适的人选、进行合适的组建,并知道如何恰到好处地来使用,让他们能够直接进入西方媒体为中国发声,这样比我们在中央电视台法语频道发声效果实在是好太多了,不可同日而语。

2008年我在法国遭遇过的一场最艰难的大舆论战,是围绕着北京奥运而展开的。当时法国一批反华势力就是想在奥运问题上搞臭中国。因此当奥运火炬传递到巴黎时,一场声势浩大的抵制北京奥运的示威便在巴黎铺开了。我非常清楚地记得,当天我就应邀到法国电视台参加一场收视率极高的辩论节目 C dans l'air,辩论北京究竟有没有资格举办奥运!法国人民究竟应不应该抵制北京奥运火炬在巴黎的传递!由此我开始了在几乎所有法国电视台为中国声辩的历程,目的只有一个:为北京奥运伸张正义。除了我以外,当时中国驻法大使馆公使曲星、凤凰卫视常驻巴黎记者柳怡、留学生李洹等也都曾接受法国媒体的邀请发声。我认为,法国总统萨科齐在舆论压力下最后决定还是前来北京参加开幕式,我们的这些声音是起到了一定作用的。

这个例子证明,构建一支发挥五大"力"的人才队伍是完全有可能的。问题在于,这种构建必须是以个人、才华为主,而不是以人数、规模为主。几个人能够应邀到西方媒体上说、做的事,可能比一批人在我们自己的"小众消费"水平的媒体上"自娱自乐"的效果要好太多。我在央视CCTV法语频道上也工作过一段时间。应该说我们做得非常努力,几乎是竭尽全力。但一个明显的对比是,当我在一个"央视背景"下做节目时,在国外媒体上的点击率往往仅几百上千,甚至有时"无人观看",而当我因疫情而在自己的家的背景下做节目时,点击率可以上万,甚至几十万。刚才我已经举例说明。这充分证明法国受众宁肯相信中国的"个人新闻",而不相信中国的"官方新闻"。在一些对我们横加指责的事件方面,为什么我们的反驳总是得不到回应呢?从这个角度看一看我们就可以明白,西方指控我们时,总是靠一些"个人"的披露,而我们的反驳总是"国家"的反驳。如果我们也以"个人"的反驳来试一试呢?这一点我下面还会讲到。

我的法国朋友马克西姆·维瓦斯的反驳为什么比我们几乎整个中国媒体都要有力、有效得多?就是因为他是"个人"的反驳,而不是"国家"的反驳。法国那些反华媒体一直在试图证明维瓦斯是"中国政府的人",也是出于这个原因。

我在法国的经验也证明了另外一点,即中国国家的亲和力,与中国人个人的亲和力是密切相关的。西方人相比中国人要相对"个人主义"得多。我在法国时用法语撰写了一本有关中国人的书,当然是正面赞扬中国的书——《与你一样的中国人》,这本书出版两个月后再版,证明取得了一定的成功。这样,当我出现在法国电视台上时,我的个人亲和力与中国形象亲和力就密切结合起来。而在这种背景下,我谈到中国时,便成为某种意义上的中国话语说服力了。

(二)用对人比把控内容更重要

我刚才说到,对外宣传中要有一定的宽容度、自由度、容错度,让我们的学者、记者能够充分利用自己之所长,来自由地、从容地、无后顾之忧地为国声辩。实际上我更想说的是,"用对人比把控内容更重要"。

目前我们应用的方法主要是对内容的把控。由于有某些禁区,我们的记者、学者、外交官在西方媒体上发声时,无法全面发挥我们的优势。

我们一定要知道,中国想打赢这场舆论战争,国家一定要全力支持记者、学者和外交官在全球媒体,包括在西方媒体上的发言。自由地发言,意味着每个发言人说的并不一定都是《人民日报》社论。他们都会用自己的语言、自己的表达方式、自己的理解来发言。这就难免会出现一些误差,甚至一些错误。

我们一定要懂得容忍、允许这种误差和误伤。一场战争怎么可能没有打错目标、误伤误击，以及一些损失呢？

问题是，我们如何来全力支持我们的记者、学者和外交官去进行这场舆论战争呢？

这里我就要提出，"用对人比把控内容更重要"。当我们对一位记者、一位学者、一位外交官有了充分的信任，相信他的忠诚度，相信他的爱国心，那么我们就应该给予他充分的发言自由，甚至允许他说错话，允许他在必要的情况下批评某些被证明不合理的错误做法。

我充分理解，在今天激烈的舆论战、话语战中，我们有必要划出一些阵线，筑起一些高墙，要有一些坚固的、不可突破的底线，以防某些"内奸"利用我们的真正的话语自由来向境外提供精神炮弹。但与此同时，我们也应该学一学我们的对手维基百科的做法，即"用对人"便给予充分的"自由"，"用错人"就坚决开除。管理维基百科的维基媒体基金会（Wikimedia Foundation）于 2021 年 9 月份发表了一项声明，以"对用户安全的担忧"为由，史无前例地"全域禁止" 7 名"未经认可的中国维基人"用户，并取消了 12 名管理员的权限资格。这充分证明，话语权的争夺主要就是对"人"的争夺。

这里我要对维基百科的这次开除中国用户和管理者多说几句，因为它非常说明问题。维基百科属于对历史进行定性的一种有力工具。过去我们靠阅读报刊来认识世界，而今天在网络上输入一个历史名词，首先映入眼帘的几乎总是百科词条。因此，这一工具的影响是非常深远的。一件事经过百科词条的记载后，没有亲身经历过事件的人基本上便会认定这就是历史。而世界上绝大多数人都不可能亲身经历所有的历史事件。因此我们可以说，百科词条正在构筑我们对世界的认知和观点，当然也包括我们的世界观。

我们都知道，一个人的世界观的形成，与他接受的外部信息，存在着非常密切的关系，两者谁影响谁，是一个鸡生蛋、蛋生鸡的问题。当一个事件发生后，每个人都会有自己的看法，主流媒体也同样。这时，人们一般都会去追逐与自己看法接近或类似的媒体去进一步印证自己的看法。当主流媒体与我们的观点、看法不一致的时候，我们就会有发声的欲望和需求。维基百科就是在这时出来试图说，我来提供一个说明观点的机会。维基的条目理论上人人皆可撰写，只要遵循"非原创、中立和提供查证出处"三原则即可。所谓"非原创"

指的是用户所撰写的内容是有出处的,引自媒体或其他出版物的内容,而不是用户自创的;"中立"则是指在使用词汇时要避免带有立场;"提供查证出处"则是对所引内容做出注释,可供阅读者查询。而管理人员则执行监管职责,一旦发现违背上述三原则的条目,便可直接进行删改。这里已经出现问题的第一个坎:如何判定一个条目违背了"非原创、中立和提供查证出处"三原则?这中间便出现很多模棱两可的情况。这时,管理人员的绝对权限便产生了重大作用。所以,我们亦可以说,凡通过维基百科来认识世界的人,他们的历史观、世界观,从某种意义上来说,就是由这些管理人员所控制的。只要维基百科是建立在遵循三原则的基础上,就同样脱离不了主流媒体的框架,但它却赢得了"自由百科全书"的美誉。这就是西方舆论控制的高妙无比的技巧。

维基百科要提供一个"自由"的发言阵地,又要使这个阵地符合他们的意愿。在这种背景下,撰写条目的"用户"便显得非常重要。如果一个"用户"的政治理念与维基百科相悖,我们可以想象他是否能够被接受,但维基百科又是一个"自由"的百科全书,所以也要接受一些不同的观点。那么如何来寻找这个平衡呢?既让用户"自由",又能够使用户不出他们的"轨道"。这时,用什么样的人便成了关键。

用对了人,你可以对他说,你是完全自由的,因为你心里知道,他的世界观与我是一样的,他即便再"自由",也不会"出轨";但用错了人,你再规定他不许做这个、不许做那个,你也无法保证他不"出轨",或对你实施"高级黑"……这次维基百科显然是发现,它"用错了"一部分人。至少上述被开除的 7 名中国用户和被取消管理权限资格的 12 名管理人员就是"用错了"。

我现在无法找到这些用户编撰和修改的条目来证明我"用错了人"的看法,但我相信应该是八九不离十的。

我可以举一个法国的"用错人"的例子来说明这一点。

法国电视三台过去有一位非常著名的主持人,叫弗雷德利克·塔代伊(Frédéric Taddeï)。他主持一档晚间大约 22 点到凌晨的访谈节目,叫《今晚(或永远也不)》(Ce Soir, ou jamais),非常受观众欢迎,开始时是每天晚上一期。但是,塔代伊是一位非常有想法和个性的主持人,他不愿意受人控制,因此,他的节目逐渐开始"政治不正确"了。他曾多次邀请我到他的节目上去谈中国,而我当然是客观介绍中国的现实。在法国的大背景下,说中国有一点点好就是"政治不正确"。当然,他的"政治不正确"的地方绝不仅仅局限于中国,在其他领域更"严重"。于是,他的节目开始被削减,从每天一期压缩到每周一期,最后被彻底关闭。显然,有人不喜欢塔代伊的节目,但他们不是去下命令让他不要做这、不要做那,因为他们知道,这样做是没用的,塔代伊是不会听从的,而且这样做的话就是"新闻不自由"了。法国的做法就是换人,塔代伊从此丢掉了在电视三台主持节目的职位。

不过,故事到这里并没有完。俄罗斯人对西方这套以控制人来控制新闻的做法了如指掌。因此,俄罗斯人在建立法国"今日俄罗斯"电视台的时候,就专门邀请塔代伊开了一档节目,叫作《禁止禁止》。言下之意,法国电视台"禁止"塔代伊说某些话,而"今日俄罗斯"则"禁止任何'禁止'",给了塔代伊完全的自由。俄罗斯人此举是非常重要和有效的。他们确实给了塔代伊在这档节目中说任何话题的自由。但他们心中非常清楚,塔代伊知道是谁给了他这个权利,他绝不会去滥用,更不会去傻乎乎地侵害给他这个权利的人的利益。这就是"用对人比把控内容更重要"的全部奥妙之所在。当然,塔代伊也会在节目中时不时小小地贬损一下俄罗斯,以体现他的"自由"和"不偏不倚",但这绝对是"小骂大帮忙"。也就是说,只要用对了人,就要给所用之人全部的权利,他就能够充分地为你服务。

这里又要提及西方一再灌输给我们的一个虚伪概念,即规则比人重要。西方总是说,法治的根本就在于规则。然而实际上用人、用自己人才是西方社会统治的真正策略。任何一个重要的岗位,都要控制在自己人手中。第二次世界大战后,经过几十年的经营,今天法国政界已经基本上都是自己人。我曾多次介绍过法国的一个秘密社团"世纪俱乐部"。法国左右翼政党、司法界人士、媒体等控制着法国社会的主要人物都是这个俱乐部的成员。他们每周一次在协和广场边上的海军俱乐部聚餐,交换意见,统一统领法国的步骤……

所以,我要再重复一遍,用对人比把控内容要重要得多。用对人,就要放手让我们的自己人去自由地发言。我相信,当我们真正认清楚哪些主流媒体人和学者是值得我们信任、值得我们支持,去全力应付这场舆论战的时候,就是我们打赢这场舆论战的开端。

(三)对国际舆论环境要有专业研究和掌控

二十多年在法国从事媒体工作的经验也使我非常赞同习近平总书记提出

的在提升五大"力"的时候,应该深入研究如何才能创造出"新概念、新范畴、新表述"的课题。

我是从与国内学者们的接触中意识到,我们最缺乏的是以下三点:一是缺乏对西方"政治正确"的深刻、正确的理解,二是没有学会突破西方创立的诸多错误的政治概念,三是不懂得如何有针对性地去进行这场舆论战。我们对国际舆论环境要有专业研究和掌控,才能提出有说服力的话语,来引导国际舆论的走向。

三、谈谈西方所谓"政治正确"的概念

我在这里所说的,是西方意义上的"政治正确"(Politiquement correct)概念。我在2008年将这个概念介绍到国内的时候,国内还没有任何媒体涉及这个话题。

"政治正确"是一道看不见的红线。西方所谓的"言论自由"有两道边界,一道是明文规定的法律——比如法国法律规定不能否定第二次世界大战中对犹太人的大屠杀,甚至规定不能否定土耳其对亚美尼亚人的大屠杀。这样,在欧洲其他国家,当你说"土耳其人没有屠杀亚美尼亚人"时,你不会有司法问题,不会被判罪,但在法国,你就有可能因此而入狱服刑。因为在法国,你这样说就违法了。而法律以外的另一道界线就是看不见的"政治正确"。它不仅规范着西方媒体自由的"度",而且规范着西方民众的思想,是一种最为可怕的禁锢。这种禁锢正在摧毁法国自文艺复兴以来的自由精神,这也是法国曾经伟大的文化今天日益趋于单一和褪色的主要原因。它在很大程度上可以部分解释为什么法国和西方的媒体、政客在很多涉及中国的问题上不分原则、不顾事实地择边而站。

"政治正确"起源于美国19世纪的一个司法概念,主要是指在司法语言中要"政治正确",即"吻合司法规定"或"符合法律或宪法"。然而这一司法概念到了20世纪80年代,却逐渐演变成为"与占压倒性优势的舆论或习俗相吻合的语言"。也就是说,在日常生活谈话中,凡不符合占压倒性优势的舆论或习俗的话,就会被视为"政治不正确"。

大约也在这个时期,这个概念传到了法国。很快,在政界和大众传媒界,

这一概念便逐渐演变成一个政治概念,即在某些领域,存在着一道看不见但却不可逾越的红线。这条红线究竟在哪里,哪些概念是"政治正确"的,哪些是不正确的,谁也说不清楚。但这条红线却成为政治领域和思想领域的一道界线。一旦越界,将会身败名裂。

举例说明:在北京奥运前夕,巴黎市政府授予达赖以巴黎"荣誉市民"称号,这对于中国人来说,明显是一个性质严重之至的挑衅。就连法国国家电视二台的新闻节目也意识到这一点。而且在市政府投票表决时,巴黎市政府议员对此争论非常激烈,反对者不明白为什么巴黎要如此抬高一个类似霍梅尼那样的政教合一的神权领袖。于是,二台便播出了一则名为寻求真相、实则为达赖"正名"的报道,试图说明达赖已经不再是奴隶主,而是个"民主派人士"。耐人寻味的是二台节目主持人的一句话:"尽管这是'政治不正确的',但我们还是不得不追寻一下达赖喇嘛在过去和现在是什么样的一位领导人,他主张的是一种什么样的制度……"也就是说,达赖已经进入了"政治正确"的领域,他无论做什么说什么,都是对的,且根本就是不容怀疑的!

不仅仅达赖是"政治正确"的,事实上所有中国的负面新闻都属于"政治正确"的范围。刚才说到的法国电视三台最著名的文化节目《今晚(或永远也不)》主持人塔代伊有一天在以"基地组织"为主题的节目中说了一句意味深长的话,可以解说发生在法国的很多难以理解的事务。他说:在法国,"政治正确"意味着法国人不能研究他们的对手或敌人,因为研究对手或敌人就已经在事实上给了对方以合法性。也就是说,研究"基地组织"本身,就使"基地组织"在公众心目中有了存在的理由和地位……塔代伊这番话也为我们指出了为什么法国知识界对中国等他们心目中的"对手"或"潜在的敌人"是如此不了解。每次与法国人辩论,都可以发现他们对中国的认知大致停留在三十年前的水平。不管中国在发生任何变化,对中国的批评永远是同一类的,甚至所用的词汇、所举的例子,三十年来也基本没有变化。这都是"政治正确"导致法国人无法正确地谈论中国。

今天我们国内也开始讨论"政治正确"了,但很多人,甚至包括很多学者,都是看了百度百科的解释来理解"政治正确"的。把"政治正确"说成对弱势群体的保护,这种解释完全牛头不对马嘴。

确实,"政治正确"这个词在中文里有着其特定的含义,因此很多人便望文生义,以为外国的"政治正确"与中国是一样的,说不能在用词中冒犯弱势群体就是"政治正确"。还有人曾说,在欧洲,反对欧盟统一是政治不正确的。这就完全曲解了"政治正确"的内涵,连中国人也说服不了:西方一向主张言论自由,连政府都可以批评,怎么不可以批评欧盟统一政策呢?

西方的"政治正确"与中国的"政治正确"有一个根本的不同。中国的"政治正确"以一条原则底线为基础。比方说党的领导就是一条"政治正确"的底线。我们写文章不能突破这条底线。而西方的"政治正确"则是"大多数人对某事件的一致看法",这才是"政治正确",这才是西方媒体不可突破的底线。比如我刚才说到的,在西方,媒体批评教皇没有问题,因为"不存在大多数人认为不可以批评教皇的一致舆论"。但是批评达赖喇嘛却是"政治不正确"的,因为"大多数人都认为不能批评达赖喇嘛"。于是,到了西方媒体上,奴隶主达赖便成为一个"神圣不可侵犯"的人物。

这种"政治正确"事实上更为可怕。它有两个特征:一是会变,今天是"政治正确"的人物或事件,明天却有可能会变成"政治不正确",为什么?因为这一切都有一只"幕后的手"在那里控制着(资本? 世界统治集团? 各人可以有各人的理解)。二是"大多数舆论"究竟是怎么形成的,则是一个谜,到底是先有"大多数舆论",还是先有被制造出来的"媒体上的大多数舆论"? 也就是先有鸡,还是先有蛋? 说得更具体一点就是"有没有媒体在私底下控制着大多数舆论"。因此,当我们真正理解了"政治正确"的内涵时,我们就明白了,"政治正确"是西方真正的统治集团手中的一个极其有效的洗脑工具,它一方面规范着西方媒体的政治底线,另一方面则非常有效地洗西方民众的脑。

所以,中国的"政治正确",是透明的、公开的、永恒的,而西方的"政治正确"则是隐蔽的、无法解释的,事实上有人在暗中控制,因此它一直处于变化之中。对所有涉及政治的人而言,它都是最为危险的。一旦被扣上"政治不正确"的帽子,在西方就是走上了一条政治的黄泉路,永世不得翻身。

我们在与西方进行这场舆论战时,一定要理解西方概念的"政治正确",特别是当我们直接到西方媒体上为中国发声的时候,如果我们违背了西方概念上的"政治正确"——而在涉及中国的问题上这个方面的陷阱特别多——我们就很难说服西方民众,而且会被西方的媒体封杀。

四、学会突破西方创建的错误政治概念陷阱

西方建立了诸多我在法国二十多年通过实践和实地考察才发现的错误政治概念陷阱,而这些陷阱往往使很多国家深陷其中而无法自拔。

我们在这场舆论战中,因为重复西方创建的概念而吃哑巴亏的例子实在太多了,举不胜举。

在这里我可以举一个实例来说明这一点。

我们都知道,西方指控中国的一个关键节点,就是批评中国是"一党专制"。中国无论出什么问题,都是"一党专制"造成的。中国只要取消"一党专制",什么问题都会迎刃而解。这种说法在西方可谓深入人心,几乎没有西方民众不相信。我在法国参加电视辩论时,几乎每次都会遇到这种攻击,如果我一口否认的话,那么我再说任何话,法国电视观众就都不会相信了。

原因非常简单,今天的中国确实是由中国共产党一党在执政。尽管还有八个民主党派,但这种政党结构与西方的多党轮流执政确实不是一回事。在这种背景下,我往往是一口承认中国确实是中共一党执政。问题在于,西方人头脑里的"一党",与中国的"一党"是截然不同的两个概念。而我们恰好要在承认中国是一党执政的前提条件下,来解释中国的"一党"与西方概念中的"一党"究竟区别在哪里。

在西方,"一党"意味着极小一撮人对最广大民众的统治。法国是个多党国家,但法国全部政党——从极左翼的法共、绿党、法兰西不屈党,传统左翼社会党,到目前正在执政的中间派共和国前进党,以及右翼共和党,直到极右翼国民联盟党(前身为国民阵线)——全部党员加起来也不到百万。目前统治着法国的马克龙总统的共和国前进党人数不过 40 万。40 万人统治着 6 700 万人口,这个比例,与中国 9 514 万党员,治理着 14 亿人口相比,谁更民主?

当我们反复强调中共党员人数甚至超过了法国人口的时候,一个新的概念(有关中共的概念)就会自然而然地产生。中共虽然是一党执政,但这个"一党"与民众的比例,比西方多党还要民主。这时,我们就应该进一步说明中共百年前诞生的缘由,为什么中国共产党能够胜利地解放全中国,为什么今天中国需要中国共产党这样一个强大的政党来治理。我们由此可以印证中国的

"一党"与西方的"多党"实质上同样民主,甚至从中国共产党的宗旨出发——"全心全意为人民服务"——我们可以骄傲地告诉西方民众,实际上我们更民主,我们才是真正意义上的民主,而你们只是"民选"而非"民主"。这一点,我下面还会提到。

顺便说一句,从这个例子我们可以看到,如果让我来回答西方媒体对中国体制的质疑,我可以通过承认中国是"一党执政",来说明中国的一党比西方的多党更民主。如果我们拘泥于用词用语,那么我们就无法说服法国观众。

又比如西方往往因为自己通过选举产生政权,便自封为"民主国家",而因中国政权的产生不是直接使用西式的选举方式,便将中国说成是"专制国家",硬给中国套上了一顶我称之为"选举原罪"的大帽子!一旦中国被套上这顶大帽子,中国便做什么都是错的。而问题在于,将西式"民选体制"国家说成是"民主体制",是不符合事实的。这次新冠肺炎疫情非常充分地印证出来,西方政体的主导力量不是民,而是资本。资本在西方国家主导着一切:既主导国家统治,也主导政权产生(事实上资本直接控制媒体,进而间接控制选举)。因此,我认为,我们应该从此称西方采用选举政治体制的国家为"民选体制"国家,以区别于"民主体制"国家。"民选体制"(不能自动等同于"民主体制")国家就是一个新概念、新范畴、新表述。

我们在创立新概念、新范畴、新表述的同时,也应该揭露西方的伪政治概念。在这个领域,我有很多具体的实例。

比如西方往往把多党、轮流执政、新闻自由、法治和三权分立等说成是民主体制的要素,但实质上却把西方统治结构中最重要、最关键的一点——资本、政权和媒体这三大权力之间极其微妙的关系掩盖起来。西方有一句名言,叫作"照我说的去做,不要照我做的去做"。他们告诉我们的,总是"立法、司法和行政"三权分立。而事实上,这三大权力基本上是属于政权一体的。真正的三大权力是资本、政权和媒体。

资本控制着西方国家的经济,今天资本已经发展成跨国资本,因此已经超越了国家。政权则是为资本服务的,对内维持社会稳定运转,对外争夺资本的国际利益。媒体则是用来洗脑的,特别是用来控制选民们的思想和精神的。选马克龙还是选勒庞,选民怎么知道他们究竟是什么样的人?他们都是通过媒体来认识这两个人的。事实上这中间的陷阱太多了。

如果我们再深入探讨下去，就会认识到，资本才是西方国家的真正主子：其通过提供政治人物选举需要的资金来主导政治家的政治生涯，同时直接控制着媒体来塑造政治候选人在选民心目中的形象（往往与真实形象相差甚大）。这样，选举出来的国家统治者，只能是资本手中的一名小卒子，只能服务于资本。所以，资本才是西方国家的真正主子。由此，我们应该在创立新概念、新范畴、新表述的同时，揭露西方绝非真正意义上的民主国家。事实上西方国家是"民选国家"，是"资本控制着一切的国家"。但西方理论界成功地将"民选国家"说成"民主国家"，这一错误的政治概念已经成为"普遍真理"。这就是西方政治概念的厉害之处。

此外，我们在用词上也吃了很多亏。比如，"外宣"（propaganda）在英语、法语等西方语言中是一个负面用词，而"对外传播"（communication）则是一个中性词。我们中宣部用的就是"propaganda"。我们早就应该逐渐用"对外传播"来取代"外宣"……

这样的表述，我们应该逐渐地、长期坚持不懈地创造下去，直到创出一整套中国的、符合中国事实和历史的话语体系。只有这样才有可能打破西方对全球的话语霸权。

五、有针对性地去进行这场舆论战

我们在打这场舆论战时，一定要有针对性，要有明确的目标。

一是要针对话题。我们知道，西方攻击中国已经有了一系列的话题，但归纳起来，在今天世界疫情发生以后，大致可以综合成两大主题：一个是新冠肺炎疫情溯源，一个是新疆"种族灭绝"指控。最近又多了一个关于死刑的话题。我们应该围绕这些话题，深入地去驳斥所有对中国的攻击。西方是怎么做的？他们在全方位地做。从新闻报道，到广告、电影等其他洗脑媒介，都在宣扬这些完全是无中生有的话题。美国甚至在新冠肺炎疫情出来之前，在2011年，就拍摄了一部电影，叫《传染病》（Contagion），其中最后一个镜头，就是说明，一场感染全球、死亡惨重的疫情就是源于中国的……他们甚至做到了儿童那里，出版了一部儿童读物，告诉儿童，新冠病毒是中国人搞出来的。

我们与西方相比，做得远远不够。因为我们没有专门针对这几个话题，组成一整套专业的班子,来有针对性地驳斥西方的所有攻击。西方攻击我们的每一个谎言,我们都要用事实进行回击。我们不会去编造谎言来攻击对方。我们必须将所有有利于我们的因素都归纳出来,通过每一种形式,来回击西方。我们也同样需要拍摄电影。这种回击必须是持续不断的、长久的、多方位的,一直到产生积极的效果,甚至可能需要几十年如一日地去坚持。我们应该专门成立相关的话题班子,对相关话题进行持续、长久的反驳。不要以为这种工作是在浪费人力,浪费资源。恰恰相反,只有这样,才能真正洗清西方故意制造的污渍。

二是要针对人。西方攻击中国,是由个人出面的。比如我知道,在法国就有几位所谓的"汉学家",在美国也同样有几位所谓的"专家",如新疆问题就是由德国人郑国恩一手挑起的。我们就应该针对他进行一场真正意义上的舆论歼灭战,针对这些个人,展开全面的舆论攻杀,要在西方舆论场将他们处于"社死"状态,要让他们的话语无人相信。怎么做?我们就要仔细研究他们的一生,研究他们的强处和弱点,最终找到突破口,来打击他们。比如法国"汉学家"瓦蕾莉·尼凯(Valérie Niquet),多年来她一直是法国攻击中国最激烈的"汉学家"。我一直在与她做斗争。我在法国时,几乎每个月都要与她在电视上辩论一次,便专门来研究她。最后我终于发现了她的一个弱点,就是她从20世纪90年代开始,连续七年在法国一专业国际关系杂志上预言"中国即将崩溃"。而正是这一毫无根据的预言激怒了尼凯所在研究机构的领导层,最终将她开除。我抓住这一点,每次在电视辩论中,只要尼凯出现,我就要提这件事,最终使得她害怕与我同台,因为这一揭露使她的可信度大大降低。最近我参加了法国一本有关中国的书的写作,书名是《不戴眼罩看中国》(*La Chine sans oeillères*)。里面一共有二十多位各国的知识分子一起撰写他们心中的中国,我是其中之一。我就在我的文章中再次严厉批评尼凯在"蓄意制造一个想象中的、负面的中国"。我们要对攻击中国的反华人士都建立起一个档案,要有专人对他们进行主动攻击,使他们对中国所做的所有预言、判断都失去可信度,这样我们就能够打赢这场舆论战。

我在法国报道2007年总统大选时,从当时的右翼总统候选人萨科齐那里学到一招。当时萨科齐认为,他要当选,一定要引领法国媒体导向,反对外来移民,以吸引极右翼选民,只有这样才有可能成功。他便组成一个班子,每天设计一至数个新闻话题,抛出来吸引媒体的关注,引导媒体朝着他的政治纲领方向报道。他成功当选后总结时认为,这一舆论引导策略的成功,是他当选的重要因素。今天我们要改善中国在世界上的形象,我认为我们也必须建立一支专业的新闻舆论引导队伍,对国际舆论环境进行专业化的研究和掌控,及时提出有说服力的话语,来引导国际舆论朝着有利于中国的方向发展。

对外交流中的话语自觉与文化自信

朱振武[*]

我是外国文学文化研究和翻译出身,既搞创作,也搞翻译,又做研究,因此想分享一些我在研究、教学以及对外交流中的心得。

一、古尔纳获得诺贝尔文学奖引发的对外话语思考

2021年10月,诺贝尔文学奖花落非洲的坦桑尼亚作家古尔纳,文学中人自然会关注这个消息。当晚7点,大量消息向我涌来,占据了我的微信、电话、邮件。媒体、学界等各路人士知晓我是国内唯一主持国家社科基金重大项目"非洲英语文学史"的首席专家,纷纷前来询问我"古尔纳是谁""古尔纳的作品国内是否有译介"等相关问题。

这么多年来,国内仅有两篇古尔纳的短篇小说被收录,由上海外国语大学副校长查明建先生翻译,南京译林出版社出版,算是实现了我国对古尔纳翻译的零突破。以前我们也看到过国内对诺奖得主作品的零翻译现象,其中有诸多原因。

古尔纳获奖为何引起了巨大热议?如果是英美的哪位作家获奖,绝不会产生如此效果;假使是非洲的白人获奖,也不算是什么大的新闻;若是其他地方的非洲裔获奖,比如美国的托妮·莫里森,人们或许会认为是个很大的新闻,但也不会像古尔纳获奖那般震撼,因为托妮·莫里森是非洲裔的美国人。国人对古尔纳获奖很感兴趣,关键就在于他是非洲本土作家,即非洲的黑人。而上一次非洲的黑人获得诺奖还是在1986年,一眨眼已经过去了这么多年。

---

[*] 朱振武,上海师范大学外国文学研究中心主任,比较文学与世界文学国家重点学科负责人,《达·芬奇密码》译者。

许多人认为国内对古尔纳几乎是零翻译、零研究，实则不然，根本就不是零研究。我的团队早已把他纳入了研究范围，开展了大量工作。古尔纳的10部长篇小说我们已全部读完，撰写了相关的阅读鉴赏文章，也做了不少的翻译，只不过还没有来得及出版。

我们很少发觉，我们过多地追随着西方的脚步、价值选择和审美判断。我在过去十几年写的文章里多次谈到了我们缺少话语自觉、缺少话语自信、缺少自主意识、缺少自我的问题，包括此次的古尔纳获奖也反映出了这些问题。大家是否想过，这么多年来我们看到的、听到的"世界文学""外国文学"概念都是由西方主流国家，或者是强势文化国家定义的，我们所说的英语文学基本上就等同于英美文学，但实际上在英美文学之外也存有大量的英语文学实践，比如澳大利亚、新西兰、爱尔兰、印度，还有一些官方语言是英语的亚洲国家等。非洲就有24个英语国家、24个法语国家、5个葡萄牙语国家，有大量的英语文学创作。从歌德提出所谓的"世界文学"之后，我们便认为他们提出的就是真正的世界文学了。我们在对外交往时很少有自己的判断，我们编写的世界文学教材基本上只包含欧美国家（欧洲大部分、美国），加拿大几乎不提，最多加上阿特伍德和获得诺贝尔文学奖的门罗，澳大利亚最多提及怀特，拉美则是马尔克斯，再加上一两个获诺贝尔奖的，然后就是印度和日本。日本在西方的影响很大，我们往往将日本视作西方国家也有一定的道理。非洲最多涉及一两个作家，还归在"东方文学"部分。连非洲人自己都纳闷，他们怎么成了"东方文学"了，实际上是被"东方"了。所谓的"世界文学"中见不到中国文学的影子。

非洲拥有相当于3个我们国家这么大的土地，有13亿人口。我曾看过一个新闻，到2050年非洲人口将达到25亿，几乎翻一番。然而体量如此庞大的非洲和中国都不被包含在世界文学的范畴里，显然是不合理的。我们到民间调查，问到莎士比亚是谁，基本上没有人不知道；再问海明威是谁，我们的孩子们基本上也没有不知道的；但如果我们去西方调查鲁迅是谁、李白是谁，基本上没有人知道。所以稍后我会讲到为什么汉学家在翻译我们的东西时要采取一些特殊措施，就是因为西方人还不了解我们。100年前、50年前和现在选用的翻译策略是不一样的，选择的文本自然也不同。所以在接受这些采访时我深感心酸，因为古尔纳获奖后成了大家关注的焦点，但获奖前却无人问津。

我记得2012年莫言获奖，第二天我见到我们系里一个英语老师，他很兴奋地问我："朱老师你知道莫言吗？"我说我知道。他便问我莫言是谁，疑惑自己还未了解莫言，莫言就获奖了。这还是一个大学副教授，却连莫言都不知道，还诧异诺贝尔奖竟颁给了莫言，可见我们还不是读书民族。如果诺奖颁给了西方的某位作家，他是毫不怀疑的，因为他认为中国人没有达到相应的水平，他更不了解中国有那么多优秀的一流作家，并且有些作家是可以在最高层面与国外一流作家对话的，只是过去某些时候我们处于弱势地位，导致他们还没有注意到我们。

于是就开始有人说获奖都是一种平衡，要综合考虑各国人民的感情。这个因素有吗？我想是有的。2017 年，我为上海市民做了一个诺贝尔文学奖的主题讲座，帮助他们了解诺贝尔文学奖。我向他们展示了我制作的一个总表，上面罗列了有史以来获得过诺贝尔文学奖的英语文学作家。我问大家是否观察出了什么特点，有位先生认为是"三三制"，即英国获得诺贝尔文学奖的占一份，美国获得诺贝尔文学奖的占一份，英美之外其他英语国家的再占一份。这也是一种博弈。诺贝尔文学奖在评奖、颁奖的过程中不可能不考虑其他的因素，所以我们将其"圣化"是没有道理的，我们唯它马首是瞻同样也是没有道理的。关键在于我们缺少一个让世界认同的奖，如果我们有这样的奖，他们就会唯我们马首是瞻。

当古尔纳获奖引起了这么大的反响时，我们应该意识到我们的话语权又缺失了。为什么我要研究非洲英语文学呢？刚才提到中非文学体量这么大，那么多人从事文学创作，而真正被承认的也就那么几个作家，我们中国的《外国文学史》多卷本里也只出现了一两个非洲作家。为何会出现如此凄凉的光景？因为我们只将获得了诺贝尔文学奖的作家纳入其中，缺少自我判断。

英美文化中是有不少好东西需要我们学习，但大家有没有想过，如果我们成天学习英美，就像是我们学着他们每天吃牛排，长此以往也会营养失衡，为什么不吃些其他的食物呢？我们不能光吃美国的牛排，也要吃青菜，吃猪肉，吃羊肉，摄入各国各地区的文学文化养料。我从中学到大学阶段，接受的都是倾向西方、英美的教育，于是就发现我们中的一些人是失去平衡、失去判断的。有次我在内蒙古与领导吃饭，有一位调研员老先生也陪着我，他就对我说美国有多么好。我问他是不是经常去美国，他说他没有去过；我又问他是否看过英文原文资料，他说他不懂英文。当时我 40 岁，直接反驳了老先生，告诉他美国没有他想得那般好，因为我多次前往美国教书、学习，对美国非常熟悉。老先生听后站起来就要打我，为什么呢？因为他说美国是天堂，是人们心目中的理想国，他无法接受美国不好的说法。可见在中国捍卫美国的人并不少。

最近几年，我们团队正在努力推进的工作之一就是非洲英语文学研究，旨在发掘世界文学多样性，还原世界文学的本来面目，促进文化融合，实现文明互鉴。世界文学的形态应该是多样的而非单一的，不应由西方人命名，非洲文学也不是后殖民者们所谓的非洲文学，需结合中国学者自己的价值判断，发掘和呈现非洲文学的美学特征和文化表征。诺贝尔文学奖授予古尔纳的颁奖词是：毫不妥协并充满同理心地深入探索着殖民主义的影响，关切着那些夹杂在文化和地缘裂隙间的难民的命运。这个翻译不算太好，但是大家能懂意思就行。古尔纳毕竟是非洲人，不到20岁就到英国求学、工作，忍受着童年创伤和流散经历的痛苦。什么是"流散"？这里主要指的是一种跨越国界的移徙。古尔纳不仅有地域上的流散，还有文化上的流散，其自身的民族文化、民族无意识都被替换了，呈现出一种失根状态。当他在另外一个国度遭受了歧视和不公待遇时，他写出的作品肯定会与欧洲人的不同，所以我们阅读时要保持自己的独立判断。人类命运共同体实际上还包括了文学文化共同体，这在我写的文章和出版的著作中也有体现。以古尔纳为代表的非洲文学所具有的包容性、丰富性和前瞻性就具有这样的表征。

二、莫言获得诺贝尔文学奖引发的对外话语思考

2016年我见到了莫言，在人民大会堂共同聆听完习近平总书记的讲话后，我们在吃饭时聊到他获奖一事。我对莫言说关于他获奖坊间有三种说法，莫言说愿闻其详。我便具体说了起来。第一种说法是莫言主要学习的是美国作家福克纳的《喧哗与骚动》等欧美现代主义意识流和马尔克斯的《百年孤独》等拉美魔幻现实主义。他听后笑了。第二种说法是葛浩文的翻译对莫言获奖起到了巨大作用。坊间传闻（当然这个坊间不光是老百姓，还有许多作家和学者），与其说是莫言获奖，不如说是他的英译者，即美国人葛浩文获奖。第三种说法是莫言是中国作家协会副主席，诺贝尔文学奖评委们要卖我们党一个面子。这个就更加离谱了，然后我们都笑了。那接下来我就解释一下为什么这

三种说法都不对,并谈谈葛浩文翻译莫言作品给我们带来的一些启示。

为什么说学界对莫言作品的判断是粗判呢?我们中国的个别学者和西方的学者一样,有的时候也瞎说八道,当然西方学者瞎说八道得比我们厉害,因为我们是在跟着他们瞎说,基本上他们说什么我们搬什么。在我看来,凭这些学者那么高的中英文水平,只要稍加翻阅葛浩文的译本,就不会这样讲了。把《丰乳肥臀》《红高粱》《生死疲劳》拿过来一看,就知道这翻译得特别好,根本就不是随意的增改删。

而外界之所以认为葛浩文在随意增改删,是因为他写给莫言的一封信。葛浩文在翻译《丰乳肥臀》时曾致信莫言,询问他其中几个词是否可以不译,因为即使翻译了英语读者也看不懂;有个别地方他想删几个字或稍加调整。莫言答复这不关他的事,让葛浩文想怎么翻译就怎么翻译。同时,葛浩文在信中还提到出版社建议调整故事的时间顺序,不要使用插叙、倒叙手法,莫言都同意了,让他直接修改。这封信之前在网上能搜索到,于是它就成了给葛浩文定罪的铁证。

我相信大家的外语都特别好,都做过一些翻译,对翻译也有一定概念。一个翻译家的第一要务就是忠实原文,谁都不可能无端增改删,更何况还是"随意"。但是这事要反过来理解,由于葛浩文是一个非常严谨的翻译家,对作品和原作者非常尊重,所以只要稍加改动他都会征求原作者的意见,这封信恰恰证明了葛浩文不会随意地增改删。他所有的调整都是写在明面上的,而且还是在不影响阅读的情况下。但是我们为什么会有这样的心态呢?一个是不自信。我非常认真地拜读过莫言的作品,以前读,获奖之后又重新读。我认为莫言肯定受到了美国著名作家福克纳的影响。威廉·福克纳获 1949 年诺贝尔文学奖,是全世界被研究得第二多的文学家,有六千多部相关研究著作,而被研究得最多的是威廉·莎士比亚。我博士学位论文写的就是福克纳,所以我算是有资格这样说的。我对莫言先生说,他的《蛙》一定是在看了福克纳的长篇小说《我弥留之际》后才写的,但是他绝对没有亦步亦趋,绝对在书写自己的东西,只是受到了福克纳的启发。《我弥留之际》(*As I Lay Dying*)是其授奖词中被提及的第一部作品,题目的确是译得很好。译者是北京大学著名教授,也是我的老师陶洁先生,曾获鲁迅文学奖。许多美国人看了福克纳的小说后都蒙了,疑惑福克纳是从何处学来这么多手法,使 19 部长篇小说每一部都不一样。莫言也有19部长篇小说,同样是每部各有特色,这就是莫言的伟大之处,在这一点上他和福克纳非常相像。所以我如此分析后,莫言夸我高,我说我不高,我博士论文写的就是福克纳,并且他们的书我都读过,能看出他的山东高密乡与福克纳的约克纳帕塔法世系之间的对应关系。我还认为他的《生死疲劳》参考了《聊斋志异》中的《席方平》,或者是他听过某个说书人讲述此书。他笑了,还说有道理。为什么我会得出这个结论?因为我少年时便熟读《聊斋志异》,对其中的主要篇目都特别熟悉,曾写过十三四万字的评论,还出版过相关著作。

所以说莫言获得诺贝尔文学奖绝非偶然,他兼容并蓄、博采众长,立足中国传统文化,向中国的古小说、地方文化、通俗文化学习。实际上,他向中国文学经典学习的东西,远超过其向欧美的前辈和同行们学习的东西。莫言受蒲松龄的影响非常明显,文字中能感受出山东快书的叙事节奏,将传统文化、地方文化糅合得非常好。所以不是葛浩文获得诺贝尔文学奖,而是莫言获奖。

那么葛浩文究竟是怎么翻译的?许多人都说葛浩文将莫言作品随意地增改删,但我并不认同。他用了这么几种手法,一是异化法,二是归化法,三是调整法。异化法就是尽量贴近原文,还原原文中选用的句型和修辞手法;归化法就是尽量考虑接受者的用语习惯,将陌生化的手法转译过来;葛浩文偶尔还会再调整一下,当然也有误译。

我们举些例子具体分析葛浩文的翻译。比如"有钱能使鬼推磨",中学时我就学了"Money is everything"的译法,大一时老师教的又是"Money talks",仅用两词就解决了这样一个复杂表述。那么葛浩文是怎么翻译呢?他译成"Money can make the devil turn a mill stone"。这个例子大家肯定都看得懂,它忠实原文吗?绝对忠实,句子的韵律和比喻修辞都得以保留。"有钱能使鬼推磨"七个字,这是汉语的特征,所以当葛浩文如此翻译,我们会觉得这才是真正的翻译。许多时候我们教外语、用外语,存在着大量误区,只在意音准是否被调正,往往忽略了沟通交流、传递信息的本质功能。

再举个例子,"心急吃不上热豆腐"。中学的时候我的老师说这是欲速不达,即"More haste, less speed"。但当我第一次去美国,对外国人讲了很多的方言俚语却发现他们没有概念时,我才意识到自己学的是死英语。语言要区分使用范围,之前我认为我学的就是英语,但那之后我才发觉有些英语美国根本不用，美国人没有那么高深的文化。那葛浩文是怎么译的呢？他译作"You can't eat steaming bean curd if you hurry it"。这才是真正的异化手法，紧贴原文而不改变其结构。哪一种译法更好？给我们什么启示？我们又该怎么做呢？有些人说我们学的英文不地道，其实语言哪有什么地道不地道。中国人讲英语讲的是中国英语，就像日本人讲英语讲的是日本英语，印度人讲的英语是印度英语，中国人不讲中国英语还是中国人吗？你讲非常地道的英语固然好，但一点中国元素都没有那你还是中国人吗？我们的英语自有我们的价值。

在我看来，当我们真正出去交流时，你的语音语调多正宗、多像美音并不重要，重要的是内容，真正分享英美人喜欢的我们的东西。我在美国时，外国人喜欢与我交流，因为我比他们更熟悉他们的文学文化，但是我身上呈现出的是满满的中国特质。我讲任何东西都会比对着讲，他们也喜欢。比如1997年我到美国，他们让我讲福克纳，我讲解的福克纳与其他地方任何人讲的都不一样，因为我会结合中国的作家、小说传统和文化，从先秦讲起，告诉他们福克纳的东西来自全世界，他不是美国的，而是世界各地的。结束后大家都觉得我讲得极好。如果你只是将英文材料复述一遍就不可能有新意，而且都是别人的想法，激发不了听众的欲望，毫无意义。

三、我和女儿在美国打乒乓引发的对外话语思考

2012年，我到美国讲学半年，当地的乒乓球俱乐部主席知道我后打电话给我，约我和他们俱乐部打一场乒乓球比赛，因为他们通过我的资料了解到我的特长之一就是乒乓球。我最爱用的英文就是"No problem"（没问题），于是我周三晚上前去赴约。他们的乒协主席和秘书长跟我见面握手，问我能否和到场的13人都打个三局两胜，我说"No problem"，结果全都是2比0拿下。然后他们的主席和秘书长想再和我打一场三局两胜，我依旧回答"No problem"，最后大获全胜。之后再去此地我就是作为教练和顾问，身份一转换，他们就要支付我薪水了，因为这就是我的价值。我是中国人，不是美国人，没有义务为他们服务，如果做慈善我可以在中国做。而且从那时起，他们不让我开车去，一定要派人接我，但接是一个人，送又是另外一个人，大家知道这是为什么吗？因为他们觉得跟我接触、谈话是一次机会，能学很多东西，和我聊天太精彩了，

于是他们排好队轮流接送我。

很快就到 7 月份，我女儿在上海交通大学读书，正值她放假。她是专业乒乓球运动员，得过上海市少年冠军和全国第三。他们知道我女儿马上要来美国，所以想和我们来一场乒乓球比赛，我说"No problem"。我们俩开车前往比赛场地，我女儿眼尖，很远就看到挂着的大幅标语。她说爸爸很吓人，我问为什么，她说你看前面的标语，写的是"中美乒乓球对抗赛——纪念中美建交四十周年（1972—2012）"。我女儿当时才大一，还是小孩子，觉得场面好大，我就说不要怕，没有人能够打过你。我们到了以后开始比赛，他们都打不过我，该拿的分我已全部拿到了。轮到我女儿上场，同样是三局两胜制。她和秘书长交手，打到第二局时比分 7 比 7，我看出我女儿手比较松，明白了她是想让对方。因为她经常陪领导们打球，领导们年龄很大了又是非专业，有的时候就会让一点。但这场比赛情况不同，我就用中文说不准让，结果她马上就赢了，一局都没让对方赢，所有和她比赛的人都完败。

但是第二天当地的报道，绝对没有写我们爷俩如何将他们打得满地找牙，反而写的是秘书长差一点就赢了我女儿。但是我们仔细想一想，他们那么写是可以理解的，能写中国的父女俩将十几个美国人打得如何如何的新闻吗？不可能这么写，他们也是要尊严的。所以特朗普当时的做法可能对美国人是有利的，因为他从美国某部分人的利益出发，但是对其他国家就是不利的。说话人都是以自己为主，有自己的立场。

亨廷顿写了本书叫《文明的冲突》，为殖民者提供了殖民的理论，为侵略者提供了侵略的理论。但它在中国居然是本很红的书，被我们有的人奉若神明，这就说明我们的学者缺少理性的判断。这本书意欲何在？赛义德曾从东方人的角度建构东方主义，但仍是以一个高端文明的角度俯视我们，而我们却看不出身为白人的他们认为自己民族是优秀民族，将其他民族视作所谓的劣质民族的深层意图。当年的欧洲人利玛窦来到中国后是一种膜拜态度，最初西方人把中国人当作白人，等他们强大了之后就建构出一个"黄种人"的概念，甚至我们也叫自己是"黄种人"。但我们忽略了我们是不分肤色的，"黄种人"本身就含有贬义，我们没有必要接受他们这套话语。

然而我们有时候缺少概念，缺少到什么程度呢？当时我们有位党的工作者接受了日本人的一个礼物馈赠，这个礼物是日本产的东洋大战刀，刀上赫然刻着"武运长久"四个字。结果他挂在了自己的办公室。正好我进去瞧见了，我说他这是不想活了，他问为什么，我反问他是否了解日本军刀的含义，又怎么能够挂在办公室。党的工作者竟然没有概念到这地步，说明我们有的时候缺少尝试，缺少自信，容易上人家的当，容易被别人左右。

我们有的教授跨文化的老师经常讲中国员工和美国员工吵起来了，原因是中国员工不懂美国的禁忌。那为什么不研究外国人是否懂中国的禁忌？他们在中国应该入乡随俗，而不是要求我们要懂他们的禁忌。我们有的人有些时候太"低贱"了，缺少文化自信和自觉。文明之间哪有什么优劣之分，中西文化哪有那么大的差异？所谓差异，无非源于一个"利"字，天下熙熙，皆为利来；天下攘攘，皆为利往。记得2015年，我在上海淮海路看见遍地的圣诞树和圣诞花，便随手写了一首诗：

申城遍地圣树栽，灯影婆娑妇童来！
岁末严冬花满室，无人思忖为谁开！

这是为谁开啊，为西方文化，还是为耶稣？都不是，我们的花应该为孔子而开，应该为民族智慧、民族成就而开。

四、几个重要的英语单词的翻译引发的对外话语思考

America怎么会翻译成"美利坚"？这样翻译有何不妥？因为按照发音，可以翻译成"额麦利加"，但不可能翻译成"美利坚"，这一定是亲美的人翻译的，即使发音再不准也不能翻译成"美利坚"吧，显然把船坚炮利等美好意象全糅入其中了。Great Britain译成"大不列颠"，Great翻译成"大"没有错，但Britain翻译成"不列颠"肯定是亲英的人翻译的，是永远不被颠覆之意吗？如果由我们翻译，那肯定译为"布里顿"。Christmas翻译成"圣诞节"？更不对！这里根本没有"圣"字，最多翻译成"耶稣诞生日"，或者是过去许多老人翻译的"耶诞节"。"耶诞节"就挺好，因为它比较平和，没有仰视，一翻译成圣诞节，语义就变了。我们都是世俗中人，或者说不信奉这个教的人就不应该将其圣化。另外一个词是White House，怎么会翻译成"白宫"？其实就是"白色的房子"

的意思,或者就直译成"白屋",为什么要翻译成"宫"? 美化和仰视的味道很明显。Far East 翻译成"远东",Middle East 翻译成"中东",Near East 翻译成"近东",这些词从字面上看是准确的,我们如今仍在使用。但我们是否想过,中东在中国的东面吗? 中国人说话应该以中国为中心,中东在中国的西面,我们还不如古人,他们那时都把那些地方称作"西域"。《西游记》是往西方走的,方向没有弄错,是现在我们的方向错了。现在这些译法都已约定俗成,使用这些译法完全没有问题,但是要明确它们的具体方位。所以我们在翻译和使用这些外来语词时,不要歧视地翻译,也不要仰视地翻译,更不要像奴隶那样翻译,而是应该平视地翻译。我们应该秉持一种大国心态,树立文化自信,而不是看到什么都很自卑,不是见人矮一截。

那么我们应该如何对待外语呢? 地道的英语固然好,中式的英语同样有魅力。许多大学培养出来的一流的英语专业的学生,英语的确不错,但是缺少什么呢? 缺的是读书,缺的是思考,所以他们只停留在口头英语和简单的交际英语,没有双语文化功底,更没有思辨能力和思维深度。这样的英语是不行的,宁愿讲的是中文腔,但是内容要有深度。我们曾给一批博士生做口试,其中一个一听就知道他是某省某县的,但是我们给了他 95 分,因为他讲的内容特别好,思考非常有深度。有的人英语看似漂亮,实则是鹦鹉学舌、洋腔洋调、花拳绣腿,毫无使用价值,所以我们真正需要的是用英语表达自己的想法。查阅过去的一些屈辱条约,譬如清政府签订的《尼布楚条约》,就会发现当时我们的外语人才太少,吃了大亏。条约内容都是由别人译好后我们直接签字的,存在着很大问题,所以外语的作用是多方面的。

五、"意识流小说起源于英国还是美国"引发的对外话语思考

我们从初中至大学都在学英文,我是学这个的,也是教这个的。我在美国时,美国学生问我意识流小说起源于英国还是美国,我答都不是,意识流小说应该起源于中国。意识流小说无非就是打破物理时空,按照心理时空来叙写故事。譬如我听见外面一声汽笛,思绪飘走,就联想到 1976 年的唐山大地震和后来的汶川大地震的鸣笛致哀;我突然嗅到油条的味道,可能一下子就想到 1996 年 9 月我们请北京大学的陈平原先生做讲座,道路两边到

处都散发着桂花香,飘荡着油条的味道,我们的演讲厅内满是书香;接着我触碰了冰凉的水,又跳转到童年记忆……我向学生们说明,意识流使用的无非就是这些手法,他们都表示认同。然后我继续补充,中国清代中叶董说的一部小说《西游补》,故事里的孙悟空一会儿前五百年,一会儿后五百年,一会儿当下,一会儿过去,这是什么写作手法?美国的学生回答是意识流写法。最后我问他们,意识流小说起源于哪里?他们都说起源于中国。而我们的老师和学者,在谈论某样事物或理论时总是说起源于英国或法国,或起源于西方的某个地方,往往就是忽略了中国。这一是因为崇洋心理,二是因为没有自知。我们的许多学者的学问是割裂的,研究中国的不知道西方的,研究西方的不知道中国的,只有当你都知道了,你才会有自己的思考判断,才会有自己的创新话语。

再谈在美国三十几年的哈金的创作。我当时写了一篇文章《哈金为什么这么红》来评论哈金,当然我没有说他的英文不好,而是说他写的较多是中式英文。中式英文是美国本土作家写不出来的,正是因为他的中式英文才令美国读者感到耳目一新。纳博科夫从苏联到美国的经历就和哈金很像,他们都用英语创作,拥有双语文化背景。而葛浩文的翻译就是一种陌生化效果,我相信再过一些年,大家会发现葛浩文的翻译丰富了英语表达,就像没有莎士比亚就没有后来的英语一样。

我国的大翻译家杨宪益的文化外译也应该说一说。20多年前我在美国搞调研,看到他翻译了《红楼梦》等很多书。我到美国的大学图书馆查借阅率,结果发现只有几个人借阅,还都是中国人,或者是华裔,但是霍克斯、闵福德翁婿二人翻译的《红楼梦》借阅率就很高。杨宪益的太太戴乃迭也是英国人,二人通力合作的成果绝对是上佳之作,他们夫妇的英文绝不比英国汉学家霍克斯和闵福德翁婿二人的差,不过霍克斯和闵福德用的是归化手法,尽量从目标读者考虑,对内容进行了相应处理,更符合西方读者的阅读习惯。而杨宪益是中国人,希望忠实地翻译中国经典,用的是异化手法。由于他特别忠实原文,作品具有一定阅读难度。而且还有一个原因,在国外有的人看到译者是中文名字就不借阅了,这也是正常的心态。还有一点值得注意的是,30年前杨宪益的翻译是有些超前的,现在再看杨宪益的翻译则觉得恰逢其时,因为国外的许多人,现在都想了解原汁原味的中国文学文化了。

六、《达·芬奇密码》和《失落的秘符》等小说在英美国家的发行量引发的对外话语思考

这些书都是我主译的,我需要跟踪它们的销量。《达·芬奇密码》在英语世界卖到 2 亿册,这是不得了的数字,那么在中国卖了多少？已超过 1 000 万册,这同样是不得了的数字。大家知道在中国一本书首印多少算畅销吗？10 万、20 万册都算。10 万册是很大的数字,标志着这本书在一定程度上畅销了。比如说魔术系列译本在中国首印,版权方非常苛刻,协议说不能低于 10 万册,如果卖不出去都会变为废纸。《达·芬奇密码》首印时,我们和出版社领导研究到底该首印多少。我说首印 10 万册,出版社领导问我知道首印 10 万册是什么概念吗,我说我知道。这么多年都没有这么好的书,意识流小说和后现代小说该被淘汰了,真正可读的书就是《达·芬奇密码》。我们首印 10 万册,就是在向世人宣告这本书是畅销书,需要大众阅读。后来反复考虑后决定首印 3 万册,并在 2004 年 2 月将其推向市场,紧接着就开始连印,大受欢迎。但是相对于我们十三四亿人口而言,这本书的印量还是很少。实际上,英语人口远没有汉语人口多,可他们竟然卖了 2 亿册。

我们再看《失落的秘符》,它在美国著名出版集团兰登书屋的首印量是 500 万册。为什么美国厉害,这么多年都称雄世界？一个重要原因就在于他们爱读书,是一个读书民族。他们许多人与欧洲人一样有读书习惯,在树下、屋檐下、公交车里、飞机上,随处可见读书的人。而我们这里都是玩手机的,很少有人拿着书沉醉地阅读,但是西方这样的人就很多。英国那么一点人口,比我们江苏省的人口还少很多,《失落的秘符》竟然首印 150 万册,可见这个民族确实也是读书民族。所以中美文化差异、中西文化差异究竟在哪里呢？就在于读书人口的数量,不读书怎么与人对话？我们许多人从未沉下心真正去读书。不学诗,无以言。

有一次我给科学家做报告,我说我们这么多科学家和两院院士,竟然没有人获得一个小奖,叫作诺贝尔奖,而日本、美国每年都有好几个科学家得奖,这是为什么呢？我认为是文化问题。我强调,大家都是搞技术研究的,但是有技术不等于有知识,有知识不等于有文化,有文化不等于有思想！从有技术到有

知识还差得很远,所以我们的两院院士总体上还有不足。西方的这些院士无论是写报告,还是写科幻小说等文学作品,都写得那么好,而我们的院士基本都做不到这一点,这怎么可能获得诺贝尔奖呢?没有思想何来原创呢?自然无法与人竞争。

七、美国的中学语文课文引发的对外话语思考

现在回想一下,我们中小学的语文课文中外国元素多不多?换句话说,可以想象我们的语文课本没有外国的东西吗?反观美国人编写的语文教材,情况截然相反。我到美国的小学、中学、高中听课,了解他们的老师是如何教育孩子,教授何种内容的。我总结了他们的课文内容并大致划分出六个主题,其中一块内容讲的是所谓的"文明的交会"。想一想,当年美国人到了美洲以后做了什么事情呢?他们一旦站住脚就开始驱逐印第安人,将其赶入大峡谷。而郑和1405年就下西洋了,前后七次,到达了非洲的一些地方。他带领的三万多军队是当时世界上最发达的军队,但他们绝对没有到那里殖民、侵略,更没有屠杀。所以我和西方人交流时,我问究竟是谁到非洲屠杀本地人,又是哪些人将他们抓到自己国家做奴隶的呢?中国人从没有这样做过。即便美国历史如此血腥,他们还是这样教育孩子,讲文明的交会、国家的诞生,然后就是国家的发展、分裂、和解与扩展,都是自己国家的光荣史。然而我们有的中学老师在美国待上半个月,回来就说美国孩子不用学习,放学主要是玩。但他不知道他到别人家中做客交流,人家也是出于好客,陪他半个月,他走了之后人家的孩子拼命写作业,使劲补课。

八、美国一首关于空气污染的小诗引发的对外话语思考

西方经常批评我们空气污染、碳排量等问题,但是我们一定要知道,18世纪60年代工业革命开始后,谁的碳排量最多?是英国,然后是其他的西方国家,后来就是美国。我记得我上中学的时候老师跟我们讲"伦敦雾"(London Fog)有多美,后来才知道那根本不是"雾"(fog),是真正的"霾"(smog),曾杀死过很多人,但是我们的老师就是这么讲的。

我们再看一下当时写美国的小诗：

If you visit American city,
You will find it very pretty.
Just two things of which you must be aware,
Don't drink water and don't breath air.

翻译过来：

君访美国城，定会赞美丽！二戒需劝君，勿饮勿呼吸！

美国当时除了底特律，其他城市情况也差不多，工业污染都很严重。现在开始谴责别人排放了，因为自己早已经排放得差不多了。所以有一些东西是不公平的，一定要正确认识西方文化。当然，我国早已采取了有力措施，且收到了良好的效果，碳达峰与碳中和的目标正在实现。

知己知彼，百战不殆。立足本土文化，研读国外特别是西方经典，既能够提升个人整体素养，又能正确认识世界，同时不会盲听盲信、道听途说，不会在盲目崇拜别人的同时失去自己，只有这样才能真正有文化自信和文化自觉，才能在对外交流中构建自己的话语体系，实现真正的自信而不是盲信！

第三章

数字文化产业与文化新业态

导　言

2021年10月18日，中共中央政治局就推动我国数字经济健康发展进行第三十四次集体学习，习近平总书记指出："数字经济发展速度之快、辐射范围之广、影响程度之深前所未有，正在成为重组全球要素资源、重塑全球经济结构、改变全球竞争格局的关键力量。"2022年1月15日，习近平总书记在《求是》杂志发表《不断做强做优做大我国数字经济》，强调"综合判断，发展数字经济意义重大，是把握新一轮科技革命和产业变革新机遇的战略选择"。

在全面融入新发展格局的大背景下，高质量发展成为中国文化产业的主旋律。适应数字经济的潮流，发展数字文化产业新业态，是中国文化产业根据党和国家的大政方针，推动高质量发展的战略举措。在全球新冠肺炎疫情流行的大背景下，世界文化创意产业的结构发生了变化。根据联合国教科文组织在2022年颁布的研究报告《重塑创意产业政策》：2019年，全球文化和创意产业占全球GDP的3.1%，占全球总就业人数的6.2%；从2005年到2019年，全球文化产品和服务的出口翻了一番，价值达到3 891亿美元，文化和创意产业成为世界上最年轻和增长最快的经济部门。在数字化背景下，文化创意产业新业态的发展更是引人瞩目。本章汇聚了五位著名专家的演讲，从多个角度分析数字文化产业与文化产业新业态发展的规律。

要敏锐把握数字文化产业新业态的动因、特点与规律。新冠肺炎疫情加速了文化创意产业的数字化转型，改变了文化创意产业的运营环境以及商业模式。当前新科技与产业革命持续发力，人工智能、生命科学、量子计算、无人化技术等日新月异、跨界融合。根据互联网世界统计数据，截至2020年5月31日，全球互联网用户数量达到46.48亿人，占世界人口的比重达到59.6%。国外一社交媒体网站每分钟的登录数，2016年为70.14万次，2021年增加到了130万次。这里所说的数字文化产业新业态集中体现为国家统计局所指的互联网特征明显的16个小类,涵盖数字出版、数字游戏、互联网其他信息服务、智能文化消费设备制造等,从广义看还涉及在数字技术推动下转型升级的传统文化产业门类。这些新业态以在线、智能、交互、跨界为四大特征:一是推动文化产业的要素重构,即以"数字数据+计算力"为重点,对其他要素如创意、内容、资本、技术等进行有效配置;二是推动文化产业的场景再造,即线上、线下相结合,推动在线、在地、在场三种文化生产方式的整合;三是推动文化产业的流量升级,即以数字化平台为协调和配置资源的基本经济组织,把集约化的新型平台和灵活性的数字零工相结合;四是推动文化产业的价值创新,即以新视听和新体验为核心,带动新消费包括艺术消费、时尚消费、体验消费、品牌消费、美丽消费等的升级;五是推动文化产业的普惠民生,利用数字经济促进跨界联通,把数字文化内容作为高端生产要素,为先进制造业、旅游业、城市建设业等领域进行文化赋能。

要深入把握中国文化价值观念与国际传播的路径。中华民族拥有灿烂而悠久的历史,从蒙昧时代开始,基于中国的地理环境和民族生存发展的需要,逐渐发展出具有中国特点和世界意义的价值理念。梳理总结和传播这些价值理念,是传承光大中华优秀文化的要求,更可以为世界其他国家及人类的和平发展做出贡献。揆诸历史、审视现实、面向未来,经过反复比较和筛选,有关专家将中华文化的价值理念概括为四个方面:一是关于多种文化共处的文化价值理念——文化共生、和而不同,二是关于人与自然相处的文化价值理念——尊崇自然、贵生,三是指引社会发展的文化价值理念——和谐、富裕、民主、文明、自由、平等、公正、法治、中道、包容,四是指引民众个人修养的文化价值理念——爱国守法、敬业奉献、诚信友善、勤俭自强、忠孝仁义、厚德博爱、明智明耻、廉洁正派、宽容和乐。

要依托文化产业,推动"一带一路"建设。中国首倡的"一带一路"在世界范围内扩大了中国的朋友圈,为许多国家和人民创造了发展的机遇。中国要依托对外投资的基础设施工程,如道路、桥梁、能源、电站、码头以及园区等,开展更多文化合作交流,通过"文化先行、民心相通",让更多的人认同中国的理念。随着"一带一路"的延伸,中国不但要扩大文化产品贸易,而且要扩大对外文化投资。中国是文化产品贸易的第一大国,但是总体上看是以加工贸易为主,以文化设备、文化用品的出口为主,缺乏自主开发而输出的文化内容。中国要通过文化海外投资并购更多的文化资产;同时,加快建设中国的文化传播平台,重点展现当代中国的新形象和新风貌,尤其是针对"一带一路"沿线国家人民在语言、宗教、习俗、艺术等方面的特点,提升中国文化产品和文化服务的亲和力和传播力。

要深入研究和准确把握新媒体在对外传播中的作用。新媒体包括两个方面:数字化的创意内容和数字化的传播工具。新媒体与当代文化传播深度融合、互为表里、全面支撑、卓越突进,形成了五大特点,即移动化、共时化、社交化、智能化、可视化,显示出中国接入国际互联网20多年来取得的重大成就。新媒体在文化传播的广度、力度和深度方面,形成了十大路标。例如"互联网+音频",即为典型的新媒体传播内容,它把看不见、摸不到又无处不在的音频转化成为可物化、可落地、可转换、可反馈、可交流、可实时共享的产品、场景和体验,也转化成为可以投资和变现的文化资产;又如"互联网+文学",即是中国在互联网领域率先开发并且获得显著成果的新业态。各级政府包括文化等部门应该以一种宽容、厚爱的心态,推动中国的"互联网+文化"创造更加卓越的成果。

要高度重视网络生态综合治理与网络文明建设。在中国跨入新发展格局的大背景下,"党委互联网意识形态工作责任制"明确党组织要承担网络管理宣传的重大职能,落实党管媒体、党管互联网。党内的有关规定同样要求党员严格遵守法律法规包括互联网法律法规,规范个人上网行为,形成清朗的网络生态环境。当前要深入研究网络生态综合治理和网络生态文明建设的规律,把握好互联网与舆论主战场的斗争:一是重视网上的民情民意,具体分析在网上发声的人群情况和相关规律;二是分析在网络生态背景下的两个舆论场,即民间的舆论场和主流的舆论场,更好地发挥主流舆论的引导力和影响力,加强社会主义核心价值观对广大人民群众的教育和引领作用;三是推动传统媒体开展全媒体融合,把握互联网时代媒体传播的新情况和新规律,在做好传统媒体工作的同时,积极推动全媒体的融合发展;四是深入研究全媒体背景下媒体传播的特点,积极面对各种舆论舆情,提高专业水准,加强引导,及时回应,使对各种情况的处理更加准确和得当。

数字文化产业:新业态和新消费

花　建[*]

在世界文化产业的发展史上,许多文化产业新业态如彩色电影、电视剧、三维动画、实景演艺等的大规模出现,其根本动力在于支持新业态的新生产力要素的充分涌现,为消费者提供了新的巨大价值,激发了潜在的文化消费市场,而激发这种新业态的契机可能是某一项科技发明、一种商业模式革新,甚至是一场突如其来的危机。2020年初以来,新冠肺炎疫情对中国乃至世界文化产业都带来了巨大的冲击。2020年前三季度,全国文化产业规模以上企业实现营业收入66 119亿元,同比下降0.6%,而与互联网密切结合的文化产业新业态小类逆势上扬,实现营业收入21 229亿元,同比增长21.9%。中国各级政府纷纷出台鼓励文化产业新业态的规划和政策。《文化和旅游部关于推动数字文化产业高质量发展的意见》(文旅产业发〔2020〕78号)明确指出:顺应数字产业化和产业数字化发展趋势,实施文化产业数字化战略,加快发展新型文化企业、文化业态、文化消费模式,改造提升传统业态,提高质量效益和核心竞争力。国家发改委、中央网信办颁布的《关于推进"上云用数赋智"行动 培育新经济发展实施方案》、上海颁布的《上海在线新文旅发展行动方案(2020—2022年)》等,都显示政府层面与企业、学界层面正在逐步形成共识:大力发展数字文化产业,推进文化产业"上云用数赋智",推动线上线下融合,扩大优质数字文化产品供给,进一步增强中国的文化软实力。

---

[*] 花建,上海社会科学院文化产业研究中心主任、研究员,上海国际文化学会副会长,北京大学文化产业研究院研究员。

一、把握数字文化产业的特点

（一）数字经济与文化产业：深度的结合

数字文化产业是在数字经济基础上发展起来的，它的内涵与定义随着人们对于数字经济的认识而不断深化。美国学者泰普斯科特（Tapscott，1996）在《数字经济：网络智能时代的前景与风险》一书中，首次详细论述了互联网会如何改变人类的商务模式。在2016年9月举行的G20杭州峰会上，多国领导人共同签署通过了《二十国集团数字经济发展与合作倡议》，指出"数字经济是指以使用数字化的知识和信息作为关键生产要素，以现代信息网络作为重要载体，以信息通信技术的有效使用作为效率提升和结构优化的重要推动力的一系列经济活动"。此后"数字经济"这一提法也被许多官方文件和重大会议所采用，例如2017年中国政府工作报告、党的十九大报告、《金砖国家领导人厦门宣言》等。

在专业研究层面上，中国信息通信研究院发布的《中国数字经济发展白皮书（2017年）》，在"数字经济"定义的基础上总结了七点特征：第一，数字数据成为新的关键生产要素；第二，数字技术创新提供源源不断的动力；第三，信息产业的基础性先导作用突出；第四，产业融合具有推动数字经济的引擎性先导作用；第五，平台化生态成为产业组织的显著特征；第六，线上线下一体化成为发展新方向；第七，多元共治成为数字经济的核心治理方式。联合国贸发会议在2017年以来的多份《世界投资报告》中从经济和技术角度把数字经济描述为三个层面：核心数字技术、狭义数字经济、广义数字经济。它们包括通信、信息技术软硬件、互联网平台、数字解决方案、数字内容、电子商务、全球经济数字化等内容，形成一个复合型的结构。

数字经济以数字数据为核心生产要素，以"数字数据＋计算力"为产业动力，以现代信息网络为重要载体，以信息通信技术的有效使用为效率提升的推动力，是与生产制造、商务金融、文娱消费、教育健康、流通出行、城市管理、公共服务等领域深度融合的新型经济模式。如果说数字经济是与数字技术紧密结合的经济系列活动，那么数字文化产业则是与数字经济紧密结合的新潮流，具有鲜明的数字化、网络化、智能化发展特点，尤其是以新动能主导产业发展。

由此形成的数字文化产业新业态集中体现为国家统计局所指的互联网特征明显的16个小类,而且影响到传统文化产业领域,包括出版和印刷、演艺和娱乐、图书发行和零售、报刊和电视广播、电影放映等。

(二)数字文化产业:新业态和新动能

数字文化产业催生了大批的新业态,在16个行业小类中衍生出数字出版、数字媒体、游戏电竞、沉浸式体验、MCN经济等。它们与数字化的新经济紧密相结合,以在线、智能、交互、跨界为四大特征。它们不仅仅是国民经济统计指标体系中若干个相对独立的行业统计小类,更成为新动能的代表,推动了要素重构、场景再造、流量升级、价值创新和普惠民生,成为推动文化产业可持续增长的重要引擎:

第一,新业态推动了文化产业的要素重构,即以"数字数据+计算力"为重点,对其他要素如创意、内容、资本、技术、空间等进行重新评估和有效配置。数据要素和知识技术要素一样,可以被重复使用和多人使用,从而导致同样收益的情况下,生产成本不断下降。因此,文化产业新业态注重开发数字数据,促成了报酬递增效应。

在文化新业态的生产和经营过程中普遍使用数字化的知识与信息,使得文化生产方式发生了根本性的变化:文化企业提供的大量产品是数字文化产品和服务,即产品数字化;数字文化产品与服务的传输通过互联网支付方式进行,即传输在线化;供需双方之间的海量文化产品和服务交易在互联网平台上进行,即交易虚拟化。数字出版、数字音乐、电竞游戏、数字视频和音频、直播电商等类别,正是它们的代表性表现形式。

第二,新业态推动了文化产业的场景再造,即以线上线下相结合的空间开发为重点,推动在线、在地、在场三种文化生产方式的有机整合,从而形成跨界联通、广泛赋能的网链结构,具有灵活与柔性化生产的特点,能够满足跨区域、跨国界的海量个性化需求。

以数字经济为基础的文化产业新形态具有跨域融合的鲜明特点,以物理空间为主的在地、在场文化场景,被结合到互联互通的网络结构中;而以虚拟空间为主的在线文化场景,包括云会议、云展览、云走秀、云体验、云游学等,在5G、AI、大数据等技术的推动下,又能够融入实体空间,发挥"文化+"对实体经济和社会民生的赋能作用。

第三，新业态推动了文化产业的流量升级，即以数字化平台为协调和配置资源的基本经济组织，全面推动流量升级。数字化平台不仅是汇聚各方数据信息和开展计算的中枢，更是实现价值创造的核心，也是创造巨型经济流量的主要引擎。而数字化平台的模式创新已经成为文化产业新业态的主要竞争领域。近年来涌现的互联网内容开发和集成播控平台模式、专业艺术市场评估和指数研究平台模式、设计研发和供需对接平台模式、网络交流社区和时尚生活引领平台模式等，都开发出新的文化生产和消费领域。

如中国电竞产业近年来高潮迭起。在5G、大数据和移动互联网等技术的支持下，数字化电竞平台在瞬间创造的经济流量与吸引的巨大观众体量远远超过电影、演艺、出版、零售书店等传统文化产业。2016年中国电竞产业的营业收入达到504.6亿元，2017年达到730.5亿元，同比增长44.8%；2018年达到834.4亿元，同比增长14.2%；2021年为1 401.2亿元，吸引电竞观众达到近4.89亿人次，创造增加值400多亿元。

第四，新业态推动了文化产业的价值创新，即以新视听和新体验为核心，为消费者不断开发和提供新的消费价值，带动新消费包括艺术消费、时尚消费、体验消费、品牌消费、美丽消费等的升级，带动整个产业链和价值链的不断延伸。

文化产业以人的精神文化消费需求为出发点和归宿，文化产业新业态必然以创造人所需要的新价值为核心，正如国际多媒体协会联盟主席哈威·费舍所指出的："虽然数字王国的本质是技术和二进制码，但它释放了在人类各个领域最天马行空的想象力。"[①]如近10年来迅速发展的沉浸式体验项目，为受众提供了大奇观、超震撼、全体验、逻辑力的价值，迅速衍生出沉浸式演艺、沉浸式会展、沉浸式遗产保护、沉浸式游戏等新形态和新消费市场。

第五，新业态推动了文化产业的普惠民生，即以互联网连接海量的文化消费者，形成点对点、点对面、一对多等多种对接形式。而以数字化形式呈现的文化产业供应链及在线政务、在线法律服务、互联网金融等形式，又为大中小微各类文化企业提供更多的服务。

在传统市场竞争中处于弱势地位的群体，在文化产业新业态中能够有效

---

① 哈威·费舍：《数字冲击波》，黄淳等译，旅游教育出版社2009年版，第265页。

地参与产业链并且从中获利。在线新经济降低了市场准入的门槛,吸引了大批中小微企业、个体商户、文艺工作者和自然人,并且在史无前例的中国脱贫攻坚战中发挥了独特作用。如中国(深圳)国际文化产业博览交易会、长三角国际文化产业博览会等重要会展,纷纷设立了面对中西部后发达地区的文化产品电商平台。它们结合MCN等方式,推动中西部的文化产品走向广阔的海内外市场,取得了很好的社会效益。

表1 文化产业新业态所发挥的新动能

新动能	新作用
要素重构	以"数字数据+计算力"的运用为重点,对其他要素如内容、资本、技术等进行重新评估和有效配置
场景再造	以典型应用场景为重点,推动在线、在地、在场三种文化生产方式的有机整合
流量升级	以数字化平台为协调和配置资源的基本经济组织,开发新的文化生产力,提升经济流量
价值创新	以新视听和新体验为核心,为消费者不断开发和提供新的文化消费价值
普惠民生	推动大批中小微企业、个体商户、文艺工作者和自然人参与文化生产和产品消费

二、国际视野中的数字经济与文化产业新业态

结合数字经济和在线新经济,推动文化创意产业的可持续发展,是全世界范围内的重要潮流,也是中国文化产业积极参与全球化合作与竞争的重要领域。而主要发达国家推动数字文化创意产业增长的政策和举措,显示了立足不同国情的发展模式。它们采用的概念不尽相同,包括数字经济、互联网平台、智能社会等,而聚焦点正是"互联网+文化"的文化产业新业态,显示了值得研究和借鉴的经验。

(一)顺应全球化潮流,形成"巨型平台+头部内容"优势

数字经济具有全球化、集约化和高端化的鲜明特色。由于互联网用信息网络覆盖了全世界,突破了地缘和国界,它所汇聚的数字数据和其他要素必然是全球化的,对于文化消费市场的辐射必然是区域性的和国际性的;由于数字化平台作为协调和配置资源的基本经济组织,形成超强的集聚力和广阔的辐

射力，拥有内容、技术和商业模式优势的核心平台，就必然形成集约化的优势；由于现代信息网络中的关键枢纽平台，具有协调和配置资源的引擎作用，它们就必然要争夺内容的优质资源，同时依托互联网的巨大流量，倾力推动内容升级，争夺竞争力优势的制高点。从20世纪90年代以来，美国快速形成一批与互联网和数字经济相结合的文创产业领军企业，顺应了文化创意产业向全球化、集约化和高度化发展的趋势。

1998年和1999年，美国商务部发布《浮现中的数字经济》报告，把发展数字经济作为驱动新发展的手段。2000年，美国商务部发布《数字经济2000》报告。此后，美国政府部门每年都推出关于推动数字经济发展的报告和官方文件。从数字经济的规模看，美国位居世界第一，2019年达13.1万亿美元；中国位居第二，规模为5.2万亿美元。

美国的这一国家战略导向催生了一批与互联网和数字经济相结合的文化创意产业领军企业。它们把巨型互联网平台与头部内容优势相结合，实现从0到1的创新，形成超大规模的竞争优势，在细分领域占据了区域乃至世界市场的主要份额。如奈飞（Netflix）成立于1997年，从原来一家从事影视光盘出租的连锁性商业机构，迅速转换成为一家通过网络提供影视付费收看服务的流媒体企业，又快速成为在全球范围内汇聚各国影视作品的播放平台，直至成为自主开发优质影视作品，包括开发第一部多视角网络电影《黑镜》的头部内容企业。它的市值突破2 200亿美元，一度超过了成立半个多世纪的娱乐业巨

Amazon
占有全球在线零售市场40%

Netflix
全球影视在线服务市场占有率最高，市值突破2 200亿美元

Facebook
占据全球社交媒体市场2/3

Microsoft
拥有全球规模最大的数字游戏企业，资产为4 260亿美元

Google
占有全球互联网搜索市场90%

Universal Music Group
在全球数字音乐市场占有率最高

图1　美国与数字经济相结合的文创企业巨头

头华特·迪士尼公司。其他代表性企业如亚马逊、脸书、微软、谷歌、环球音乐等,都在细分领域形成"巨型平台＋头部内容"的综合优势,成为美国文化娱乐类跨国公司在数字经济时代的升级版。

(二)突出"以快制胜",抢占数字文创的新业态高地

数字经济具有科技研发驱动、快速更新迭代、应用加速普及的鲜明特色。这是因为数字经济依赖数字数据、技术进步和人的智慧投入,这与工业经济依赖能源、原材料和资金,以及农业经济依赖土地、自然条件和初级劳动力的情况是截然不同的。英国《经济学人》杂志在2017年3月的封面文章中把数据比喻为新时代的"石油",其实石油是储量有限的不可再生资源,而数据却每时每刻都在增加。英特尔创始人之一戈登·摩尔指出:集成电路上可以容纳的晶体管数目大约每经过18个月便会增加一倍。随着传感器的普及和数字技术的发展,人类的生产和社会活动将全面实现数字化。2020年全球的传感器数量达到1 000亿个,它们24小时都在产生海量的数据。

英国是第一次工业革命的发源地,也是全世界最早把创意产业列入国家战略的国家之一。英国虽率先享受到工业文明进步带来的优势,也最早感受到传统工业所带来的负面效应和未来数字经济的大潮冲击。有鉴于此,英国政府先后出台了多项政策,以数字经济为先导,开启"数字英国"转型之路。2009年6月,英国政府推出"数字英国"计划。2015年初,英国政府出台了《数字经济战略》。2017年3月,英国文化、媒体和体育部发布《英国数字化战略》。当年英国政府把该部正式改名为数字化、文化、媒体和体育部,体现了英国政府对数字革命的巨大期待和实施决心。

英国把与数字经济相结合的创意经济领域作为重点推动和率先攻关的重点。根据英国国家创新署颁布的《英国沉浸式经济》报告,英国抢先动员了1 000多家沉浸式技术专业公司,雇用了4 000多名员工,开发了1万多个沉浸式体验角色,共涉及22个市场细分领域。其中,介入媒体市场的公司数量在全部沉浸式体验的细分市场中占据的比重最大,约为60%。英国已经占据全球沉浸体验出口市场9%的份额。与此同时,英国国家创新署近年来每期投入500多万英镑,鼓励在数字经济与创意经济相结合方面有优势的英国企业,积极拓展中国等新兴市场。

| "数字英国" 2009年 | 《信息经济战略》 2013年 | 《数字经济战略》 2015年 | 《英国数字化战略》 2017年 | 《数字宪章》 2018年 |

1992年
英国成立国家遗产部
Department of National Heritage, DNH

1997年
英国成立文化、媒体和体育部
Department for Culture, Media and Sport, DCMS

2017年
英国成立数字化、文化、媒体和体育部
Department for Digital, Culture, Media and Sport, DCMS

图 2　英国政府颁布的数字经济文件

（三）建设"超智能社会"，融合多维空间，推动数字贸易

数字贸易是指依托数字经济所开展的贸易形式。它包括数字内容的贸易形式和数字化的流通形式，即不仅仅依托互联网开展宣传、咨询、交易、结算，从而促进实物商品如时尚产品的贸易，而且通过互联网传输的数字化产品和服务，如数据、数字图像、数字视频和音频、数字化服务等来展开贸易。它最突出的特点就是贸易方式和贸易对象的数字化，依托数字数据的流通而大大提升了供需双方交易对接的精准性和时效性，突破了传统意义上的实物贸易在跨国流通过程中的诸多限制。根据国际数据公司（IDC）的数据，2019 年全球公共云服务市场总额达到了 2 334 亿美元，同比增长 26%，半数以上的全球服务贸易已实现数字化。

日本多年来加大对数字信息产业的政策、法律规范支持，为发展数字贸易创造了有利环境。2016 年 1 月，日本内阁会议通过第五个科学技术基本计划，核心是建设全球领先的"超智能社会"，最大限度利用信息通信技术，将网络空间与现实空间融合，使每个人最大限度享受高质量服务和便捷生活。作为一个国内市场有限、高度依赖海外市场的海岛型国家，日本历来把发展对外贸易作为基本国策之一。结合数字经济推动日本内容产品的对外贸易，成为日本朝野上下的重要共识。日本经济产业省于 2019 年 5 月发布的 2018 年度电子交易市场调查显示：在电子交易领域中，2018 年日本对中国的出口额为1.53万亿日元（1 日元约合 0.06 元人民币），同比增长 18.2%，中国对日本出口额为 261 亿日元，同比增长 7.4%；美国对日本的出口额为 2 504 亿日元，同比增长

7.6%,日本对美国的出口额为 8 238 亿日元,同比增长 15.6%。其中的重要门类为电竞游戏、数字音乐、数字出版和 IP 授权服务等内容产品。日本对中国和美国市场的电子交易出口形成了明显的顺差,而且顺差仍然在扩大。

(四) 优化"平台+网络":孵化个人创意,实现创业和创岗

新一代互联网具有全移动、全覆盖、全渗透、全时段、全体验的特点。它可以利用空前巨大的规模和跨越时空的便捷性,把分散的个人脑力资源连接到一个巨大的网络上,从而组成高效的产业链和价值链。它又能通过"数据+计算力"突破个体劳动者的智力局限,把人类智能和人工智能相结合,优化各种要素和资源的配比。从这个意义上说,在线新经济也是智能经济,依托在线新经济开发的文化产业新业态,向"平台+网络"的方向提升,成为提升文化产业竞争力的重要领域。

2013 年韩国的朴槿惠政府上台后,把经济复兴、国民幸福、文化繁荣与和平统一定为执政时期的四大国政基调。该政府提出了"创意经济",设立未来创造科学部,推行以高新科技为基础的创业创新政策。2018 年 4 月,韩国未来创造科学部颁布"创新增长引擎"五年计划,把大数据、下一代通信、人工智能等作为重点发展方向,焕发创新增长活力。2020 年 6 月,文在寅政府宣布,计划至 2025 年,以数字化、绿色化和稳就业为方向投入约 76 万亿韩元(1 美元约合 1 207 韩元),发展"非接触经济",克服疫情影响,挖掘经济新动力。

韩国文化创意产业结合互联网,逐步形成了新的产业生态系统。韩国政府鼓励搭建多种服务平台,对蕴藏在个人头脑中的创意资源进行孵化,并且把分散的成果串联到一个有效的产业链上,实现从创意到创业、创岗的转化,"这些创意平台可以划分为线上和线下两种。线上指网络平台,线下指实体平台,如园区、基地等。网络平台的代表有故事主题公园(Story Theme Park)、素材检索网站和数据库"。线下平台如堤川故事创作园区、网络漫画创作体验馆、音乐创作所、富川影视基地、光州国立亚洲文化殿堂等。这些平台涉及的领域包括故事资源、网络漫画、音乐、电视剧、游戏等。从其功能来看,可以划分为孵化型、研发型、投资融资型、流通型、体验型、消费型等。孵化型是把抽象的创意具象化,研发型是对内容开发所需的技术开发和人才培养予以支持,投资融资型是为产品开发提供所需的资金服务,流通型是产品的宣传和营销,体验型是产品的展示和推广,消费型是产品的销售。

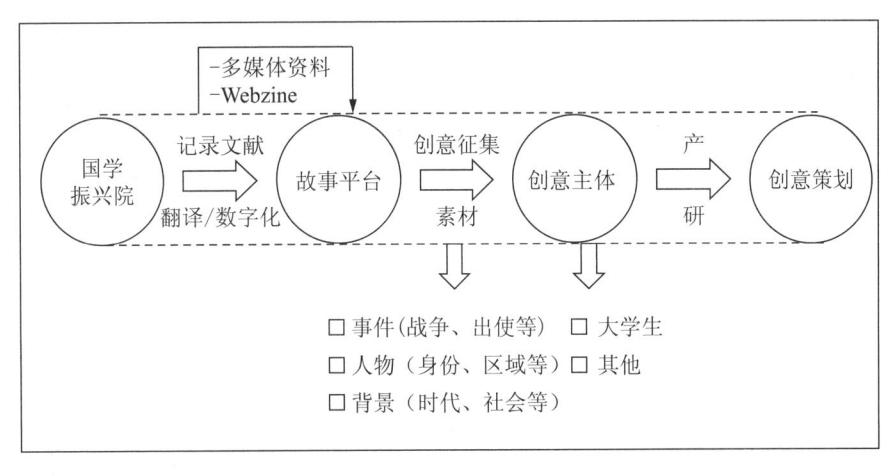

图 3　韩国故事主题公园的研发平台模型①

他山之石，可以攻玉；创新制胜，王者归来！在全球数字经济风起云涌的背景下，中国依托在线新经济，发展文化产业新业态，必须大力开发数字数据，激发创新动能，重组文化产业价值链；必须推动企业组织形态的创新，发展"平台＋网络"的多种经济模式，全面提升企业核心竞争力；必须依托中国超大型市场的有利条件，把供给侧改革与需求侧更新有机地结合起来。

三、开发数字资产，重塑文化产业价值链

（一）以数字数据为文化产业新业态的核心要素

发展中国数字文化产业，培育新业态，激发新消费的重点，是大力开发数字资产、激发文化产业高质量发展的可持续动能，有利于突破产业经营效益不高和增长动力不足的瓶颈。中国文化产业从 20 世纪 90 年代后期正式起步以来，经历了 10 多年的快速增长，其增速正在逐渐减缓。从 2000 年到 2014 年的 15 年间，中国文化产业增加值占 GDP 比重从 1% 到 3.8%，而从 2015 年到 2020 年，占 GDP 比重仅从 4% 爬升到 4.43%。与此同时，从全国文化产业从业人员人均创造效益等主要指标看，也存在增长缓慢、效率低下等情况。

---

① 鄢葵：《创意经济语境下的韩国创新平台》，荣跃明主编、花建执行主编《上海文化产业发展报告（2017）》，上海书店出版社 2017 年版。

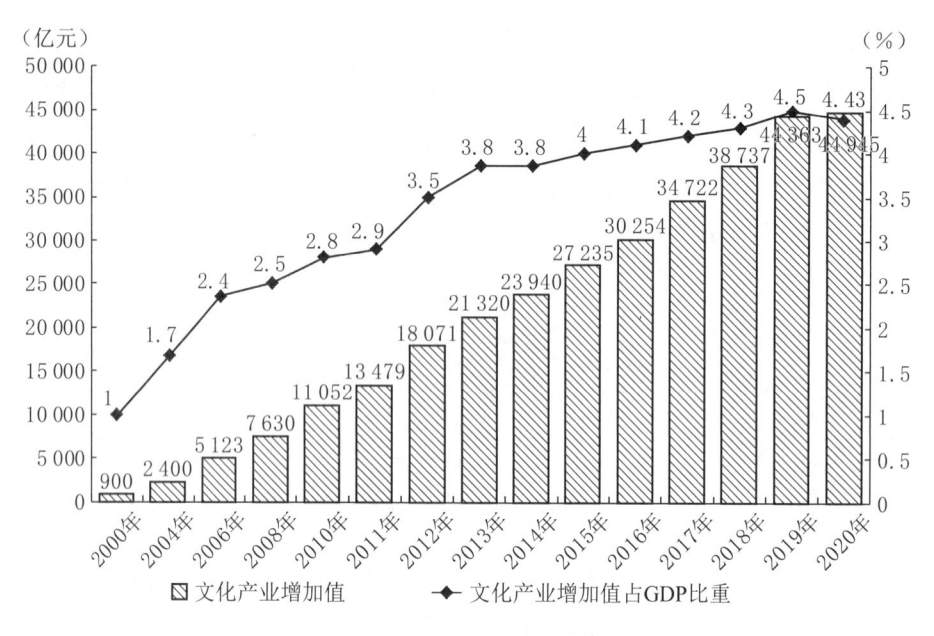

图 4 全国文化产业增加值和占 GDP 比重（2000—2020 年）

这说明新增长理论所描绘的传统要素投入所带来的报酬递减规律在中国文化产业领域明显地浮现出来。要推动中国文化产业的可持续增长，如果仅仅依靠土地、房地产、基础劳动力、资金等传统要素的投入，并且按照传统模式竭力扩大文化产品的产能，到了一定程度就会出现产能过剩、报酬递减的情况。根据党和政府对文化产业高质量发展的要求，发展文化产业新业态的意义在于：转变传统的产业增长模式，深入挖掘新的投入要素——数字数据，形成优质的数字资产，推动文化产业增长方式的深刻转型。

数字数据是数字经济的核心生产要素，在传感器、5G 技术、人工智能、区块链、物联网、云计算等技术的基础上，人类获得的数字数据正在海量增长。正如 1998 年美国商务部报告《浮现中的数字经济》所说，今天不应该再着眼于"货币"这个工业时代的核心资源，应该关注"信息"作为核心资源对经济的决定作用。

必须指出，数字数据本身不能产生效益，要把它转化成为优质的可投资和可增值的价值量——数字资产，关键是进行交换、整合与创意，即依托"数据＋计算力"而提升文化生产力水平，把人的想象力和创造力作为取之不竭的源泉，在内生的意义上激发知识型人才对于文化产业的投入，以文化新业态引爆前所未有的文化消费，只有这样才能实现报酬的递增和产业的可持续发展。正如哈威·费舍指出的："数字王国虽然以简单化和简化的二进制语言'1'和'0'为基础，但随之而来的新信息社会赖以存在的却是想象力和创造力，这也将成为新经济的主要资本。"

（二）大力开发数字资产，重塑文化产业链

文化产业新业态在开发数字数据的基础上，必然要重塑文化产业链。其特点是把数字数据转换成为高质量的数字资产，以数字数据的交换、整合与创意为主线，集聚产业链上各个环节的企业和机构。近年来，正如中国学者陈春花指出的："当数据为核心的时候，商业模式在变，效率也在变。"企业在数字化转型中依托数据先改变消费端，因为那是商业模式变得最快的部分，而企业接下来会改变制造端，进一步解决产业的效率问题，从而引起整个价值链的更新。

近年来风起云涌的 MCN（Multi-Channel Network）经济，也称直播经济，就是一种依托多频道网络传播的文化营销新业态。它兼有文化新媒体和在线新经济的双重属性，其核心是文化营销，体现了在线、互动、智能、跨界的特点。MCN 将不同类型的 PGC（专业生产内容）组合起来，以数据开发为核心要素组织产业链，实现内容的持续输出和实时反馈，促进商业变现，其形式包括直播带货、红人孵化、主播孵化、供应链管理等。MCN 以"数据＋计算力"为驱动力，结合人力资本的投入，以多维空间的群体性人际交互为主要形式，以信息交流和情感分享为基本内容，创造直接或者间接的经济效益。MCN 经济依托互联网和新媒体，极大地激发了人的想象力和创造力，与越来越多的行业包括快速消费品、农副产品、汽车、家电、教育、旅游、科技等连接，适应了当今时代小众、多变、时尚的消费需求。

根据专业机构的调研，2017 年中国 MCN 机构数量为 1 700 家，从那时起中国 MCN 经济进入一个爆发式增长阶段，参与 MCN 投资、内容、平台、服务的机构越来越多，四年间的平均同比增速超过 100%。2019 年中国直播电商行业的总规模达 4 338 亿元，2020 年的用户规模达 5.24 亿人，市场规模突破 9 000 亿元。MCN 经济依托数字资产，形成了独特的产业链，将内容服务机构、专业平台、投资机构、广告商和第三方服务机构组合起来，在资本的支持下，实现内容的持续输出和实时反馈，促进投资的商业变现。2020 年 5 月 15 日，上海市网络视听行业协会宣布成立全国第一家 MCN 专业委员会。其首批44家会员单位中，包括小红书、拼多多、新文化、趣头条、喜马拉雅等新型平台和新文化、美ONE、葡萄子、番茄蛋等内容机构，也包括东方明珠等投资机构、专业广告机构和多样化的第三方服务机构。这种新的产业链在较短的时间内迅速形成，说明文化产业新业态依托在线新经济，采用服务数字化、传输在线化、交易虚拟化、带货明星化的方式，发挥人的想象力和创造力，可以持续地降低运作成本，有效地形成报酬递增；同时通过不断的跨界合作，与IP内容开发、直播带货、遗产保护、国际贸易、城市更新等形成了良性互动。

MCN的跨界连接
以多媒体网络传播技术为基础，形成多向传播和实时反馈。

以网状组织为基本架构，与各种产业和经济活动跨界合作

图5　MCN机构的跨界服务和市场活力

四、创新平台模式，激发企业活力与扩大流量

（一）创新平台模式，推动流量经济

20世纪90年代以后，世界主要国家都更加注重技术创新对经济增长的引领作用，技术创新过程日益平台化。在线新经济的一大特色是建设数字化平台体系，为供需双方和中介等市场参与方提供在线互动和交易机制，促使所有参与主体不断降低成本和提高质量，并且在外延上改造和扩展价值链。虽然在衡量在线新经济以及相关的价值创造上还存在着不少困难，但

是数字化平台正在以低成本增长、高速度扩张、个性化服务而成为新生产力的重要代表,尤其体现在集约化的巨型平台和灵活性的数字零工这两个相辅相成的方面。

文化产业新业态把发展新型平台作为升级的关键。互联网背景下的平台化机制"去中心化",使得经济关系的网络结构从传统的中心外围格局转向全连接网络生态,点对点(P2P)的连接应用在各产业领域和市场扩展,数量众多的在线主体形成分享资源的互联互通效应。这使每个参与者的成本下降,也加深了他们之间的分工协作。正如中国学者陈春花所说:传统的企业战略逻辑,对于想做什么、能做什么、可做什么是有边界的。想做什么是初心,能做什么是资源,可做什么是产业环境。但是在数字时代,这三个核心逻辑都发生了深刻变化。每个经济主体想做什么可以重新定义,能做什么可以跟别人连接,可做什么可以跨界跨域实施。这正是在线新经济为每个主体所提供的重要价值。平台型企业为了满足用户的多样化需求,就会追求集成服务、增值服务和跨界服务,包括对其他同类平台进行兼并和控购,从而加快了平台的集约化趋势。如腾讯(微信)和阿里巴巴(支付宝)几乎占领了整个中国移动支付市场,喜马拉雅占据了中国音频内容服务市场的60%以上,正是其中生动的案例。

(二)汇集海量"零工":激发主体活力

文化产业新业态依托巨型平台和新型网络,吸引了海量的文化"零工",把千千万万处在市场竞争弱势地位的劳动者,聚拢到文化产业链的各个环节。在互联网平台和网络的支持下,远程创意设计、跨国实时共演、云上展览展示、在线电子竞技、智能文化装备定制生产与远程操控等新的文化生产模式层出不穷。越来越多的企业和劳动者通过线上和线下的互动与协作,开发出新的文化产品和文化服务。文化产业企业可以把生产单元划得更小,甚至成为"一个人企业",同时通过全移动、全覆盖、全时段、全体验的网络,形成铺天盖地的"蚂蚁雄兵"和"致命蜂群"。而在巨型平台与新型网络的基础上,大量的文化消费者也通过与文化生产者的互动,包括提供丰富信息、分享文化内容、优化设计方案等,成为文化生产活动的参与者。

中国文化产业新业态的一大亮点,是近年来进入"互联网平台创新爆发期"。这些平台在数据计算、开发领域、运营模式、技术应用、服务群体、表现形态、流通形式等方面,都达到了前所未有的广度和深度。如喜马拉雅创造的互联网音频内容开发模式,阅文创造的华语原创大IP开发模式,巨人创造的"原创游戏+大电影+衍生产品"开发模式,小红书创造的"线上种草、线下拔草、线上再种草"模式,国家对外文化贸易基地(上海)创造的CCLF国际文化授权交易模式,长沙马栏山视频文创产业园创造的以视频IP运营为先导、推进"内容制作+数字营销"的模式,以及上海国际艺术品交易月以"政策集中、主体集中、交易集中、效益集中"为核心的国际展览及交易模式等,都通过创新创造出巨大的文化生产力和文化消费市场。如阅文作为规模最大的正版华语文学开发和服务平台,创造了超过10亿元票房的改编电影、突破40亿次点击量的改编动画系列、多部总流水过亿元的改编游戏、1 000多万元的单部作品周边销售额、1 500万册的单品图书出版数、1 200万册的漫画单行本销量。

图6 中国数字文化产业平台的创新模式(部分)

五、推动跨界融合,以文化赋能场景建设

(一)推动在线、在地、在场方式的有机结合

文化产业新业态推动在线、在地、在场三种文化生产方式和文化消费方式的有机整合,推动文化产业的供给侧改革和消费侧更新,从而创造出跨界联

通、广泛赋能的新型文化场景。传播学者梅罗维茨在20世纪80年代从社会学家戈夫曼的"拟剧理论"获得灵感,提出了"场景"(situation)概念。随着移动互联网时代的到来,罗伯特·斯考伯提出了新"场景"(context)概念,预言"在未来25年,场景时代即将到来",移动设备、社交媒体、大数据、传感器和定位系统成为移动互联网的"场景五力",其营造的内容场景会帮助每个个体获得前所未有的在场感。丹尼尔·亚伦·西尔指出:场景是一个地方的整体文化风格或美学特征,它赋予一座城市以巨大的文化能量。

文化产业新业态结合在线新经济的发展,正在融入城乡生活的各个空间,把线上的文化服务导入线下空间,又把线下的文化项目导入在线领域,让人们在"多次元"的时空层面上获得丰富的文化体验,包括"在地同感""异地同感""在线同感"等。近年来,中国许多城市塑造文化场景的新成果得益于文化产业新业态的贡献。如上海结合优秀历史建筑和历史街区保护,开展了"建筑可阅读"项目。截至2020年,全市开放的"建筑可阅读"达1 039处,并且从"扫码阅读"的1.0版、"建筑开放"的2.0版,进入"数字转型"的3.0版,实现了建筑的"可读""可听""可看""可游"。

(二)开展多样性的数字文化赋能方式

文化产业新业态依托在线新经济,具有对工业、城市建设业、商贸业、科技服务业、旅游业等的广泛渗透和带动作用,其核心是把优质的文化内容,作为一种高级的生产要素,融入其他产业领域,为许多经济和生活领域进行文化赋能。这一过程的最大特色是因物赋形、因地制宜、因时制宜,形成1+1大于2的生产力增值效应。

第一,数字IP的故事赋能,即从当地的文化资源中提炼出核心的IP,结合5G、8K、MR、云计算、区块链、大数据、人工智能等技术,创造出数字化的核心文化主题和故事,又把这种高品质的数字文化IP植入物理空间中,形成充满想象力和创造力的场景,让人们从多维空间感受文化内容IP的魅力。如列入首批中国文化旅游融合先导区(基地)的华侨城甘坑客家小镇,从数百年流传的客家非物质文化遗产——客家凉帽中,提炼创作了《小凉帽——白鹭归来》的故事,拍摄了VR电影长片并且荣获国际电影节大奖,继而赋能于甘坑客家小镇的建设,发挥了良好的先导示范意义。

第二,数字文化和服务的体验赋能,即以大规模的数字文化赛事、节庆、展览、平台、俱乐部等,落地在重点的园区或景区,吸引大量的创意和创业人士集聚,把网上社区转换成为线下社区,以原创开发的数字文化 IP,形成新的生产力集群。如著名的电竞产业集聚区上海灵石电竞中心,打造"一核双新三生态"的电竞社区:主核——以电竞赛事内容为核心,发挥厂商、赛事方和场馆方的合力;双新——以新技术、新人才集聚全球游戏技术和基建配套;三生态——以内容制作生态、赛事配套生态、文化配套生态为三重点。又如长三角是全国建设特色小镇的发祥之地,一些优秀小镇在数字文化和服务的体验赋能方面提供了许多新的经验。如梦想小镇以科技城开放、包容、创新、服务的政务生态系统为支撑,以阿里巴巴总部所在地和金融资源集聚发展的产业生态为驱动,通过建设"众创空间"、O2O 服务体系,"苗圃+孵化器+加速器"孵化链条,打造高效率的创业生态系统。而梦栖小镇则确立了"中国首个工业设计小镇"的产业定位,以前瞻设计为先进制造业和现代服务业赋能。

第三,数字文化服务的跨界赋能,推动在场、在地、在线相结合的展览展示、电竞赛事、动漫游戏、创意设计、线上交易、直播和培训等,把在线的文化内容延伸到在地,如全国数字音频内容服务的领军企业喜马拉雅开创"有声城市解决方案",形成了以新基建结合 24 小时城市书房、新基建结合公共文化服务、新基建结合有声政务等新型业态,在东、中、西部多个城市稳步推广,受到各地的广泛欢迎。

第四,数字文化集群的生态赋能,即以数字文化产业的上下游各企业和机构的集聚,形成供应链齐全、各要素集中、富有创新活力的新型产业集群,形成发展数字文化产业的动力引擎。如浦东金桥地区依托国家级经济技术开发区的优势,大力发展文化产业新业态,2019 年文创产业营收达到 510 亿元,实现税收 27.54 亿元。[①]金桥地区以"文创+在线新经济"为特色,不但集聚了华为上海 5G 创新中心等四大开放平台、车娱智能"5G 国家级智能车联网大视频平台"等重点实验室,而且集聚了华录科技等诸多视讯内容企业、咪咕视讯等视频播控企业、实讯网络等服务机构等,形成了一个具有强劲创新活力的产业集群和生态环境。

[①] 上海市浦东新区文化产业促进中心(上海东方艺术中心):《上海市浦东新区文化创意产业发展白皮书(2020)》。

四大开放平台
华为上海5G创新中心
中国移动上海5G应用创新中心

重点实验室
车娱智能"5G国家级智能车联网大视频平台"等

视讯内容
华录科技、环球在线、圆云文化

视频播控
咪咕视讯、天翼视讯
央广视讯

消费服务
皓范科技、华垒信息
实讯网络

技术赋能
网达软件、视讯中国

图7　浦东金桥的"文创+在线新经济"产业结构

国家"十四五"规划把"加快数字化发展建设数字中国"作为重大任务，并且要求"实施文化产业数字化战略，加快发展新型文化企业、文化业态、文化消费模式"。[①]在全面建设社会主义现代化国家的新征程上，蓬勃发展的文化产业新业态汇聚了互联网科技的推动力、产业升级的贡献力、文化创意的创造力，适应了追求幸福生活的人民意愿，必将展开可持续发展的远大前景。

---

① 《中华人民共和国国民经济和社会发展第十四个五年规划和2035年远景目标纲要》，新华网，2021年3月12日。

中华文化的价值理念及其国际传播路径探析

严三九[*]

我主要讲两个问题:第一,中国文化源远流长,要辨别哪些文化价值理念才能作用于优秀中华文化的继承和弘扬,同时要把握好其对中国的发展以及对世界的意义。第二,要深刻认识这些具有中华文化特色和全人类文化意义的价值理念,通过什么样的路径向国际传播,才能产生好的传播效果。这都需要我们深入研究,提出可行的目标、思路和具体办法。

一、具有现代和世界意义的中华文化价值理念提炼与阐释

习近平总书记于 2013 年 12 月 30 日,在中共中央政治局第十二次集体学习时指出:"提高国家文化软实力,要努力展示中华文化独特魅力。"他认为:"在五千多年文明发展进程中,中华民族创造了博大精深的灿烂文化,要使中华民族最基本的文化基因与当代文化相适应、与现代社会相协调,以人们喜闻乐见、具有广泛参与性的方式推广开来,把跨越时空、超越国度、富有永恒魅力、具有当代价值的文化精神弘扬起来。"

中华文化价值理念从蒙昧时代开始,基于中国的地理环境和种族生存发展的需要,逐渐演进出诸多具有中国特点和世界意义的价值理念。梳理总结和传播这些价值理念,是传承光大中华优秀文化的要求,更可以为世界其他发达和发展中国家及人类的和平发展和共同进步做出贡献。

揆诸历史、审视现实、面向未来,经过反复比较和筛选,我们将中华文化的价值理念概括为 4 个大的方面,共 23 个条目。第一个方面是关于多种文化共

---

[*] 严三九,上海大学新闻传播学院教授、博士生导师,入选教育部"新世纪优秀人才计划"。

处的文化价值理念：文化共生、和而不同。第二个方面是关于人与自然相处的文化价值理念：尊崇自然、贵生。第三个方面是指引社会发展的文化价值理念：和谐、富裕、民主、文明、自由、平等、公正、法治、中道、包容。第四个方面是指引民众个人修养的文化价值理念：爱国守法、敬业奉献、诚信友善、勤俭自强、忠孝仁义、厚德博爱、明智明耻、廉洁正派、宽容和乐。

下面对于这4个方面23个条目，逐条加以阐述。

（一）多种文化共处的文化价值理念：文化共生、和而不同

中国是一个多民族的国家，多种文化共处是中华民族一直坚持的价值理念。五千年来，中华大地经历了各种状况的天下纷争、国家重组、民族交融、文化更新等，孕育出多种文化共处的文化价值理念。在传统的多种文化共处的文化价值理念中，文化共生是基本的立场和态度，更进一步是和而不同、求同存异、共同发展。

文化共生，即多元文化相互依存、共同发展。在文化领域，文化共生是指多元文化之间的共生关系，主要是不同民族、不同区域、不同时代之间的文化多元共存、相互尊重、兼容并包、相互交流和协调发展的文化形态。

和而不同，即各执其见、各谋其利，相互尊重、和平共处。"和而不同"语出《论语·子路》："君子和而不同，小人同而不和。"

（二）人与自然相处的文化价值理念：尊崇自然、贵生

中华民族所生存发展的地理环境，决定了以耕植为主要的生产方式，农耕社会与自然有着不解、不离的因缘。中国传统的人与自然相处的文化价值理念以尊崇自然为核心，形成中国特有的自然主义的思想。贵生是尊崇自然的必然表现。

尊崇自然，即尊重和爱护自然。"自然"概念是人类文化中最基本的概念之一，就形而下而言，它是整个人类生存和发展的物质前提，是人类所处的生态环境的总称；就形而上而言，自然是最基本的存在范畴，是万物存在、发展的本源和运行的规律。

贵生，即宝贵、爱惜生命与生命尊严。中国自古以来就有"贵生"的思想。

（三）指引社会发展的文化价值理念：和谐、富裕、民主、文明、自由、平等、公正、法治、中道、包容

中华文化的价值理念往往具有实践理性的特性，这些价值理念同时具有

社会理想的色彩,像和谐、富裕、民主、文明、自由、平等、公正等,在社会的发展过程中能起到很好的引领作用。在科学昌明、文化繁盛、政治清廉和法制完善的当今国际社会,也具有很好的借鉴作用。

和谐是中华文化价值理念重要的范畴,意指以人的生存和发展为核心的内在和外在的协调、顺畅与心灵的舒适。中华文化的和谐价值理念主要有,人与自然和谐,人与自然具有统一性,人类理应善待自然,尊重自然秩序;人与人的和谐,儒家在人与人的关系上,提倡宽和处世,协调人际关系;人的身心和谐。

富裕在中华文化价值理念中主要指经济的宽裕以及富足,是充裕丰富(财物)的意思。富民一直是中国人民千百年来追求的理想。

民主在当今社会和学术界大多是作为一个政治学的概念来使用的,它往往意指一种社会制度。在这种制度下,人民能够做自己的主人,参与国家大政方针的决策。

文明指的是人类所创造的财富的总和,特指精神财富,如文学、艺术、教育、科学。文明涵盖了人与人、人与社会、人与自然之间的关系。

自由是人类在自然和社会的双重约束之下身体和心灵所向往的摆脱约束的价值追求。在中华传统文化中,人们把自由的本意解释为"率行己意",就是今人所谓自己做主、按自己意志办事(非他人强迫)。

平等一般是指主体间在社会生活的各个方面所享有的权利是一致的、相同的,比如在经济、政治、文化、教育的社会地位和机会等方面,享有相同的权利。

公正是一种价值判断,意指公平正义、做事没有偏私,在中华传统文化中往往是指没有个人之私、近乎圣人的一种美德。直到西方文化传入中国以后,公正才作为一种制度而存在,从而在中国的价值理念中,公正也成为衡量一个国家或社会文明发展的标准。

法治就是依据法律的治理。法治首先是指崇尚法的价值和法的精神,其次是指通过法治的方式、原则和制度而实现的一种社会状态。所以法治更多是指一种治国的方略、社会调控方式。它与人治相对立,强调以法治国、法律至上,法律具有最高的地位。

中道是不偏不倚的意思,也指做事情中规中矩。在中华传统文化价值理念中,中道又称中庸、时中,字面含义是"居中位而处之"。

包容是宽容大度的意思,是指对待世事的差异和冲突能够隐忍、厚道,从容应对。

(四)指引民众个人修养的文化价值理念:爱国守法、敬业奉献、诚信友善、勤俭自强、忠孝仁义、厚德博爱、明智明耻、廉洁正派、宽容和乐

中华传统文化价值理念中一个很重要的部分就是对个人修养的道德要求,这些道德要求主要表现为爱国守法、敬业奉献、诚信友善、勤俭自强、忠孝仁义、厚德博爱等,它们之中既有对国家、对事业、对朋友、对父母,也有对自己生活、做人做事等方面的要求,这些价值理念在当今仍然有重要的借鉴意义。

爱国守法是公民的基本道德之一,是指对于生于斯、长于斯的故土的热爱,以及对生活基本规范的自觉守护。

敬业奉献是指对所从事的事业的尊崇,能够做到忠于职守,竭力服务社会。

诚信友善是儒家伦理思想体系中的一个重要范畴,也是中华传统道德的一项基本规范。

勤俭自强是指勤勉、节俭、不断奋斗,意指一个人不管在什么条件下,都应该通过努力实现自己的理想。

忠孝仁义是中国历史文化中最为核心的价值理念,是个人表现在社会、家庭、个人修养以及行为方面的道德要求。

厚德博爱是中华文化中重要的美德,也是历代志士仁人追求、崇尚的道德境界。厚德博爱是指为人敦厚、修行深厚,平等对待所有的人。这是一种价值取向,也是一种道德修养的成就。

明智明耻是指在知己知彼的条件下,通达事理,知人、自知,知荣辱,有远见,观察敏锐而判断正确,以此来维护自己的尊严。

廉洁正派是指在行为上清清白白、公公正正,在作风上规规矩矩、符合规范。"廉"是清廉、不贪取钱财,"洁"是洁白、光明磊落。

宽容和乐是指能够容忍差异并和谐相处。宽则能容,和则能乐。宽容包含两层含义:一是宽厚能容忍,二是包涵、原谅、不斤斤计较。

二、中华文化价值理念国际传播的路径设计

目前,全球跨文化传播语境中对中国产生的质疑和误解,其中很大一部分原因是对中国所秉持的"和而不同"等核心价值理念不了解。因此,除了有必要在政治、经济、外交等层面加以澄清外,更有必要通过文化解释、文化对话、文化交流来消除误解、释疑增信,从而为中国的和平发展,也为中华文化的世界化创造良好的国际舆论与文化环境。文化具有密切的关联性,中华文化蕴含的"和而不同""文化共生""尊崇自然"的文化价值理念蕴含在各种具体的文化样式之中。中华文化价值理念需要通过文化传播与交流才能更好地被世界理解和接受。

文化有物质性的(如建筑、瓷器、丝绸等)、精神性的(如宗教、文学艺术、审美等)以及价值性的(如伦理、道德观念等)表现方式。在国家之间的文化交流中,文化价值理念一般在两种情况下被接受和被认同:一国文化所体现的制度和价值符合对象国民众的期待和既有价值认同,或者一国文化外交能起到对他国民众的说服和引领作用。前者意味着该国文化必须是包含"共同制度和价值要素"的文化,后者要求该国文化是一种强势文化或拥有某种主导型话语权。由于社会制度和价值体系的独具特色,中国显然只有后一选项。

人员、物品(商品)和大众传媒这三类媒介是进行价值理念传播的基本载体和构成部分。文化组成的符号、文化表现形式、代表人物、媒介、价值观(思维方式)五类成分中,符号、文化表现形式、代表人物、媒介为显性成分,价值观(思维方式)为隐性成分。价值观(思维方式)等文化核心理念的隐形成分要通过符号、文化表现形式、代表人物、媒介等显性部分加以展现、传播。中华文化的表现形式可分为人文艺术(如音乐、舞蹈、绘画、历史、名胜古迹等)和生活方式(饮食、服装、中医、功夫等)两类。近年来,中国政府把文化走出去作为向世界各国展示中华文化独特魅力、提升国家文化软实力的重要战略任务,实施对外文化理念传播、文化交流与合作、文化产品出口及服务"三位一体"策略,为增进世界对中国的了解、树立良好的国际形象、推动我国对外开放和经济社会发展做出了积极贡献。

方案由目标与思路、实施方略两个板块组成,紧紧围绕文化理念传播、文

化交流与合作、文化产品出口及服务"三位一体"的路径进行设计,以期构建中华文化价值理念向全球传播的体系性方略。

(一)方案的目标与思路

1. 目标

以探索更为有效的中华文化价值理念全球传播策略、方式为具体目标,努力为中华文化走出去、提高国际影响力和竞争力提供现实可行的实施路径。向世界展示悠久灿烂、富有生命力和现代启示意义的中华文化,为人类解决当下问题与未来发展提供文化和思想资源。努力减少和冲减"中国威胁论""中国责任论"等论调的消极影响,让世界认识和了解一个全面的中国形象,为中国实现繁荣富强创造良好的舆论与文化环境。

2. 思路

中华文化价值理念全球传播战略的谋划,旨在抓住重要机遇期,通过对外文化传播、对外文化交流、对外文化贸易等途径,扩大中华文化价值理念和中华文化的传播范围和国际影响力,增强文化产业竞争力,塑造中国的文化大国形象,营造中国和平发展的国际环境,进一步提升当代中国的文化软实力。而中国文化软实力建设的根本目标,就是迎合和服务于中国和平发展的战略,从文化观念、文化资源、文化创新、文化产业、文化传播、文化民生等方面,建立与国家综合实力相适应的精神支柱、创意源头、资源基础、支柱产业、服务体系,建成全球性的文化强国。要顺利开展国际文化对话与交流,关键在于有清晰的战略发展思路,有充实的战略架构内涵,有可行的战略运作手段,有一致的战略理念认同。

落实到文化价值理念的传播,首先,战略上要解决的问题是明晰传播主体(谁负责传播)、传播区域(传播的覆盖范围)、传播的路径和通道(通过哪些途径传播)、传播内容(传统文化、现代文化)、传播效果(评估机制)。其次,在组织和制度设计上需要有规划意识,即要解决平台搭建、效率提升、流程再造、体制机制完善等方面的问题,为中华文化价值理念传播创造宽松的环境,提供政策保障。最后,在具体操作层面上,则要解决好"怎么传播"的问题。需要从全球传播的角度入手,在传播对象上区分国外政治精英、智库精英、普通百姓等不同传播层次,在传播渠道上综合新闻、出版、影视、广告、演艺、娱乐、会展、数字、旅游、创意产业等,在传播策略上对中国全球传播面临的环境、存在的问题、政策现状、传播措施、评价体系等进行综合研究和分析。在战略框架内实现国家层面和地区层面的协调与配合,在社会精英层面和普通大众层面有所兼顾。在整体统筹中实现政府与民间的联动、主流(官方)与精英(学者)的互动、上(国企)下(民企)的同步。在坚持中国立场的基础上用西方受众熟悉的表达方式,使得中华文化成为当地精英决策和大众日常生活的重要信息资源和消费选择。

文化价值理念传播的基本思路是:从传播战略、组织制度、操作办法三个方面,整合社会科学、文学艺术、新闻、广播电视、电影、出版、版权、民族民俗、侨务、体育、旅游等资源,建构起文化理念在观念和物质两大层面的立体传播体系。

需要特别说明,有鉴于文化价值理念的传播与一般意义上的文化传播密不可分,价值理念的传播在绝大多数情况下需要附着于对外文化交往、文化产品出口和对外文化服务。为便于研究和论述,我们将会把文化价值理念传播与一般意义上的文化传播糅合在一起讨论。

(二)实施方略

党中央、国务院《关于深化文化体制改革的若干意见》中明确指出:"要着力培育外向型文化企业,积极实施'走出去'战略,创新对外文化交流体制和机制。实行政府推动和企业市场化运作相结合,打造一批具有国际竞争力的文化企业,成为实施文化'走出去'战略的主体。"而要进行中华文化价值理念的全球传播,就必须依赖文化"走出去"战略,借助体制机制创新、文化企业市场化等来完成。

1. 文化价值理念及文化对外传播存在的问题、挑战与机遇

科学合理地制定中华文化价值理念的实施策略,必须从国内外宏观环境、微观企业等层面分析清楚我国在跨文化传播方面面临的问题、挑战及其历史机遇。

我国文化价值理念与文化对外传播面临着种种问题与挑战,具体表现在:

宏观体制层面。我国的文化建设和文化体制尚处于转型期。党的十六大以来,国家虽明确了大力繁荣文化的基本思路,公益性文化事业和经营性文化产业两手抓,但目前我国文化体制改革还未完成,文化产业还处于发展的初级阶段,尚缺少大批有国际影响力和竞争力的文化产品和文化企业。

政府层面。作为文化传播主体之一,政府对外文化工作也处于一个转型期。驻外机构中,我国政府在80多个国家设有90多个驻外使领馆文化处(组)和若干海外中国文化中心。传统上,这些机构中的对外文化工作主要为政府主导的文化交流、调研,但在国家文化战略的新要求下,这些机构在进行政府间文化交流的同时,还要承担促进中华文化价值理念、文化产品和企业走出去的新任务和新挑战。

文化主管部门和地方政府层面。思想认识上,我国一些主管部门、地方及文化单位文化理念和文化跨国传播的观念还没有真正确立,对国际文化传播的重要性和紧迫性的认识还存在差距,对文化走出去的政府职能、主体责任、市场定位认识不清,没有从战略的、全局的高度来认识,并缺乏整体的战略规划。与此同时,我国在文化内容管理方面还存在缺陷,在界定文化内容、实行文化艺术消费分级制、对承担不同功能的媒体实行分类管理、利用科技手段管理文化等方面,管理手段粗疏,长官意志浓厚,严重制约文化创新。

各地方政府在对外文化产业和文化产品拓展上,也存在认识误区。首先,各地提出的"十二五"期间文化产业成为支柱性产业的目标,反映了浮夸、跟风心理,也说明对文化产业的发展规律缺乏正确认识,文化产业不光要强调经济价值,更要有文化价值理念和文化传播的职责。其次,在政策导向上,国家虽然强调要做大做强一批骨干文化企业,但有些地方在执行时只重视扶植国有文化企业,对中小文化企业重视不够,优惠政策也不多。

企业层面。相当多的文化企业对走出去的内容、途径和方法缺乏足够了解,受制于信息渠道开发成本、境外法制政策差异、政治风险等,认为出口经营和开拓海外市场的风险较大、成本高,产生了不愿意或不敢走出去的主观障碍,出口经营的积极性不高。这导致我国很多文化企业没有将跨国经营纳入企业的发展战略,客观上造成了文化企业跨国经营的观念形态、产品竞争力、抗风险能力、员工素质等诸多方面的劣势与困境。运作模式上,文化企业对海外文化市场和受众需求研究不够、了解不深,出现内容与形式脱节,存在主观想象、闭门造车及与海外市场不对路的问题,导致产品的内容、切入点、翻译等都不符合海外民众与消费者的习惯,由此造成运作模式与现实脱节、与国际脱轨,文化价值理念和文化走出去的实效性不强。

产品层面。负载中华文化价值理念信息的产品还缺乏"内外有别"的跨文化语境，往往简单地将国内而非针对海外市场的产品输出，导致其负载的中华文化价值理念和符号辨识度低、成功率也不高。同时，文化产品和服务出口结构不太合理，总体上品种较少，更缺乏被国外广为接受的品牌性文化产品，缺乏科技含量高、附加值高的强势文化品牌。

人才队伍层面。在文化企业的人才队伍建设上，普遍缺乏跨国经营、跨文化发展的高端管理人才，缺乏熟悉国内外文化市场及国际服务贸易规则的复合型文化经营人才。文化企业走出去，特别是通过并购、资本运作提高国际化水平，不仅需要版权贸易、进出口贸易、翻译人才，更需要的是传统文化领域缺少的跨界人才、金融投资人才，以及跨国经营、跨文化发展的高端管理人才。我国对这几类文化人才缺乏应有的培养、吸引机制。

国际文化市场格局层面。中国文化企业面对的是被西方国家企业瓜分殆尽的既定市场格局，承载中华文化价值理念的文化产品要在国际文化市场夹缝中生存、发展，挤进既有市场去分一杯羹，无疑面临着诸多的挑战和难题。

虽然从体制机制、企业实体和国际文化市场格局等层面进行考量，中华文化价值理念和文化全球传播还存在诸多问题和挑战，但综合来看，也存在可资利用的难得的历史机遇。

近十年来中国整体实力的崛起，特别是中国经济赶超式发展引发的各国对中国模式的关注，以及其辐射效应掀起的全球汉语热，为中华文化价值理念和文化的传播提供了难得的历史机遇。应当积极利用这一有利因素，主动对外拓展，与外方展开文化合作，大力推进文化价值理念和文化的对外传播，努力实现中华文化国际传播的跨越式发展。

新技术的迅猛发展也提供了新的机会。抓住新一轮数字技术中中国与西方几乎同步发展的机遇，借数字出版和数字传播技术之力，开展新形势下的国际合作，大幅提升中华文化价值理念和文化在世界范围的生产、传播、影响，彻底扭转近代以来中华文化在中西交流中的弱势不利地位。

在资本运营方面也存在良好的运作空间。中国经济、资本持续增强的跨国性，外国资本对中国的关注和投入，就是很好的机会。可以巧借资本运营之力，加强与国际文化机构和文化企业的资本合作，以资本为载体，增强中国文化企业国际经营能力，进而达到在资本所到之处传播中华文化价值理念、经济与文化双赢的目标。

2. 对策建议

根据上述的目标、思路，面对存在的问题、挑战与机遇，方案提出以下对策建议：

一是由中央政府出台《中华文化核心价值理念名目与阐释》，列明具有现代意义和人类共同价值的核心价值理念，并做出科学、规范、简明和通俗的解释，同时出台《文化交往、文化产品和文化服务中华文化价值理念表达指南》。

当前形势下，政府的强力指导和引领，是中华文化价值理念和文化对外产生广泛影响力的必要条件。《中华文化核心价值理念名目与阐释》和《文化交往、文化产品和文化服务中华文化价值理念表达指南》文件的出台，必将引发国际文化、传媒界的高度关注，而相应的鼓励和奖励措施的跟进，也将大力引导和促进对外文化交流、文化产品外销和对外文化服务业，在实际工作中应进一步重视和落实对文化价值理念的融入与推广。

二是建立"中华文化全球传播"国家平台，站在国家文化发展战略的高度，围绕推进中华文化全球传播的大目标，推动资源的有效整合，提高中华文化全球传播的效率。

"中华文化全球传播"国家平台应当在对外文化传播总体战略设计、战略定位、全球布局和发展重点方面做出高端性、国际化的整体规划。根据每一管理领域的不同特点和每一文化行业的发展规律，以深化文化体制改革和对外文化贸易体制改革为突破口，以加强对外文化价值理念传播、对外文化交流和扩大对外文化贸易为目标，制定实施各管理层面和行业层面上的具体发展规划，构筑中华文化价值理念走向世界的多层体系。

三是将外交活动纳入文化传播战略框架，为文化传播拓展广阔空间。借助政府外交活动，更多嵌入中华文化价值理念和文化元素，促进中外文化交流。

在国家层面，继续开展中国文化年活动，积极参加国际各种电影节、艺术节、戏剧节等，使优秀的作品在国际舞台上占得一席之地。利用春节、国庆日、建交日等重要节日、纪念日，组织举办高水平文化交流活动，增进世界对中国的了解。同时在做好前期资源整合的基础上，在国内文化中心城市扶持或打造一批具有国际影响力的艺术节，培育国际文化看台，展示中华文化的现代活力，提升中华文化的国际影响力。

四是深入发掘中华传统文化资源，打造文化品牌，大力推进中华文化价值理念的国际传播和文化的现代化、数字化进程，提升对外传播能力。

首先，加强传统文化资源的挖掘利用，深入发掘其所蕴含的世界意义。其次，努力打造一批具有自主知识产权和国际知名度的优势文化品牌，是我国文化提高自主创新能力、赢得国际竞争优势的必然要求。最后，增强自主创新能力，实现文化生产数字化。经验证明，文化内容一旦与数字化相结合，就会在文化贸易方面形成优势，在国际文化市场博弈中迸发出强劲的竞争力。

五是促进中华文化对外传播的产业化进程，推动对外传播文化产业跨越式发展。

在文化企业市场策略上，不断提高文化产品在国际文化市场的占有率，使我国文化创意产业在国际市场上的发展与文化全球传播相互促进。积极开展与周边国家的文化产业合作，既要依托本土建立中国对外文化贸易的母港，又要因地制宜建立跨境的中外合资和合作文化产业项目，通过国际并购、海外营销、代理推广、战略合作、共同研发等形式，共同开发更广阔的文化资源和文化市场。

六是打造一支高素质文化传播队伍。培养一批具有国际视野、门类齐全、结构合理、梯次分明、素质优良的中华文化价值理念传播和文化传播人才。

培养既了解对外文化工作规律，又熟悉国际市场规则的跨文化传播人才已经是当务之急。大力培养文化贸易专门人才，加强在职培训和继续教育，引进文化贸易、传播领域的专门人才。

七是加强中华文化理念全球传播体系建设，围绕中华文化价值理念和文化全球传播的目标，调整和完善大众传媒的布局和结构，提高不同类型传媒的对外文化传播效能。

需要调整和完善不同类型传媒的布局和结构，提高不同类型传媒的对外文化传播能力。在传统媒体方面，尽管中国媒体的对外传播内容已经从政治宣传向新闻、经济、文化和社会全方位报道过渡，但其采用的传播方式主要还是以前媒体事业化运营时期的方式，市场化的、产业化的方式还不多。可以通过扩大与国际媒体的合作及传统文化项目的合作推广，以互换的形式对外播放中国文化节目（报道）。加快新媒体传播中华文化价值理念的布局，发挥新媒体在中华文化价值理念国际传播中的独特作用。

八是分区域研究世界各国对中华文化的认知和需求,探索多元文化交融背景下中华文化价值理念与文化的国际传播模式。

按照市场的需要开发、生产文化产品,精心选择文化产品的内容、表达方式、外在包装、营销方式,包括要深入分析当今世界文化消费市场的总体心理趋势,熟知对方的文化历史以及文化变化的过程、对文化的需求和爱好,熟知对方的生活习惯、思维方法、意识形态、风俗礼仪、心理特征。

九是加强国际学术交流,争取学术领域的文化阐释权和话语权,促使中华文化价值理念和文化成为全球文化进步的重要推动力量。

第一,积极开展对外文化学术交流活动。第二,努力使中华文化价值理念的相关内容以学科、课程的形式进入国外院校的教学课程体系。同时与国外院校联合开展与中华文化全球传播相关的科研项目,在尊重各国文化和教育体制的基础上,提高中华文化在世界各地的影响力。第三,通过"汉语热"和"文化周"等活动,强化海外年轻人学汉语、了解中国文化的欲望和兴趣。第四,加大海外留学生的招生、录取和培养规模,这是文化输出和文化传播的重要方式。第五,学术成果和学者走出去。第六,重视在外中国留学生和访问学者的作用,培养和激发他们宣扬中华文化价值理念的自觉意识和自豪感。

十是融入国际通用话语体系,用西方精英阶层、普通民众乐于接受的话语讲述中华文化故事,促进中华文化价值理念和文化的传播。

现阶段,中华文化价值理念和文化想深层次融入国际文化交流,展开有效的全球传播,必须使用国际通用的话语体系。中华文化传播在跨国语境中应高度重视传播话语体系向世界通用话语体系转换,使语言和思维方式与国际接轨,坚决避免使用那些容易引起负面联想或产生歧义、误解的词语。尤其注意政治性术语的使用语境,尽可能地使用国际惯用语言。

三、小　结

中国发展道路中的文化价值理念根植于源远流长的传统文化,经过历史和时代的汰选,可归纳为四个方面:一是多种文化共处的文化价值理念——文化共生、和而不同;二是人与自然相处的文化价值理念——尊崇自然、贵生;三是指引社会发展的文化价值理念——和谐、富裕、民主、文明、自由、平等、公正、法治、中道、包容;四是指引民众个人修养的文化价值理念——爱国守法、敬业奉献、诚信友善、勤俭自强、忠孝仁义、厚德博爱、明智明耻、廉洁正派、宽容和乐。审视挑战与机遇,推进文化价值理念的国际传播当从以下十个方面着力:一是由中央政府出台《中华文化核心价值理念名目与阐释》,列明具有现代意义和世界意义的核心价值理念,并做出科学、规范、简明和通俗的解释,同时出台《文化交往、文化产品和文化服务中华文化价值理念表达指南》。二是建立"中华文化全球传播"国家平台,推动资源的有效整合,提高中华文化全球传播的效率。三是将外交活动纳入文化传播战略框架,借助政府外交活动,深度嵌入中华文化价值理念和文化元素,促进中外文化交流。四是深入发掘中华传统文化资源,打造文化品牌,大力推进中华文化价值理念的现代化和数字化进程,提升对外传播能力。五是促进中华文化对外传播的产业化进程,推动对外传播文化产业跨越式发展。六是打造一支高素质的文化传播队伍,培养一批具有国际视野、门类齐全、结构合理、梯次分明、素质优良的中华文化价值理念传播人才。七是加强中华文化理念全球传播体系建设,调整和完善大众传媒的布局和结构,提高不同类型传媒的对外文化传播效能。八是分区域研究世界各国对中华文化的认知和需求,探索多元文化交融背景下中华文化价值理念的国际传播模式。九是加强国际学术交流,争取学术领域的文化阐释权和话语权,促使中华文化价值理念和文化成为全球文化进步的重要推动力量。十是融入国际通用话语体系,用西方精英阶层和普通民众乐于接受的话语讲述中华文化故事,促进中华文化价值理念和文化的国际传播。

　　思路决定出路,战略决定未来,细节决定成败。办法总比困难多。最终影响人的是文化价值理念。只有把这些具有世界意义的中华文化价值理念在国际传播过程中持续根植于人的心智中,才能产生好的传播效果!我们需要提炼和升华中华文化的价值理念,运用文化的力量来回应国际竞争与国际关切,强化我们的文化自信和文化自豪感,设计好国际传播路径,有针对性地讲好中国故事,就一定能够提高整个国家的文化软实力、国际影响力和竞争力。

　　让我们一起努力,共同为中华文化价值理念的国际传播做出更大的贡献!

"一带一路"文化先行与
我国文化产业高质量发展

荣跃明[*]

一、"一带一路"文化先行的实践基础

从21世纪开始,我国实施了"文化走出去"战略,有很多具体部署和实践:如由国家新闻出版总署组织的"中国图书对外推广计划"和在海外出版介绍中国优秀传统文化的系列图书,有关中国特色社会主义政治、经济、文化、社会、生态方面的学术著作外译等;又如,中国文艺在海外的传播,已运营多年的《欢乐春节》节目,在海外特别是在华人华侨中影响很大;遍布海外许多国家的孔子学院、孔子课堂等。"文化走出去"战略的实施,在中华文化对外传播中发挥了重要作用,产生了较大影响。

五年前,文化部在海外开设中国文化中心,国务院新闻办也在海外设有"中国之窗",这些都是政府主导的"文化走出去"项目。近十几年来,围绕中华文化走出去所做的大量工作,为"一带一路"文化先行奠定了重要实践基础,也必然要求"一带一路"文化建设和文化先行工作在此基础上进一步推进。

持续推进"一带一路"文化先行实践,必须充分认识到对外文化传播工作面临的内外环境的巨大差异和根本不同。应当看到,在不同社会制度和意识形态背景下开展跨语际和跨文化传播工作,传播者与受众所处的社会环境和历史文化差异非常大。如果把对外文化传播简单理解为直接对外进行意识形态宣传,这样的传播效果必然不尽如人意,也容易受到抵制。而以文化产品和艺术作品为载体的文化传播和交流更容易引起共鸣。

---

[*] 荣跃明,上海社会科学院文学研究所原所长、研究员,上海文化研究中心主任。

中国网络文学在海外有非常大的影响力，很能说明这一问题。网络文学源于 20 世纪 90 年代中后期形成的网民文字共享交流形式，但是网络文学的消费模式是由中国人开创的商业新模式，即由盛大文学联合数家文学网站成功推出了网络文学收费阅读模式，后被腾讯收购，改名阅文集团。它是目前中国最大的网络文学运营商。其平台上大量网络文学作品被改编为影视剧作品，其中不少成为热门作品。

中国网络文学的繁荣发展，其影响逐步扩展到周边国家，如东南亚的越南、泰国、老挝、马来西亚，东北亚的日本和韩国，中亚的乌兹别克斯坦等国家；北美有中国留学生组织对中国网络文学作品进行翻译，吸引了北美很多青少年关注并喜欢中国的网络文学。中国网络文学的海外传播，充分体现了互联网传播优势，使网络文学这样的文学样式更容易传播。当前，中国网络文学在海外的影响力，甚至可以与美国的好莱坞电影、日本的动漫、韩国的电视剧相媲美。

这充分说明，我国对外文化传播工作必须根据形势发展需要进行转型，即从意识形态宣传向文化交流传播转型。对外文化交流，包括文学艺术交流，其中都有意识形态，但它是间接的，通过讲故事或是文学形象表达的方式来讲述人生经历，在故事情节叙述中蕴含中国人的价值观。这比对外国人直接讲述社会主义核心价值观或者宣传中国特色社会主义理论更容易让人接受，形式更通俗，体验更直接。

推进对外文化交流传播工作，要发挥海外华人华侨的作用。海外华人华侨在所在国居住的时长不一，有的在海外已有两三代，也有很多新侨（改革开放之后侨居国外的中国人），尽管这些华侨有的已经入外籍，有的没有入籍仍保留侨民身份，但他们都已融入了当地社会。同时作为中国人，华侨仍是中国文化的传承者，是中国文化传播的载体，他们跟祖国、祖籍国的联系主要是中华文化和中华文明。在文化交流传播工作中发挥他们的作用，可以达到事半功倍的效果。其中，华文媒体在帮助华人融入当地社会中发挥了重要作用，也扮演了一种中介角色，帮助所在国与中国建立联系，促进不同文化和文明相互之间的深入交流。

我国文化交流工作已有完整工作体制，可分为四大块：一是对外文化交流工作，是文化和旅游部主管；二是对外宣传工作，由国务院新闻办负责，属于宣传系统;三是对外文化贸易;四是对港澳台的文化交流。从工作体制看,主要是政府主导,积极推进对外文化传播,进一步动员全社会力量广泛参与对外文化传播。改革开放初期,中国主要以引进资本、技术和管理来促进经济增长,时至今日,中国现有资源和空间已经不足以支撑自身发展,需要在全球范围获得更大的发展空间。"一带一路"建设就是中国发展在全球层面的展开过程,在这一过程中,中国必定会与外部世界发生各种各样的联系,也必然会遭遇各种竞争和冲突。对此,中国人自身要通过建立健全全球意识来看待这一问题,这也是对外文化交流传播需要解决的一个重要问题。

对外文化交流的一个重要目标是要加快构建中国话语体系,能否实现这一目标,与文化产业的发展质量密切相关。说到底,支撑对外文化交流与传播的真正基础是文化产业。21世纪以来,我国文化产业的发展以满足国内老百姓的精神文化需求为主,还远未实现国际化发展。但是,目前中国已经涌现一批较为成功、在海外开创了一片新天地的文化企业。国内观众知晓度不高的电视剧《媳妇的美好时代》,在非洲播出时出现了类似20世纪90年代国内播映《渴望》时的万人空巷景象,究其原因,是一家文化企业——北京四达时代通讯网络技术有限公司在非洲的长期经营。这家公司主营电视网络基础建设,帮助非洲很多国家建立电视网络,通过培训当地技术和经营管理人员,帮助非洲人运营自己的电视网络。虽然这家中国文化企业主营电视网络基础建设,并不涉及内容制作,但凭借其10多年在非洲的运营基础,把国内一些比较符合非洲人民审美的优秀电视节目译成当地语言,在非洲播放,取得了非常好的传播效果。这说明,想要达到好莱坞电影传播全球的效果,需要长期投入和展开非常艰苦的工作。

二、文化产业发展可以支撑中华文化走出去

2017年中国GDP总量增长约6.9%,中国经济由高速发展转向中高速发展,经济增长逐步趋缓,达到一个中高速增长的新常态。文化产业是新常态下少数增长较快的行业,对国民经济的贡献较大。同年我国文化及相关产业的增加值达到35 462亿元,同比增长4 677亿元,增长率高达15.2%,占GDP的比重约4.29%,离成为支柱产业还有0.7%的差距。2018年上半年,全国规模

以上文化及相关的5.9万家企业,实现营收42 227亿元,同比增长9.9%,保持了较快的增长。

新常态下中国经济由高速转向中高速发展,文化产业是整体经济增长中的一大亮点,带动了其他相关行业高速发展,也成为支撑我国经济高质量发展的重要产业之一。而"互联网+"为文化产业与其他产业应用高新技术融合发展创造了极大的空间。近几年,互联网技术如大数据、云计算、人工智能、VR等新技术应用推进了其他产业与文化产业相互融合,并形成了文化产业新业态。

在新的服务行业尤其是网络产业中,如"一条"作为销售增长较快的购物网站,除购物消费外,平台也开展文化内容产品销售和服务,提供了很多文化体验,包括书籍销售和内容信息服务。又如对于视频网站、网络直播等新业态的管理现在也面临许多新问题。以抖音为例,该平台最初提供的短视频有许多是商业广告营销,混杂有表演的性质成分。从一般的工商管理来说,如果仅仅是购物,只需要遵守公平交易原则即可,但是从文化管理角度看,部分以营销为目的的短视频为争夺眼球,掺杂不少不雅视频,违反了社会公序良俗。因此,尽管文化产业融合发展对经济增长发挥了重要推动作用,但也对管理部门提出了巨大挑战。文化产业传统上由宣传文化部门管理,按部门职责分工对不同行业进行分业管理。然而,文化产业新业态实际上是企业跨行业混合经营形成的,对文化产业新业态的管理,不仅要从市场公平交易出发,也需要着眼于文化视角,对违反社会伦理道德的市场行为进行规制。

以网络文娱产业为特色的文化产业新业态的高速增长带来了许多新现象。展望未来,以虚拟现实技术应用为核心的电影和游戏行业,将实现更快增长,对其他产业的带动作用也更大。例如电竞,已经是一个庞大的产业集群,也是一种文化体验,同时还是一个体育项目。中国在首次进入亚运会的电竞项目上拿了冠军,这显示出电竞在中国已经有了很好的发展基础,将来甚至有可能成为展现我国当代文化特色的代表性文化样式,成为中国向全世界青少年提供的有重大影响力、有中国特色的文化产品。

中国地域广阔,各地资源禀赋和发展水平差异很大,东中西部和东北四大地带的文化产业发展水平很不一样。总体看,四大地带的文化产业发展各有特色。比如,与东部相比,西部地区虽然发展水平稍低,但资源密集,少数民族集聚,文化多样性非常突出。因此,西部地区文化产业主要依托自身丰厚的历史文化资源,并与当地经济发展和小城镇建设相结合,形成了风格鲜明的发展特色。可以说,我国各地区文化产业差异性和特色化的发展,是我国文化产业整体发展的现状和趋势。

当前,我国文化产业发展仍以满足国内人民群众日益增长的精神文化需求为主,但我国文化产业增长已经积累的发展势能和特色,完全可以支撑中华文化走出去,并通过加快自身转型和高质量发展,在对外文化交流传播中发挥更加重要的作用。

三、"一带一路"文化先行要求文化产业高质量发展

当前形势下,要进一步增强文化产业发展对"一带一路"文化先行的支撑作用,必须加快文化产业高质量发展。特朗普政府执政之后,美国采取对华全面遏制策略,其中最大的遏制措施就是对中国输美产品施加高额关税。中美贸易战反映了当前全球发展新趋势,按照马克思主义的观点,作为新生产力因素,网络信息新技术的迅猛发展和广泛应用,引发对全球经济格局的重构,包括产业结构调整升级、价值链和供应链重塑等,并进一步引发国际地缘经济和政治及国家关系等不同领域和层次的连锁反应。在对外开放不断扩大、改革持续深化的大背景下,我国经济社会发展面临的不确定性和内外风险日益增多。以习近平为核心的党中央高瞻远瞩,于2013年提出"一带一路"倡议,有效地应对了当前遇到的新挑战。在美国发起的中美贸易战中,受影响最大的是上海地区,上海口岸承接了全国70%以上的贸易进出口。但2018年上半年,国家统计局的数据显示,全国特别是上海的对外贸易和引进外资形势非常好,而美国吸引外资反而下降了70%。中国已成全球吸引外资第一大国,贸易进出口增长非常快。上海的外贸进出口为2.21万亿元,增长16%,其中出口1.17万亿元,增长12.8%,进口1.03万亿元,增长19.9%,贸易顺差进一步扩大,达到1396.5亿元。其中增长最快的地区是"一带一路"沿线国家,尤其是越南、印度尼西亚、俄罗斯、巴西等国家,其进出口增长率都是在两位数以上。

这表明,"一带一路"建设对我国在中美贸易战背景下保持经济持续平稳增长,尤其是推进供给侧结构性改革、加快经济结构转型,全面推进中国经济由高速度、高增长转向高质量发展发挥了至关重要的积极作用。

同时，在"一带一路"建设过程中，中国遇到了不少挑战。如一些国家政局不稳定，政党执政轮换后，中国部分海外项目面临风险；西方媒体大肆炒作所谓"债务陷阱"，试图妖魔化"一带一路"建设，等等。"一带一路"建设大量项目和对外投资的实施，必然深受对方国家政治环境的影响。全面了解和妥善把握当地经济、政治、社会和文化状况，不断增进当地民众对"一带一路"建设的理解认同，是相关中国企业顺利实施项目的必修课。其中，通过文化交流来实现当地民众对"一带一路"建设的理解认同，就是中央提出"'一带一路'建设文化先行"意义之所在。

对外文化传播涉及意识形态运作。所谓意识形态，并非仅指意识形态所具有的思想倾向和价值立场，也包括特定的媒介载体。意识形态是伴随西方社会不同阶层群体政党化过程，由政党的政治诉求（思想内容）和特定的媒体相结合而形成的。第二次世界大战后，美国文化发展出现了重大转型，意识形态宣传逐步淡化，主要是借助于文化产业制造各种各样的文化产品如电影、音乐剧、流行文化等，将意识形态内容隐含在文化产品中。好莱坞电影制作水准很高，但思想倾向和价值立场也很鲜明。不少艺术成就较高的影片如《拯救大兵瑞恩》等，都从讲一个好故事开始，在讲故事中完成意识形态观念的传播。意识形态所内含的思想倾向和价值立场可以是不变的，但其所依附的媒介载体却有随时代发展而改变的生命周期。这表明，用产业化的方式组织文化产品生产和营销，通过成功的商业运作同样可以实现价值观和意识形态的全球传播。

加快推进我国文化产业高质量发展，提升我国内容产品创新创作效率来实现对外文化传播，当前面临三重挑战：第一，文化交流工作要完成从宣传模式到传播模式的转型；第二，要加快文化交流所依托的媒介载体的融合发展，即主流意识形态阵地与新媒体的融合；第三，中国对外文化传播需要建立全球观，从过去主要立足于国内受众转向现在面向全球进行文化传播，而这个转型更加重要。

四、把握传播规律，加快"一带一路"文化先行

提高中华文化全球传播的有效性，必须充分把握文化传播的丰富内涵、复

杂性和规律性。1993年,亨廷顿发表《文明的冲突》一文。作者认为,冷战后世界格局的决定因素表现为七大或八大文明,即中华文明、日本文明、印度文明、伊斯兰文明、西方文明、东正教文明、拉美文明,还有可能存在的非洲文明。冷战后的世界,冲突的基本根源不再是意识形态,而是文化方面的差异,主宰全球的将是"文明的冲突"。尽管中国学界并不赞同"文明冲突论",但进入21世纪以来,世界主要热点地区的冲突,其背后也确实存在着不同民族和国家之间语言、宗教和文化习俗的差异。面对"文明的冲突","一带一路"文化先行,不同文化和文明如何和谐相处,是文化交流和对外文化传播必须面对的现实问题。

"一带一路"文化先行倡导的文化理念是,不同文明应交流互鉴,通过文化交流达成民心相通,进而在不同国家和人民之间形成一种平等合作、互利共赢的关系。在促进中国与不同国家发展平等合作、互利共赢关系中,文化交流应发挥先导作用。对外文化交流不仅要对西方发达国家进行文化传播,还要处理好与发展中国家的关系。当今世界,欧美发达国家凭借西方文化强势地位和影响力,以价值之名对非西方国家强行输出西方文化和价值观,这是西方文化霸权的表现。中国与广大发展中国家一样,明确反对西方中心主义的文化霸权。然而,不少国家也不希望在解构西方中心主义的文明观后,又出现所谓的中华中心主义。事实上,不少国家的精英和民众对于所谓的中华文明中心主义也十分敏感,这在文化交流过程中应当引起我们的注意。前几年,我参加了一个海洋文化国际研讨会,会上我做了一个有关中国海神信仰的学术报告。该报告提到中国东南沿海有很多妈祖庙,这种以海神信仰为特色的妈祖崇拜在东亚及东南亚地区也有广泛传播,从南洋到日本到琉球再到朝鲜半岛,尽管妈祖崇拜在流布域外时其名称、祭拜仪式、庙宇形制等都发生了变化,但东亚和东南亚地区的海神信仰有着中国妈祖崇拜的渊源。然而,有一位外国学者对此提出质疑,认为这个报告是在传播中华中心主义。可见,在推动中华文化走出去时,既要反对西方中心主义的文明观,更要秉持不同文明交流互鉴理念,大力弘扬以文化交流达成民心相通、建构平等合作和互利共赢关系的文明观,消除文化交流中不同文化和历史差异而可能导致的误解,只有这样才能更好地推动中华文化走出去。

历史给人启示。早在资本主义经济全球化前,欧洲基督教文明就已开始对外扩张。1492年,哥伦布发现美洲大陆,开启了欧洲殖民者的对外扩张:一方面,欧洲殖民者用暴力对外殖民,屠杀和奴役当地人民,掠夺他国财富;另一方面,欧洲传教士通过对外传教对殖民地人民进行洗脑,并以上帝名义开展慈善活动。明朝时期,基督教从澳门进入中国内地,当时中国本土宗教以佛教和道教为主,基督教对中国民众并无吸引力。但传教士通过建立收容所、育婴堂和卫生所等,以基督教慈善名义进行教义传播。经基督教慈善施救的中国人也是最早皈依基督教的中国信徒。可见,在异质文明背景下进行文化传播所遵循的原则是从身体再到心灵。

中华文化源远流长、灿烂辉煌。从古代起中华文明就在亚洲地区影响巨大,周边国家包括东亚和东南亚的许多国家如日本、韩国、朝鲜、越南等都曾采用汉字,在东亚地区形成了所谓汉字文化圈。这些国家仰慕中华文明,主动学习,采纳中国的社会制度和文化,但历史上中国从未对外主动输出文化和价值观。因为中国传统伦理价值中有一个重要理念,"己所不欲,勿施于人",从不强求且十分尊重他人。中华56个民族都保持独特的民族文化特色。中华文化有极大包容性,是构成中华民族多元一体特征的文化本质。中华文化强调和而不同、求同存异的价值观,与西方文化强调非黑即白、有我无他的价值观有着本质的区别。

提高对外文化传播的有效性,迫切需要文化产业高质量发展的支撑。一方面,创新创作对外传播的文化产品必须尊重文化传播的规律;另一方面,讲好中国故事,应当注重阐发中华民族精神的时代内涵。其实,当代中国年轻一代喜爱追捧的文化样式丰富多样,时尚流行文化中既有体现优秀传统文化的国潮风,也有肆意展现想象力的当代艺术,都展现了当代中国人的精神面貌,也体现了中华文明多元一体的格局和开放包容的气质。

当前,我国对外文化传播工作面临的形势和任务,迫切要求社会主义文化发展模式的创新与转型,即在立足中华文化本位基础上,大力推进优秀传统文化的创造性转化和创新性发展,加快文化产业高质量发展,大力推进中华文化全球传播。这是中华文化保持旺盛生命力、不断激发创新创造活力的展开过程,也是实现中华民族伟大复兴题中应有之义。以文化产业高质量发展支撑中华文化全球传播是一个系统工程,不仅要从价值理念、话语体系、表现形式、艺术载体和传播媒介等与内容相关的要素视角去认知和理解文化传播的结构特点,更重要的是在系统把握文化传播规律的基础上,创作生产出既体现中华文化精神又适合对外传播的文化产品,还要通过对外有效传播使其真正产生影响力。

五、加快建立健全我国文化产业国际化发展的支持保障体系

围绕"一带一路"文化先行,推动构建人类命运共同体,必须加快推进我国文化企业走向海外实现跨国经营。《媳妇的美好时代》在非洲的成功,离不开北京四达时代公司在非洲的长期耕耘,正是凭借该企业在非洲建立的传播平台和电视网络,才有了《媳妇的美好时代》在非洲的热播。事实上,目前我国以文化交流名义在海外进行的文艺演出,有很多并没有真正进入当地的演艺市场。坊间流传一个笑话,有四个演艺团组都到维也纳金色大厅租场演出。整场演出中,三个团组作为观众在台下观看,一个团组在台上演出,然后轮流上场。如果这也算是文化交流,那么这样的文化交流没能进入所在国家演艺市场,也没能通过演出将内容信息传达给当地观众,因而也不可能有实际的传播效果。因此,要发挥我国文化产业对于"一带一路"文化先行的支撑作用,迫切需要我国有条件的文化企业加快开展跨国经营,通过国际化发展,按照通行的市场规则,在全球文化市场占得一席之地。

事实上,文化企业开展跨国经营既不会一帆风顺,也不可能一蹴而就。云南文投集团受柬埔寨政府邀请,为柬埔寨打造和运营一个演出项目。按照柬埔寨政府的设想,打造和运营这个节目,能够提升世界文化遗产吴哥窟遗址的旅游服务能力,以吸引更多的国内外游客,进一步拉动当地的经济发展。云南文投集团承接该项目后,用中国导演和制作团队,聘用当地演员,以当地文化元素打造了一台名为《吴哥的微笑》的特色表演节目,取得很大成功,在海外产生广泛影响,不仅推动了以柬埔寨为目的地的国际旅游快速发展,也通过探索并在经历各种困难和曲折后找到了文化企业跨国经营的成功道路。实际上,云南文投集团承接这个项目初期,因不熟悉当地的土地、税收、用工等法律制度,曾遭遇重重困难,整整花了七年时间才实现了赢利。随着《吴哥的微笑》运营的成功,周边国家如泰国、印度尼西亚等也纷纷向云南文投集团发出邀请,希望引进和复制"吴哥的微笑"运营模式,以振兴当地旅游和推动当地经济增

长。可见,在推进"一带一路"文化先行中,中国文化企业走出去面临着机遇和挑战并存的局面。

加快我国文化产业高质量发展,文化企业要积极走出国门开展跨国经营,主动开拓并占领国际文化市场,从而为我国文化产品输出海外打好基础,这就需要加快我国对外文化贸易转型,大力开展对外文化投资。中国是对外文化贸易世界第一大国,对外输出大量文化产品,但中国输出的文化产品主要不是内容产品,而是文化加工产品。比如,全世界70%以上不同语种的《圣经》在中国印刷,90%以上圣诞节用品(如松树、小灯泡等)在中国生产,而真正具有中国文化内容的文化产品还不是很多。因此,要积极通过对外文化投资在海外布局,开辟国际文化市场。目前,已经有中国的文化投资机构在开展相关工作,如华人文化产业投资基金,通过在海外并购文化资产,在国际文化市场开展文化资产经营管理。

对外文化投资的一个重要目标是构建对外文化传播平台。国际经验表明,西方文化之所以有全球性的强势影响,是因为世界范围主要媒体有百分之八九十由西方发达国家所控制。这些主要媒体垄断了全世界每天的信息发布。因此,讲好中国故事、传播中国声音,必须加快中国对外文化传播平台建设。事实上,这项工作早已启动,但也受到西方国家的诸多限制,因而也是全球文化竞争和博弈的一部分,必须坚持不懈。

"一带一路"建设开展以来,中国依托对外投资,在沿线国家开展基础设施工程建设,如道路桥梁、能源管线、电力机站、港口码头以及工贸园区等,取得巨大成就,不仅推动了所在国家的经济增长,也为中国与相关国家深化平等合作和互利共赢关系创造了良好基础。按照"一带一路"文化先行要求,在"一带一路"建设良好基础之上,国内文化企业可以通过"文化+形式",在"一带一路"沿线国家依托实施建设项目的中国公司,开展文化交流项目,可以达到事半功倍的效果。

以文化产业高质量发展支撑中华文化对外传播,要加快我国不同地区文化产业的协同发展,尤其是针对"一带一路"沿线和我国周边不同国家,进一步发挥我国不同地区文化产业的特色和优势。比如,我国西南地区的云南、广西与东南亚地区的缅甸、泰国、老挝分布着不少跨境少数民族;而西北地区的新疆、内蒙古、宁夏、甘肃等,信仰伊斯兰教的人口较多,有不少跨境民族分布,与周边国家印度、巴基斯坦、哈萨克斯坦等在语言、文化、宗教和生活习俗等方面有天然的联系。这些少数民族地区的文化企业依托自身文化特色，在文化走出去和跨国经营中有着独特优势，有助于高效推进"一带一路"文化先行。

目前，我国已有部分文化企业开展了国际化经营和全球化布局，但总体上还只是刚刚起步，与欧美发达国家如迪士尼、奈飞等跨国文化企业相比，我国跨国经营的文化企业知名度和影响力、经营管理能力和竞争力都有很大提升空间，从文化企业的国际化经营看还将经历长期过程。为此，必须完善我国文化产业高质量发展的支持系统，如政策、金融、管理、人才和智力支持系统。其中，加强政策支持和智力支持是重点。设在上海外高桥自贸区的国家对外文化贸易基地，主要职责是为文化企业走出去提供各种中介服务。文化企业为走出去开展跨国经营，需要了解所在国的土地税收政策、法律制度和文化习俗，要开展可行性研究等。而在实际工作中，因缺乏专业人才和知识储备，文化企业的这类需求还难以得到充分满足。因此，加快建立和完善文化企业国际化经营的支持系统迫在眉睫，需要动员更多社会力量参与支持系统建设，包括文化智库、专业服务机构、海外华人华侨，等等。总体上看，这项工作面临前所未有的机遇，但困难挑战也很多，需要政府发挥主导作用，也需要各方面的共同努力。

新媒体及其对外文化传播的十大应用场景

谢海光[*]

当前,以移动互联网、大数据、云平台、VR/AR/MR、自然语言处理、机器学习为载体、介质和场景的新媒体,正轰轰烈烈、自我迭代、不断更新地向前拓展,淬炼了创新突变的文化基因,形成了波澜壮阔的文化产业格局和崭新的对外文化传播场景。

一、新媒体的文化基因:移动化、共时化、社交化、智能化、可视化

新媒体文化与互联网相伴相生。1994年4月20日,我国正式接入国际互联网。从此,中国互联网从无到有、从小到大、从弱到强,中国快速发展成为今日的互联网信息化大国。

从文化传播、形态及产业角度看,互联网新媒体发展经历三个阶段:1.0阶段的特点是内容聚合,代表是新浪、搜狐、网易等各大门户网站。2.0阶段是社区聚合,代表是百度、腾讯、博客、社区、优酷、土豆、东方财富等。随后的2.5阶段,是社会化媒体的极致时代,它和2.0的区别在于移动或静置。2.5阶段之前是传统静置的互联网,2.5阶段开始进入移动互联网时代,实现了全时、全域、全员和全程的接入和交互。最典型的是博客和微博客。2.5阶段之前的博客,之后演进为微博客。微博客和博客两者虽然只一字之差,但基础和本质是不一样的。微博客核心不在于微小的"微",而在于移动的"动"。2.0到2.5过渡期是互联网加速发展的特殊阶段,我们熟悉和应用的很多新形态都是在这个阶段诞生的。3.0阶段是互联网+X。其中互联网+文化,它从原来的平行

---

[*] 谢海光,文汇报社党委副书记,上海市信息服务业行业协会副会长,上海交通大学教授。

对接发展到融合交互,大大延展和扩张了文化的时间、空间,意义深远。

新媒体与文化传播及产业发展呈现五大新特点:

(一)移动化

易观智库媒介消费报告显示,大众媒介消费时间份额10年来有很大变化,10年前排序还是TV电视、互联网、广播、报纸及出版物、其他媒体,而近3年增长最迅速的是移动互联网新媒体。随时随地的无差别接入、灵便简捷的无限制交流,适应和满足了人们当下快节奏生活和强关联工作的需求,迭代为当代文化基本形态。

中国互联网络信息中心(CNNIC)报告显示,移动互联网越来越成为新媒体文化传播的主要平台。超过75%的网民使用即时通信,超过83%的网民使用搜索,超过88%的网民浏览网络新闻,超过62%的网民使用网络购物,36%以上的网民使用网上外卖,42%的网民进行网上旅行预定,超过53%的网民为网络游戏用户,超过47%的网民看网络小说,76%的网民看在线视频,71%的网民在网上听歌,35%以上的网民用网络直播,超过28%的网民网上叫车,22%的网民使用在线教育,13%的网民参与互联网理财,超过69%的网民使用网上支付。上述基本上都是通过移动互联网随手操作的。

另据腾讯研究院报告,2016年全国微信公众号千号榜,前100家微信公众号中,87%属于文化资讯教育发展类,涉及方方面面。民众生活离不开文化,学习感知离不开文化,工作成长离不开文化,文化随行随影、影响透彻,犹如润物无声、大象无形,移动文化生态已经形成。

(二)共时化

中国互联网络信息中心公布的最新数据,帮助我们了解宏观状况,把握发展态势。第一,网民总规模上升到7.10亿,除去老年人和婴幼儿,约90%是网民,都是新型文化产业的接触者、参与者、拥有者、创作者、同行者。这部分人群已经逐渐互联网化了。第二,手机网民总规模达到6.56亿,接近网民总规模,可以看到移动互联网化的程度。第三,网站总规模达454万个,其中上海约40万个,北京约45万个,广东约50万个,其他省份也有一定规模,构成了网站发展的大格局。第四,电子商务交易额突破20万亿元。第五,年度互联网广告市场达2 097亿元,规模宏大,非常繁荣,对科学管理提出了新要求。第六,传统媒体广告第一季度同比下滑46.5%,流失的广告客户许多去了新媒体。第七,互联网新平台大量涌现,支付、订餐、购物、出行打车等,通过手机一键办妥所有的事情,十分便利、快捷安全。并且,提供服务方是真诚、主动、热情、积极、周到服务,与消费者是平等、合作、友善的关系。我们看到以上七点都有一个特征,即我们所处的整个社会,信息传播和人际交流已经互联网化了,传统线性时间观的一维性、先后性发生了平行化和共时性的变异重置。所有的过往都是此刻、瞬间、当下,所有的现在都是即时、同时、共时。共时化孕育着新型传播交往模式和社会化新媒体生态。

共时化传播交流,要求我们与民众有同理心,能感同身受、设身处地、共情同感、悲悯爱人。2015 年某县得了化工系统三等奖,从省里领奖回来,县领导很高兴,开会鼓励大家。到会场看到大家情绪严肃,为了活跃气氛,他用兴奋激动的语气说:"同志们,我们终于获得了三等奖,这是全县人民的骄傲,让我们热烈鼓掌!"但会场一反常态、冷冷的,没有出现他想象中的激情反应。领导回到办公室一看报纸头条:8 月 12 日(昨天)晚上 10 点 51 分,天津滨海新区港口发生特大爆炸事故(165 人遇难身亡,其中有 99 名消防员),原因正在核查中,这是共和国历史上最惨重的港口爆炸事故。他即刻明白自己今天大会讲话时兴奋情绪的不妥。如果自己在会上用一种低沉的语气说:"同志们,虽然我们得了化工系统三等奖,但对照党和人民赋予我们创新拓展和安全生产要求,我们还有很多差距,今天颁奖大会也是继续奋斗的誓师大会……"与干部群众共时同理,情绪就顺了,大会的激励作用就更加强了。如果他开会前看一下互联网与社会共时,如果他每天关注新闻信息与资讯共时,如果他一直留意民众情绪与群众共时,如果他谦虚好学能跟上新媒体视频与传播共时,如果他共时,但却又没有如果!没有资讯,没有伙伴,没有交流,必然脱离社会、脱离民众、脱离青年,自然对群众广泛关注的信息毫无感觉,失去了共时能力的干部,如何能赢得社会和民众的信任和尊重呢?

(三)社交化

社交的基础是兴趣、爱好、需求、愿望、价值观的一致性,移动互联网为人们提供了全时全域、无差别、无限制的社交化新场景,大大拉近了人与人的距离,增强了交流的随时性和表达的丰富性。微信中每天点名式问候、朋友圈即时点评分享等习惯,使人际交往温度和黏性显著提高。

观察近年移动互联网 App 影响力排名发现,社交能力几乎是第一影响因子,社交能力越强则排名越前,特定兴趣、圈层和组织的黏性越强则排名越前。2016 年第一是微信,第二是 QQ,第三是手机百度,第四是淘宝。有一个田野调查研究了中国每人每天"摸"手机的次数,2014 年每人 150 次,2015 年 180 次,2016 年 260 次。群众"摸"一次手机,就多一次了解新闻时事的机会,为了确保信息对称,领导也应该多"摸"一次手机,否则在信息方面就可能断片、遗漏、出现差错,社交能力也会严重削弱。有一个"两间房"比喻说得很无奈,传统媒体 A 主题和内容都做得很好,但仅局限在 A 这个房间里,而新兴人群都聚集在另外一个新媒体 B 房间,虽然 B 的主题内容一般,但形式生动、跌宕起伏、吸引眼球、越来越火爆,这个房间里的人只看到新媒体 B,也满足于看到 B。媒体 A 可能在它那个房间里做得很累很辛苦,但另外一个房间 B 的人却全然无感,传播的到达率和有效性就大打折扣。2016 年春节央视新闻发放现金红包也是新媒体社交的创新尝试,受到意外好评。原来似乎高高在上的、远隔千山万水的、正义凛然的央视,居然与普通市井平民一对一直接交流互动,见此,广大民众奔走相告、幸福不已。

移动互联网新媒体的社交,讲究精准、个性、独到、细分,可参与,具有建设性。腾讯定位是"差异化 事实派",强调事实本真;新浪是"展示我们的生活",强调尊重个性;网易是"有态度的新闻门户";搜狐是"上搜狐 知天下";今日头条宣布"你关心的才是头条",两人一起上头条,看到的是不一样又都是自己最关心或有兴趣的内容,因为内容是可以根据用户喜好和习惯个性化定向推送的。事实证明,越关注和响应用户需求,越能赢得民众的信任、驻留和支持。

(四)智能化

近年来,VR/AR/MR 作为人与虚拟世界展开互动的标志性技术,带来诱人体验:可以进入浩渺天空、漫步星际,可以对战搏杀,可以怦然心动。这不仅让游戏玩家们急于尝新,也让普通民众充满期待。

VR 虚拟现实,阻挡现实世界,为使用者创建一个全数字化、身临其境的体验。AR 增强现实,在使用者的现实世界叠加数字创建的内容。MR 指混合现实,包括增强现实和增强虚拟,是融合现实和虚拟世界而产生的新的可视化环境。看若干实例:

VR 触感手套。一款名为 HaptX Gloves VR 智能手套,通过 300 多个微小气泡将气体传输到手的表面,利用这些充气和放气的效果,使用者就能感受石头的重量,体验手拂过草地的感觉,感受植物茎脉的波纹。尽管这些物体都不存在,但使用者却能够利用 VR 设备真切地感受到这些东西,就像亲自触摸一般。

VR 头显备战冬奥会。美国滑雪板协会使用虚拟现实技术训练滑雪运动员,备战冬奥会。运行软件的 VR 头显以最快速度模拟在山上跑步的体验,而滑雪形状的平衡板也提供了一些触觉反馈。

AR 医疗。太和智胜(北京)科技有限公司独立研发的 AR 医疗技术,提供了一种手术新方式,将微型传感器通过预置件紧固连接,配有头显扫描 AR 标记点,实现快速手术,降低射线伤害。

AR 拍卖行。佳士得,世界著名艺术品拍卖行之一,其推出的应用(Christie's)可运用 AR 功能观摩私人艺术收藏品,用户可点击应用中的拍卖图标,并选择标有 AR 图标的藏品。然后,用户需将手机等移动设备指向墙壁,等待应用进行扫描并确定展出藏品的位置及空间。这款应用为大众提供了"接触"名作的机会。

MR 航空。微软与西密歇根大学合作,开始将微软 HoloLens 等 MR 技术整合到航空教育中。目前,有两种使用方式:一是帮助飞行员为天气的各种变化做准备的新模拟方式;二是一款交互式 MR 应用程序,可让学生摸索飞机的各种组件。

(五)可视化

传播交流的品质是以单位时间内传输和接收有效信息的能力度量的。可视化兼具文字的精准、图片的清晰、声音的直接抵达、视觉的可见可信和真实冲击,以及时空边界的代入体悟,所以更容易令人深信不疑。如上海推出的城市旅游形象推广 VR,G20 峰会给世界友人留下的"最忆是杭州"印象,其魅力就是佐证。2016 年热门之一是东北妹子唱的、令闯荡山海关的男人感慨万千的《东北东北》,老百姓口口相传、喜闻乐见,它展示了广大民众积极乐观、勇敢顽强、憧憬未来的精神状态,契合时代、契合内心,一唱即红。

又如网红虚拟精灵狗,千百万人都投入寻找精灵狗的活动之中,甚至吸引了某国总统的参与,蔚为壮观。虽然虚拟精灵狗看不到、摸不到,但它确实存在,还时不时给人带来感动,并引导着人们不断去寻找。在有趣的寻找过程中,人们体会到了有温度的参与感、社交感和存在感。一个感动人心的产品必定是有文化力量的,因为其触动了人们心灵中的某一根弦。

近年来,网络直播快速发展的关键在于可视化。其简单直接甚至粗暴地还原了现实生活的本真多彩,触达并震撼了千千万万民众。网络直播门槛低,参与简便,只要一台手机就可以开播交流,500 万像素手机镜头的清晰度足以达到专业播出级要求。2015 年超级红人节中的花椒直播,一个话题的曝光量达 24.3 亿,周六峰值时一个入口居然有 80 多万人次守候,如果有 10% 的人打赏就是 8 万多人。网络直播参与者越多,越应该倡导自律,加强管理,促进其健康发展。

二、新媒体对外文化传播的十大应用场景和路标

基于移动互联网、VR/AR/MR 等,新媒体对外文化传播形成了新的十大应用场景和路标。

(一) 互联网＋视频

典型应用场景和路标——Bilibili(哔哩哔哩,又称"B 站"),是中国最大的年轻人潮流文化娱乐社区、科技学习社区和二次元视频平台。Bilibili 拥有动画、番剧、国创、音乐、舞蹈、游戏、科技、生活、娱乐、鬼畜、时尚等分区,并开设直播、游戏中心、周边等业务板块,涵盖 7 000 多个兴趣圈层。

B 站早期是一个 ACG(动画、漫画、游戏)内容创作与分享的视频网站,经过 10 年多的发展,围绕用户、创作者和内容,构建了一个源源不断产生优质内容的生态系统,受到广大青年的普遍欢迎。

B 站的特色是悬浮于视频上方的实时评论功能,爱好者称其为"弹幕",这种独特的视频体验让基于互联网的弹幕能够超越时空限制,"构建出一种奇妙的共时性关系,形成一种虚拟的部落式观影氛围,让 B 站成为极具互动分享和二次创造的文化社区"。B 站也是诸多网络热门词汇的发源地之一。

目前 B 站活跃用户超过 1.5 亿,每天视频播放量超过 1 亿,移动端月活用户达 1.14 亿,18 岁至 35 岁用户占比达 78%。原创投稿总数超过 1 000 万。B 站 75% 的用户年龄在 24 岁以下。其 70% 的内容来自用户自制或原创视频。B 站是具有二次元属性的垂直在线视频领导者,且在不断破圈中,新增用户的

留存度与活跃度平稳,付费渗透率提升,不断积聚市场活力。

未来视频将占据互联网和人们越来越多的时长。B 站的视频方位,对我们正确把握当下文化产业发展趋势及积极拓展对外文化有效传播,有丰富和重要的启示。以二次元文化为代表的 Bilibili 等平台,早就成为"85 后"和"90 后"青年集聚和社交园地,如果视而不见、不在乎、不关注、不参与,就可能丢失理解青年、接触青年以及与青年共成长的机会。这绝不是危言耸听。

(二)互联网+音频

典型应用场景和路标——喜马拉雅 FM,是中国领先的音频分享平台。它"用声音分享人类智慧,用声音服务美好生活"。喜马拉雅拥有超过 4.5 亿手机用户、超过 500 万主播和 3 000 万车载、穿戴、音响智能设备用户,其中有 20 万自媒体/大咖、5 000 多行业精英、500 多明星大腕、200 家以上的媒体、1 000 家广播台入驻平台。其 70%以上内容拥有有声版权,支持用户在线收听、下载 20 大类、328 小类知识音频。

喜马拉雅拥有丰富的音频内容生态,包括头部的专业生产内容(PGC)、专家生产内容(PUGC)及用户生产内容(UGC);"涵盖泛知识领域的金融、文化、历史类专辑,泛娱乐领域的小说和娱乐类专辑;适合少儿的教育内容,适合中老年的经典内容。内容上既有音频播客的形式,也有音频直播的形式"。用户也可以录制上传自己的声音,用声音分享自己的故事、观点、知识,进行知识创业并成为主播,收获粉丝、成就感或 IP 增值、商业变现的机会。喜马拉雅用声音连接世界和中国数亿听众,为内容创作者和用户搭建了共同成长的平台。同时,丰富的音频内容陪伴用户的每日生活。喜马拉雅还注重与地方 O2O 联动,如有声文化的地标和周庄整体合作、汪峰演唱会的合作、品牌电台的合作等,既拓展了线下市场,又为 IP 品牌增值。

音频看不见、摸不着,然而喜马拉雅音频平台每日人均收听时长大于 128 分钟,随时随地,听你想听,学你所学。其声声入耳,时而启迪智慧、发人深省,时而绕梁三日、如痴如醉,时而步步惊心、引人入胜。所谓,听好书,交好友,轻松学习,伴随成长。过去音频小众,因为内容匮乏,传播渠道狭窄。现在音频越来越受到大家的欢迎,特别是 2 亿车主、8 亿智能手机用户。喜马拉雅用音频创造了一个全新的平行时空。未来人人都能随时随地用"听"来获取信息、学习和娱乐。

（三）互联网＋文学

典型应用场景和路标——起点中文网，是阅文集团、盛大文学和腾讯文学的基石。众所周知，起点中文网是中国也是世界第一个依靠互联网内容本身收费运营并赢利的平台，因此也是网络文化产业的雏形。创立者吴文辉，2003年推出阅读付费模式，2004年联合创立盛大文学，2013年联合创立腾讯文学，2015年腾讯和盛大合并后联合成立阅文集团。吴文辉于2003年发明并实施了"用户阅读1000字需要支付3分钱"的简易明确收费模式，随后网络内容提供商纷纷采取这种收费模式，其迅速演进为网络文化产业规则，网站有了稳定的现金收入，就可以及时有保障地将钱支付给创作者，创作者更能潜心写作，从而形成正循环，生生不息，越发壮大。《鬼吹灯》《盗墓笔记》《步步惊心》等一大批作品就是在这个平台上孕育出来的。可以说，吴文辉创立的阅读收费模式为中国网络文化产业崛起和持续良性发展做出了重要贡献。

据相关资料，阅文集团成立于2015年3月，是一家以数字阅读为基础，IP培育与开发为核心的综合性文化产业集团。旗下囊括QQ阅读、起点中文网、新丽传媒等业界品牌。集团拥有1450万部作品储备、940万名创作者，覆盖200多种内容品类，触达数亿用户，已成功输出《斗破苍穹》《鬼吹灯》《盗墓笔记》《琅琊榜》《全职高手》《扶摇皇后》《将夜》《庆余年》《赘婿》等网文IP改编的动漫、影视、游戏等多业态产品。

这些年，阅文集团继续致力于"让好故事生生不息"和"为创作者打造最有价值的IP生态链，成为全球顶尖的文化产业集团"。同时，实施"大阅文"战略，明确将基于腾讯新文创生态，以网络文学为基石，以IP开发为驱动力，开放性地与全行业合作伙伴共建IP生态业务矩阵，网络文学前景喜人。

（四）互联网＋阅读

典型应用场景和路标——中国移动手机阅读基地，"是一个无线阅读的平台，该平台以G3阅读器为核心阅读载体，以WAP、HTML5、客户端、WWW和彩信为辅助阅读载体"，基于用户对各类题材内容的阅读需求，与具备内容出版或发行资质的机构合作，为用户提供各类电子书，包括图书、杂志、漫画等。据有关资料，用户可以在前端上选择感兴趣的内容在线阅读，也可下载之后离线阅读。同时它致力于构建全新的图书发行渠道，形成国内最大的正版数字图书汇聚平台,实现新书抢鲜看和海量书库随时读,让用户享受时尚、健康、环保、便捷的随时随地阅读的乐趣。

中国移动手机阅读基地由中国移动集团委托浙江移动建设和运营,主要负责手机阅读业务的平台和产品开发、业务和内容运营等,并支撑全网面向6亿多移动用户的手机阅读业务市场推广。基地现有一支由360人组成的精英团队,平均年龄28岁,本科以上学历占比98%。在团队成员前期的努力下,业务推出全国半年时间日均访问点击量已超过1亿次。

中国移动手机阅读业务于2010年5月5日正式商用,随后手机阅读用户量保持稳定快速增长,已逐步成为推动全民阅读的最具普及力和渗透力的新媒体。

2015年4月20日,咪咕数字传媒有限公司在杭州挂牌成立,中国移动手机阅读基地的手机阅读业务整建制并入,标志中国移动等三大运营商的新媒体阅读业务演进到了数字阅读的新阶段。

(五)互联网+影视拍摄

典型应用场景和路标——啼声影视交互平台。2017年中国电影市场票房500亿元,其中1/4是由青年网络影视人贡献的。啼声影视是其中的佼佼者。啼声(上海)影视文化有限公司,专注于新锐影视人才孵化与网剧、网络短片、院线电影等影视文化项目的研发摄制,出品《匆匆那年》《太平轮》等影视作品,2011年11月推出网络短片《宅男电台》,在优酷网上映首日就达19万的点击率,3天超过50万。首映当天,微博名人姚晨、宋丹丹等都予以评论和推荐。网络短片《关于上海的三个短片》、都市奇幻网络剧《奇妙世纪》和都市网络剧《上海女子图鉴》在优酷都有出彩表现。

《宅男电台》片长仅35分钟,据相关介绍,它讲述的是两个各自独立的小故事,靠一段电波维系。深野和Moro,两个普通上海白领,每天深夜,他们会戴上耳机,播放他们喜欢的20世纪五六十年代欧美老歌,主持一个令人着迷的深夜电台。一个孤单的铜把手,隔开了弄堂里多年独居的一位高龄宅女。她从不出门,做每件事前都要洗手,终日听着宅男电台……《宅男电台》风格混杂但气质清新。拍摄9天,没有完整的剧本,参与人员除了导演,都是业余的。拍摄流程完全打破传统电影的模式。男主角之一是导演高中同学的朋友,剧中格外出彩的高龄宅女是导演借住处所的奇怪房东,贯彻全剧的动听音乐来自豆瓣上的一个小电台，拍摄设备出人意料地采用佳能单反相机。拍摄过程充分利用互联网优势，其中纽约和日本的外景均是实景拍摄，通过互联网传到上海。所以这部三地取景实拍的片子成本仅4万元。可见互联网对影视拍摄和传播的重要作用。

（六）互联网+创作

典型应用场景和路标——艺瓣音乐新媒体交流平台，由上海音乐学院音乐工程系音乐设计与制作教研室创立。从2006年开始，其所在团队一直在进行音乐新媒体、交互式电子音乐方面的探索和实践，基于互联网和现代装置，致力于让中国原生态音乐元素、戏曲民歌及中国器乐中的音乐元素和未来音乐发展相联系，用新技术赋予演奏家更强的艺术表现力。当年在上海国际电子音乐节，艺瓣团队让计算机和人的演奏形成自动化交互反应，将琵琶与人声混合成无预置的作品，呈现了中国第一场交互式电子音乐会。2011年艺瓣团队尝试研发一套系统——演奏家能通过意识控制传感器，包括音乐厅所有声音、灯光追随和视频播放的节奏。"音乐新媒体剧《意境》因此诞生，将传统的戏剧表演、器乐演奏与多声道交互电子音乐、人物视频投影等现代化表现形式结合起来，并打破常规，让表演者与屏幕上的影子对话。"这个作品在纽约新锐艺术节——线圈艺术节（Rising Artists Works）成功演出，轰动全场。

艺瓣音乐新媒体紧紧抓住互联网和数字化新技术，明确专业化建设要求，强调结合数字影像，从情绪、能量、节奏、音高等多方面，呈现具有创新性的叙事和表达；运用人工智能技术，在词曲写作、伴奏生成、歌声合成等方面，实现艺术性与科技性的统一；通过VR/AR/MR等手段，将音乐语言延伸至空间，打造沉浸式的音乐体验；应用算法和实时影像技术，通过声音与画面，营造变化的空间和氛围，实现影像、音乐和人之间的实时交互。该平台目前已成为权威性很强的全国音乐美术人才与作品的资源库。

（七）互联网+动漫

典型应用场景和路标——上海城市动漫出版传媒有限公司，创立于2005年，系上海最大的少儿影视节目、连环画原创内容提供商，上海动漫产业综合运营平台。

据公司官网，城市动漫业务涵盖影视制作、动漫原创、连环画原创出版等领域。年产原创动画150集，影视节目500多小时，原创少儿、漫画类图书

200 多册,原创连环画 100 多册,市场覆盖国内 20 多个省份、东南亚以及部分欧美国家。城市动漫是 2010 年上海世博会动漫内容唯一服务供应商,上海世博会吉祥物"海宝"动漫内容以及衍生品开发综合服务供应商。

城市动漫联合华特迪士尼开发的情景剧、动画片《课间好时光》,已经生产各 200 集,在全国 50 多个电视台、海外迪士尼频道播出,并成功进行了影视剧、动画片、舞台剧、图书的系列开发。城市动漫受上海世博会事务协调局委托,成功开发上海世博会吉祥物"海宝"系列动画片 208 集,系列图书 220 多种,衍生产品 100 多种。

近年来,城市动漫致力于连环画的原创,已成功创作、出版《画说中共一大》《画说中共二大》《革命圣地》《伟人故里》《开国将帅》《诸子百家》《中国圣贤》《扬州园林》等系列连环画,成为国内专注于连环画原创、出版的重要平台。目前,城市动漫以公司自主开发的"中国连环画信息服务平台"为基础,积极打造连环画数字化、产业化开发系列项目,并尝试进行连环画系列衍生品的设计、开发。

(八)互联网＋教育

典型应用场景和路标——流利说在线英语学习平台,于 2012 年 9 月创立。作为智能教育的倡行者,流利说拥有一支优秀的人工智能团队,经过多年积累,已拥有巨型"中国人英语语音数据库",目前已累积记录约 40 亿分钟的对话和 537 亿句录音。在此基础上,流利说自主研发了卓越的英语口语评测、写作打分引擎和深度自适应学习系统,为用户提供系统性的英语学习解决方案,从听、说、读、写多个维度提升用户的英语水平。

据相关新闻,流利说日前进行品牌升级,正式启用"LAIX"作为集团化运营的新名称。LAIX 前三个字母意为 Learning＋AI,以人工智能驱动教育,引领新的学习方式;"X"代表未知,寓意解锁人生的无限可能,形成了其独创的教育 3.0 模式。

目前,流利说旗下拥有"流利说英语""流利说阅读""流利说少儿英语"等英语教育类 App,以及"流利说懂你英语""流利说发音"等英语学习产品,进一步满足细分用户群体需求。目前累计注册用户 2.036 亿。

流利说一直得到业内外好评,获得苹果"App Store 精华"和"2013 年度精选 App"、新华社"2015 上海智慧城市十大优秀应用"、人民网"2016 上海十大互联网创业新锐"奖等。

秉持"赋能每个人实现最大潜力"的使命，流利说继续推进教育公平的具体实现，让更多人享受到英语学习 AI 教育的个性化、便利化和高效率，提供创新和差异化的产品和服务，不断完善用户的学习体验，让英语流利，让生活和工作更流利、更精彩。

（九）互联网＋航拍

典型应用场景和路标——无人机航拍飞手交流社区。航拍是换一个角度看世界，更加独特、精彩和有趣。据航拍网官方介绍，航拍网是一个基于互联网大数据、模型航拍综合性的功能型移动应用平台，汇聚了众多优秀的航拍爱好者，大咖互动分享，小白快速入门，是无人机航拍飞手专业交流社区。其专注模型航拍行业垂直细分市场，是全国专业的航拍航模一体化的多功能社区。航拍网集美图视频、赛事活动、移动商城、社区圈子、交流问答等于一体，集聚各地的模型无人机商家，提供线上交流机会，扩大航拍圈人脉，帮助航拍爱好者快速认识附近的飞手、同城无人机团队。

航拍网持续提供高清、优质、无广告、精彩的航拍视频和美图作品，定期举办精彩的航拍赛事活动，激发创作动力，发掘更多的航拍达人。飞手和航拍爱好者可以在航拍网发布航拍创作动态、优秀航拍作品和专业教程，在线分享自己的"见"与"闻"。在航拍网，模型、圈子、问答、交流、多旋翼、固定翼、直升机、赛事、服务、周边等应有尽有，更有旅行、美食点亮趣味生活，为想拍想玩的人群提供综合服务。

新华网无人机频道作为无人机行业权威的官方媒体传播平台，以联合共赢为原则，以实现平台创新融合、团结无人机飞手、打造飞手社区、创新产业链运作模式为目的，开创了"飞手社区"板块联合入驻运营的创新合作模式。"飞手社区"平台将着重搭建用户关系，获取专业无人机飞手的独家资源，实现"优质内容＋深层互动"的良好效果。

（十）互联网＋空间

典型应用场景和路标——廿一文化，在"关注健康、智慧、幸福的当下，将经典传承整合展现，邀真正的大德名师于文史传承、中医智慧、琴棋书画茶、古本易筋经、心灵音乐、文化主题游学等课程与活动，开创健康研习、生活美学、亲子乐享的当代生命教育体系"。

上海廿一文化发展有限公司自2012年成立起,就梳理积淀系统的文化宝库,为个人、家庭、机构,量身定制各种文化课程和服务。其精髓从如下活动可以获得感悟:管子思想讲座,重回2500年前中国文化最灿烂时代,用心感受管仲的世界,体会老子、孔子思想的源流,礼敬百家争鸣格局的开场人;周末公益开讲,包括"超专注力课""企业人的幸福课"等;音乐和舞蹈专场,以对身心健康有效的歌声与自性舞蹈来传授女性快乐幸福之道;儒家文化与心法文化讲座,要求我们在知、止、定、静、安、虑、得七个方面好好下功夫,提升自己的人格修养,做到动静自如。

"致广大而尽精微,极高明而道中庸",廿一文化用行动做了最好诠释。

互联网给我们带来了无限美好的想象,新媒体至少给对外文化传播提供了十大应用场景和路标。我们期待有更新、更好、更多的文化样式出现在新媒体中,成为中国文化在新时代最有价值和力量的动能。对互联网新媒体保持理解、欣赏、参与、宽容和期待的姿态,乃时代之幸、文化之幸!

网络生态治理与网络文明建设

冯 卫[*]

一、网络生态治理的意义

我们党高度重视网络生态综合治理与网络文明建设。2018年4月20日全国网信工作会议,中央政治局常委出席会议。从"党管媒体"到"党管互联网",建立党委互联网意识形态工作责任制,党的组织要承担网络管理宣传的重大职能,党内规定党员要严格遵守法律法规包括互联网法律法规,规范个人上网行为。"党管媒体"是全党共识,随着我们对互联网意识形态属性越来越深入的理解,也逐渐公开报道"党管互联网",最后它也成为全党全社会共识。在2018年的九十月份,一些自媒体、新媒体流传一种说法,即党员被要求不准在网上乱说,实际上这是炒作。因为这是2017年颁布的《网络安全法》的内容,是对所有上网公民的要求,不仅仅是对党员的要求。互联网炒作有时候就呈现拼凑内容、低级庸俗、传递负面信息的特点。

治理互联网一直是矛和盾的斗争。最近,主流媒体都在揭露少数自媒体的一些"恶行",包括自媒体敲诈、网络黑公关等。其实,这些都是老生常谈,在传统媒体中也存在这种现象,部分不良媒体受利益驱使扰乱社会秩序,进入新媒体时代,这些人也同样进入新媒体领域。由于传统媒体面临互联网带来的挑战,其生存空间受到压缩,部分从业人员纷纷跳槽进入了自媒体,把其中不良的习气、恶劣的做法带到新媒体中。甚至有些政府的前工作人员、传统媒体的前从业人员,进入互联网企业后,用他们的工作经验、工作人脉作为盾牌来抵御政府管理互联网的长矛。这些互联网企业特别是具有媒体属性的互联网

---

[*] 冯卫,上海市委网信办一级调研员,上海市网络文化协会秘书长,上海互联网新闻研究中心原主任。

新媒体,屈从资本、突破底线,利用法律漏洞来达到炒作效果又不受法律约束。比如互联网炒作完成所需的时间很短,4小时至6小时即可。互联网管理部门上午发出管理通知,经过他们相应的流程,下午落实删除负面信息,虽然看似尊重政府,愿意执行政府的管理要求,而且执行指令似乎很到位,但实际上从早上到下午几个小时,已经完成了互联网内容的高峰阅读,达到了流量的累计,资本方获得流量效益,也有相应的广告收入。可见在新媒体形势下,网络治理存在难度,也面临新问题。

究其原因,首先是人才的流失。网络管理部门、传统媒体很多互联网方面的优秀人才流失严重。其中一个原因是外面的诱惑太大,互联网产业欣欣向荣,收益较为可观,即使没有自有资金也可以通过市场融资获得大发展。其次,互联网的技术发展快,每一项管理措施都落后于技术的发明。刚刚把网站、网页管得合法合规后,网民已经将目光转向了微博、微信、手机客户端。等政府刚刚出台了较为成熟的管理"两微一端"的法律法规,短视频、直播等新业态又出现了。最后,国际国内形势的影响。全世界互联网领域,中国是新兴的、正在发展中的、异军突起的,与最早使用互联网技术的美国相比,技术能力、管理手段还有差距。尽管如此,还要遭受西方所谓中国控制互联网的污蔑。中国网民是最有表达权利的,因为他们可以匿名表达,这在其他地方很难实现。美国掌握了互联网最底层的技术和设备,即其硬件、软件。互联网硬件,如苹果手机,苹果终端产品已是一个产业标准;互联网软件,如社交软件、新媒体,美国产品在全世界流通非常广泛。中国有自己的特色,如微信、微博等,但实际上这些软件也是学习发达国家的经验,尽管相关领域有知识产权,但其创意来源于别人的硬件、软件和芯片技术。中兴通讯公司就因为高精尖的芯片、CPU等被美国所钳制,一而再再而三被美国政府处以巨额罚款。

我国要大力发展自有知识产权,默默无闻扎根科技的前沿,研究数十年,只有这样才能有成果。华为的负责人任正非先生是真正民族企业的脊梁,他曾说过,一定要把核心技术掌握在自己手里,这样睡觉才能踏实。

很多人听说我国要开展自己的知识产权和芯片研究,就掀起了芯片制造的泡沫,甚至简单雇用工人用砂纸把进口芯片上面的码给磨掉,喷上新的码,充作国产芯片,实际上这是技术骗局。美国对中国进行技术封锁,因此近来好多企业希望从欧洲学习芯片技术,但实际上芯片技术还是美国、以色列等国领先。买入的芯片,只是他国升级换代后的次新产品。因此我国要花大的精力,研制中国自有知识产权的芯片,同时不能拒绝全球化。互联网领域的采购面向全世界,降低成本,可以使世界上一些好的科研成果为我所用。

二、互联网与舆论主战场的斗争

互联网宣传工作很重要,舆论主战场要有斗争精神。舆论生态,可以了解民情、汇聚民智。但互联网舆论不代表整个民情民意,因为互联网8亿网民中,活跃网民6 000万,还有7亿多人在"潜水"(只看不发),网上善于提意见的人,容易表达观点,形成舆论效应。网上舆论代表了人民群众的一些观点和意见建议,但还要具体问题具体分析,不能给网上舆情带偏。如上海车牌拍卖,从1994年到现在一直规规矩矩,每个月拍卖一次,一是为了控制私家车快速增长,二是为了优先发展公共交通。拍卖所得的钱用于公共交通,造地铁、修路造桥,如黄浦江路桥、隧道一直是免费的,但互联网出现了"史上最贵铁皮(指车牌)""一张铁皮比车子还贵"等舆论,要求取消拍卖。这种舆论危言耸听,易引发重大的社会矛盾。因此,要重视网上民情民意,也要分析发声的人群是哪些人。

网络相关法律《网络安全法》出台,九个"不准"、七条"底线"十分明确。同时,互联网行业还有一个自律的要求:互联网企业提供信息,要对这个信息进行审核。互联网平台企业对平台上的内容负责,要遵守法律法规,保护公民的隐私。但是互联网发展太快,大的平台因为信息海量,管理可能存在缺位,如新浪微博、腾讯微信等平台;小的企业在野蛮生长的过程中违反国家法律法规、违反行业的自律准则、违反互联网道德的行为层出不穷。这对监管部门造成了非常大的困难。手动删除工作量过大,关键词批量处理容易被规避。现在文字识别能力增强,一些网民就将文字转换为图片、音频、视频。

公民对自己的隐私保护意识参差不齐。现在很多App包括微信公众号在内,用户使用的前提即提供个人的信息。客户的名单和信息对互联网企业来说是一大笔财富,可分析这些数据,以便精准投放广告。软件的大数据算法,如淘宝、京东会根据用户浏览的信息进行跟踪,如影随形。用户隐私被应用程序的大数据掌控。有中国互联网企业家说,中国的网民宁愿牺牲自己的一部分隐私来换取互联网使用的便捷。而从用户来讲,我们要保护自己的隐私,政府也要加强监管。如网信部门对很多App进行约谈,不准不良商家大规模地搜集用户的隐私。

部分用户会对互联网上面的违规违法信息进行举报,这有利于政府开展工作,但也存在一些问题,如企业之间的恶性竞争,利用举报打击对手。如上海一家电商横空出世,冲击了传统电商市场,就有举报它涉黄、反动、贩枪,越是临近其上市,举报就越多。有一家做用户社区内容的App,正处于投资方考察期,就有竞争对手向平台进行举报,称该App涉政治类谣言、涉黄,还将举报内容透露给自媒体,以此吓退投资方。实际上,政府部门并未查到上述违法内容。政府要加强管理,要管重点,对时政及涉意识形态与党和政权稳定的内容要严管,对其他属于依法依规的内容进行常态长效管理。

三、正确处理网络舆情

网络舆情随时随地都可能发生,容易乘虚而入。近年来的全国两会期间,出现了"红蓝站队"事件,有关部门无法立即做出回应,只能清理相关网上言论。网民开始"人肉"并炒作,最后发现事件背后是一家位于美国洛杉矶、以娱乐为主业的地方性商业电视台,派出记者代表海外媒体参加两会报道。这家电视台由华裔人士创办,还曾经承办过世界亚裔小姐选美大赛,造成一时的舆情难以控制。对于这些互联网上的舆情,政府部门要加强研判能力。又如有关广电部门回应电视台女主持人生日灯光秀问题时称,个人生日灯光秀和领导无关,而且在全网刊登,这种回应并不妥当。因为这是个人违反纪律的事情,并没有违法,政府却放在互联网上回应,且内容涉及所谓领导干部,非常不适宜利用公权力平台来回应,也是对个人隐私的泄密。本来是谣言,现在做成正式的公共信源进行传播,扩大了谣传。对于网络舆情应对好的案例,要经常学,差的案例也要看。造谣者被公安机关抓住,在所在单位,以党委或纪委的名义宣布即可,违反纪律由单位内部自己处理。

重大的突发性的事件,政府必须快速回应,抓住黄金4小时、6小时、24小时,但不要忙中出错。要注意有些忙中出错的案例,如把内部简报的一些口径直接提供给媒体和对外的平台,将发生的责任部门、牵头部门全部泄露,这些没有完全厘清的内容不适宜对外直接公布。要坚持"快报事实,慎报原因",原因要调查之后向社会及时公布。

全媒体传播是新形势下媒体传播方式。现在除了报纸、电台、电视台等传统的互联网网站之外,"两微一端"、抖音、直播平台很多。这些自媒体传播能力强,如某自媒体组织,有 80 多个成员,控制的自媒体账号两三百家,粉丝数总数 9 000 多万。如《人民日报》等主流媒体也开展媒体转型融合,做新媒体,包括《人民日报》的报纸、人民网、微信公众号、官方微博、App 以及很多与《人民日报》有关联的"两微一端",都是它的传播矩阵。现在各政府部门对互联网上面的信息进行研究、监管,使用爬虫技术进行扫描。很多互联网事件,只要在网上出现都会被抓取。因此对于这些事件,不能简单粗暴进行全网删除,因为网络有存档,互联网舆情难以全部消除,要积极面对、加强引导和回应。

四、推动互联网生态建设

目前全国互联网的活跃网民达到 6 000 万,上海互联网产业中发展最快的门类之一是网络游戏和网络文学。如上海成为网络游戏发展的重镇,汇聚全国大约 1/3 的网络游戏产业;总部设在上海的网络文学平台,形成巨大的流量以培养作者新人,许多网络文学畅销作品沿着产业链扩张,出书、授权电影、出售电视剧版权、参与分红等,这类新业态增长很快。

舆论多元,主要分为两个舆论场,即民间的舆论场和主流的舆论场。这两个舆论场要重叠,主流舆论场的影响才能更大。传统媒体开展媒体融合,一方面要做好传统媒体本身工作;另一方面也要积极参与媒体融合发展,如打造媒体"中央厨房",形成特供专供平台,向新媒体、"两微一端"供给新闻信息产品。新华社、《人民日报》、央视和各地电视台近几年也在加快布局,参与人才和市场的竞争。

中国互联网受众喜欢碎片化阅读。一般来说,引导用户阅读,需要导读,从短篇、中篇内容,到长篇文章,导入观点。小号爆料,大 V 转发、新媒体跟进、全媒体狂欢,这种炒作已形成较为成熟的路径。鸿茅药酒的事件就是小号爆料后,大 V 与新媒体采取了釜底抽薪的动作,首先,将鸿茅药酒被各省食药监部门进行处罚的所有处罚书公布在网上,给大众塑造其劣迹斑斑的印象。其次,起底鸿茅药酒幕后的老板,详细叙述其利用不正当手段牟利。最后,央媒对此事进行了正面分析,新华社、中央电视台和《人民日报》发出声音,使得事件真相大白。因此传统媒体有价值,有一锤定音的影响力。重大的舆论事件中,这三家主要央媒跟进所有的舆情,跟进政府相关的情况,并发出权威声音。

舆论生态易出现从众心理,因此政府、媒体发布的内容要有舆论保障,要适当自我点赞,形成正面舆论马太效应。在新媒体时代,微信成为信源,微信群中人数巨大,但是存在很多陌生人,是一把双刃剑,虽然传输信息方便,但容易出现信息发错的问题。

类似"最霸气女教师,学生自愿打伞"的新闻报道容易引起网络的负面舆情,相反,如"司令主动给科学家打伞",司令出行看见老科学家没有伞,主动给老科学家打伞,就形成了良好的正面传播效应。再以外滩踩踏事件为例,其事件影响比较大,政府应该如何回应,就是一个考验。首先要做舆情搜集工作,对舆情进行研判,从老百姓关注的焦点出发,要研判事件发生的起因,事件是怎么处置的,救死扶伤的情况如何,赔偿情况,问责追责等。其次是舆情管理,允许涉及外滩踩踏的言论发布,可以表达哀思、表示追责等,但对利用舆情攻击党和政府的信息要及时处置。再次是审慎回应,关于人们关注的焦点要精准回应,并由《人民日报》、新华社这样的国家级权威媒体来回应社会关切的焦点,本地媒体、新媒体、自媒体进行转载,动员一部分党员干部的微信、微博来转发,公之于众,很快平息舆情。在此事发生后第二个星期,上海两会召开,社会上没有把这个舆情作为两会主要话题来议论,外滩游人依然众多,可见舆情稳妥平息。最后要防止出现第二次舆情高潮,往往一个互联网舆情出现后,可能出现"搭车炒作"现象。当时有人炒作有领导干部在外滩踩踏事件发生时,在外滩大楼上大吃大喝、无所作为。这一波舆情发生后,纪委部门马上介入,发现确实有干部在靠近外滩的地方吃夜宵,但是时间是在踩踏之前,在夜宵招待上存在违规现象,这就违反了八项规定。纪委及时对相关违纪人员进行撤职问责,并公之于众。人民群众分辨清楚了,此事和踩踏事件并没有直接的关联。这就是一个处理得当的案例。

第四章

文旅融合与公共文化服务

导　言

　　文化与旅游两大产业的融合发展对促进整个国民经济的发展升级和结构转型有着重要意义。党中央明确提出"要推动文化产业与旅游、体育、信息、物流、建筑等产业融合发展"。近年来，我国文化和旅游部立足新时代、新征程的历史定位，把握中华民族伟大复兴时代主题，坚持以服务人民为导向，提出了"宜融则融，能融尽融，以文促旅，以旅彰文"的指导意见。文旅业内人士以十分通俗的十六个"要"表述出文旅融合的综合力量："模式要做特""机制要做活""技术要做新""智能要做够""保护要做好""环境要做美""队伍要做优""素质要做高""文化要做深""市场要做透""产品要做精""服务要做细""品牌要做响""形象要做亮""产业要做强""发展要做大"。从本质上来说，旅游是文化的市场、文化的载体，文化是旅游的资源、旅游的灵魂。旅游承载了文化的精神，表达了文化的内容，创造了文化的形式，最终实现了文化和市场的对接。

　　而公共文化服务在我国的文旅发展战略中占据着举足轻重的地位。2016年，《中华人民共和国公共文化服务保障法》正式颁布，从法制基础上保障了人民群众获得公共文化服务的权利。该法的制定目的在于加强公共文化服务体系建设，丰富人民群众精神文化生活，传承中华优秀传统文化，弘扬社会主义核心价值观，增强文化自信，促进中国特色社会主义文化繁荣发展，提高全民族文明素质。未来我国文旅融合与公共文化服务的重点应该聚焦于以下领域：

　　一是认真贯彻落实党中央、国务院决策部署，围绕党中央、国务院的重大战略部署，坚持以人民为中心的思想，大力推动文旅融合发展，所谓民之所想，政之所向。

　　二是深入学习贯彻习近平总书记关于公共文化工作的重要精神，加快构建现代公共文化服务体系。坚持以高质量发展为目标、以提升服务效能为抓手,以政府主导、社会参与、重心下移、共建共享的工作机制,创造出更高质量的公共文化产品,提供更有效率、更公平和可持续的公共文化服务。公共文化服务有助于塑造和树立人民群众的核心价值观。面对当前社会结构、思想多元化以及文化全球化的趋势,我们要塑造出具有强大凝聚力的社会主义核心价值体系,就必须基于尊重文化差异性、包容文化多样性的基础,从人民认可、国际认同的和谐文化理念中汲取营养,不断探索引领和整合多样化的思想观念和社会思潮的有效途径,提高社会主义核心价值体系吸引力和影响力。

三是加大文化遗产工作力度,保护好、传承好、弘扬好中华优秀传统文化。致力于构建有中国特色的文化遗产保护理念和方案,深入实施文化遗产和中华文化资源普查工程,努力将这些文化资源转化为旅游资源,并积极参与国际组织相关规则制定。

四是以文旅融合推动中外文化交流。认真学习贯彻习近平总书记关于"文化产业和旅游产业密不可分,要坚持以文塑旅、以旅彰文,推动文化和旅游融合发展,让人们在领略自然之美中感悟文化之美、陶冶心灵之美"的指示,打造多维度、立体化的文旅融合渠道和平台,助力我国对外文化交流合作。促进文化交流与文化产业的互动,把握文化产业的数字化战略机遇,创新文旅融合的新型对外文化交流手段。党的十八大以来,习近平总书记亲自部署、亲自推动中外文化交流。通过重大国际性文旅活动,与多国签署文化和旅游合作文件,建立多个合作交流平台,形成覆盖全球的文旅合作网络。"以文化人,更能凝结心灵;以艺通心,更易沟通世界。"在党中央、国务院的重视和关怀下,我国持续深化与联合国教科文组织、联合国世界旅游组织合作,取得了显著成效,目前中文已成为世界旅游组织官方语言,国际文化和旅游规则也朝着更加公平、正义、多元、开放的方向发展。

五是合理布局文化事业与文旅产业分布。和任何事物的发展一样,各种文化事业和文旅产业的发展也是一个曲折过程,因此,在一定的历史时期,应该正视现实,对不同的文化事业和文旅产业做出不同的处理,只有理性对待文旅产业的正常兴衰起伏、起承转合,才能做出有利于其发展的正确决策。

文旅融合发展和公共文化管理的问题涉及领域很多,除了上述工作重点,还应该重视以下工作的推进,比如深化旅游资源开发、加强革命文物、红色资源的保护利用,加快古籍数字化建设和活化利用,统筹文旅产业传统业态转型升级和新型业态发展壮大,促进文旅产业提质增效,开展文旅品牌建设培育,推进文旅立法和文旅市场综合执法改革,等等。

本章共收入五篇演讲。戴斌与陈圣来的《全球化背景下的文旅融合》,通过对谈的方式,讨论了以下七个问题:文化是什么,旅游是什么;最美的风景是人,最温暖的风景是老百姓的日常生活;旅游必须注入文化的内涵,文化应该借助旅游的翅膀;文化和旅游都是人民对美好生活的执着追求;要多讲现在进行时的中国;文化和旅游关键的基础就是民心相通;在全球化背景下来思考文化和旅游的融合。道书明在《以文化为旅游的灵魂》中强调文化是旅游的灵魂,旅游是一种长期存在的生活方式。文化是旅游休闲的资源,旅游是文化的市场,文化构造了旅游的核心,创造了特色,培育了吸引力。要把文化从旅游的资源进一步提升成旅游的灵魂。韩锋在《世界遗产文化景观及其国际新动向》中以文化景观的实践领域——世界遗产文化景观为切入点,讨论和梳理了文化景观的理论和实践脉络,对文化景观议题的意义以及国际发展动向做出了深入分析,提出应该建立中国国家景观保护体系,使中国的景观保护为世界遗产文化景观的文化多样性做出应有的贡献。商玲霞的《世界演艺的中国范本》实际上是本章理论阐释的一个典型案例,重点剖析了宋城演艺集团,探讨了建设国际一流演艺团体的可行性。宋城之所以能够取得好成绩,是因为具有创意的力量。宋城目前形成了自己的生态系统,打造了创意内容、线下娱乐运营和互联网娱乐三大平台,形成了一个全产业链的闭环。宋城主张既要创新,又不能过度创新,还要走向国际,对标世界著名演艺集群和剧团找差距。宋城是一个中国演艺产业和话语的成功范本。巫志南的《新时代文化和旅游公共管理的使命》涉及四个方面:第一,从学理上梳理公共管理与文化和旅游公共管理之间的关系;第二,文化和旅游公共管理的基本内容;第三,文化和旅游公共管理的基本要求;第四,从工作层面看现阶段文化和旅游公共管理的战略重点。这五篇演讲分别从不同视角按照各自主题,对文旅融合以及公共文化服务进行了探讨,提供了有益的启迪。

全球化背景下的文旅融合

戴 斌[*]　陈圣来[**]

陈圣来:我很荣幸能够和戴斌院长对话,文化和旅游部人事司提议由我们两人作一次对话,一个讲文化,一个讲旅游,我们没有事先准备,戴院长是中国旅游研究院的院长,是这方面的权威。我和戴院长讲,今天也没有办法做PPT,有这么多的听众,我想是不是可以随意一点,我们两个人讲话的时候大家可以随意插进来,可以打断提问甚至可以反驳,我们没有稿子,有几个提纲,我们可以谈得比较自由一点。

一、文化是什么,旅游是什么

戴斌:在高校当了20年的老师,我很喜欢这种聊天的形式。当年孔子不要说PPT了,连稿子也没有,也是一样给大家上课嘛。我接到这个任务以后,问陈教授哪些人参加,他说一部分是驻外文化使节,一部分是部机关新任处长。文化使节的主要任务是在海外传播中国的国家形象,包括旅游形象,要去讲中国故事。大家讲中国故事之前,要知道中国故事是什么,然后才是表达的问题。机关新任处级干部都是很年轻的,他们既管文化也管旅游,所以要了解文化是什么,旅游是什么,融合点又是什么,这些问题交织在一起我就觉得蛮难的。不管驻外还是对内,都要了解中国国情,了解旅游情况,了解文化背景,还有文化传播和旅游推广的规律,以及国家文化和旅游发展的战略部署。

陈圣来:刚才听戴院长讲,他说我们要搞清楚文化是什么,旅游是什么,这

---

[*] 戴斌,中国旅游研究院院长,文化和旅游部数据中心主任。
[**] 陈圣来,上海社会科学院国家高端智库资深研究员,国家对外文化交流研究基地主任,上海国际文化学会会长。

个看似很浅显的道理其实并不那么简单。文化是什么？《辞海》说文化是人类在社会发展过程中所创造的物质财富和精神财富的总和。这个太宽泛了，什么都包括在文化里面。在《美国大百科全书》里面对文化的解释有165种之多，因为是从不同的角度、不同的学科来解释的。我们平时说的文化大多从狭义概念来阐释，那就是指精神生产能力和精神产品。那么旅游是什么？辞典上这样讲，"旅"是外出，就是客居他地，但是后面还有一个"游"，是指外出游览、观光、娱乐。我觉得后面的"游"就变成了文化，注入了大量的文化概念，没有文化就"游"不起来。所以我们讲旅游，不光是从这个目的地到那个目的地，那纯粹是旅行，而旅游必定包含文化的因素，现在旅游和文化合起来了，诗和远方都有了。大家都很熟悉的就是古人讲的"读万卷书，行万里路"，这不就是很早时候的文旅融合吗？

当然我们现在时代不一样，当时读万卷书是可以做到的，行万里路其实是很难做到的，但是现在反过来行万里路是很容易做到的，读万卷书是根本做不到的。我算过如果人生平均有效读书时间大约50年，1万除以50，每年需读200本书。我们现在上海社会科学院科研都是有考核指标的，一本书最起码10万字以上，有的时候50万字一本书也是有的，我最近要出一本书就是50万字。我们就算平均每本书30万字，一年读200本30万字的书，怎么可能做到？所以我们现代人一生读万卷书是很难做到的，只不过是一个笼统数，就表示读很多很多书。但是古代可以，为什么说读万卷书？因为竹简是卷的，按标准一卷由25片竹片组成，每片竹片可写25个字，加起来就是625个字。一万卷大约就是625万字，相当于现代人读10来部长篇小说。但行万里路就不得了，像红军两万五千里长征一样，而现在交通这么发达，一万里很容易就过去了，所以随着整个科技、经济的发展，现代和古代的情况不完全一样。

我去过几次意大利，到威尼斯时当地人指给我看马可·波罗原来住的地方，他是把中国传播出去的最早的西方人之一，是将文化与旅游很好结合的典范，我们的徐霞客也是。上海早些年有一个徒步走遍全中国的余纯顺，后来他死在了罗布泊，余秋雨称他为上海壮士。我和他很熟，他行走的第一步是我向社会发布的，当时我是东方台的台长，他跟我说他有一个宏伟的计划，我觉得一个普通的工人、普通的市民有这样的想法，很大胆也很出奇。所以我说你和我保持联系，我就给他写了第一篇新闻稿播出去，后来他把他路上所有的日记不停地转发给我,他死了以后上海文艺出版社出版了余纯顺日记,我为此写了序。所以他的行走是旅游又不是旅游,因为他没有目的,他是通过徒步走遍全中国来读中国、读社会、读自己,然后通过日记反映出来,这也是个文旅结合的典范。

我们古代经常会有旅途中的诗词,比如说陈子昂的《登幽州台歌》,"前不见古人,后不见来者,念天地之悠悠,独怆然而涕下"。他是在游览的时候发的感慨,这里面表达了他的一种情怀和感情。还有马致远的《天净沙·秋思》,"枯藤老树昏鸦,小桥流水人家,古道西风瘦马。夕阳西下,断肠人在天涯"。他也是游子,到处漫游,某日夕阳西下的时候看到了一景,然后无限联想。他没有任何议论,而是通过联想将像电影蒙太奇的镜头组合起来,就传达出一种意境、一种抒怀,并通过最后一句话"断肠人在天涯"表达出这种意境、这种抒怀,使这首诗成为千古名篇。所以旅游和文化密不可分,从古代延续到现在。我去过许多国家,戴院长说他去过60多个国家,我说我也有,有100来个国家,许多国家的文化部就管旅游,包括韩国,就是文化体育观光部。这是我回答戴院长的问题:文化是什么,旅游是什么,以及两者之间的关系。

二、最美的风景是人,最温暖的风景是老百姓的日常生活

戴斌:我曾经主持过一个在国内召开的国际会议,请中部地区某市的市长介绍一下所在的城市,时间只有三分钟,事先和他说不能念稿子。上台后他确实没有念稿子,但是他把稿子背了下来,从十四朝古都到深厚的历史文化和丰富的旅游资源,简单讲就是八个字:山川秀美、人杰地灵。然后他又讲省委书记对于旅游工作做了哪些批示,省长做了哪些批示,最近做了哪些工作,将来准备做哪些事情,等等。讲完以后我就问台上的几位国外的对话嘉宾,能否简要复述一下他讲的主要内容或者关键词,结果他们基本上都没有印象。台下有一位欧洲的女嘉宾举手,说她去过这座城市。我说您能不能分享一下对这座城市的印象,她说是很多年以前去的,坐的是绿皮车,很拥挤,快下车的时候看到边上有一位年纪并不大的妈妈,因为孩子哭闹而转身解怀哺乳,孩子很快就安静了下来,母亲的脸上透着慈祥,眼中满是爱意。她说多少年过去了,她对这座城市、对中国的印象就是这位平凡的母亲,很朴素的模样,很温暖的生

活。你看,游客来到了中国,记住的就是这样的日常:绿皮车、母亲和孩子,很中国,也很世界。至于你的国土面积有多大、出过多少皇帝和诗人、GDP有多少,他们并不在意这些宏大叙事。在旅行的过程中,最美丽的风景是人,最温暖的是老百姓的寻常生活,最能打动游客的是真诚啊!

记得舞蹈家金星参加某个综艺节目做评委,曾经打断了台上选手的陈述:我们希望看到你在舞台上展示的才华,不要讲你练习的过程中怎么样辛苦,也希望感受到你的真诚。受她的启发,我和旅游界的同事说,别人可以接受有瑕疵的真诚,但是不会接受完善的表演。你要介绍和传递的,一定是你所相信的。要清楚你言说的对象是谁,如果你面对的是普通游客,要学会讲故事。故事是由情节推动的,情节是由动词支撑的,不能只有形容词。数据可以有,但是不能多,15分钟的演说最好不要超过3组,除非你在与同行做专业交流。

如果面对的是旅游业者呢?我们既要讲传统的中国是什么,还要讲当代的中国是什么,更要讲旅行商的关注点。以签证政策为例,就是传递开放的、欢迎外国游客到访的信息。外国人申请来中国的旅游签证,还要填曾用名、社会关系,有没有加入过什么组织等信息,很多人填了一半就不填了,觉得这些信息是他们的隐私。应该讲我们现在签证政策越来越便利了,像广东和上海144小时免签,北京72小时免签,但是实际过程中还有不少细节没有落实好。我上次去布达佩斯调研的时候,当地旅行商讲他们组织一个旅行团到海南去,海南是落地签,可是没有航班直接飞海南,要先飞深圳再中转,结果发现政策衔接上出问题了。从布达佩斯飞到广州或者深圳是免签的,但是只能在广东当地享受这个政策,得从当地出境。如果要享受海南的入境免签,就得过境香港再转过去。你看,这么好的政策,就是因为衔接上出了问题而把整个旅行团挡在了外面。如果都是从宏观着眼,不了解这些细节,旅游的宣传推广工作就可能事倍功半。

现在不少海外宣传活动好像不是为了增进了解,吸引游客到访,而是为了赶行程。一个国家五天,两个国家七天,三个国家十天,去掉长途交通和倒时差的时间,只能匆匆忙忙地赶场子、会见、赠送礼物、拍照片、往国内发新闻稿。有的专业展览、研讨和洽谈,似乎也变成了秀场。开口就是"值此春暖花开的季节,来到美丽的某国某地""就文化旅游交流谈三点建议",自己说得很热闹,听众却无感。文化使节和旅游官员应当也必须在掌握专业知识的同时,熟悉交流的对象是谁,他们感兴趣的点是什么,尤其不能见谁都念稿子。

什么是文化以陈教授说的为准,我经常被问到的问题是什么是旅游,怎么定义旅游者,什么是旅游业。搞旅游工作一定要懂数据,做经济工作,无论是宏观管理、微观经营,还是对外推广,没有科学、系统和全面的数据支撑是不行的。什么是旅游？有理论界定义,旅游是不以赢利为目的、离开常住地旅行和居住所引起的现象和关系的总和。也有《全国文化文物和旅游统计调查制度》所规定的技术性定义,就是离开惯常环境10千米以外,6小时以上。其中非惯常环境按照传统的统计方法比较难以测算,好在现在有人工智能和大数据技术做支撑,已经形成了一套行之有效的测算体系。

旅游推广工作对象主要有三类人：一是终端市场的游客,要增强他们来我国旅游的意愿；二是旅游企业,特别是旅行社和在线旅行代理商,要让他们了解国家和地方的营商环境,特别是旅行政策；三是海外旅游行政部门,要保护我国出境旅游者的人身和财产安全,提供高品质的旅游服务。做不同对象的工作,有不同的话语体系。

三、旅游必须注入文化的内涵,文化应该借助旅游的翅膀

陈圣来：我非常同意戴院长讲的,因为我们总的主题是怎么样讲好中国故事,我年轻的时候写过很多故事,也都出版发表了。我是中国作家协会会员,作家写东西是靠形象思维,又是上海社会科学院研究员,需要运用逻辑思维,这两者怎么样结合起来,是值得深思的。像戴院长讲的烟火味,我们和国外讲我们的故事,怎么样入耳、入脑、入心,在国外讲官话人家肯定不买你的账。我们讲的是文化和旅游的融合,旅游怎么样注入文化的元素,文化怎么样借助旅游的翅膀飞得更远。记得有一次我去土耳其,在伊斯坦布尔我们计划去特洛伊城,没有高速公路,车程用了一整天,和我一起同行的有一位海归,她抱怨到这个破城花了一整天的时间,何必呢？但是我很兴奋,我想起《荷马史诗》中为那位美丽绝伦的海伦而打了10年战争的特洛伊城,想起来特洛伊木马的故事,太神奇了,太沧桑了,太有历史厚重感了。我漫步在古城残骸现场,凭今吊古、浮想联翩,这样的文旅融合很有意思,但它的前提是因人而异,对象不同效果就大相径庭。

最近我们电台 FM 94.7 古典音乐频率的一位负责人兴致勃勃地向我谈起他们刚组织的欧洲音乐之旅，他们以 FM 94.7 的名义组织了一次欧洲音乐之旅，报名的人非常多，他们精心组成一个旅行团，回来以后所有"驴友"都激动不已，组织者后来发了三期微信公众号，细腻地叙述了这次难忘的旅游。他们先到了圣彼得堡，那边正好在举办柴可夫斯基音乐评奖，他们参加了这个颁奖仪式，当时评委中华裔大提琴家王健和他们一起合影。然后他们到了叶卡捷琳娜宫，在里面听了一场音乐会，看了圣彼得堡马林斯基剧院上演的歌剧。后又去了莫斯科，参观了很多音乐家的墓地，到了柴可夫斯基的故居，去了波兰肖邦的故居。旅行中有一些特殊的经历，令他们难以忘怀。他们参观了奥斯威辛集中营，这是一个令人唏嘘和扼腕的场合，没有音乐元素。然而在这样一个看上去很悲惨的地方，他们巧妙地注入了音乐，一位"驴友"叫宋阳，是一位小提琴手，他们策划了一场演奏，就在大家参观时，宋阳的小提琴声音凄婉地响起，演奏了一曲影片《辛德勒的名单》中的主题曲，瞬间现场静默下来，处在这样的场景中，聆听这一独特的旋律，所有游客都驻足不前，潸然泪下，这真是一次难忘的旅行。

我讲这段经历的意思是，他们这样的旅游把文化元素大量地、恰到好处地注入其中，旅行使自身得到了熏陶，也传播了文化。同时这种带有文化主题的旅游，会聚集相同爱好、相同旨趣、相同修为的人群，使旅游更有内涵，使文化更显鲜活。文化怎么样凭借旅游的翅膀，这样的例子俯拾皆是，比如说我们会到迪士尼乐园，它就是一种亚文化；我们会去百老汇，包括巴黎的丽都、红磨坊等，它们的主流观众基本不是本地人，而是游客，因为内容与形式是一样的，看过一遍就可以了，为什么还要看第二遍呢？铁打的营盘流水的兵，世界各地的游客就把美国文化、法国文化带出去了，这就是我讲的文化和旅游的契合。我认为不要因为现在在机构上文化和旅游合并了，成立文化和旅游部了，才说文旅融合，实际上在没有合并的时候，文化和旅游的契合和融合也是必然的趋势。

四、文化和旅游都是人民对美好生活的执着追求

陈圣来：我们俩今天对话的题目是"全球化背景下的文旅融合"，全球化是

一种趋势,随着交通和电信的发达,世界更融通了,整个地球变成了一个地球村。但是我觉得全球化是一把双刃剑,在带来利益的同时,实际上也滋生了许多弊端,比如说全球化,我们国家正在大规模地推进城市化,现在城市化已经到了60%以上,城市化和全球化并驾齐驱、不期而至,各地城市都在造高楼大厦,修地铁,竖标语牌,跳广场舞,引进肯德基、麦当劳,等等,各个城市骤然间变得都是一样的,没有差异、没有特色,互相模仿、互相抄袭,呈现千城一面的同质化现象。但是过去我们不是这样的,过去到上海听评弹,到陕西听秦腔,到北京听京剧,到广东听粤剧,到河南听梆子戏,每个地方的特色都是不一样的。

所以全球化带来趋同化,同时带来城市间的竞争,过去城市间是没有办法竞争的,你在福州,他在哈尔滨,大家风马牛不相及。但是全球化了就不一样了,所有的信息都是相通的,人员都是交流的,城市和城市之间形成了既有合作又有竞争的关系。如果我们的旅游,包括我们的文化,到了南边、到了北边都是一样的,旅游还有什么滋味。20世纪90年代的时候,澳大利亚政府和后来的德国政府,他们请中国中青年杰出人士到他们那里访问,我也在被邀请之列,到了澳大利亚他们给我一个单子,要去什么地方,见什么人,基本上100%保证。当时我第一次去澳大利亚,我知道的地方都是耳熟能详的大城市如墨尔本、悉尼、堪培拉等,我去了以后得出一个结论,套用托尔斯泰的名言,大城市都是相似的,但是小城镇各有各的特色。

戴斌: 2012—2013年,中国和俄罗斯互办旅游年。闭幕式是在上海体育场办的,俄罗斯的艺术家表演冰上舞蹈,不少演员本身就是获得世界级奖项的冰雪项目运动员。整场演出讲述了一个年轻人不愿意像老一辈那样在小城市过着日复一日的单调生活,选择离开家乡去大城市寻求发展机会。多年以后再回来,恋人相见,物是人非,百感交集。故事不复杂,他们在冰上用舞蹈的语言把丰富的情感表现了出来。观演的过程中我发了一条微博,说今天看到了既传统又现代、回顾过去更奋进未来的俄罗斯。他们的外交官找到我,对我认可演出表示感谢,说之所以没有演《喀秋莎》《三套车》《红莓花儿开》等中国观众熟悉的曲目,是因为希望告诉中国人特别是年轻人,今天的俄罗斯是什么样子。

我们该怎样向世界讲好中国故事呢?是演绎一个五千年文明生生不息的

传统中国,还是演绎一个中国梦逐渐成为现实的当代中国?两者都重要,都需要传播,但是在文化交流和旅游推广的实际工作中,我们讲前者比讲后者多。我们太容易往后看了,往后面看的好处是有历史厚重感,但是无论历史经历了多少苦难,承载了多少辉煌,我们都要往前看,给年轻人以未来感。中国故事既有宏大叙事,也有微观感知。我们这代人都知道20世纪80年代有一位著名的朦胧诗人舒婷,她写过一首著名的诗《圣女峰》,石破天惊的一句是"与其在悬崖上展览千年,不如在爱人肩头痛哭一晚"。这句话以诗意的语言,为个体追求日常生活的确切幸福拉开了时代帷幕。今天的中国梦,既追求中华民族的伟大复兴,也追求人民的幸福生活。人民对包括旅游休闲在内的美好生活的追求,正是我们的奋斗目标。

上海是世界级的现代化大都市,是经济中心,也是文化中心,还是世界级的旅游目的地。前段时间女儿想来上海过几天,我说你想到哪里啊?她给我讲几个地方,都是我没听说过的地名,完全蒙了。问她是怎么知道的,她说江南写的《上海堡垒》里面有。我们有我们的认知,他们有他们的世界。有一次在浦东干部学院学习,周末休息时有学员喜欢去人民公园转转,觉得那里的相亲角很有意思。还有一些年轻游客来上海听彩虹合唱团,近期他们还去全国各地巡演。这些空间和项目为什么能吸引不同的游客群体到访?因为这些空间和项目代表了当代都市的美好生活,本地市民和外来游客都是喜欢的。

五、要多讲现在进行时的中国

戴斌:国家也好,城市也罢,对于旅游形象都不能只想着过去,还要看当下和未来。游客要的是说走就走的旅行,要的是在地生活的日常温暖。前段时间去广州演讲,当地领导告诉我他们的旅游口号是"一日阅尽两千年",很有文化的感觉,但是调查下来,了解这句话的游客并不多。大数据表明,游客给广州的画像贴的标签是什么?第一是珠江,第二是"小蛮腰",第三是长隆,第四是早茶,第五是糖水。这些标签放在一起是什么?是可触、可感、可消费的时尚与温暖。

对于人文交流和旅游推广,人间烟火很重要。很多时候,旅游就是老百姓的小欢喜和小确幸。老百姓的旅游消费说起来数量很大,2019年国庆节假日

7天全国旅游接待7.8亿人次,产生了6 497亿元的收入。可是一算平均,每人才消费800多元,包括长途交通、住宿、餐饮、门票、娱乐、购物等,分到每个项目上就更少了。这就是中国的国情和旅情。数据很重要,既要看总量,还要看结构和质量。掌握一些统计数据和旅游消费的案例,出去做人文交流和旅游推广工作、跟同行打交道的时候,就会心里有底。

陈圣来:戴院长讲得很专业,他有许多第一手的数据,因为他负责文化和旅游部的数据中心,但是数据有一个非常重要的前提即准确性。上海交通大学出版了一本《文化景气指数》,我问他们的数据是哪里来的,他们说来自某省文化厅、某省宣传部,我有点质疑数据本身的准确性,我们都当过领导,有的时候我们缺少像国外一样客观的第三方数据,我在广播电视台时也是这样,收听率、收视率调查,往往要打许多问号。我觉得数据非常重要,数据的客观性和准确性同样重要,包括我们上海社会科学院、我们的智库,一定要保证数据的客观性。

我很同意戴院长讲的,我们现在对外宣传文化、旅游,特别要宣传现在进行时的中国,我们以前经常介绍京昆剧、国画、书法,国外是否真正了解和喜欢?他们希望了解中国现当代艺术,包括现在中国人究竟喜欢什么,但是我们很少介绍。我们现在开始有了一些科幻片类似于《流浪地球》,但是过去这方面比较少,看到的都是陈忠实的《白鹿原》、张艺谋的《大红灯笼高高挂》、陈凯歌的《黄土地》,这些东西是需要的,但是国外观众都是带着猎奇眼光来观看、欣赏。久而久之,他们印象中的中国形象就会相对固化,现在的中国是什么样的呢?他们可能并不了解。一次,我请美国国家艺术中心的总裁到我这里来讲课,晚上我带他去游览黄浦江,他在船头久久伫立,观赏两岸的灯光,从他脸部表情和眼神里,我可以读出惊讶和感慨,看得出他对整个上海外滩的灯光秀非常震撼。我请美国MTV的总裁吃饭,席间我客套地说上海就像你们的曼哈顿,他真诚地说曼哈顿是过去旧的曼哈顿,上海是新的曼哈顿,他不是恭维,是真的这样想的,他告诉我他对外滩的夜景十分欣赏,很想把灯光师带到纽约去,让他在美国也这样装饰一下。但是他们眼中的上海,并不是所有美国人或者所有西方人眼中的上海,国外对中国了解多少?我们的外宣往往不是做给国外人看的,而是给国内人看的,是给领导看的。

所以我们怎么样宣传传播呢?对于传播什么样的中国形象,我觉得旅游是很好的传播,百闻不如一见,更何况对方或许闻所未闻。我的一个朋友的女儿在美国念书,寄宿在当地美国人的家里面,为了感恩,他把这个房东请到中国来,这个房东是当地警察局的局长,他从没有来过中国,来了后非常惊喜,觉得一切都是新鲜的、美好的,他认为我们的协警是一个新的创造,连我们红绿灯的倒计时他都非常惊奇。所以我认为发展旅游是一个很好的宣传方式。土耳其安卡拉一个大学的校长应我们邀请来上海参加论坛,他在论坛上发言说他在土耳其65个城市调研了412所学校,请他们的孩子用画画来表达印象中的中国,一共收上来809幅图画,其中66%画一条龙,40%画长城,后面的就很少了。他们评出来前10名优胜者可以到中国来免费旅游,于是后来他们带着这10名学生到中国来旅游。这些孩子们对所见的一切都很新鲜,包括中国的高铁、地铁,城市的高楼、灯火,以及传统的筷子、灯笼,等等。回去以后再搞一个印象中的中国的美术活动,这些孩子画的就是五花八门,绝不仅仅局限于龙和长城。所以这给我们一个启发,我们现在的传播还是像戴院长讲的,仅仅是过去的,将祖宗的文化作为我们的骄傲,但是我们现在比过去任何时代都拥有值得骄傲的成就,可惜我们自己没有很好宣传。

六、文化和旅游关键的基础就是民心相通

陈圣来:我经常对外宾讲,我说中国人对国外的了解,远远超过国外对我们的了解,现在我家里,从直系到旁系,都有人曾在国外留学,自己的亲人、自己的孩子在外面,家长都是心心念念的,所以他们都有迫切了解国外的需求和意愿。还有就是旅游,我在国外看到旅游是他们每个家庭生活当中的一个必备消费,他们的生活这块蛋糕里面一定要花一定比例给旅游,即使没有钱,他们打工以后用打工挣来的费用去旅游,我常想在中国什么时候可以做到这一点。很快我们做到了,至少我生活的城市,我身边的朋友,我们已经进入老年行列的那些朋友,给他们打电话的时候,往往要么就是在旅游,要么就是在准备旅游。我们现在讲"一带一路",最基础的一条就是民心相通,文化和旅游都是沟通民心的有效途径。

戴斌:刚才说到民心相通,我想起经历的两件事。一个是我去年到布鲁塞尔的欧盟议会做出入境旅游市场和中欧旅游合作的演讲。提问环节有记者

问,为什么中国人不友好?比如进电梯都不互相问候,也很少打招呼。

陈圣来:你说的是电梯里面大家不打招呼,在国外很少发生。我去年在瑞士住了将近一个月,小区里面不认识的见面了大家都会打招呼。我们电梯里面不要说不认识的了,许多上班族在电梯里面拿着豆浆、油条,一边乘电梯一边啃油条,电梯里这么小的空间弥漫着他的咀嚼声和油条的气味,实在有失文明,我经常讲,这是有知识没有文化。

戴斌:陈教授讲得有道理。我当时与记者分享了自己的成长故事:16岁的时候,第一次离开家乡到外面读书,给家里写信,开头是"亲爱的爸爸"。放假回家被父亲责怪了一番,按规矩开头是"尊敬的父亲大人",落款是"儿叩拜"。还有就是长大后母亲就没有再拥抱过自己,但这并不表示对儿子的爱淡化了。我每次回老家最怕告诉母亲具体的日期,因为母亲知道了具体日期的话,头一天晚上肯定睡不好觉,会很早起来做儿子最爱吃的东西。中国人、欧美人和世界其他国家其他地区的人一样,都注重亲情,但是表达方式不同,所以才需要到现场去,通过面对面沟通来增进彼此的了解。

陈圣来:像我这个年龄母亲已经不在了,我为我母亲写过两篇文章,都是登在上海的《新民晚报》上,第一篇文章是《母亲站在弄堂口》,我每次出差,母亲一定是站在弄堂口送我,我30岁的时候写了《母亲站在弄堂口》,当时《新民晚报》在上海家喻户晓,后来我母亲过世那一年,我在母亲房间的抽屉里找到了母亲珍藏的这份报纸。当年我又给《新民晚报》写了《母亲的目光》,可惜这篇文章母亲不会收藏了。

七、在全球化背景下来思考文化和旅游的融合

提问:两位领导现在讲的主题是"全球化背景下的文旅融合",现在文化是"体",旅游是"用",我希望两位讲讲文化的"体"和旅游的"用"怎么样能够融合,对内我们能够更好融合在一起,对外让外交官讲好中国故事。

戴斌:用共同价值和有温度的故事与别人交流,任何国家和地区对亲情、友情和爱情都是有共同追求的。对内和对外工作有一点是共通的,就是要对自己的工作对象、管理对象和服务对象有共情心,比如说执法人员,除了熟悉法律法规,还要多花些时间了解企事业单位是怎么样运作的,特别是要与一线

人员交朋友，多沟通。如果没有共情心和同理心，执法工作可能会经不住伦理的拷问，有时会因用力过猛而有偏差。在去年6月份，我们做过一个材料，研究对OTA(在线旅行代理商)积极释放鼓励发展信号的同时，如何依法加强监管。"大数据杀熟"是一个重要背景，但这并不是一个法律用语，而且还是一个带有情绪化的网络传播用语。这就需要研究相关法律，还需要做详细的市场调查，弄清楚游客在OTA那里受到的不公平，比传统的旅行社是多还是少。

总之要把旅游工作做好了，再去谈其与文化融合的问题。反过来也一样，把文化的工作做好了，再去谈其与旅游的融合问题。比如说博物馆和美术馆的问题，人民群众参与感、获得感不够的话，我们管理体制上要不要反思？只有文化系统的文化单位才是文化空间吗？只有体制内的文化工作者创作的才是文艺作品和文化产品吗？对这些问题，我和旅游系统的同志还不够了解，要多向文化系统的同志学习才是。搞文化的同志需要多去旅游空间走一走，搞旅游的同志也要多体验文艺项目。今天更多是跟大家聊聊思路，日常的工作我们还有大量打交道的时间。现阶段我看还是多谈文化和旅游的共性为宜，不必在谁是"体"和谁是"用"上分那么清楚。有时候"体"和"用"是没有办法分解的，讲"体""用"本身就容易造成对立，所以我不主张这样讲，至少是现阶段不主张这样讲。

提问：现在文化和旅游已经是一个部了，但是怎么样真正融合在一起呢？大家说是文旅两个合在一起，这本身就有一个分别的概念，开始文化归文化，旅游归旅游，这个认定是有一个道理的，因为我们国家政府现在实施的是垂直管理，一个项目就设一个部，教育管教育，体育管体育，并没有实施大的社会化的文化管理。我觉得文旅融合以后，有一个问题确实需要解决，我们对于文化，刚才讲了对于文化和旅游的定义，但是我认为没有突出非常根本的问题，就是文化的本质，它既有形而上的东西，也有形而下的东西，我们的核心是哲学、意识形态，我们也有建筑、家具等器物，在这个过程中也有很多物质性的文化，像我们的衣着，也有吃喝玩乐的东西。我觉得笼统地讲文化不利于文化和旅游的融合，还需要分层，这个过程中需要旅游给予分层，既然要融一定是有差别才会融，这个过程对双方还是要有一个垂直性的认识，我个人的看法不一定对，也请两位专家批评。关于文化与旅游的融合，我觉得有几个方向可以作为一个参考，作为一个融合点。

第一，可以先融合和文化与旅游本身相近的属性的内容。文化有两种属性，其中之一是意识形态，旅游更多是作为消费型商品，60%是市场营销的商品，40%是文化的内容，可以在这上面寻找一个平衡点和结合点。文化本身的表现形式和内容可以成为旅游的内容，这是非常简单的嫁接。为什么中央要把文化和旅游融合在一起？搞学术研究的专家可能有各自不同的看法，我认为第一个原因是满足人民群众提高幸福指数的需求；第二个原因是旅游产品的发生发展过程中有提高文化内涵的需求，文化创意产业发展到现在还是集中在意识形态领域，但是怎么样把新时代中国特色社会主义的特色传递到每一个人，我想旅游比文化创意产业更加有效益。我们今天谈文化和旅游融合，我想这些理论性问题需要我们重点、深入交换意见。

第二，全球化背景的问题，这意味着中国市场不是单独的市场，无论是国内旅游还是境外旅游，有一个基本的事实是无差别，在资金消费形式、消费标准以及旅游接待和访问方式上，是趋同而不是差异。何谓全球化？全球化是市场的开放、产品的融通、人员的流动、标准的统一，这些是构成全球化的基本要素。所以我们讲全球化背景下，需要考虑全球化对当代中国发展旅游业、实现文化旅游融合空间提出的新要求，从我们政府层面来说，政府发展旅游行业，我们的政策与国外政策是否对接？行业标准是否对接？旅游内容和旅游项目的开发是否对接？在这个过程中旅游行业者之间的相互实践的方式方法是否对接？这些是需要在全球化背景下考虑的问题。当然在这个过程中，还要讲差别，什么东西是需要保持的中国的特色，这是我们在这个话题下讨论的重点和方向。

戴斌：谢谢您的发言，很有启发。

提问：这个问题我已经想了很久，所以就在这里把我粗浅的想法提出来，我们原来文化部的主管范围是舞台演绎，旅游局的主管范围是旅行社，为什么我们不能打造出一个类似于宋城演绎的能经得起市场检验的剧目，通过我们的旅行社来传播呢？为什么不能从微观的角度去推动这样的试点？宋城从成立到快速发展完全是通过团队的推动，实现了现在的品牌效益，如果当初没有这样的团队效益，是不可能实现这样的成就的。品牌效益出来以后，宋城演艺嵌入了很多新时代的内容，广受大家欢迎，这是一个很经典的案例。

戴斌：实际上您已经回答自己的问题了。如何发挥旅游市场主体的作用？

首先,要从理念上认同文化建设和旅游发展都是为人民群众的美好生活服务的,都有普及性和品质化的问题。其次,讲怎么融合。一定要千方百计地增进了解,彼此都不了解,还谈什么融合？旅游系统本身没有什么资源,过去40年旅游业的发展基本上是靠市场化,是市场推动起来的,是4 000万家旅行社、1.3万家星级酒店、2万多个规模以上旅游景区推动起来的。人民群众的满意度和获得感怎么样？要用数据说话。

干部怎么成长？要深入了解自己的工作对象,要发自内心地热爱自己所在的行业和事业,要有数据、有案例才能有自信,要用别人听得懂的话去说别人感兴趣的事,不能以我为主。

陈圣来：刚才有同志提了"体"和"用"的问题,这使我想起全国各地经常在使用的一句口号,我非常反感这个口号,就是"文化搭台、经济唱戏",这个口号非常庸俗。我觉得它把文化,把关于精神的东西都遮蔽了,同时还忽略了文化本身就是一个发展经济、朝阳经济、绿色经济。后面一个同志提到的宋城案例,宋城是中国演艺第一股,他们在全国多个地方发展,是走市场走出来的,政府只是支持和幕后推动,所以我觉得在文化和旅游市场,政府能够作为一个推手,而不是自己在前面站台,这一点很重要。还有一点,实际上旅游消费、文化消费是衡量一个城市品质生活的标尺,只有通过这样的消费传播,才能真正起到传播作用。

以文化为旅游的灵魂

道书明[*]

一、旅游以文化为魂的重要性

我们先来看一下上海迪士尼这个案例。在上海决定建设迪士尼乐园时，我们就在实践文化和旅游的融合发展。迪士尼的谈判过程经历了22年，我从头开始就参与了谈判，见证了迪士尼从谈判到在上海开业，一直到在上海蓬勃发展的过程。迪士尼是一个文化和旅游结合得非常紧密的产业。1953年，迪士尼发布了规划计划书，里面有一段话讲得非常好："迪士尼的理想是简单的，这将是人们发现快乐和知识的地方，父母和子女享受天伦之乐的地方，老师和学生更好地相互理解进行教育的地方，老一代在这里能捕捉到值得怀念的流逝岁月，年轻一代在这里尝试着挑战未来的滋味。"这么多年来，迪士尼乐园正是循着这样一种文化旅游信念，发展成了面向不同人群的、有文化内涵的世界级著名品牌。通过迪士尼的发展，我们看到了它的品牌建设如何进而推动了产业发展，并获得了巨大成功。迪士尼是一个文化产业，把任何事都做到了极致。迪士尼除了影视文化、乐园，还有游戏创作、设计、传媒网络和服装文化，其前总裁说，迪士尼发展了这么几十年悟出了一个道理，即一定要把文化内涵挖掘出来。他以种树为例，说有一个植树节，种10棵树下去能活几棵？迪士尼的文化是，种100棵树必须要成活100棵。我们在上海迪士尼乐园造园的过程中看到了这种观念的体现。迪士尼造园种树要100%成活，将土壤分成了7层，第一层是沙，第二层是草木灰，第三层是混合土，最上面的一层是原土，并规定1.2米深。结果上海迪士尼里面种的树完全按照这样一个模式，100%成

---

[*] 道书明，上海公共外交协会副会长，上海市旅游局原局长，上海市政协常委。

活。而迪士尼园区周边是我们种的树,只成活了30%。所以,追求极致就是一种文化。

国家文化部和国家旅游局合并的时候,大家都在调侃说"诗与远方",文化是诗,旅游是远方,阳春白雪和下里巴人结合在一起了。但我不是这么认为的,我认为文化是旅游休闲的灵魂。文化是一个大题目,时时有文化,无处不文化,事事皆文化。当然现在有一点"泛文化"了,这种"泛文化"现象有好的一面,提高了我们的文化意识;不好的一面就是可能会降低我们文化的品位。旅游是生活,一个人的旅游过程是一种短期的生活方式,但对整个社会来讲,它是一种长期存在的生活方式。文化是旅游休闲的资源,旅游是文化的市场,说到本质,文化是旅游的灵魂,文化构造了旅游的核心,创造了特色,培育了吸引力。

搞旅游的经常追求那种视觉的冲击。20多年前,全国各地建的大型主题乐园现在还存在的寥寥无几。为什么呢?它只有文化的帽子而没有文化的内涵,只有视觉的冲击力。但如果把文化的品位做足了,把文化的内涵挖足了,它就能形成心灵的感应力,这是一个本质的区别。我们上海和长三角地区也建了不少主题公园,但是现在存在的真的是寥寥无几。所以,文化是灵魂。

宾馆有一星至五星,旅游景点建设有1A至5A,但是在没有"宾馆国标"之前,我们是怎么定的呢?相当于一星级的宾馆,我们叫作卫生,二星级的叫方便,三星级是舒适,四星级是豪华,五星级就是文化。五星级酒店不是豪华,五星级酒店一定是文化。什么文化?里面的服务文化、餐饮文化、设计文化、创意文化以及建筑文化和它的传统与时尚结合的文化。比如迪拜帆船酒店就体现了一种独特的文化,再如奥地利最好的五星级酒店里有著名画家的原作,你住进去就感受到了一种震撼力。所以豪华酒店里面一定有文化。我们上海也有民营的昊美艺术酒店,每间房间里面都挂着当代艺术家的作品。当然还有传统的历史的文化,比如浦江饭店的特色就是文化,它没有星级,但它很有特色。爱因斯坦是在浦江饭店听到了获得诺贝尔奖的消息,印度的诗人泰戈尔在那里住过,梅兰芳和泰戈尔在那儿还有一段对话。这些名人住过的历史现在就展现在酒店的房间里面。很多好的酒店不是豪华,而是有文化,比如说天津的利顺德酒店,里面的一个小型博物馆讲述了天津历史的发展,也讲述了天津利顺德的发展,这些都是一些文化的传承。有些酒店虽然奢华,却一点文化也没有。台灯很时尚,但有什么用呢?过去我们在宾馆建设上有一个误区,认为豪华才是最好的,但是你有没有文化?你这个文化是民族的,能不能在世界上展现魅力呢?文化在旅游行业里面的重要性显而易见。物质文化和服务文化、艺术文化、传统文化、时尚文化的结合,才是我们要挖掘开拓的一个市场。

我曾陪同国务院新闻办原主任赵启正接待联合国前秘书长潘基文的助理,他们说次年的博鳌论坛要讨论城市的文明发展和文明城市的拓展议题,潘基文因此把《周礼·考工记》看了一遍,提出全世界要学中国。当时我们确实不了解《周礼·考工记》,马上去查了一下,原来它讲的是春秋战国时期的齐国手工业发展规划和设计的所有标准和规制。韩国人研究问题确实比较深入。同样,西方社会也在研究中国的制造业,我们制造业的根基就是从春秋战国时期开始,从齐国开始的。我举这个例子,就是想说明文化很深奥,就看我们是不是去挖掘,一旦把文化挖掘出来了不得。过去我们讲文化比较多的是表面上的文化,比如演艺,漓江搞个《印象·刘三姐》,别的地方也搞情景剧,都是表面的,投资过大,我看生命力成问题。但延安保育院那一出戏,没有那么大的投资,但它有文化内涵,反映了抗日期间的民风民情,每次看大家感受都很深。

再比如餐饮文化。过去只知道吃,现在餐饮文化讲究的是餐厅的氛围,餐厅的餐具怎么摆放,放什么样的餐具。我接待过日本一个专门到中国上海来了解中国餐厅餐具的代表团。我觉得很奇怪,日本料理餐具琳琅满目,很好看,他们为什么还要来上海看?团长跟我说,中国文化确实值得钦佩,他们研究了《红楼梦》里面的餐饮文化,专门找人翻译了《红楼梦》里面叙述的菜单和餐具。我当时觉得很惭愧,我搞了 36 年旅游,我们都没做到那么极致。所以作为旅游灵魂的这个文化,还不是一般的文化,文化是有生命力的。

二、优秀文旅项目的标准

一个好的文化项目或者好的文化设施,怎么来检验?在民间有这么一个说法,"五看",文化、旅游景点也好,文化项目也好,一是观众、旅游者是不是想看,二是可看不可看,三是好看不好看,四是耐看不耐看,五是能不能反复看。这就是检验我们文化旅游项目的标准。比如我们到俄罗斯去,很多人要去一下马林斯基剧院,长三角的游客有43%的人到俄罗斯以后都要去买票听一场交响乐或者是歌剧,这就是想看。想看的基础是有文化的内涵。虽然它的建筑不是很奢华,凳子还是三四十年前的,但它里面的整个音响效果非常好,演出的剧目非常接地气。想看了,可看不可看呢？可看了,还要好看,好看了还要耐看,最后还要回头反复看。上海有一项杂技叫《时空之旅》,这是和加拿大太阳马戏团联手打造的旅游剧目。从开张到现在,投资了3 000万元,第二年就全部收回了,然后完全按照旅游的需求、外国人的需求打造,一年365天,除了大年夜不演以外,一年364天天天演同样的节目,然后每年更新一小部分节目。上海现在有70多个外国领事馆,都把这个演出作为外国贵宾到上海来访问必看的节目。这台戏的成功之处,就是外宾觉得想看,也可看,因为节目服装不是杂技团的传统服装,用的是很现代的服装,通过传统的音乐,用杂技表演节目。我经常陪人去看,但百看不厌,可看、好看、耐看。像这样的节目,能够反复看,那就值得。

我再举个例子,几年前我陪外国客人去内蒙古草原,从很远的地方看草原,从高处往下看,绿油油的,好看。下到蒙古包附近,外国客人就提出来在草地上躺一会儿,结果很糟糕,不敢躺,到处是羊粪、马粪、牛粪,高处看不出,到近处一看,真的脚都站不进去。为什么不整理出一块干干净净的草皮,让游客躺下来对着天,听着马头琴,多好的一种享受,内蒙古的草原文化就可以体现出来了。但一直到现在还是老样子,现在放牧的密集程度很高,过去一亩草只有几头牛羊,现在为了抢经济效益,都是大规模的养殖业,草原上到处都是牛粪。当地的文旅开发如果能实现一片干净的草原,让远方的客人可以躺下,多么惬意,但没人做这件事。那达慕大会也是,大家想围着一圈坐,但坐不下去,草里面都是马粪,当地人觉得踩到马粪很好啊,这就是一种乡土味,但你搞旅游、搞文化,就要兼顾游客的体验和感受。

所以从本质上来说,我们要把文化从旅游的资源进一步提升成旅游的灵魂,产品一定要有灵魂,这就是文化的内涵。旅游是文化的载体,文化是旅游的灵魂。旅游承载了文化的精神,表达了文化的内容,创造了文化的形式,最终实现了文化和市场的对接。

多年来,文化和旅游两方面是有分有合,又难舍难分,很大程度上不光是不同角度、不同认识的问题,还是怎么看的问题。过去有关这方面的争论很多，特别是在旅游局和文化部合并的时候，我们听到的一些声音都是说，诗来了，远方怎么弄？好像文化是讲保护的，旅游是讲开发的，双方是矛盾的。其实文化和旅游根本就不矛盾。比如说浙江乌镇就将文旅融合做到了极致，做成了一个精品，在国际上有很高的名气，乌镇可以说是改造最好的中国古镇之一。我参与了它第一期工程的改造，当时我们提出，千万不要把乌镇搞成周庄，搞成周庄就完了。周庄是一个成功的案例，也是一个失败的案例。周庄为什么会成名？陈逸飞《双桥》油画送给了美国石油大王，然后美国石油大王又把这个画在邓小平访问美国的时候转送给了邓小平，由此周庄开始红起来了。周庄有多少座桥？几百座桥。后来中外客人都去，所有的老百姓都想赚钱，一下子把周庄所有的街全部变成了卖蹄髈、粽子、扎肉的店，街上都是臭豆腐的味道，很多外国人受不了，没几年周庄的客源就少了，因为商业化太强了。当时设计乌镇的时候，当地的专业工作者和设计者都想打文学家茅盾的牌，说茅盾的家乡在这里，茅盾的故居也在这里，我们应该利用茅盾的名气，很快就能打响乌镇品牌。但也有很多人反对，包括当时的开发商北京中国青旅股份，说这样就不是大众的乌镇了，是茅盾的乌镇，曲高和寡。如果把它做成大众的乌镇，那么效果就不一样了。所以，乌镇后来打的是大众牌，茅盾的故居还在，茅盾的品牌可以继续做，但整个乌镇绝对没有单纯打茅盾这张牌。乌镇现在做了一个百床馆，把中国床文化在博物馆里面演绎出来，还做了若干个博物馆，用现代展示的办法去展览过去的传统江南文化。乌镇在成功的基础上又搞了每年一次的戏剧节，还有互联网大会，现在又搞了一个坐船夜游古镇的文化节目。常住在上海的外国人有 22 万，这些人经常晚上跑到乌镇去，请他们本国来的朋友吃个饭，看一下晚上乌镇的夜景。所以，乌镇不仅仅是一个普通的古镇，它是一个传承了各种文化，把建筑文化、餐饮文化挖掘得淋漓尽致的古镇。在乌镇可以吃到中国 8 个派系的菜肴，一个古镇能做到这样，是令人叹为观止的。很多文化人去了乌镇，当时很不了解，说这么好的乌镇你们为什么不申报文化遗产呢？为什么不申报文物保护单位呢？为什么不申请国家风景名胜区呢？乌镇人怎么回答？说我们要的是市场，要通过市场把文化做到极致，这就是一个最好的品牌；我们要的是被游客认可，有回头客，要让乌镇可看、耐看、好看、反复看。

　　文旅融合也有不成功的例子，比如无锡的华西大队。当年我去的时候，与华西大队书记吴仁宝发生过一次争论。他说他要做文化旅游产业，要以文化进入，而且要以宗教文化进入。我们当时不明白他有什么宗教文化可以传承，那里又没有庙。他说要建一个宝塔，宝塔放光。我们就笑了。吴仁宝是一个带领村里人奔小康的很好的领头人，但他对文化毕竟了解不多。他建的这个宝塔把最高层做成总统套间，总统套间下面是部长间。但中国的宝塔文化是供奉舍利子的，供奉的都是死人的东西，所以很多领导不敢住，有些领导去了以后，嘴里不好说，但就是不住。这个宝塔就是不太成功的案例。

再举个例子，成都大邑县，现在建的是博物馆小镇，我们去看过，学到了不少东西。这个博物馆小镇一开始的时候是农家乐，后来不断地在这个基础上发展起来了，把现代文化、传统文化和历史文化结合在一起，主要体现了民国时期的文化。他们把民国时代的建筑利用起来，准备建 100 个博物馆，虽然现在还没有完成，但已经非常可观了。他们用非常现代的手段来展现丰富的文化，比如电影博物馆，里面放电影的设备居然比上海电影制片厂库里的东西还多。我们当时真大吃一惊，这么多老物件从哪里来？他们说通过拍卖，并且把拍第一部片子的摄影机也通过拍卖拿下来了。而且这个电影博物馆是动态的，搜集了很多版本的电影，如果晚上住在镇上，可以到宾馆门口搭个架子，扯个白屏布给游客放电影。我们问他们有没有毛主席八次接见红卫兵的纪录片，他们说全有，并且很快到我们住的院子里面，把一个架子一搭，把放电影的布一装，然后开始放映我们点播的毛主席第七次、第八次接见红卫兵的纪录片。电影博物馆虽然很小，但搜集了包括《早春二月》在内的很多国内、国外的电影胶卷。镇上还有汉服博物馆，非常成功。全国各地很多学校提倡穿汉服，但汉服是怎么演变过来的，汉服的历史是什么，很多人说不清楚，汉服究竟怎么穿，也是很有讲究的。汉服博物馆虽然很小，但是讲了整个汉服的历史，让人可以了解中国的历史。

不能用专家或领导的眼光去看待旅游和文化的发展，因为专家和领导都有局限性，专家局限于专家的角度，领导局限于领导的角度。要用无形开发有形，用有形承载无形，不管是文化专家，还是旅游专家，都有相应的专业，都有局限性。我们一定要跳出旅游看旅游，跳出文化说文化，这样才能把事做到位。

文化与旅游部的官网上讲，入境游客增长了，但增长的幅度下来了。当然有多种原因,例如汇率变动,现在到中国来旅游不划算了,飞机票价格也高了,但还是有我们自己的原因,这两年在文旅项目方面确实没做到极致。你要做到极致了,人家还是会来的,就像还是会有人去乌镇的。2019年10月1日,上海搞了一个4分钟的灯光秀,就搞得很好。这个灯光秀非常现代而且有文化,国庆节7天里面把整个黄浦江两岸差点挤爆了,因为灯光秀太好,人们要看。所以好的东西就会吸引人,不好的东西就吸引不了人。好的东西人流如织,失败的门可罗雀。

上海最近在做一件文化和旅游开拓的事——街头艺人。过去街头艺人是自由职业者,见了警察、城管就要逃,上海把这些自由职业者组织起来,经过考核以后发证,在人流多的地方允许他们演出,现在倒变成上海的一景了。这些街头艺人现在已经从最初的20人发展到几百人了。最近上海在国庆节又搞了一个街艺节,一下子把全世界非常有名的街头艺人都吸引到上海来了,无形之中发展了街头文化。原来是散的,现在集中起来了,排成场次在街头演出,这样挺好,但还不够。比如我们到巴黎圣母院,晚上去看街头艺人画粉笔画,那个画的水平让人第二天都不忍心擦掉。像这样的街头文化和大剧院里面的高雅文化要同步,我们不能顾此失彼。我们晚上的夜生活还是不够。改革开放初期直到1992年,南京路一到晚上6点半,除了中百一店以外所有的商店都关门了,为什么?没有商业文化,没有灯。后来我们考虑,南京路一定要让它亮,你不亮,晚上怎么有客人?你想搞步行街也没人来。当时争论的是谁来付这个电费,当时很穷,1992年的时候,跟商店谈,做个霓虹灯怎么样?回答是做个灯可以,得给钱。我说做霓虹灯的钱可以给,他接下来又说,晚上灯亮了,我商店开了,加班费给不给?晚上没有客人来,我商店开着亏损,电费谁付?那时候的思想观念跟现在完全不一样。我们区政府、旅游局各拿一点钱出来,做一个试点,我们做了20家商店的霓虹灯,做完以后灯一亮,这个效果还真好,媒体说十里洋场的灯光又亮起来了,商店也开了,晚上有去处了。好多人特意在晚上去看南京路的灯光。虽然只有很短的一段,就50米,但很多人去看,晚上店铺的营业额就上来了。到第二次讨论要推进南京路步行街的灯光建设时,没人再跟我们讨论价钱,也没人说要装灯你付钱,只说你统一设计完以后我们做。等到第三步的时候,说你千万不要统一设计了,我们要有个性化,要自己设计。所以现在南京路从中百一店一直到外滩全部打通,2.5千米全部作为步行街开放。那么南京路步行街升级换代靠什么？就要以文化为魂，续写南京路的商业霓虹新传奇，要让过去在历史中已经沉淀凝固的文化重新在南京路步行街上活起来。我们去看了中百一店，里面既有20世纪30年代的设计，也有40年代、50年代、60年代的，各个年代的装修设计都有，浑然一体，商业文化出来了。然后咖啡文化也出来了，星巴克是一个咖啡店，但是咖啡店里有文化，在南京路石门路附近建了一个亚洲第一大的星巴克咖啡馆。我们的卫生食品规定要求食品烘焙必须是封闭的，经过上级批准，这里尝试开放型，顾客可以参观整个咖啡烘焙和面包制作的过程，现在这个有四个篮球场那么大的咖啡店成为上海的一大奇观，很多人不是去喝咖啡的，而是慕名去看流程和服务的，它变成一个景观了，而且里面还有一个小型咖啡博物馆，介绍咖啡的种植和培育等。如今，咖啡文化已经成为上海海派文化的特色标志。

通过以上这些成功和不成功的案例，我们可以找到文旅融合成功的经验，并逐步建立和完善检验文旅水平的标准。

三、文旅融合必须具有国际视野

文化和旅游要结合在一起，特别需要有一些国际视野。比如说国外一些先进的服务文化，我们现在就缺很多。上海半岛酒店提出了一个窗帘文化，说半岛酒店在全球都是这样做的，说明房间布置里面也有文化底蕴。半岛酒店表示，客人旅途要十几个小时，来了以后要倒时差，能不能在两小时之内让他在房间里就把时差倒回来了，是对酒店服务水平的检测。因此，半岛酒店的窗帘拉起来以后，用测量器量，灯光的数值是零，我们一般的酒店做不到，而且其窗帘又是防干扰的，声音进不来，所以客人到房间里只要睡下去，两个小时肯定睡着。半岛酒店把人的需求和服务文化结合起来，这样就做到极致了，所以其出租率很高。再比如，成都大邑县博物馆小镇还用现代设施做精品旅馆，他们为此专门去德国罗腾堡取经。德国罗腾堡的房子都是用石头建的，现在变成了博物馆式的旅馆，都保存得很好，至少是400年前的，最长的则是1500年前的房子，我慕名去看过，里面的设施很简陋，但是很现代。文化和历史凝固在那里了，还住过很多名人。罗腾堡有文化、有历史，并且把文化历史和住宿业结合在一起，现在一房难求。

我们过去经常听说美国的"三片文化"打进中国,第一个是好莱坞的大片,第二个是餐饮里面的薯片,第三个是芯片。这"三片文化"轻而易举地就打进中国了,为什么?还是因为有独特的文化内涵。我们说文化是旅游休闲的灵魂,如果没有这个文化,我们的文旅项目持久不了。像迪士尼开张以后第一个演出季演的是《狮子王》,结果发觉《狮子王》售票率不高,为什么不高?马上就做调查,结果一查,《狮子王》音乐的贝斯声比较响,孩子的听力会受影响,马上就改了,换成其他的演出。迪士尼文化对中国旅游业的影响是值得好好研究的。

文旅发展,既要引进来,也要走出去。我在去国外做推广时就发现一个问题,我们的对外宣传话语很成问题。在对外宣传方面,旅游局的领导也好,省里的领导也好,首先要介绍我这个城市在哪里,然后跟人家说我这个城市发展快,GDP增长了多少。你这个GDP跟人家有什么关系?你讲那么一堆数字,然后一讲到"亿",我们的翻译翻得头脑都发昏了,经常翻错。我们如何推介中国,推介中国文化和旅游很有讲究。比如有一次,我跟外交部的一个团出去,晚上我们在大使馆,中国外文局前局长周明伟就说,我们的话语不对,不符合外国人的思维习惯。我们常说,中国的改革已经进入深水区,今后面临的任务和挑战越来越严峻,但外国人认为深水区好行船,浅水区行船暗礁多,这是一个常识。只是我们讲惯了,有自己的话语体系,我们觉得到了深水区行船是难的,但其实浅水区礁石险滩更多。又如我们常说要排除万难,要用愚公移山的精神去解决存在的困难。外国人不理解,你们中国人怎么那么傻?愚公干吗要移山,那个山挡在你面前,你搬家呀,你干吗要祖祖辈辈挖下去?所以我们对外推广,需要用外国人能理解和接受的话语。

还有一个案例。马耳他总统建了一个音乐厅,结果钱不够,跟国会要,要不到,他就找美国大使馆和中国大使馆,说请世界第一大和第二大经济体支持一下,请美国负责音乐厅里面所有的窗帘和地毯,中国负责200把椅子,双方都答应了。结果过了两个月,总统去找当时的蔡大使,说美国的窗帘已经到了,椅子啥时候到?蔡大使只能说快了快了,其实刚走完外交部程序,还在走商务部程序,等程序走完大概还要两个月。正好有一个上海代表团访问马耳他,获悉此事后,团领导马上打电话给上海的一个企业家——一家家具厂厂长,说你作为政协委员,愿不愿意一起加入对外宣传的行列?厂长说愿意啊,并同意做 200 把椅子，只提出一个条件，就是椅子上面要有企业的英文商标。厂里马上就做，很快就把小样运到马耳他，总统一看欧式的椅子，很满意。厂里加班加点，两个星期就把 200 把椅子生产好，然后海运过去。总统一看椅子运出来了，又找了我们说，你们能不能帮我们搞一台晚会？我们想用民间的力量试试看，就找了上海音乐学院小提琴家俞丽拿的儿子，请他跟我们一起飞过去，在音乐厅开张的那天举办钢琴独奏会。我们去了四个人，那个家具厂厂长也去了。总统很高兴，在报纸上登广告，一下子就把中国宣传出去了。那天晚上演奏了《黄河》、肖邦的 D 大调以及当地的一个曲目。马耳他总统把 G20 国家的大使全请来了，告诉大家，今天晚上你们坐的椅子是中国的，来的钢琴家是中国的，这台钢琴也是中国朋友送的，今天晚上我们就叫"中国之夜"。第二天马耳他所有的报纸、电视头版，都宣传了中国。我们自己都没有想到会有这么好的效果。

我有一次到法国去宣传上海旅游。我们要先选点，到哪里去做宣传，宣传给谁看？商场吗？商场虽然人流量很大，但没人看这种宣传。当地人推荐说，你们到巴黎国会山公园，而且一定要在那里搞个 3 天，国会议员这两天正好在开会，你们在会议期间去，他们开会中间肯定要出来喝咖啡，你们就在那里搞宣传。我们宣传演出也不能搞得太正规，就找了 6 个杂技演员，在那里演了 3 天，结果来了 71 个议员跟我们交换名片，然后坐在那里看表演，不进去开会了。第二天报纸报道说，中国来了一个表演队，吸引了国会议员，以至于他们不专心讨论国家大事，就这么给我们做了一个广告。所以，对外宣传、对外拓展，我们虽然经验不足，但也在摸索之中。

2018 年我们曾经去毛里求斯做了一个"上海之夜"的活动，由于受到经费限制，演员不能超过 5 个人。我们就找一专多能的演员，5 个演员演了一台戏。结果那天毛里求斯总理、副总理带了 8 个部长，从头坐到尾看表演。那天我们是做了精心设计的，桌布是我们农村的扎染布，然后把民间的小雕塑、旗袍、花瓶都放在桌子上，变成一种文化展览。那天晚上放映的上海城市形象宣传片拍得很好，总理问，能不能也帮我们拍一个宣传片？我们说可以，后来上海派人去拍了一部 3 分钟的毛里求斯国家城市形象宣传片。之后毛里求斯还邀请我们各方面的演出团队去演出。所以我们到国外去做推广，要接地气，千万不能用我们传统的那些办法，要找对、找准对外宣传的话语。

四、提升文旅融合的国际竞争力

旅游和文化要形成合力，培育核心竞争力，达到"模式要做特""机制要做活""技术要做新""智能要做够""保护要做好""环境要做美""队伍要做优""素质要做高""文化要做深""市场要做透""产品要做精""服务要做细""品牌要做响""形象要做亮""产业要做强""发展要做大"。这些都是我们在平时工作中不断总结提炼出来的。如果把上面的工作做好了，我们的国际竞争力自然而然会形成。

过去说酒香不怕巷子深，但现在酒香了还得吆喝。时代变了，价值观也会变。今天的浦东有自己的建筑文化，除了贝聿铭，世界上几乎所有知名的建筑设计师都在浦东有作品，我们说上海是建筑的博物馆，再过一百年，浦东很多建筑设计就会成为经典了。所以说，如何提升竞争力，这是我们当前要考虑的一个问题。中国的文化历史沉淀的东西不少，但我们确实还有很多不足之处。日本人做事精细，把大阪城、京都城能做成那样，我们的城楼多的是，但都不开放，都保护起来了。再比如说演出，北京国家大剧院为什么不能提前两年推出演出季呢？我们上海现在也做不到，东方艺术中心只能做到提前一年半确定演出季，就是每年的演出档期、演出剧目和剧团等。我们现在还做不到，我们对外的吸引力还不够。所以，要进一步挖掘我们的文化内涵和资源，以点连线扩面，形成一个文旅融合新格局，提升国际影响力和竞争力。

要提升文旅的国际竞争力，就要用国际的语言讲好中国故事。对外宣传到底怎么做？我们很多有名的作家为什么得不到诺贝尔奖呢？没人帮你翻译。但我们的语言能力能不能提高？要避免使用外国人不能理解的话。要把握国际市场的需求变化，根据市场的需求不断地转换我们的产品，对内对外都一样。我曾给上海芭蕾舞团提过，既然国家给你拨款，那你《白毛女》为什么不天天演？《红色娘子军》外国人也愿意看，你为什么不把它优化一下，常年演呢？阳春白雪不走入生活就形不成市场。《白毛女》如果在上海天天演，每天都会有人看，即便是2 000个座位，肯定也是座无虚席的。《红色娘子军》也是同样的情况。只有上海杂技团在我们建议下改变了策略，结果现在赚钱了。芭蕾舞的票价都是800元、1 000元，老百姓能看得起吗？国外来的游客也不一定是有钱的,国外消费者来了以后更精打细算。所以市场变化了,我们得跟着变。

提高我们自身能力,融入国际市场。中国制造已经很好了,现在我们正在提创意产业、中国创造。那中国能不能在文化旅游系统方面提出"中国服务"? 我们现在为中外大众服务,就要提高服务水准,其中就包含洋为中用、古为今用,把传统和时尚结合起来。德国汉诺威世博会,我们上海去了200人的旗袍时装表演队,表演的模特都是四五十岁的女性,她们在世博会里面穿着旗袍走了一圈,引起轰动,第二天很多人邀请她们去表演。她们不是专业表演队,就是我们的"大妈"。中日建交40年时,我们跟日本商量,安排一个200人的旗袍队到日本的新宿大街上走一圈,然后到京都,跟京都的日本和服进行交流,服装交流文化由此就可以体现出来了,这就是民间的交往。

所以文化形式的创新,要落在文化内涵和文化本质上,最终形成"五个力":视觉的震撼力、历史的穿透力、文化的吸引力、生活的浸润力、快乐的激荡力。文化要穿透历史,要有吸引力,除了视觉震撼之外,还要让人感到快乐,觉得舒心。

最后,世界旅游的中国化。世界旅游的中国化背景就是全球一体化,中国现在是全球第二大经济体,虽然人均水平不高,但未来中国的经济、文化、旅游一定会融入全球中去。中国人每年旅游出国1.4亿人次,已经遍布世界各地。2018年底,我们与多米尼加和巴拿马建交。虽然多米尼加和我们刚刚建交,但已经有很多中国人在那里做生意了。世界经济融为一体是必然趋势,其基础就是市场的决定性作用。我认为,中国对于世界旅游的增长究竟发挥了多大的作用,主要看三个方面:第一,国内旅游增长对世界旅游增长的影响。国内旅游增长拉动了国际增长,为什么?国内市场国际化,国际竞争国内化。现在世界主要的饭店管理公司都进入中国了,中国的旅游在发展,酒店增加了,全球管理公司都挤着进来,其市场布局已经开始从一线城市下沉到二线、三线城市了,包括精品酒店、现代农业俱乐部、现代度假区,里面的很多设施都是进口的,这个市场已经开放了。很多建材都是进口的,包括现在主题公园的景区建设,在相当程度上也依赖进口,进口的不一定是最贵的,我们要利用国际上的资源来做我们的事。因此,中国国内旅游的发展一方面需要世界化的支撑,另一方面也拉动了世界旅游市场的发展。第二,入境旅游的影响。中国的入境旅游这几年增长速度下降了，但是总量还可以。中国在世界上有过两次"神秘感"。第一次"神秘感"就是1978年中国向世界开放以后，那时候我们很闭塞，所以很多游客被"神秘感"吸引来看中国，就像我们去看朝鲜一样。第二次"神秘感"出现在改革开放40年以后，中国的巨大变化又引起了世界的好奇，在国际市场上出现了第二次看中国、了解中国的热潮。因此，入境旅游的这个市场是有的，只是看我们怎么去做。出境市场就更大了，增长迅速。第三，中国的资金、人力资源等市场要素向世界流动。目前资本的对外输出正在展开，管理输出开始起步。比如北京的首旅集团在海外已经有很多收购案例，上海锦江集团也收购了不少，上海的一个民营企业还把法国的地中海俱乐部给收购了。"走出去"已经成为一个常态，中国在借助国外大的管理公司"走出去"。我们自己的管理也开始向外输出，当然一开始向发展中国家，最近是向"一带一路"沿线国家输出，但以后的目标肯定是发达国家。上海交响乐团最近在世界巡演，取得了非常好的成绩。这次巡演把明年、后年的订单都初步谈下来了，这就是中国文化"走出去"，这就是市场化。我们现在的文化输出还是低级形态，目前中国在全世界120多个国家建立了很多孔子学院、中国文化中心，包括国家旅游局原有的驻外办事处。

习近平总书记指出："文化产业和旅游产业密不可分，要坚持以文塑旅、以旅彰文，推动文化和旅游融合发展，让人们在领略自然之美中感悟文化之美、陶冶心灵之美。"为了响应习近平总书记关于文化和旅游融合发展的基本方针，文旅部明确了"宜融则融，能融尽融，以文促旅，以旅彰文"的工作思路。我们只要脚踏实地去做，去探索，着力推进文化和旅游深度融合，就能把中国的文化和旅游在国外的推广做大，吸引千百万人来游中国，让所有到中国来的人感到快乐、舒心。

世界遗产文化景观及其国际新动向

韩 锋[*]

文化景观是当前国际风景园林界和遗产界的热点。以文化景观的实践领域——世界遗产文化景观为切入点,来讨论和梳理文化景观的理论和实践脉络,剖析文化景观议题的意义,分析国际发展动向,有利于为建立中国国家景观保护体系提供参考框架,使中国的景观保护为世界遗产文化景观的文化多样性做出应有的贡献。

一、讨论文化景观的目的、背景和契机

讨论文化景观,不是要引进一个时髦的西方名词,而是要把它作为一个有效的平台,为世界遗产文化景观的多样性贡献中国的价值,帮助建构更为完整的国际文化景观理论和实践体系。毋庸置疑,这场讨论将具有深远的理论和实践意义。

文化景观本是一个西方文化地理学界的概念,它的核心思想是以动态、具体的文化角度来剖析和解读景观的生成、形态及意义,强调人与自然的互动性。如果近年来没有它在世界遗产领域的实践,在国际风景园林界和国际遗产保护界就不会有这么巨大的影响和争议。世界遗产文化景观类别自1992年正式设立至今,在世界范围内,对文化景观的定义、分类、标准非但没有渐趋统一,其争论反而日趋白热化。为此,国际古迹遗址理事会、国际风景园林师联合会分别于2006年成立了国际文化景观科学委员会和文化景观委员会,欧盟将文化景观列为2007—2009年度风景园林学的2个重点资助方向之

---

[*] 韩锋,同济大学建筑与城市规划学院景观学系教授,ICOMOS-IFLA国际文化景观科学委员会副主席,中国风景园林学会文化景观专业委员会主任委员。

一,来应对出现的问题。

相对于国际社会中文化景观一浪高过一浪的讨论和辩论,中国国内对于文化景观的关注似乎尚未起步。理论上,仍禁锢于人文地理学界。实践中,在中国目前的35项世界遗产中,仅有庐山风景名胜区属于文化景观一类。但是无论是在联合国教科文组织的官方文化景观类别网站上,还是在国际古迹遗址理事会的国际文化景观科学委员会的网站上,都不见庐山的踪影,也就是说,事实上,中国似乎至今没有一个被国际社会认可的典型的世界遗产文化景观。

可是中国果真能逍遥在这一场国际大辩论之外吗?事实远比我们想象的要复杂。中国近年来高涨的申遗热情以及中国世界遗产总数急剧上升,而文化景观类别的沉寂引起了国际社会的极大关注,也造成了相当多的猜疑和误解。为纪念世界遗产文化景观创立10周年,2003年世界遗产中心出版了世界遗产系列报告,在《世界遗产文化景观(1992—2002)》报告中,费勒教授分析了世界遗产文化景观的全球数量分布,在提及亚洲屈指可数的文化景观数量时,认为中国有故意规避文化景观类别的嫌疑,并可能和政府的直接管理有关。这影响巨大的质疑使中国第一次站到了风口浪尖,我们做出了回应,并激起了更大的讨论。

讨论的焦点是文化景观的概念含义以及景观的文化性,尤其是自然的非物质性的文化意义,这是一场东西方文化的大碰撞,因为东西方有着截然不同的自然观。世界遗产中西方的自然和人文对立的二元价值观遭遇到来自美洲、亚洲学者的挑战。尤其是亚洲,正如费勒教授所说:世界遗产文化景观应该具有全球的代表性,中国具有源远流长的天人哲学思想,没有了中国和亚太地区的参与,这样的文化景观体系是不完整的。

参与这场讨论,是一个让中国文化价值走向世界并获取认同的契机,也是一个在国际价值体系中反观中国景观价值、促进自身价值体系现代化的良机,因此是机遇也是挑战。

二、世界遗产文化景观及其产生的历史背景

世界遗产文化景观的核心是人和自然的共同作品,是架构自然遗产和文

化遗产的桥梁,它包括由人类有意设计和建筑的景观、有机进化的景观、联想性文化景观。有必要回顾一下世界遗产中文化景观类别产生的历史背景,以便我们能更好地理解当今国际文化景观之焦点。

1972年,在联合国教科文组织大会巴黎第十七届会议上通过了《保护世界文化和自然遗产公约》(简称《公约》),旨在鼓励确定、保存和维护并向后代传递具有"杰出普遍价值"的人类自然和文化遗产。在其后的近35年中,《公约》在提升世界遗产保护意识、增进国际相互合作与援助、保存和维护具有人类普遍杰出价值的遗产事业中发挥了极其重要的作用,使得今天世界遗产成为一个国际性概念。

然而,容易忽视的是,《公约》中的世界遗产是一个西方文化主导的产物,从一开始便带着深刻的传统西方哲学思想的烙印:那就是人和自然的对立。《公约》将遗产分为了自然和文化两个大类,泾渭分明,自然和文化形成了鲜明的对立。加之自然遗产的保护概念源自20世纪60年代,时值西方环境哲学的兴起,对自然本身的终极价值倍加关注,唯恐自然受到人文的威胁。于是,在《公约》中,文化遗产多局限于单个或组团的建筑或构筑物,而与其整体自然或人文环境无关;自然遗产强调的是自然本身的生物或美学价值,当时的自然保护者认为自然越少有人文痕迹越好,这和当时在自然遗产类别的设立中起重要作用的美国所倡导的荒野地主义以及世界自然保护联盟的自然生态导向是完全一致的。

《公约》中的自然和文化的分离体现了时代和文化的局限性,当时的人们天真地以为《公约》既然覆盖了自然和文化两大主题,那么任何人类遗产都可以找到其对应的归宿。然而事情进展得并非如想象般一帆风顺,在其后遗产实践中遭遇了自然和文化的相遇,虽然有混合遗产,但混合遗产的概念始终不能让人满意,因为在混合遗产中,自然和文化仍是分离的,不是一个有机的整体。虽然《公约》的本意是要公平对待自然和文化的价值,而非将其推入一个极端的分别对待和对立的境地,但在各国的实践中,有太多的遗产文化和自然紧密地交织在一起,要想把它们列入世界遗产,就必须将其中的人文和自然人为地分离,否则在遗产类别中就无所适从,这就将文化和自然现实地推到了两个对立的极端,这个问题进入20世纪80年代就成了争论的焦点。

世界遗产委员会关于文化景观的争论几乎贯穿了整个20世纪80年代，而其着重点则在于弥补世界遗产操作指南中文化与自然之间的裂痕。文化景观类别的建立源起于乡村景观，1984年的世界遗产委员会会议上，三个有关乡村景观的问题的议程在大会报告中被提交。

第一，在双遗产中，乡村景观符合自然遗产的第三条标准，即"自然与文化的卓越结合"，这条标准应该扩展，包含以亚洲的梯田、地中海的台地以及欧洲的葡萄庄园为代表的和谐完美但是人造的景观。第二，有关这些活化景观的演进问题。和任何城镇一样，景观经历着平稳发展、演变转化以及退化的阶段，确立世界遗产不是为了"凝固"景观而是为了维护其和谐稳定的动态演变的环境。第三，以上景观及其完整性在各国都尚未得到应有的保护和重视，必须尽快设法行动。报告指出，操作指南没有给双遗产做出具体的操作指导。世界遗产委员会要求国际古迹遗址理事会和世界自然保护联盟联合国际风景园林师联合会尽快制定双遗产中有关乡村景观的确定及提名要求。其后历届的世界遗产委员会会议中，乡村景观概念一直在不断地演进，直至1992年文化景观类别最终确立。1990年的会议上，双遗产以及乡村景观的研究更是被提到了特别优先的地位。

在此期间，英国湖区两次世界遗产申报的失败直接催生了文化景观的最终出台。英国湖区不仅有着绚丽的自然景色，更拥有丰厚的文化蕴藏。那里有史前的人类聚落遗址、罗马的堡垒、中世纪的修道院，还是英国浪漫主义运动的重要基地，同时有继续演进着的工业、农业和人类聚居景观。湖区曾在1986年和1989年两次申报世界遗产，但是对于这样一种既有历史文化渊源，又有自然乡村风光，人文与自然密不可分，同时仍然不断有机演进的富有集合意象的遗产，在当时的操作指南中找不到对应的提名标准。这对世界遗产的实践是两次具有重大影响的震动。

1992年第16届世界遗产大会终于通过了对操作条例中关于文化遗产标准的修订，谨慎地采用了文化景观这一概念，增设了文化景观类别并制定了相应的标准，使其成为文化遗产中的一个特殊类别，特别强调其为"人类和自然的共同作品"，从而成为架构自然和人文的一座桥梁，也是遗产理念从精英的、伟大的、静止的向平民的、普通的、动态的发展。

三、世界遗产文化景观的理论支撑

世界遗产所采用的文化景观概念，有着显见的西方文化地理学背景。尤其是世界遗产文化景观起始于乡村景观，至其发展出第二类活化持续演进的景观以及第三类与自然有关的非物质性的联想价值，深受新文化地理学的影响，但在范畴上，世界遗产文化景观侧重于自然和人文并重的地域。

20世纪最有影响的文化景观概念来自索尔，一般来说，西方的文化地理学从索尔创立的"伯克利学派"开始。索尔将人类学、社会学视角引入人文地理研究，使得一向专注在艺术、自然风景的景观研究，初次探索人对于大自然的影响——文化的作用，探讨不同文化社会对于景观造成的不同结果。索尔经典的文化景观定义为"文化景观是由特定的文化族群在自然景观中创建的样式，文化是动因，自然地域是载体，文化景观则是呈现的结果"。他采用的文化概念，建立在否定环境决定论和环境可能论的基础之上。他将文化看作控制人类行为的决定力量，然而，他的文化概念是特定文化族群中预设的、超稳定的主流文化。在文化、环境和人三者关系上，文化是动力，人是行动者，环境是改造对象。这样的文化概念，具有很强的文化决定论色彩，20世纪70年代"伯克利学派"的"超有机"概念更是将文化视为超有机的机制、凌驾于个人意志之上的超稳定结构，文化景观的研究是在探寻景观和这种预设的静态的文化之间的证据。

20世纪80年代，以后现代思潮为基础的新文化地理学的崛起标志着西方文化地理学的文化转向。新文化地理学对传统文化地理学文化的抽象性提出了抨击，认为文化不是抽象的存在，文化是动态的过程而不是静态的结果。超有机的文化是不存在的，文化存在于具体的政治、经济和意识形态之中。邓肯的名言"文化即政治"深刻地体现了新文化地理学强烈的政治化特征。新文化地理学将景观的文化研究从人类学引入政治学，恢复了文化地理学和政治地理学的联系，放弃了"景观是传统的生活方式的表现"这类散漫的描述，而直指文化内涵的焦点——价值观念以及相关联的符号意义。新文化地理学认为景观是"文化的意象"，是"看的方式"而不是"所见的"外在客观情景，其意义和形态受到强烈的主观意识的影响，是被带有政治性和社会性的文化所操纵的，景观以"文本"的方式记录了这种意识和文化,具有强烈的社会象征意义。因此,通过对此文本的解读,可以考察社会建构、权力竞争、意识形态和社会空间。此外,新文化地理学关心景观的社会空间性甚于其物质空间性,因此跳出了传统文化地理学的框架,偏重于乡村和历史景观的研究,将城市景观也纳入其研究视野。

文化景观的这种观念转变,对遗产景观的保护影响深远。对于景观的意义解读,尤其是对于貌似自然的景观的解读,也必须放到整个动态的非物质性的社会环境中去。自然和人文的界限变得不清晰了。受后现代思想的影响,景观的研究角度,也从精英文化、艺术唯美进入普通的、大众的、复杂演变的社会关系中。英国湖区的日常乡村自然景观也可能进入遗产保护的视野中,而不只是那些宏伟的景观。

这样的观念性转变直接催生并影响了世界遗产文化景观。前述的 20 世纪 80 年代世界文化景观的讨论就源起于乡村景观,至其设立时,已发展至包容非物质性的文化关联价值的三类景观。在这样的视野下,自然景观的文化意义被重新解读。1994 年,被列为世界自然遗产的澳大利亚的乌鲁鲁-卡塔丘塔国家公园因其原先被忽视的强烈宗教和文化象征联想意义被重新提名,成为世界上第二个文化景观遗产。还有诸多已属于其他类别的世界遗产有可能被重新提名而被列入文化景观,其中中国被提到的有 10 处,多数为中国的风景名胜区,包括峨眉山、武当山、青城山等,因为它们的自然景观承载着深厚的人文意义。

四、国际动向

在过去近 15 年的遗产实践中,文化景观作为特殊文化遗产类别,作为架构自然和文化遗产之间的桥梁,具有历史性的哲学、政治和文化意义,但也给各个不同文化背景的国家造成了极大的困惑,而今的状况是约 80% 的世界遗产文化景观分布在欧洲,欧洲之外的地区鲜有分布。无论是概念理解,还是实践操作,都存在着基于不同文化背景的困难。中国的不参与,便是一个典型的例子。

值得庆幸的是,这是一个文化多样性理念日益深入的时代,且是一个充满自我评判精神的年代。国际组织和学者都对此做出了积极的反应。

2004年的《奈克提西宣言》指出，世界遗产中人和自然的分离关系极大地阻碍了遗产景观的观念，已经给遗产的实践工作造成了极大的困扰。国际上正在意识到亚太以及其他地域对于人和自然的关系有着截然不同的价值观。现在是时候让所有的国家和地区都拥有贡献自己价值的机会，对于文化景观日趋热烈的讨论是一个契机。2005年国际古迹遗址理事会的《西安宣言》提出遗产整体环境的概念和新文化地理学文化景观的视野是一致的。遗产包括景观遗产都不能被孤立地、物质地看待，而必须将其纳入整体的、非物质的，包括社会、政治、经济、文化等一系列环境中来加以定位和解读。这里，文化景观不再是一个概念、一个类别，而是被当作具有整体观的方法论加以运用。

文化景观的概念虽然被用来弥合自然和人文之间的裂痕，但它毕竟是一个西方概念，它显示了景观一词在地理学原意中的中性色彩。然而就算在西方，也不是所有的国家都认同这个概念，在亚洲国家（包括中国）就更鲜为人知，但是它对于自然和人文关系的重点探究却是一个可以交流的平台。2006年，国际文化景观科学委员会决定推出文化景观清查卡，开放文化景观的定义，广泛征集全世界各地区的意见，加强全球文化交流，以确立文化景观的地方含义，体现文化多样性，甚至"文化景观"这一名词也可以有所改变，《欧洲风景公约》就没有采用这个名词。对于这种推进的迫切性和意义，国际文化景观科学委员会主席路易奇·扎赫日先生在《文化景观与自然纪念地》一文中表述得十分清晰。文化景观委员会亦于2006年成立了文化景观地区委员会，2007年成立了亚太文化景观指导委员会，来重点推进亚太的文化景观清查工作。

欧洲理事会更是超前行动，积极提出具有欧洲特点的《欧洲风景公约》，麦琪·罗在《〈欧洲风景公约〉：关于"文化景观"的一场思想革命》一文中对其做了很好的诠释。《欧洲风景公约》对国际的重要贡献是探索了适合欧洲文脉和地脉的景观保护模式，为探索地方或区域景观保护做了示范。它完全不同于世界遗产的保护模式，甚至有些针锋相对。它把欧洲的所有景观都列入体系之中，包括演变的、退化的、历史的，把景观看作一个有机进化体的自然进程和社会进程中的不同阶段的有机部分，而不是像世界遗产那样把某些景观从整体中分离出来，使其成为特殊对待的个体，这样的思想更符合前面讲的新文化地理学的社会政治学观点。

一贯注重自然生物多样性的世界自然保护联盟对文化景观表现出极大的兴趣。文化景观改变了传统的保护区人和自然相对抗的观念，发展出人和自然共同发展的模式。它在对第五类别的保护区——陆地/海洋景观的保护与游憩的建设中，在大型的人和自然紧密交织的景观保护中，注重自然和人类文化及无形价值，并将景观保护和环境公平、脱贫致富等社会价值与地区经济发展紧密联系起来。

五、中国的机遇

在国际文化景观这个热点中，其焦点是客观景观形态背后的人和自然的关系及价值观的意义。在这个领域，中国应该有发言权。泰勒教授近年来致力于提高亚洲文化景观的关注度，他对亚洲的文化景观做了高度的评价，认为它可以为世界遗产做出重要贡献，而中国应该起到领导作用。

对于景观的意义，尤其是和自然相关的风景的意义，中国人有着独特的人文哲学视野，有着深厚的、传统的"天人合一"哲学根基。数千年的文化积淀，使大自然的一草一木在中国人的眼里都不仅是单纯的自然物，它们已被赋予了太多的哲学和美学含义，蕴含了太多的诗情画意。这种人文，不是由简单的人类聚居生产而形成，也不是因为宗教而生成，而是源于哲学思想，并且发展出独立的山水文化，达到文化的巅峰。中国人传统上运用主观的方式看待自然并赋予其意义，象征、隐喻在中国的山水诗画中都有成熟的运用，景观空间的社会象征意义在中国园林中尤显突出。这样主动的人文追求和深厚的文化积淀，拿到当今国际上来做横向比较，仍是独树一帜的。但是，中国传统文化的精华，还远远没有被传播出去。

在此，我们看到西方文化景观在文化转向后正向我们走来，中国有机会为世界遗产自然和文化之间的桥梁，提供一种新的人文方法论，这是我们传统文化的瑰宝，它本身就是人类的遗产。中国文化对亚洲国家影响深远，传播和解说这种价值观，帮助国际组织了解和理解亚洲独特的文化景观思想，建立或推进亚洲/亚太地区的文化景观保护体系，是对人类文化景观遗产保护的贡献，也是一个文化大国应尽的责任。我们期待《亚洲景观公约》的诞生。

国际文化景观理论将受惠于中国传统文化对景观的哲学、艺术分析的深刻性,同时,重要的是,新文化地理学文化景观的理论为我们提供了新经济时代解读中国现时日常文化景观意义的工具和方法,如在资本经济运作和全球化影响之下的文化景观变迁特征以及其所体现的社会空间关系、价值观念,这些是我们的传统经验不足以支持的,其中有需要现代化的地方,也有可持冷静态度审视资本运作和全球化优劣的理念资源。我们不必太拘泥于文化景观概念的字面歧义,而要借助这个概念的视野、方法和工具,重新确立新时期的景观价值和秩序,审视、传承和发展传统文化,建构本土的景观保护体系,创建人与自然和谐相处的人居环境。

在全球化的浪潮中,我们尤其要注重保护本土的文化传统精华和重构民族的自信心。我们的传统正在遭到全球化的冲击。近年来世界遗产在中国的实践影响是巨大的,也是令人深思的,它把原属同一体系的风景名胜区割裂开来,将其分别归属于文化和自然遗产,以适应世界遗产体系。而今,这些二分法的偏差虽然在国际上被认识了,但是所造成的实际影响却永远无法消除了,很多人类聚落都从自然遗产地搬迁了,数千年保存下来的文化景观消失了,更重要的是,社会价值和生存空间发生了变化。

文化景观,已经由一个物质空间和形态议题转向了更为复杂的社会文化和价值体系议题。因此,协调保护文化景观和自然生态之间的关系,是关系到持续建构和谐人类社会以及人类社会和自然之间和谐关系的重大课题,任重而道远。

世界演艺的中国范本

商玲霞[*]

一、世界演艺案例分享

从国际对外演艺市场格局来看,主要有三方面突出表现:一是大型音乐剧和歌舞剧成为国际市场的核心产品。二是大型传媒集团纷纷涉足演出领域。演艺产品和传媒产品之间渗透趋势加速,传统剧场媒介开始出现数字化和网络化的创新探索。三是对外演出贸易方式趋于多元化。更多机构不再单纯依靠剧目输出,还通过版权贸易、对外投资剧院剧场以及本土化合资经营等方式开拓国际市场,推动了剧目、人才及资金等要素的跨国流动。英国、美国和日本是引导欧洲、北美和亚洲市场的中坚力量。中国对外演出市场的主力军是民族性的演艺产品,其中80%是杂技和民族歌舞类剧目,特别是功夫类、技艺类和传统民族歌舞类的演出。

纽约百老汇是西方演艺行业的巅峰代表,对推动美国戏剧、歌舞表演艺术做出了不可估量的贡献。百老汇聚集了时代广场附近12个街区内的51家剧院,共6万多个座位。百老汇大街44街至53街的剧院称为内百老汇,上演的是经典的、热门的、商业化的剧目;41街和56街的剧院称为外百老汇,上演的是一些实验性的、还没有名气的、低成本的剧目。2016年百老汇票房收入14.5亿美元,观众1.3亿人次,拉动纽约经济超过126亿美元,贡献了8.7万个就业岗位。北美巡演票房总收入10亿美元,观众1 400万人次,对当地城市经济带动超过32亿美元。经典歌剧《汉密尔顿》是百老汇的顶梁柱,被《纽约时报》剧评人称为"让人们变卖房产、抵押孩子买票来看都值得"的佳作。该剧严

---

[*] 商玲霞,宋城集团董事、总裁。

格遵照历史,来自不同国家、不同肤色的演员将几位开国元勋的历史通过嘻哈说唱等更能让年轻人接受的音乐形式传播出来,每周演出的上座率都是100%。2017年冬季期间,《汉密尔顿》每周收入高达330万美元,最贵的票价为998美元。奥巴马曾称"《汉密尔顿》是我一生中见过的最好的艺术作品"。

伦敦西区是与百老汇齐名的世界两大戏剧中心之一,有40个剧院,大多建立于19世纪末到20世纪初,规模从400多个座席到2 000多个座席不等,总座位数达到4万多个。西区上演的剧目非常丰富,有音乐剧、话剧、歌剧、芭蕾舞、现代舞、木偶剧、儿童剧,应有尽有。作为戏剧和娱乐的中心,伦敦西区对英国戏剧发展的意义毋庸置疑,对英国经济也发挥着令人瞩目的作用。西区2017年票房收入达到7.05亿英镑,观众达到1 500多万人次,票房收入对英国经济拉动的比例在1∶5左右。西区代表演艺作品《猫》是全世界最成功的音乐剧之一,也是世界上演出场次和观看人数最多的剧之一。1981年《猫》在新伦敦剧院首演后一炮而红,1982年开始在百老汇公演,到2000年夏天停演,打破了百老汇连续公演最久、次数最多的纪录。当然,用不了多长时间,《宋城千古情》可能就会追上它的纪录。

再来看一下法国的狂人国主题公园。大家知道,全世界最有名的主题公园大多离不开游乐设备,迪士尼、环球影城、华侨城都一样。曾经一家已经上了三台过山车的游乐公园向所有游客发了一份调查问卷,问:你们最期待明年上什么新项目?7 000份问卷回收后,游客说的是,明年上一台什么样的过山车?可见,游客永远是喜新厌旧的,如果主题公园定位是游乐为主,很容易被设备绑架、被市场绑架。狂人国是法国排名第二的大型历史主题公园,也是西方唯一不依靠游乐而以演艺为核心竞争力的主题公园,有17台表演节目、11家餐厅、5家主题酒店,多次被各国际组织评选为"全球最佳主题公园"。它的位置非常偏,位于西部旺代省的乡村地带,公园约24万平方米,周边约202万平方米,没有任何配套设施,巴黎开车过去要3个半到4个小时,每年200万游客,运营期不到7个月,冬天下雪就闭园。狂人国的代表作《福山城堡》用100分钟讲述了一个法国家庭从中世纪跨越至第二次世界大战的历史长歌,最后以持续20分钟的大型焰火表演完美收官,在24万平方米的表演场地中,共动员了2 500名专业演员、3 650名志愿者、28 000套服装,观众席位约14 000个。很多法国人以能参演《福山城堡》为荣。公园方不提供住宿、不给报酬,志愿者自己开车过去,演完后又自己开几个小时的车回家。在东方,跟狂人国最像的就是宋城。

加拿大太阳马戏团曾经引领了演艺的一个时代。它是当今世界发展最快、收益最高、最受欢迎的文艺团体之一,也是全球最大的戏剧制作公司,31年间已为近50个国家300余座城市的1.6亿名观众演出,被誉为加拿大的"国宝",是加拿大最大的文化产业出口项目。太阳马戏团对传统马戏进行了颠覆性诠释,把动物表演变成了人的表演,以豪华并极具震撼的舞台表现力,囊括了包括艾美奖、斑比奖等在内的国际演艺界各项最高荣誉。拉斯维加斯的30多台演出中有21台都是太阳马戏团出品,太阳马戏团也已经进入中国,在澳门、武汉、三亚和杭州推出的节目艺术水准非常高,舞美制作非常精良。精良到什么程度?我们给演员准备服装一般用中码,但太阳马戏团对每一个演员都是量体裁衣,先做一件模型,大概花费12万元人民币,无论演员胖了还是瘦了都会重新调整,仓库里有几万件模型,在道具方面就是这样追求极致。但现在它面临的问题是年纪大的杂技演员慢慢变老,年轻人不愿意学杂技。像我们中国河南濮阳杂技团,之前可能有5 000多人在学习杂技,但是现在发现学杂技的人越来越少了,可能只有几百人。如果高水平杂技演员不断流失,而演出又以此为主要特点,就会面临新的挑战。

再来看一下日本。日本宝冢歌剧团和四季剧团占了商业演出全部票房的70%,是一个寡头竞争的格局。宝冢歌剧团于1914年创立,最大的特点就是所有的演员都是女性(男性角色也都由女性扮演),个子都很高(超过1.72米),头发都很短,非常有英气。这个剧团非常有生命力,非常有个性,从最初20名少女的巡回演出"歌唱队",至今已经成为拥有成员400余名、毕业生4 000余名,在全日本乃至全世界都享有盛名的大型舞台表演团体,也是全世界演出次数最多的歌舞剧团。它的演出场次安排非常有意思,都放在下午2点到4点。为什么呢?这个跟日本的社会现象有关。日本女性结婚之后特别是生育之后,主要的职责是做好太太,一天当中属于自己的时间就只有下午茶,这批全职太太们就成了剧团的主要粉丝。下午2点到4点,她们可以暂时忘掉"太太"的角色,变成一个充满期待的少女,面见偶像,还能享受到演出中非常人性化的服务。所以宝冢歌剧团的演出特点也满足了这个群体的需求。

二、宋城集团发展历程

以上这些案例给了我们很多启示。宋城在这样一个时代背景下,在 23 年的发展历程中,不断打造老百姓喜闻乐见的文化作品。

1996 年宋城景区开园,提出了"给我一天,还你千年",被哈佛大学列为经典广告语之一,曾有机构评估这句广告语市场价值达 5 000 万元。其实当时是有很多争议的,一些专家提出:"在西湖边做一个假古董到底行不行?"我们有一个民俗互动节目"员外家的二小姐抛绣球",有人说:"你又抛又不抛,这个动作好像有点诱惑性。"主题公园中包含主题表演,当时还不被很多人接受,但浙江省和杭州市政府非常支持,他们带客人过来看节目,给我们鼓励和信心。一个新事物,只要弘扬正能量,把握好中国传统文化,前景一定会越来越好。1997 年我们的核心产品《宋城千古情》公演。1999 年宋城集团第一个游乐性公园杭州乐园开业。2003 年刚好是非典,我们的大剧院终于完工了,《宋城千古情》全新改版亮相,观众坐在大剧院观看,下雨时不用再穿雨披看演出了。

2006 年宋城集团在国家部委的指导和省、市、区的大力支持下,参与承办了延续 184 天的世界休闲博览会,全球 100 多个城市来到休博园开设城市馆。时任浙江省委书记的习近平多次就休博会筹办与休博园建设工作实地调研并做出重要批示,在世界休闲高层论坛上发表主旨演讲,并出席休博会开幕式。休博会确立了杭州东方休闲之都的城市定位,开启了中国休闲元年。2008 年起,宋城集团连续四年承办中国国际动漫节。动漫节期间,每天都有国际论坛和各类文化交流活动,每天的游客有十几万。

2009 年《宋城千古情》荣获中国旅游演艺第一个国家"五个一工程奖",以及中国舞蹈最高奖"荷花奖"。2010 年"宋城股份"在深圳证券交易所上市,成为中国演艺第一股。2013 年宋城开始第一轮项目拓展,大获成功,三亚、丽江、九寨各大"千古情"项目相继开业。2014 年"宋城股份"更名为"宋城演艺",旗帜鲜明地把"演艺"作为我们企业的核心竞争力。2016 年宋城演艺投资 20 亿元开发澳大利亚传奇王国项目,标志着公司正式迈出国际化的第一步。2017 年长沙宁乡"千古情"项目开业,这是一个由当地政府投资的项目,拉开了宋城品牌轻资产输出的序幕。随后的江西宜春、河南新郑项目逐一亮相,都属于宋城品牌轻资产输出系列。

2018年开始,宋城的桂林、张家界、西安、上海、佛山、西塘,以及最近签约的珠海项目将陆续开业。桂林、张家界和西安,本身都有非常好的演艺产品,我们进入以后面临的是如何实现差异化与错位竞争。杭州也曾有非常有名气的其他演出,例如《最忆是杭州》,在G20以后知名度很高,让人叹为观止,但是实景演出在运营上受到一些局限,需要看天吃饭,难以成为常态的旅游产品。旅行社和国际游客提前三个月甚至半年将演出排入行程,突然下雨演不了了,几次以后人家就不敢排了。中国大部分城市夏天很热,室外看演出有蚊子叮咬,冬天则要穿上棉袄,观众的体验感很不好。这些是实景演出的瓶颈。西安是中国旅游演艺发源城市,《饺子宴》《长恨歌》都很不错。但我们认为,就像纽约和伦敦,一个发达的城市可以容纳不同的市场,需要有好的文化产品去满足。人民群众日益增长的文化需求是非常大的,当人均GDP超过一万美元的时候,文化消费的潜力就会被激发出来。

在具体演出设置中我们有很多考虑。定位很重要,要有创作的主线,体现我们《宋城千古情》的特点。所有《宋城千古情》都是一个小时,连一分钟都不能超,因为这是游客的一种习惯,时间太长了坐不住。演出中的节奏我们也做了精心的设计,包括观众几分钟鼓掌一次,几分钟惊叹一声,等等。在演出内容方面,我们会根据各地具体的特点进行创作。有时不用过于考虑与当地其他演出的差异化,只要把剧目做到极致,市场和游客会自己做出选择。从剧目来讲,如果是创新的东西,可能会有好的市场;如果是非常守旧的东西,也会有市场,但可能比例会越来越少。我们也会定期做调研,重视旅行社、各类游客的需求,不断改进产品,只有这样才能最终得到市场的认可。

宋城现在剧院很多,景区很多,我们着重在做标准化,从而把握品质、控制成本。比如街道规划,你会发现"千古情"系列景区街区都比较窄,为什么?有时候人就是要那种摩肩接踵的感觉,但很多设计公司不知道,以为街道越宽越好,实际上人一下子就散掉了。我们文化街区的房子檐口都是很低的,为什么?这是一种人的亲近感,你二层三层设置很高,人们在景区里面不会想到二楼去,三楼就更加不会去了。街道应该多少长?我们认为80米到100米最佳,不要太长,街道的宽度最好是8米,这是基于游客心理得出的结论。我们曾经也试过广场很大、街道很宽,但是人气聚集不起来。这些因素构成了景区的整个生态系统。景区是我们的一个重要优势。如果仅仅观看一个演出,体验是不够的,等候时间也很漫长。我们有各种形式参与的活动和剧目,还有跟当地文化结合的活动,比如在丽江我们做了一个"跟牦牛一起发呆"的活动,再请一个东巴人过来现场向游客讲解,非常受年轻人欢迎。依托这样一个景区,先让游客进入这种氛围中,然后看演出达到一个高潮,那时观众的情绪已经被调动起来了。所以两者间的协同效应是非常重要的。

再以桂林为例。《印象·刘三姐》是"印象"系列中非常好的一台演出,对整个阳朔旅游起到了带动作用,但受到天气的限制。我们之前认为,宋城过去进入的城市,一般当地知名景区是第一名,宋城的演艺是第二名,但现在这几年数据已经全部反过来了。2018年7月,桂林"千古情"开业,根据大半年的数据,我们已经超出了当地知名景区很多。当然,游客的观游习惯即夜游经济是我们共同做大的。如果说一个城市本身的旅游基础比较好,我们希望在这个地方打造出更好的文化演艺作品;如果旅游基础比较弱,我们则刚好可以填补这样一个空白。"千古情"景区落地的城市大部分都有比较好的演出剧目,这种同台竞技是非常好的一件事,是能够美美与共、让大家共同成长的。杭州10年前就在政府工作报告里提出,以前游客来杭州的停留天数是1.3天,因为有了《宋城千古情》,停留天数延长了0.5天,达到了1.8天,这还是10年前的数据,现在肯定已经远远超出了。这是对我们的莫大鼓励。我们经常看到游客和投资者说,如果杭州少了宋城,在旅游文化的选择上会少了很多的色彩。其实每个城市都一样,只要有老百姓喜闻乐见的文旅剧目,就肯定会受到市场欢迎。

上海宋城位于上海的世博大舞台、黄浦江畔,由宋城建设、投资和运营,并与上海世博集团合作。上海市提出打造"亚洲演艺之都",已经有了不少演出,但有特点、有影响力的驻场演出不是很多。上海市民和国内外游客都希望看到全世界最好的剧目,既有上海元素、海派风范,也有中国特点。宋城愿意贡献一份力量,真正实现让不同民族、不同年龄、不同身份、不同国籍的人,都能多一个喜欢上海的理由。我们在上海设计了适合不同人群、风格迥异的多台个性化演出。主秀《上海千古情》立足于上海恢宏的历史长卷,再现了战国时期春申君疏浚黄浦江的力挽狂澜、中共一大的光辉历程、十里洋场的风云跌宕、新中国建设时期上海人的奉献与担当,更有世博会、浦东开发开放的文化内核,将上海红色文化、海派文化、江南文化表现得淋漓尽致。《热情桑巴》《WA!恐龙》《颜色》《S秀》《我回上海滩》等,都将带给游客不同的观演体验。

珠海宋城演艺度假区位于珠海斗门区,目前已经完成规划,有24个剧院、28台演出、55 000个座位、4个主题文化街区、2个亲子体验区、4 000间客房的主题演艺酒店,还将举办"一带一路"艺术节等大型国际艺术活动,成为世界级演艺度假目的地。这里将打造世界级的演艺秀集群,如室内剧院、实景剧场、悬浮剧院、森林剧院、科技剧院、儿童剧院、走动式剧院、旋转式剧院、餐饮剧院等,涵盖了世界上几乎所有的剧院形式和演出形态。演出剧目也将更加多元化,除了以"千古情"系列演出为王牌,还将打造和引进情景剧、惊悚剧、音乐剧、舞剧、沉浸式演出,增加街头表演艺术、舞蹈舞剧演出、国际文化交流等时尚元素,定期组织专业及跨界跨领域的大型活动,形成平台效应,吸引全世界的优秀剧目。游客要看完所有演出,至少需要2—3天。

2019年,宋城非常荣幸连续10届获得"全国文化企业三十强"荣誉称号,我们也是唯一连续10年荣获这个称号的民营企业。到2021年,宋城就25岁了,我们要做的事情还会更多。

三、"宋城模式"成功的背后

我们来看一组2018年的数据。光是4.7万平方米的杭州宋城景区,2018年营业收入就达到了8.6亿元,纳税近2亿元,3 000多座的剧院创造了一天演出18场的纪录。《宋城千古情》累计演出2.6万余场,接待游客人数超过7 700万人。对比全国主题公园旅游演艺数据,2018年剧目总数量306台,新增的剧目40多台,同时也关停了十几台。宋城演艺票房收入19.78亿元,占了整个中国旅游演艺市场份额的67%,6台"千古情"收入比其他公司的300台加在一起还要多。2018年整体营业收入32亿元,增长6.20%,利润超过15亿元,增长18.89%。我们每个项目的平均利润率非常高,这跟宋城多年积累的精细化管理和财务模型设置密不可分。2018年5月,央视《焦点访谈》报道了宋城"让传统文化潮起来";2017年全年"千古情"的系列演出创造了世界旅游文化演艺市场的五个"第一":剧院数第一、座位数第一、年演出场次第一、年观众人次第一、年演出利润第一。宋城目前拥有74个各类型的剧院,

17.5万个座位,已经超过了伦敦西区和纽约百老汇的全部座位数总和。每年"千古情"系列演出达到8 000多场,观众3 500多万人次,2019年这个数字肯定会突破4 000万。

宋城的成功离不开黄巧灵,他既是我们的总导演,也是我们的创始人、董事长,他带领我们的团队创作了一系列演艺作品,每一部《宋城千古情》都是属于中国人的史诗巨作,属于城市的文化传奇。《三亚千古情》改变了整个三亚文旅格局,原来到三亚就是玩海,有了《三亚千古情》之后,游客可以了解这座城市久远的历史和文化,产生发自内心的共鸣。《丽江千古情》的主题句是"寻找心中的香巴拉",《西安千古情》是"一个民族的史诗",《上海千古情》是"风云际会,海纳百川",《桂林千古情》是"一山一幅画,一水一段情",《张家界千古情》是"湘女多情,英雄辈出"。宁乡炭子冲是刘少奇的家乡,不是传统意义上的旅游目的地,《史记》的相关记载只有200字,不可能完全照搬。我们创作了一个人物叫"宁妃",她是《炭河千古情》中的灵魂人物,当地人看了以后都说,"原来我们这里是宁妃的故乡"。有的时候剧目对于打造地方的文化自信,提升老百姓的文化归属感、获得感是很有帮助的。

我们有一句话叫作"创意者不死,独特者永存"。这个创意既包含演出内容的创意,也包含策划的创意,还有管理模式的创意。习近平总书记在文艺工作座谈会上指出,"人民是文艺创作的源头活水"。演艺一定要接地气,一定是对这片土地和文化深入了解之后的提炼和创作。"千古情"创作很注重挖掘中华文化的"真善美"。中国传统文化源远流长,每一个地方都有不同的文化,当你挖掘出这些真善美,就没有地域隔阂,能让每一位游客产生共鸣。我们在创作《九寨千古情》的时候,关于汶川大地震能不能表现,要不要表现,有一些争议。当看过5·12汶川特大地震纪念馆后,主创人员一致认为"一定要表现",要将大灾大难面前我们体制的优越性,我们的大爱无疆、军民鱼水情表达出来。每一位看过的观众都非常感动,更加珍惜身边人,珍惜现在的美好生活。同时,要表现文化的内容,我们每一台演出的舞台表现手段一定是世界上最先进的,可以"上天、入地、赴汤、蹈火",这样才能实现技术与表演的完美融合。当然,手段和形式是为内容服务的。

宋城可能是广告打得最少的企业,每年广告费对应营收的体量可能连同等级企业的1/10都不到。最早开业时,我们策划了一个"百户上海幸运家庭游宋城"活动,当时就在《每周广播电视》上花5万元登了一次广告,很多上海市民给我们写信报名。活动当天,我们的"宋皇"带领着"士兵"到火车站去迎接这批幸运的游客,上海和浙江的媒体都跟了过来,宋城在上海市民中的影响力和知名度一下子提升了。如果完全靠广告,没有几百万元、上千万元可能根本没有效果。1996年初,我们策划了杭州乐园的寻宝活动,这也是中国最早的乐园寻宝活动。最多时一天有12万游客,创造了中国主题公园史上单日接待流量的最高峰。后来很多公园也跟着做寻宝,我们就调整为其他活动了。宋城2.0版的大策划是紧跟社会热点,比如婆媳矛盾、年轻人裸婚,通过这些热点引起大家的讨论。宋城3.0版的大策划"我回大宋"的创意源自每个人心里都有的跟历史对话的基因和情结。游客来到宋城景区,可以是江湖儿女,也可以是书生秀才,有七条主线可以选择,游客就是演员,全民参与这场沉浸式的演出。我们在不同季节做不同的活动,夏天的时候是泡沫节、泼水节,春天的时候是火把节,秋天的时候是辣椒节、狂欢节。除了演艺作为核心竞争力,我们也有配套的酒店。比如五星级的第一世界大酒店,它承担了很多国际国内的重要会议,被业界誉为会议服务专家。我们在亲子度假方面开了国内先河,比如说客房的布置、亲子度假的产品设计,走传统的路线很难超过一些酒店品牌,但是我们在这两方面做出了文化,做出了自己的特性。我们对酒店板块的定位是"要给客人不一样的居住体验"。

创新精神使得宋城历经20余年依然保持强大的竞争力和生命力。我们非常注重创新,但也时刻告诉自己"没有理由过度创新"。一个演出,投15亿元可以打100分,投7亿元只能打85分,怎么选?有的人可能会选100分,因为艺术本身是追求完美的,但是我们可能会选85分。如果是纯粹的艺术家,不用对投资负责,都不想重复自己,一定要玩一把新的,但这样会有后果。一般来讲,创新会付出很沉重的代价,要经过很多的弯路、很多的试错以后,才能成为新的模式。市场上的创新对这个行业、对宋城来说是好事,给了我们学习和借鉴的对象,但有时对投资者是不负责任的,游客的体验也不一定好。创新很重要,但不能过度,首先要活下来,然后才能活得好。比如我们的演艺公园借鉴了百老汇的模式,既有成熟的剧目,也有试验性的剧目。我们也向一些艺术家的各种艺术形式提供平台,不是为了赚钱,就是为了探索艺术方面的可能性。但大部分的情况下,我们认为还是要把握好这个度。

宋城也有自己的生态系统，打造出创意内容、线下娱乐运营、互联网娱乐三大平台，形成了全产业链的闭环。演艺作品要成功，对艺术跟市场结合的把握十分重要。哪怕演出很好，但推广不行，管理不行，老百姓看不懂、不喜欢，投资方坚持两三年是有情怀，但之后就无能为力了。总结下来就是木桶理论，每一块板都不能是短板，艺术方面的强项不能代替其他方面的弱项。宋城在艺术方面不一定是最佳的，但是因为融资、设计、建设、演出、运营、招商、策划、销售是一个闭环，我们每一方面都没有短板，所以我们这个桶装的水就会很多。

宋城四大主力景区全部进入了亚太区主题公园前二十强。杭州宋城景区排名超过了香港迪士尼，三亚、丽江、九寨包揽了亚太区演艺/主题公园增幅前三名。按照2017年数据，国内文化旅游投资超过了1.2万亿元，但其中70%的投资是永远不可能收回来的，因为很多投资对这个产业并没有充分的了解，走了很多弯路。宋城作为中国顶尖的文化、旅游、演艺品牌，经过20多年的积累后，推出了自己的轻资产和品牌输出，为政府、企业提供一揽子的解决方案和交钥匙工程，共享宋城品牌和专业优势，精准投资、提高效益，共同把项目打造成为当地的文化地标。

宋城在2018年成立了演艺艺术发展基金会，进行文化反哺。传统文化不仅赋予了宋城创作的源泉，也让宋城有了独特的文化情怀。我们的广告语"给我一天，还你千年"，既是一句对游客的承诺，也是"滴水之恩、涌泉相报"的社会担当。前些年，宋城花了3 000多万元，购置了14台大篷车，经常到农村进行精准文化扶贫活动。我们去江西、陕西等地，重走长征路，哪怕只有几个观众也要演出，因为这是我们作为一家文化企业应该践行的社会责任，这项工作我们也会一直坚持做下去。

宋城正在走向世界的舞台。为什么要走国际化的道路？首先，国际化是任何一家卓越公司的必由之路。虽然宋城从数据方面看已经非常了不起，但我们有更高的目标，"打造世界演艺第一品牌"。其次，"国际宋城"是彰显中国软实力的重要平台和载体。如果我们不去做，海外游客对中国文化和中国演艺作品的了解就不够全面真实。作为中国的文化企业，我们应该有这样的责任担当。再次，宋城在成长历程中培育、拥有了强大的国际化基因。以澳大利亚黄金海岸项目为例，黄金海岸2019年游客量有1 300万，900万是澳大利亚人，400万是国际游客，国际游客中60万是中国游客。我们准备在这里打造三大演艺秀和4个主题公园。第三方调查显示，高达71％的黄金海岸市民和受访者对该项目表示支持。有人会问，你们去了以后，在那儿讲什么故事？如果完全用中国元素，国际游客会不会不爱看？从我们国内的经验来看，国际游客欣赏宋城的演艺作品基本上没有障碍，因为艺术是没有隔阂的，比如英雄的故事、爱情的故事，这些都具有世界普适性。在澳大利亚的演出创作中，既有东方元素，也有对当地文化的提炼和展示，还有库克船长发现澳洲大陆、人与自然等主题。当地的旅游资源非常丰富，但夜间游客没有地方可去，我们演出的类型刚好填补了这个空白。当然，国际化的过程中不只有鲜花和掌声，也会面临文化差异、国情不同、消费习惯不同等各种困难，可能会有一些短暂的倒退和再次出发，但这些都很正常，我们也做好了准备。

再看看泰国芭堤雅文化演艺项目。芭堤雅素以阳光、沙滩、海鲜名扬天下，被誉为"东方夏威夷"，是世界著名的新兴海滨旅游度假胜地。它的旅游产品类型面临升级，我们认为在这样一个世界级的旅游目的地应该有更好的演出和文化项目。宋城芭堤雅项目集演艺休闲、人文体验于一体，将包含多个演出剧场、科技互动体验综合体、中泰非物质文化展示街区等板块。我们将充分利用芭堤雅现有的功能设置和旅游配套，与芭堤雅当地的人文风情特色融汇协同，打造精品演艺秀场，提升游客在芭堤雅旅游的综合体验，使宋城成为游客前往芭堤雅地区旅游的必然选择。

20多年来，宋城始终坚持对标世界著名的演艺集群和剧团，寻找差距。十几年前看拉斯维加斯知名演出时，我们是非常膜拜的，难以想象居然能有这样的舞台和表现方式。现在去看时会有一些小小的失望，发现变化并不多，甚至不能跟上时代，不知道它还能辉煌多久。我们除了"走出去"以外，也做了一些"请进来"的工作，邀请国际同行来看我们的演出。他们都非常震惊，没想到中国这么发达，演出市场已经到了这种程度，在舞台方面的运用、演出情感方面的互动能够做到这样的水平。我觉得中外之间的差距肯定有，我们需要知己知彼，了解国际模式，了解不同国家的国情，汲取别人的教训，学习别人的经验，这是我们必然要走的路，也是我们作为文化工作者的使命。道路是曲折的，前途肯定是光明的。

最后我想说，宋城是一个"世界演艺的中国范本"。作为一个人，23岁很年轻;要打造一个百年企业,23年才刚刚上路。在社会各界的支持下,通过全体宋城人的努力,我相信终有一天宋城可以成为一个世界范本。我们的终极梦想是站在世界之巅,树立中国的文化自信,用丰富的演艺形态书写中国故事,成为中华民族的骄傲。

新时代文化和旅游公共管理的使命

巫志南[*]

一、公共管理与文化和旅游公共管理

在我国,公共管理是政府的基本职能。国外不一定,国外的政府就像一个公司一样,是法治社会条件下的主体之一。政府可以去整合相关的社会力量,也就是说公共管理可以社会化,但是必须由政府主导,政府是主体,始终不能摆脱自己的职责,不能甩包袱,要综合运用政治、经济、管理、法律、文化等方法去强化政府治理和服务的能力。这些方法,这些社会力量的运用,都是围绕着政府强化自己的治理和服务的能力,实际上服务也是管理,管理即服务。因此,需要提升政府运行绩效和服务质量,从而更好地实现公共利益。党的十八届三中全会推动公共管理向社会化发展,但社会化不是把它甩给社会。

在我国,与文化相关的公共管理涉及宣传、思想、文化及意识形态领域,除文旅部之外,宣传、广电、新闻出版都承担和实施文化的公共管理。那么文化和旅游部门的公共管理怎样进一步聚焦?国家文化和旅游部承担的公共管理,主要包括文化和旅游的公共服务管理、规划政策管理、产业管理、市场管理、资源管理,文化艺术管理、文化科技管理、文物保护管理、非遗保护传承管理、对外文化交流管理、文化社会组织管理以及国家文化安全管理。

二、文化和旅游公共管理的基本内容

文化和旅游公共管理基本内容为 16 个字,即规划指导、政策指引、过程管

---

[*] 巫志南,上海社会科学院研究员,国家文化和旅游公共服务专家委员会委员。

理、绩效评价。实际上政府的工作就是围绕这16个字。

第一，规划指导，就是以编制规划的方式，对中长期和近期发展的思路目标、空间和结构的布局、重大工程项目、政策法规研究制定、宏观管理体制和微观运行机制进行梳理。实际上规划的过程是一个梳理的过程，规划做得好，思路就非常清晰，操作性强。有的规划太松散，操作性不强，没有好好地进行梳理。借助规划，就可以对管理工作进行部署和推进，规划既是部署，也是推进。当前我们迫切需要从文化和旅游融合发展的角度做好"十四五"规划，找准方向，确立目标，厘清思路，落实项目，创新机制，夯实保障。

第二，政策指引，即宏观政策要保持长期的稳定性。比如以经济建设为中心，就是保持长期稳定，长期稳定以后，社会就比较稳定。要给予社会长期稳定发展明确的指引。微观政策需要与时俱进，及时调整，因为社会变化太大，对社会的需求要进行正确的引导和管理。这里面提出了一个新的理念，就是社会的需求既要引导，也要管理。如果不去引导，不去管理，这个需求一定是向下的。对需求的管理引导是当前政策指引的重要命题，我们制定的规划对社会的需求究竟起了什么作用，需要我们思考。除了具体工作以外，政策指引工作也很重要。

第三，过程管理。事物运行过程中会遭遇各种影响性的因素，会形成各种变量。为了保持事物运行的稳定性，使之沿着正确的方向发展，就需要加强过程管理。过程管理一般包括建立联络员制度、简报制度、交流制度、公示制度、示范推广制度，开展阶段或者中期评价、核查规划任务进度和质量，等等。如果只是制定了一个规划，把事情部署下去了，没有过程管理，这个事情就靠不住，到验收阶段就会吓一跳，所以现在过程管理越来越重要。当然也不一定完全是督查，过程管理有很多好的形式，只要能够实现管理要求都可以。

第四，绩效评价。公共事务一般以公共财政资金支持为主，公共财政资金的性质是老百姓的血汗钱，所以需要评价任务完成的数量、质量，规划目标实现的情况，重大战略性、普遍性、现实性问题解决的情况。因为政策都是针对问题来制定的，以问题为导向，所以必须看一下这些问题解决了没有。解决的情况以及预决算工作资金投入产出比的衡量等方面的工作是十分必要的，投入要有绩，运行要有效，所以绩效评价以后会做得越来越实。只有做好绩效评价工作，公共事务管理才不至于虚化、任务化、形式化。

三、文化和旅游公共管理的基本要求

文化和旅游公共管理的基本要求就更重要了，如果说上面讲的是技术性的，那么这一条就是方向性的，方向比技术层面更重要。方向不明，多做多错，南辕北辙，还不如不做。文化和旅游公共管理的基本要求是：

（一）守正创新

要坚持以习近平新时代中国特色社会主义思想为指导，坚持以社会主义核心价值观为引领，建设和弘扬中国特色社会主义文化。中国特色社会主义文化要进一步明确，有四个重点：

一是中华优秀传统文化。中国特色社会主义文化肯定有它的历史深度，有它的根源，这就是中华优秀的传统文化。中华文明实际上根本不止5 000年，只是史料比较稀缺，时间比较遥远，但经过中华文明探源工程之后，现在有些历史面貌开始清晰了，比如说舜帝，就是真人真事，这是历朝历代都认同的。中华优秀的传统文化是最具有凝聚力的。

二是红色革命文化，也就是中国共产党创造的红色革命文化。

三是改革开放文化。1978年至今，40多年，是世界上的奇迹。

四是地方特色文化。我们在世界上就是一个民族——中华民族，100年前就有人提出来。中国面对世界的时候应该讲"中华民族"，少数民族的文化是中华文化的组成部分。所以地方特色文化要讲，但要放到合适的位置讲。

建设和弘扬中国特色社会主义文化是有具体内涵的。坚持高度的文化自信，就不能亦步亦趋。中国的文化发展到今天，的确借鉴和吸收了不少世界的先进经验，但坚定的文化自信就是要有定力，要认准自己的道路，不能人云亦云。就像我们现在之所以搞城市书房，是因为发现城市书房比图书馆来得有效，发现它最贴近老百姓，社会力量愿意参与。从温州开始，现在全国铺天盖地，在温州计划建3 000家城市书房，当初建了100多家，就觉得累了，因为一家耗费100万元，100多家就是1亿多元，对公共财政和社会资金来说是一个比较大的负担，医院还得造，学校还得办，不能把所有的钱都放在建城市书房上面，所以依赖财政资金不可持续。我们建议不要动用政府的资金来做，实际上只要落实《中华人民共和国公共文化服务保障法》（简称《保障法》）即可。该法第16条第2款非常适合城市书房,就是新建、改建、扩大居民居住区,应按有关规定配套建设公共文化设施。按照这一条的话,每个小区都有公建配套面积,按照国务院的要求,面积为小区的1‰到3‰,但是这块地现在基本上都在小区开发商和物业公司手上。上海就是通过贯彻落实《保障法》,推进城市书房建设,让社会专业力量去干,结果很快就超过温州,单单上海嘉定区2018年和2019年就建了60家城市书房。小区里面有一家城市书房,孩子就有好的去处,就比较安定。这种先例世界上都没有,应该好好宣传一下。所以要坚持高度的文化自信,要探索自己的道路。如果按照西方模式建图书馆,设施越建越大,越建越豪华,完全不可行。以辽宁盘锦为例,盘锦一共有图书馆、文化馆、城市展示馆、少儿馆等8个馆,每个馆2万平方米,一共16万平方米,建在离老城大概有50千米的新城。当地介绍说,新老城之间的50千米大约十年可以建设好,之所以提前十年建设这些文化设施,主要是为了拉地价,所以文化设施就变成了工具,十年当中老百姓就无法使用这些设施。这基本上是百分之百的浪费,因为十年当中,你拿这个钱去理财,肯定翻一番以上。所以对文化设施的建设也需谨慎,不能建太多文化设施,把有限的公共财政搁在文化设施上,结果又派不上用场。按照原来的国际惯例,人口与文化设施要形成一个比例关系。新加坡有成人图书馆20多座,少儿馆46座,全是小型化的,而且全是社区里面最漂亮的,布局很均衡,老百姓一抬脚就到文化设施了。所以高度的文化自信就得探索自己的路,过去的那些经验可以拿来借鉴,好就用,不好千万不能抄。

(二)以优质产品和服务不断满足人民日益增长的美好生活需要

当年的温饱时代,短缺经济,对公共文化产品的要求可能不高,现在生活美好了,差的就不行。目前提供的公共文化产品比较低端,虽然市场上文化产品实际上低端的多于高端的,但因为公共文化产品是政府提供的,低端的就是浪费公共财政,而且对社会发出一个不良信号,它起到的效果是相反的。所以,丰富的公共文化产品供给不是数量关系,是质量,宁可数量少,质量要优。

(三)坚持围绕党和国家的发展大局工作,贯彻落实党的十九大以来的重要精神

以文化和旅游的公共服务管理为例。党的十九大报告要求推动公共管理高质量发展,所以"十四五"的主线就是"高质量发展",有三大任务:

一是完善公共服务体系,扩大覆盖面,提高均衡性。完善公共服务体系有两个要求,即适用性、有效性。

二是创新实施文化惠民工程。文化惠民工程在适用性和有效性上存在不足,特别是农家书屋,是最糟糕的一项工程,这个工程违反了阅读规律。农家书屋60万家,每家都是1 000种图书(2 000册)和30种杂志,所有都是一样的标配。标准化配置就导致相互之间无法流转,因为不需要。按照一般规律,一个村读一个农家书屋的书要多少时间呢?基本上只要一年半,最多两年时间。所以,上次新华社发了一篇文稿,说是砸了多少个亿,打造了一个笑话,指的就是农家书屋。文化部办的那些工程还是有实效的,其中最好的是广播电视村村通、户户通,因为是光纤到家,看得见摸得着。当然,我们不能用今天去否定昨天,文化惠民工程是十分必要的、及时的,但与时俱进的适用性和有效性要在"十四五"期间取得实质性的突破。

三是丰富群众性文化活动。群众性文化活动铺天盖地,群众性的文化产品也俯拾即是,但欠缺引领性、高品质的产品,结果难免会有低俗之处。实际上习近平总书记早就要求我们反三俗,即反低俗、庸俗、媚俗。艺术高雅一点好,但不是说每个人都要成为艺术家。宋徽宗就是这样一个例子,他登基的时候,大宋王朝还是全世界最强大的国家,结果十几年就垮了,因为他喜爱艺术花鸟画,一帮大臣、一批打仗的将领也都在追随他搞艺术。当时宋朝有66万大军,打不过大金国的6万军队。现在中美较量刚刚开始,更加激烈的较量会持续十年、二十年,那时候靠谁?靠我们的下一代,现在读小学的这批人,假如这批人一天到晚都在搞艺术,那就糟糕了。所以我们文旅部到底倡导什么艺术?到底谁去搞艺术?这些事情要弄清楚。我们讲全民艺术普及,是希望全民对艺术有鉴赏能力,比如说听巴赫的音乐,巴赫的音乐好在哪里?它比较规范、线条很清楚,都是有规律的。提高鉴赏能力没错,如果都要培养成艺术家的话,恐怕不妥,所以这个事情要适度。现在所有的学校、幼儿园都强调孩子在艺术方面有一技之长,但实际上应该强调科技方面的一技之长。孔夫子当时鼓励孩子学什么呢?多识鸟兽草木之名,跟后来先哲们讲的格物致知是一个道理,即了解自然规律、自然事物到底是怎么回事,并形成一种兴趣。孔夫子讲的六艺,经济、军事、日常生活都在里面,而我们搞的新六艺是舞蹈、音乐,全都是艺术。所以,传承中华优秀传统文化不能走偏。日本的公民馆就比我们搞得好,日本已经有一个很严谨的图书馆系统,在图书馆系统之外又搞了公民馆。图书馆可以社会力量办,公民馆一概由政府办,公民馆里的负责人是政府的人。公民馆讲的是日本公民的应知应会,就是公民素质,摆在第一位的就是日本的法律,因为"公民"是一个法律概念。日本公民进入社会之前,先把公民常适用的法律搞明白。第二位是日本的人文传统、历史人文。第三位是最新的科技发展、科技进展。第四位是健康生活习惯,帮助公民养成好的生活习惯。第五位,才讲点日本的宝冢歌剧团、日本的国宝,等等。所以日本公民馆的知识结构是五个方面,确实有很多地方值得我们借鉴。

(四)文化和旅游公共管理全过程各方面都要贯彻落实习近平总书记的15字要求

一是举旗帜,一定要高举中国特色社会主义大旗。现在境外势力、宗教势力在大规模地进入,所以,高举中国特色社会主义大旗,不能把中国社会变成别国的地盘,这个就是阵地。

二是聚民心,聚民心就是大服务、广凝聚、高认同。什么意思呢?就是不能只关注少数人。我们的公共管理和市场都不能只聚焦在少数人,因为共产党是老百姓的党,要大多数老百姓跟着共产党走,这个天下才稳定。我们过去有一个说法叫特殊群体,什么是特殊群体?老年人、妇女儿童、残障人士、流动人口这四类。这四类占人口比例是多少?80%以上。老人按照上海的水平,大概要接近20%,全国的平均是16.6%,妇女是人口的50%,儿童是16.6%,残疾人是1%,再加上流动人口,3%到5%,所以快接近90%。所以我们原来讲的"特殊群体"这个概念不严谨,虽然中央文件也在用,但仔细推敲起来是有点问题,实际上这个"特殊群体"是大众,不是小众。所以,聚民心,要聚大多数民心。

三是育新人,青少年是工作重心。针对农家书屋,根据文件要求,示范一批,提升一批,改造一批,仍然是通过出版社和新华书店这个渠道去做,但这种方式不能根本解决问题。如果说要示范一批,那就是重金打造,就是制造新的不平等、不平衡,就是过度透支局部地区的财力,适得其反。救活农家书屋的唯一路径,就是将它纳入公共运作体系,不能用出版社和新华书店来运作。因为新华书店、出版社积压了三五年的书按道理要进造纸厂化纸浆,现在国家财政资金来了,有三四十亿元,然后就用这个钱购买库存书、积压书给农村的老百姓，放在农家书屋的书架上，实际上这些书原来都是要送去化纸浆的。应该打破部门的界限，在部门职能与百姓需求不能精准对接的情况下，还是要把老百姓的利益摆在部门利益之先、之上。

现在最大的问题是没有人真正去关心青少年。关于非遗进校园、书画进校园、文化活动进校园，这类活动千万不能过多，校园里面的学生压力很大，负担很重，本来校园就有美育，就有图画课，你再把更多的文化活动推进校园，恐怕学生和学校都难以承受。有的时候不能听风就是雨，一定要实事求是，不能跟风走，任何时候都要保持清醒的判断力。青少年是公共文化服务的工作重心。重庆市江津区做了一件非常好的事，青少年放学离开学校之后，他们把孩子接到文化场所，第一件事让孩子好好做作业，不是一天到晚逼着孩子去唱歌跳舞学非遗，而是先把作业做好。老年人，老有所乐，三观都是确定的，你要怎么改变不大可能，所以老年人跳跳广场舞是可以的，我们应该聚焦的是育新人。还有游戏产业与青少年的关系问题，有个关于控制游戏产业总量的文件值得商榷。游戏产业里面要细分，实际上有些游戏是好的，对青少年是有益的，所以游戏产业不是一个总量问题，而是结构问题，要调整它的结构，让健康的游戏大发展，减少甚至封杀那些打打杀杀的游戏，疏堵要结合。

四是兴文化，兴中华优秀传统文化、红色革命文化、改革开放文化、地方特色文化。

五是展形象，要展正面形象，引人向上向善。

文化和旅游公共管理的基本要求，集中体现为"以文化人，以文育人"，这是习近平总书记讲的8个字，这8个字是交给原来的文化部的主要任务。围绕党的十九大提出的提高公民精神文化素养、建设学习型社会的大局，推动娱乐型社会向学习型社会转变。现在整个社会太娱乐化了，所以习近平总书记要反两个"泛"，一个是泛物质化，另一个是泛娱乐化。娱乐性社会害死人，过度娱乐的话，中华民族的优秀传统、勤劳勇敢的中华民族就不存在了，敌对国家乐见其成。所以娱乐型社会应该向学习型社会转变，也就是娱乐型的公共文化服务应该向学习型、引领型的正确方向转变。实际上中华民族最优秀的传统就是四个字"崇文重教"，不是娱乐，娱乐过度一定会出问题。创作生产更多更好的精神文化产品，提高文明旅游发展水平，这也是习近平总书记的要求。

（五）发展乡村文化

围绕党和国家乡村振兴战略，以文化和旅游公共管理为重要切入点，以人的发展为重点，提升乡村群众文化素养，繁荣乡村文化，带动乡村经济，助力乡村振兴。乡村振兴战略实际上是我们国内最大的战略，乡村文化不跟乡村振兴结合起来，一定就是没用的。发展乡村文化以人的发展为根本，不要都是引进资本。乡村振兴案例中，引进资本只是为了做个示范样本，接下来主要是让乡村的群众跟着示范的样式学，从而使村民们增长才干、提升能力。乡村文化始终都要以百姓为中心、为主体、为主角。最近唐山市出台全国第一个乡村文旅服务中心标准，这是正确的举措。建议文旅部到那里开一个现场会，把民宿资本引进来，但引进来以后只让资本做几栋民宿，大概占村子的1%，然后让村民跟着学，有样学样，这个模式比较好。全体村民家家户户开民宿，都达到示范样本的水平，这就是带动当地人发展。而不是像有的地方，让资本把整个村子包下来，把人迁出去，包装一下，再把老百姓雇过来做雇工，这种是资本的发展，不是以人为本的发展。所以乡村振兴有的时候也会走歪路。这个案例则真正体现了老百姓的发展，即便是1%的资本，也是为老百姓服务的样本，村子里老百姓的主人翁地位始终不变。还有一个案例是苏州的树山村。这个村原来是一个问题村，在太湖边上，家家户户一边种田，一边捕鱼，民风比较彪悍，一直是群体打架斗殴事件的高发地。十几年前开始发展旅游业，政府没有引进资本，只是引进了智力帮助来规划树山村的结构布局，对环境进行整治，然后布局文旅融合产业。目前家家户户开民宿，家家户户搞经营，十几年了非常稳定祥和，日子越过越好。这个地方背靠山，面向太湖，一年四季都有花海，这是一个文旅融合的典范，周末常常一房难求。

（六）助力经济社会发展

文化要助力经济社会发展，围绕国家全面深化文旅融合、大力发展文化和旅游产业、帮助公民就业的大局，推动文化建设从单一孤立思路和应付任务向积极带动和促进经济发展转变。

（七）推进文化和旅游现代治理

现代治理是文化和旅游公共管理的基本保证。

一是全面依法治国，文化和旅游不能例外。在法治社会中，文化和旅游领域事业的、社会公益的、市场的各类主体必须作为真正的法人，能够独立地承担法律责任。在文化和旅游领域，不应当存在现代治理的盲点、低点，必须大力加强法治建设，加快推进政策法规的研究制定。现在文旅领域的法律数量少于经济市场领域，文化旅游的法治建设是滞后的，要加强文旅立法。当然，一部法律出台需要时间，像公共图书馆法律出台花了13年。

二是准确理解中央全面依法治国的精神。以公共管理现代治理为例，十八届三中全会和2017年中宣部、文化部等七部委文件，均明确要求推进公共文化机构建立理事会形式的法人治理结构，即决策一定要通过理事会，咨询性的不具有决策权的理事会不是法治社会的主体。可以吸收事业单位外部人员参加决策，主要是确保公益目标实现。决策层和管理层职责要分清。要加强党的领导，党的领导和顶层设计，就是双向进入，党组织的领导在理事会要担任要职，重大事项上，理事会需要提前报告。但目前全国推进速度太慢，很多机构还不是合格的主体，这方面的工作量很大。

（八）通过数字技术提高管理效能

以科技手段提高管理效能，在特定的历史时期非常重要。

一是建设集规划指导、政策指引、信息发布、项目实施、资金支持、辅导培训、过程管理、品牌推介、经验交流、绩效评价、意见反馈于一体的综合性一站式数字化综合管理平台，这种管理平台现在非常缺，事实上数字化管理成本低、效率高，还可以积累大数据。

二是建设文化和旅游大数据管理系统。数据需要多渠道采集，必须有五到六个渠道才会得出一个比较客观的结论，比如说平台、服务、管理、资源、支持、评价分别来自六个渠道的数据，就基本上是准确的。然后是数据汇总，因为现在数据都在各个部门不汇总，其实只有汇总了以后才能得出正确的结论。

三是分析存储、挖掘利用数据，拿到数据以后不去挖掘利用，不去进行数据分析，是不行的。

四是开放数据应用，数据有了以后不开放，变成部门所有，相互之间不打通，数据仍然是没用的。比如说年鉴的数据是每月采集一次，我们都看不到，到第二年才能发布，所以滞后一年左右。实际上应该同步开放数据应用，因为时代变化太快。

（九）社会化发展是文化和旅游改革的战略选择

社会化发展是党中央的重大决策，理念就是坚持社会公平正义和权利平等,坚持开放发展,坚持公平竞争,思路就是从管脚下转向管天下,政府不包办,机构不垄断。举措就是改变文旅的公共管理的实现方式,实施社会化的开放管理,引进社会和市场的主体参与管理,不能再搞垄断式的管理。机制就是政府出台指导意见和目录,有序推进购买管理的公共服务。

四、现阶段文化和旅游公共管理的战略重点

一是全面推进文旅深度融合,要做趋势性分析。从转型升级战略看,产业转型升级替代迫切需要一些替补,原来房地产创造了巨大的GDP,现在需要新动能填进去,加快消费升级,优质产品短缺的结构性问题要指望文旅来解决。

二是从文化强国、竞争的角度看,文旅打破原有的边界,空间更广大,有利于中华文化走向世界,因为文旅具有世界的共通性。习近平总书记之所以特别重视亚洲文明对话大会,是因为中华文化的国际传播更加有力、有效。

三是从"一带一路"倡议、人类命运共同体看,"一带一路"沿线国家的文旅项目合作可以提高各国的经济就业水平,有助于形成共同利益。人类命运共同体需要有现实意义的操作抓手,文旅就是一个重要的抓手。注重文明交流互鉴方面的重要作用,实施亚洲旅游促进计划,主要是文化方面的旅游。

按重要性分析,服务业现在已经是国内第一大产业,文旅就属于服务业。美国服务业在经济中占比为80%,我们为52%,差了人家近30%,但这是一个好事,因为我们发展空间大,可以更快地发展,等我们也到了80%,就能跟他们并驾齐驱了。目前文化产业占比4.3%,旅游为6.6%,但不能就此说旅游就一定比文化产业发展得好,因为旅游业人多,中西部旅游业的比重也是很高的,这就说明有人的因素在里面。而文化产业主要是在中心城市,中西部基本上没有,所以要看到这里面的问题。从北京、上海的情况来看,其文化产业远远要比旅游业发展得好。所以我们一方面是起步晚、起点低,另一方面是空间大,所以要积极思维,我们可以以更快的速度发展。未来的预期是,大文化概念的文旅产业可以达到GDP的1/5—1/4。这时候文旅部就是国务院组成部门当中重要的产业部门。

现阶段,文化和旅游公共管理的工作重心有五点:第一,准确定位。作为GDP总量世界第二,旅游人口世界第一,旅游市场规模、产业规模世界第一的

大国,作为大国旅游的主管部门,文旅部发展文旅产业需要做足定位文章,要有充分的想象力,没有想象力不行。第二,制定政策。文旅融合是体制性的跨越,是一种体制改革,优化公共管理,重在营造全新的政策环境,面向社会发布正确的信号。第三,编制规划。组织力量精心研究,编制文旅部国家文旅产业融合近期、中期、长期规划,包括三年行动方案,中期的时间节点可以是"十四五""十五五"或者是 2035 年,2035 年是最起码的,最好做到 2049 年。现在上海做规划都做到 2049 年,有一个长期的展望,保持一张蓝图绘到底。当然,中期时可以进行调整,但有长期规划比没有好。第四,先行试点。紧密结合乡村振兴、"一带一路"倡议、人类命运共同体等党和国家的重大部署,以及京津冀、长三角、大湾区、长江经济带这些国家重大战略布局,厘清主线,设计承载和落地试点项目,每个司局都应有一些具体项目。第五,项目带动。部署一批文旅产业改革创新发展的重大项目,可以是基础性、战略性、引导性的重大工程,文旅产业在这里面权重比较大,特色乡村、特色城市、特色区域、战略主体培育、行业协会、基金会等这些手段都可以用。

第五章

城市软实力与多层次文化外交

导　言

文化软实力现在几乎成为一个热词,在学界也几乎成为一门热学。从国家层面到最基层政府层面,从高等学府到实践部门,都在谈论"软实力",软实力的研究和建设得到了前所未有的重视,甚至已经进入我们的顶层设计。党的十七大、十八大一直到十九大的决议里都强调了国家文化软实力的建设。所谓的国家文化软实力,是以国家为本位,由文化的积累、文化的凝聚、文化的传承、文化的培养、文化的创造、文化的生产、文化的贸易、文化的传播等能力组成的综合开发运用能力。

众所周知,软实力理论最早是由美国著名政治学者、哈佛大学的教授,曾经是肯尼迪学院的院长约瑟夫·奈于20世纪90年代初率先提出,他将软实力概括为"一种依靠吸引力,而非通过威逼或利诱的手段来达到目标的能力"。他的软实力分三个层次:一是文化吸引力,二是意识形态或价值观的吸引力,三是制定国际规则的能力。按照约瑟夫的观点,他所阐述的软实力,主要运用在国际关系当中,即能影响到他国意愿的无形的精神力,包括政治制度的吸引力、价值观的感召力、文化的感染力,还有外交的说服力。

我们国家引进软实力理论习惯将其与文化进行组合,谓之曰文化软实力,这样的词汇大量出现在我们的官方文件和传播媒体上。文化对于一个民族的重要性在于它不仅相对于这个民族要追求的目标而言,具有外在的工具价值,而且作为这个民族内在素质的组成部分,对这个民族具有内在的价值。因此将软实力与文化结合起来研究,成为我们国内学界的一个主流,也成为现实中国家精神层面建设的主要追求。文化软实力是软实力的一个重要方面,它是以文化为基础的国家软实力,这一概念是一个系统因素的整体体现。它取决于政治制度和价值体系的确立,国民素质和道德水准的完善,也包括知识体系的创造力和决策力,外交的智慧和策略。它的基本内涵包括人民的基本文化权益是否得到保障,社会的文化生活是否更加丰富多彩,人民的精神风貌是否更加昂扬向上,也体现为中国文化在世界范围内是否形成良好的形象,从而产生相应的吸引力,等等。

因此将文化作为国家软实力的研究重点具有现实的意义,这些研究呈现三个特点:从科研主体来看,从零碎的研究向组织研究发展;从学科研究来看,从单一国际政治学研究向跨学科综合研究发展;从研究重点来看,从诠释西方学者观点向中国软实力话语体系建构发展。这三个特点中第三个特点最重要。

正是从建设中国自己的话语体系考量,中共上海市第十一届委员会第十一次全体会议特别引人注目,因为会议审议并通过了《中共上海市委关于厚植城市精神彰显城市品格全面提升上海城市软实力的意见》,会议将习近平总书记亲自为上海提炼概括的城市精神(海纳百川、追求卓越、开明睿智、大气谦和)和城市品格(开放、创新、包容)作为城市软实力的核心,第一次将城市软实力作为上海市委全会的主要议题并正式写进了决议,这在地方党委上还是首开先例,也是上海代表国家参与国际合作和竞争的主动担当,更是建设中国自己话语体系的一次有益探索。这次全会率先提出城市软实力这一概念,它大体涉及六个方面:一是精神内核,二是文化特质,三是人居环境,四是治理模式,五是城市形象的国际传播,六是提升营商环境。为什么要在这个时候提出提升城市软实力?某种程度这是国家意志、国家战略的体现,中国城市化进程突飞猛进,现在已经到了64%,城市已经成为国家软实力的主要表现与主要承载地。从这一意义来阐释,城市软实力就是国家软实力的地方体现,而国家软实力则是城市软实力的集中聚合。未来城市的理念就是要贯彻"人民城市人民建,人民城市为人民"的思想,以人为本,因此从这个角度来说,人人都是软实力,人人都是外交家,文化外交也就是人民外交、公共外交。所以本章就是从城市软实力和多层次文化外交切入。

本章共收入五位专家的演讲,他们分别从城市建筑文化、城市演艺文化、城市译介文化、城市民俗文化等不同角度来演绎城市故事,书写中国形象,进行文化外交。其中徐锦江的文章从全球城市的发展模式来梳理城市的发展脉络,介绍了世界城市研究的门派以及我们改革开放后城市化的做法,最后落脚到城市软实力的解读。特别是他说的城市故事"1.0版始于建筑,2.0版成于故事,3.0版归结到人",很有见地,巧妙地把城市软实力与阅读城市以及讲好中国故事很自然地串联起来。黄昌勇的文章从打响上海文化品牌切入,探讨建设上海国际文化大都市的目标,与徐锦江的文章相互呼应、相得益彰。徐以骅的文章撷取了宗教文化这一特殊的角度,谈了宗教文化在公共外交和文化外交中的地位与作用,也是在"一带一路"倡议中影响民意、沟通民情的有效手段,因此在国际文化交流中它有不可替代、不可或缺的作用。谢天振的文章强调了翻译是一种特殊的国际文化交流,而不是仅仅拘泥于一种语言到另一种语言的转换,特别找到中华文化在外译上的瓶颈,提出文化外译的新场景、新问题、新规律。陈勤建的文章从民俗学和非遗文化角度来赞美中国老百姓的民间智慧和文化传承,而这恰恰是世界共通的习俗与语言,是值得文化交流的百姓语汇和民心相通的基础。

全球城市发展模式和提升城市软实力

徐锦江[*]

我今天主要围绕两个主题,第一个是全球的城市发展模式,第二个是软实力,我会把上海最近在推进的"建筑可阅读"活动作为案例,来说明如何讲好中国故事。

上海有三种文化,即红色文化、海派文化和江南文化。红色文化的代表有中共一大、二大会址以及虹口区的中共四大纪念馆。海派文化有外滩的万国建筑博览群,改革开放后陆家嘴形成的现代和后现代建筑群,还有犹太难民纪念馆,上海当年拯救了很多犹太人,成为一个避难之所,体现了这座城市高度的包容性,武康路最近特别网红,有人说"不到武康大楼打个卡,就不算到过上海",这些都是海派文化的典型代表,体现了上海开放、创新、包容的城市品格。至于江南文化,上海的痕迹已经比较少了,尤其是市区里面,豫园可以算一个,其实周边也有一些水乡古镇,包括朱家角、金泽、新场,都很不错。

最近上海还有一个网红地,乌鲁木齐路上有一个菜场,叫乌中菜场,普拉达(Prada)包装这个菜场,把这个菜场设计了一番,用普拉达的包袋装蔬菜,使其变成了网红打卡地。除了平时买菜的市民以外,很多潮男潮女都到那边去,就是为了拿到普拉达的袋子。有一个时髦的潮女,跑到那边买了一把芹菜,她出来以后把芹菜扔到垃圾车里去了,就拿了一个袋子,这种行为肯定是要受到谴责。但我们要问:普拉达的品牌为什么有这么大的魔力?这也对我有所启发,就是说我们还是要有自己的品牌,包括我们的品牌故事和内涵,一个城市是一个品牌,中国也是一个品牌,讲好中国故事很重要,你能不能把故事讲到像普拉达这种程度,大家为了它的一个Logo,为了一个袋子要跑去菜场,买

---

[*] 徐锦江,上海社会科学院文学研究所所长、城市文化创新研究院院长,研究员。

这个菜,如果中国故事讲到这个程度,就有品牌价值了,就成功了。我们城市和国家,同样有一个品牌传播推广的工作,这也是软实力的体现。美国人推广品牌,输出软实力,主要是通过流行文化,如好莱坞电影、迪士尼等,美国文化软实力就是通过这些东西向全世界扩散传播的。

那么我们中国有些什么品牌呢?最近还是有一些成功的案例。比如说大熊猫,也是我们中国的一个品牌;前不久的大象迁徙,无形当中为我们国家做了一个非常好的品牌形象推广工作;还有李子柒的美食短视频,也是网红,无形当中也在传播我们的中华文化;包括网络小说,也产生了一定影响。我们很多文艺院团跑到海外演出,都说上座率很高,其实大家也都知道,很多是"走出去",但没有"走进去",上座率都是靠华侨送票在支撑。但刚才讲的民间力量倒是真正"走出去""走进去"了,讲好中国故事,除了官方之外,还要充分利用民间的资源,只有这样,文化的传播才能更加有效。

一、全球城市发展的模式

我在许多讲座上做的调查结果发现,喜欢浦西的人远远超过喜欢浦东的人。

做这个调查想说明什么问题呢?还是跟我要讲的这个城市发展理念相关。谈到城市,先要对世界城市的发展理念有一个基本了解。美国有一个非常著名的人文主义城市规划学家叫芒福德,他曾经说过:一个城市象征地看就是整个世界,一个世界从它的具体内容来看就是一个城市。所以城市在现代人的生活当中成为非常重要的内容。如果从城市的起源开始讲起,可能太虚无缥缈。近代以后,全球的城市发展主要有两个研究学派。一个学派叫芝加哥学派,主要是在 20 世纪 30 年代诞生的。它的核心观点是同心环状理论,就是有一个市中心,然后围绕着这个市中心一圈一圈向外扩散。最典型的城市就是这个学派所在的芝加哥。大家知道,中国很多城市基本上都是采取这个模式的,北京已经发展到六环、七环了,上海也是内环、中环、外环,差不多都按照同心环状的城市规划方式在发展。到了 20 世纪 80 年代,美国又出现了一个新的城市研究学派,叫洛杉矶学派,它是以包括洛杉矶在内的五个城市所在的加利福尼亚南部地区为实证基础而诞生的。这个学派有什么特点呢?它崇尚城市诞生在交通枢纽地带，完全按照交通线的延伸自然形成，没有市中心。所以到洛杉矶地区访问，按照中国人的习惯问市中心在什么地方，类似于上海的南京路、淮海路，或者北京的王府井，当地人会觉得比较奇怪，因为那里没有像我们这样有一个非常核心的市中心，它就是一个都市地带，是多中心的、星罗棋布的格局。洛杉矶学派认为这在将来会取代纽约，成为后现代城市的发展模式。这是两个学派的理论。

关于城市发展，同时存在两种不同的发展理念。一种叫形体主义，它强调规划决定论、城市的功能、机械增长。还有一种城市发展理念，就是人文主义的发展理念，它强调城市的多样性、历史风貌保护、可持续发展。我刚才提到的浦东和浦西，作为一个例证，可以比较形象地说明这两种不同的城市发展理念，浦东就是形体主义，浦西就是人文主义。

形体主义，要从1853年法国巴黎一个叫奥斯曼的男爵说起，他是拿破仑三世时代任命的城市执政官，在他手里，巴黎开始了长达18年的城市改造，我们今天看到的巴黎，基本上就是奥斯曼留下的痕迹。巴黎规划的一个成果，就是很典型的凯旋门，12条大道辐射向四面八方，中间是一个标志性的凯旋门。我们今天看到的巴黎，基本上还是这样一个格局。

之后出现了芒福德的人文主义城市观，还有霍华德的田园城市，他写了一本书，叫《明日的田园城市》，书中提出了"田园城市"的概念。

奥斯曼以后又出现了一个非常著名的人，叫柯布西耶，提出了"光辉城市"的概念，这个概念是霍华德的田园城市的现实翻版，柯布西耶喜欢从空中的视角来规划城市，他非常喜欢坐飞机，从空中看地面，就可以像上帝一样主宰城市。他的空中城市的美丽图形是什么呢？就是摩天大楼、标志性建筑、大广场、大绿地、宽阔笔直的交通主干道，这就是光辉城市的模式，从空中视角看下去进行规划的模式。巴西新的首都巴西利亚就是按照他的理念规划的。这种城市在历史上是有巨大贡献的，很大程度上塑造了我们的现代城市。巴西利亚从空中看下去，有标志性建筑、大广场、大绿地，跟我们浦东非常相似，但这样一个城市，你们发现有什么问题吗？它看上去非常整洁、有序，但同时缺少活力，显得单调，包括从交通上来说，到浦东去，世纪大道一条道，车行可能感觉很方便。但最近《学习时报》连载了18篇"习近平在上海"的文章，采访了很多当事人，里面有一位是浦东当时的宣传部部长，他跟总书记介绍当时浦东的开发情况。他在文章里面谈到,每 1 平方千米,按照全世界城市的平均水平要有 80 个路口,但浦东新区的平均水平只有 17 个路口,北京海淀区只有 14 个路口。这种规划对驾车有利,对人不友好。而且看上去宽阔的大道,好像交通很方便,但万一中间发生堵塞,没有旁边的支路可以疏散,反而增加了交通堵塞的可能性,另外长距离增加了通勤时间,这就是光辉城市的问题。前几天还看到一篇文章,上海搞了很多绿地,但这个绿地不允许市民在上面搭帐篷野餐,文章说,难道这个绿地只能看,不能在里面活动吗? 当然市民素质是另外一个问题,但难道大片的绿地就是为了景观,不能成为人活动的区域吗? 这是光辉城市的另一个问题。

后来柯布西耶的空中视角遭到了什么挑战呢? 那就是照相机的普及,把空中视角拉回到地面视角,因为一个人在空中看这个城市和在地面上看这个城市是不一样的,空中看城市好像你是上帝,像在搭积木,完全是规划可控的。但在地面上看城市,就会想到我们生活的关联性,人文主义是反对城市规划的,不仅否定光辉城市的城市规划,甚至连霍华德的田园城市的规划也一并否定。我们现在很多规划还是受到光辉城市和田园城市的影响,全国各地基本上还是按照这些模式进行的。但世界城市的一个发展趋势,是人文主义和地面视角,讲究的是文化的多样性、城市的活力。再说得直白一点,就是你这个城市要有烟火气、市井气,接地气,聚人气。在刚刚改革开放的时候,形体主义没有什么错,你不能苛求前人,我们那个时候的认识水平就是这样的,包括我自己,都希望住到高楼大厦里去。浦东当时的规划其实也有两种不同的方案,一种就是形体主义的,另一种讲究小尺度、曲线、人与人之间的接触。但在当时的历史条件下,叫谁去选择,都不会选择小尺度,都会选择形体主义。奥斯曼建形体城市时就遭到很大的抵抗,虽然成就了令人向往的巴黎,但也经历了大拆大建、拉大贫富差距的时期。现在,一些城市通过大拆大建来建形体城市,把历史风貌给破坏掉了,长距离通勤反而造成了很多交通不便。另外,还存在造成贫富隔离的现象,然后城市的活力也减少了。今天,如果我们还是继续一味采取形体主义的规划方式,还是大拆大建,那么就可能造成千城一面、万楼一貌的局面。一个新的地方,建一个新城,按照形体主义的规划进行发展建设,这个没问题,当然,现在也需要讲产城融合,讲小尺度街区。但是为了形体主义的规划,通过大拆大建,把一个老城拆得面目全非,把原来的风貌全部破坏掉,这个肯定是有严重问题的。很多中小城市,本来还有文化的个性,若也采取这种方式,那么将来跑到任何地方都是一样的。最近我跑到一些原来比较落后的地方,发现其城市面貌按照形体主义都建设得很好,好像就在上海转了一个场,地铁到了另外一站下去。这个放到现在来看,有很大的问题,所以我们现在要对大拆大建紧急踩刹车,不能再让形体主义的城市规划成为单一的模式。不是说不要形体主义,不要景观城市,而是应该跟人文主义城市规划联系在一起看。最典型的是浦东有景观,但少活力,浦西有活力,但景观也是要的,否则的话,到上海来就没有味道了。但不能一味为了游客追求这个东西,而把历史风貌全部破坏掉了。我们有一个院士做过一个统计,上海 2/3 的老建筑现在都已经拆掉了,上海解放之初的时候,有 9 000 多条里弄,现在只剩下 1 000 条不到了,可能最近还有一些里弄在拆除。

人文主义的代表人物是谁呢？是个美国的老太太,叫雅各布斯,她写了一本书,叫《美国大城市的生与死》,她就是强烈反对形体城市、规划主义,强调曲线、小尺度、小街段、人性化城市的活力。她讲过一句比较有意思的话,她说你看一个城市有没有活力,就看它的街道,如果街道有活力,城市就有活力,如果街道是乏味单调的,那么这座城市也一定是乏味单调的。她的思想影响了很多后面的城市规划设计师,很多都采用她的思路去思考问题了,包括纽约当时还有一个形体主义的继承者,叫摩西,这个人也想按照奥斯曼的方式规划纽约,后来他要搞一个曼哈顿下沉的高速路,遭到了雅各布斯带领的当地居民的反对。后来又出现了莎伦·佐金,她也写了一本书,叫《裸城》,在继承了雅各布斯强调的街道要有活力的"芭蕾城市"理念后,又提出一个"原真城市"的概念,她认为生活和工作应该是连续不断的,是日积月累的,是人们对眼前房子、身边社区每天依然故我的期待,如果这种连续性突然之间中断,就会造成这个城市灵魂的丢失。大拆大建不仅仅是拆掉一个建筑,还拆掉了人们心中的安全感,因为建筑不是水泥和砖块的堆砌,而是不断被赋予温度的生命体。街道建筑拆掉了,社区就没有了,很多人一下子失去了生活的重心和心里的屏障,没有安全感,尤其是一些老人,让他们搬到其他地方去,容易出现问题。

如果厘清了这两条城市发展的主线,包括围绕着这两条主线还有互联网时代出现的很多城市的发展理念,我们就可以对前面近 30 年的中国城市发展的得失,有一个比较中肯的了解和概括。改革开放以后,所谓的现代化、城市化道路,包括上海178年的城市规划和建设,基本上是在西方的城市规划语境里面诞生的。虽然我们这个城市没有奥斯曼,没有柯布西耶,没有摩西,但可以看到他们的无形之手在影响我们城市的规划。到了今天,我们中国可以有自己的文化自信了。西方的城市发展形态已经非常成熟了,成熟到固化的程度了,它的城市理论也会受到实践的影响而进展缓慢。所以接下来城市发展模式要看中国等新兴国家了,许多西方的城市和城市文化理论研究学者,他们知道西方已经找不到什么发展理论的实践了,所以他们希望到中国来了解中国城市的发展情况。中国城市规划设计传统,比较讲究天人合一,即所谓的"宇宙模式",许多地方也讲究以民为本,讲究风水,还有山水城市、诗意城市,和今天的生态、绿色很吻合,将来世界城市发展的潮流当中,应该吸收进我们的中华智慧。"习近平在上海"报道中,有一位当时世博会的领导同志回忆,当时世博会的主题馆,请了很多专家酝酿哪个主题好一点。最后很多专家出主意,形成一个共识,主题馆的主题演绎,就是"城市发展中的中华智慧",大家觉得非常好。然后向上海市委书记汇报,他基本上表示认可,然后又提出了进一步的要求,认为主题馆毕竟还是代表世界的,一方面要有我们共同的,比如说追求真善美、人道主义、和谐社会的思想;另一方面要有我们东方的色彩、中华的智慧。他讲的中华智慧,有包括儒、释、道在内的整个中华文明的价值观,有我们中国自己形成的一些发展道路上的特点和规律。我们接下来中国城市的发展模式究竟应该是什么样的?就是习近平总书记提出的,"人民城市人民建,人民城市为人民"的"人民城市"建设理念,这跟全球城市从形体主义向人文主义趋势发展相比,不是说一脉相承,但起码跟大的趋势有吻合之处,当然我们这个"人民城市"的内涵还要更丰富,不仅仅局限在城市规划和设计上。

二、城市软实力

中共上海市第十一届委员会第十一次全体会议于2021年6月22日举行,全会决议的名字是"厚植城市精神彰显城市品格全面提升上海城市软实力"。为什么要在这个节点上提出全面提升城市软实力?我们所提出的城市软实力,和西方的软实力有什么根本不同?要回答这两个问题,首先要回到"软实力"这个概念上来。美国人约瑟夫·奈最早提出"软实力"的概念,30年前就提出了，他是站在美国的立场上提出的，所谓的软实力，指在国际关系当中，能影响到他国意愿的无形的精神力，包括政治制度的吸引力、价值观的感召力、文化的感染力，还有外交的说服力，包括国民素质、领导人的魅力，等等。上海当然是在城市的层面上提出的，但也代表了国家形象的国际传播。其次，软实力尽管是由西方人提出的，但约瑟夫·奈自己讲道，其实中国的很多典籍里早就有了软实力，他认为软实力是描述性的概念，不是一个规范性的概念，所谓规范性的概念，指有法律、学术上的特指内涵。描述性的概念是大家可以按照经验去判断的概念。他在软实力之后，进一步提出了"巧实力"的概念，这成为奥巴马执政时期外交战略的主轴，甚至出现了"锐实力"的概念。在他提出软实力之后，世界形势也发生了很大的变化，总的一个趋势是经济跟文化交融在一起，软实力和硬实力交融在一起，这是一个大的趋势，因为互联网产生了。我们今天讲的软实力，像李强书记强调的，不仅是指文化软实力，它的内涵、外延更大。这次全会，主要提出六个方面，第一（也是最重要的）是精神内核，第二是文化特质，第三是人居环境，第四是治理模式，第五是城市形象的国际传播，第六是提升营商环境和硬实力。为什么要在这个时候提出提升软实力？有些专家可能站得比较高，认为上海经常是国家意志、国家战略的体现，觉得可能是让中国在外交上解决一个问题，什么问题呢？就是中国人最早是挨打，然后是挨饿，现在是挨骂，提升这个软实力，就是要摆脱中国在世界上挨骂的这样一个困境。其实很多城市都已经在打造这个概念了，但是在市委全会的层面，通过决议的方式提出这个概念，上海还是全国第一个。

城市软实力不光是文化，现在也有很多学者从经济的角度去理解，例如进入"双循环"的要求、经济高质量发展的要求，包括产业升级换代、消费模式变化等，这都是从经济角度去理解软实力。但真正的软实力，我认为是一个包含了政治、经济、文化、社会乃至情感的一体化概念。从城市的角度，或者从国家的角度来说，现在国家、城市都进入了一个全球竞争网络，在这个竞争过程中，你要吸引资金流、信息流、消费流、人才流，靠什么东西？在竞争的初级阶段可能大家比拼的是硬实力，但竞争进入高级阶段，就是要比拼软实力了。从城市本身竞争的角度来说，现在提出提升软实力，在上海应该是一个城市发展战略。

新冠肺炎疫情发生以后，我汲取其他一些专家，包括我自己的理解，觉得有两个大的趋势值得关注。首先是在国际层面,实际上我们是从全球化时代进入了一个半球化甚至区域化的时代,这也许是一家之言,但我觉得还是有点依据和道理的。当然我们还是要坚持全球化,你越是不讲全球化,我们越是要讲全球化,我们中国要继续坚持改革开放的道路,外交官出去要大张旗鼓地讲,你越是要保守主义,我们越是要全球化,打造人类命运共同体。其次是在国内层面,我们从一部分人先富起来到现在进入了共同富裕的时代,从城市建设来说,也要更加注重公共参与,注重社区与共享空间的建设。从全球化到半球化,从一部分人先富起来到共同富裕,起码在我们学界有这样一种认识。

作为软实力的体现,讲好中国故事,需要落到一个具体的点上来谈,我们上海现在热火朝天推进的"建筑可阅读"活动,我倒觉得是一个非常好的载体。李强书记关照副市长,他说我接待外宾包括内宾的时候缺少一个伴手礼,他希望有个什么东西呢?希望这个礼物能够介绍上海的优秀历史建筑,如果能够弄成一本像样的书就比较好。后来宗明副市长根据这个精神,组织专家编了一本书,叫《这里是上海:建筑可阅读》,做得非常精致。我有一次参加座谈会,陈通副市长在会上讲,"建筑可阅读"活动不是搞一年两年,十年二十年,甚至三十年五十年都可以搞,我很认同。建筑就是一个城市的门面,你进入一个城市,最先映入眼帘的可能就是建筑。要加强"建筑可阅读"活动的国际化传播,不光是对内,还要对外。其实软实力也有对内和对外两个作用,对内可以凝聚市民、国民的精神,但对外的作用往往被忽略了,对外的软实力就是讲好中国故事,这个非常重要。有一位获得白玉兰奖的老外跟我说,你讲好一幢建筑的故事,讲好一条马路的故事,就是讲好上海的故事,就是讲好中国的故事。老外都有这样的意识,他现在在上海生活工作,他对中国的国情、上海的情况非常了解,他都参与到"建筑可阅读"活动当中充当志愿者,他讲的这段话跟我们讲好中国故事不谋而合。上海的党代会曾提出的口号叫"建筑可阅读,街区可漫步,城市有温度",时任市委书记韩正讲完之后,场上掌声雷动,后来这慢慢变成上海的一个非常重要的活动,最近我们上海文旅局还在如火如荼地不断推进。建筑推广了城市品牌形象,增加了全球叙事能力、外宣软实力和"魔都"魅力。在北京,如果讲好北京的建筑故事,同样可以有这个效益,吸引到全球的眼光,然后可以提升这个城市的软环境,最终能够吸引国际性的人才到这个城市来,拉动硬实力。"建筑可阅读"活动,把城市的精神内核、形象传播,国家的精神、文化特质、人居环境、治理模式,还有推动文旅结合、拉动硬实力都结合起来。我们到海外去,到其他国家去,关注的重点肯定也是城市。我们到海外去接触了很多外国朋友,如果有机会带他们来中国的话,就可以把建筑作为一个载体来讲好中国故事。建筑有没有意识形态?当然是有的,但相对于其他领域来说,可能意识形态色彩相对弱一些,可以构成同理心。我们跟老外介绍北京、上海、南京、西安的建筑,这个没有什么问题,而且很容易通过建筑的载体讲好中国故事,让他们充分了解中国的发展。现在上海浦江两岸就形成一个对话,万国建筑博览会体现了远东大都市的建筑风貌,当然我认为它既然建在中国的土地上,那就是中国人民的财富,而且都是由中国人造的。然后现在的浦东陆家嘴是后现代建筑群,东方明珠、"三件套"(金茂大厦、上海中心、环球金融中心),体现了后现代的建筑风格,两岸就形成了一个对话。东方明珠和世博中国馆都是中国人设计的,其他是外国人设计的。现在中国建筑设计师的水准到什么程度呢?到可以跟世界上顶级的建筑设计师同台竞争的地步,虽然我们还没有世界级的大师,但我们中国设计师的水准也在提升。当然,欢迎海外设计师来中国、来上海大展身手,体现了中国改革开放的宽阔胸襟,上海"海纳百川、追求卓越、开明睿智、大气谦和"的城市精神品格。上海解放前有一个商业设计师邬达克,没有达到像奥斯曼、柯布西耶这样的程度,但上海大光明电影院、国际饭店、武康大楼等地标建筑都是他设计的,所以他的名字如雷贯耳。但不要以为是他成就了上海,其实是上海成就了他,因为他在进上海之前和离开上海之后,都默默无闻,只有在上海的几十年时间里,才华才发挥出来了,留下了很多著名的建筑。

"建筑可阅读"始于建筑,成于故事,最后归结到人。1.0版始于建筑,2.0版成于故事,3.0版归结到人,即提高市民的素质,培养文明的市民。那么这个活动怎么搞呢?比较通俗的方法,是出来走几步,哪几步呢?如果在上海自助游的话,可以按照这五步去欣赏上海。第一步叫逛马路,在马路上欣赏建筑的外立面和建成环境。第二步是穿弄堂,不到弄堂里面去,就不能体会到上海市民的市井生活、真正的上海味道的生活。你到北京,你要到胡同里面,跟老百姓交流,才能感觉到北京的文化到底是什么样的;在上海,就是要到弄堂里面去,和老上海市民互动。第三步就是进客堂,你要进去,很多历史优秀建筑,你要进去,你不进去,怎么知道里面的人怎么生活?内部的建筑美学、可以欣赏的细节你就观察不到。第四步是听故事,你要讲故事,讲好中国故事,一幢建筑的故事讲好了,将来也可以讲好中国的故事,故事是最具体的。第五步叫有感悟,通过建筑可以了解一个城市发展的历史,可以了解中国近现代史;一条马路也可以见证近现代史,还可以通过它了解建筑演变的脉络,了解当地城市的文化、市民的生活。最后一个感悟,就是感悟自己的人生,很多人性的东西,你跟老外交流,他们还是会产生共鸣的。

我讲一个简单的故事,在我们市中心的张园,现在正在开发中,还没有对外开放。张园过去是一个园林,后来开发成一个住宅区,里面有很多石库门建筑,是不同年代造的,有老式、新式石库门建筑,还有石库门公馆,里面建筑的样式非常丰富,称得上一个小型石库门博物馆。然后里面有一个二号的门洞,是一个大宅子,非常漂亮,现在已经整旧如故。这个宅子的主人叫周庆云,1949年的时候,有一个太平轮沉船事件,上海解放前夕,很多国民党军政官员,包括很多有钱人携带了自己的家私纷纷上船要逃到台湾去。这个船行驶到舟山群岛附近,跟荣家的一条货船相撞了,发生了惨案。本来这个船就超载,又没有注意航行的规则,所以就碰撞了,船沉掉了,一千多人遇难,跟泰坦尼克号差不多。这个船沉掉以后,遇难者家属当然要提出索赔,本来这个船有保险,结果这个保险公司就在这个当口宣布破产,保险无着,然后这个船是租给一家公司运行,这个公司有很多董事,他们这个时候就失联了,剩下的就是这个二号的主人周庆云,他是这个公司的董事兼财务经理,就出面承担这个赔偿的工作。在上海的遇难者家属,就找到他,把张园二号包围起来了,不让他们家里人出去。他就把家里好几间房间让出来,给这些遇难者家属居住。他跟他太太商量这个事情怎么办,最后两个人商量下来,决定倾家荡产赔偿这些遇难者的损失。做出这个决定以后,他就把遇难者家属组织起来谈,把他们的代表请到自己的房间里面,一进去,看到房间里堆的是他自己所有的家产,"大黄鱼""小黄鱼"(实物黄金)和金银首饰,还有大宅子的房产证,包括汽车的牌照,等等,他说我准备拍卖赔偿你们的损失。你们监督我拍卖这些东西,但希望拍卖所得,先把保姆和司机的工钱付了,然后按照你们的赔偿金额进行赔偿。人家一看他还是蛮诚信的,才放他家人出去。他叫他的小舅子在一个小旅馆里面租了一个小房间,准备住到小旅馆里面去,然后把全部家产都拍卖掉了,还了80%。这个人从此倾家荡产,住在小旅馆里面,他自己也要生活,到处借钱,失业了嘛。最困难的时候,家里连饭也吃不上,他的太太本来也是富家女,到了实在没饭吃的时候,就到外面去卖血,靠卖血所得来维持这个家庭的生计,他有好几个小孩。就这样,慢慢一直到上海解放以后,因为这个人本事还是有一点,通过朋友介绍,又到了一个五金厂当厂长,有一份正当的收入了。本来可以维持家庭基本生计了,结果还有几个遇难者家属,发现他生活好转了,又来找他索赔,每个人要500元,其实他也没有多少钱。但这个人非常有诚信,跟单位里面预支工资,又把家里最值钱的橱柜卖掉,最后凑钱,通过派出所调解,满足了他们的要求。后来这个人的厂要迁到北京去,他就跟到北京去,上了火车以后喝了一瓶酒,一兴奋,下了火车当场心脏病发作了,送到医院已经宣告不治了。这个事情还没有完,因为他还欠了人家很多借款,他的太太到最后,因为老是献血,58岁就去世了。去世的时候,医生说她的血管怎么萎缩得这么厉害,原来是一直献血的关系。这个老太太临终之前,把子女找到身边,叮嘱自己的孩子,要还清她和他们父亲的债,孩子们记得母亲的遗嘱,一直还到20世纪80年代才把所有债都还清,然后把收回来的借条,到父母坟上烧掉了。这样一个故事,很说明我们中国人的诚信,我们传统的美德、仁义可以到什么程度。像这种故事如果讲给老外听,老外也是能够接受的,通过这个建筑背后的故事,让他们了解我们中国人是什么样的人,我们中国人做生意的商业文明、商业伦理、商业道德。如果来一个老外,带他到张园看建筑时,把这个故事讲给他听,那他对中国人的传统美德就会了解得非常透彻,比在纽约时代广场放一部国家形象的宣传片效果好多了。这种故事,从人性的角度,从商业伦理的角度,从我们中华文化传承的角度去讲的话,可能是非常有效果的。

最后还是回到城市发展的模式上来,我们中国将来城市的发展模式到底是什么样的?我们前面讲的都是全球范围里两种不同的发展模式和理念。当下,城市发展、城市实践、城市理论和文化研究的重点转移到了中国和新兴国家,中国的城市理论应该是什么样的?我认为,我们要从传统当中去汲取营养,中国传统城市有很多有价值的东西,我们应该把它们传承下来。讲田园城市、公园城市、生态城市,其实有些概念还是有点西方化的,毕竟主流的城市研究理论还是西方比较发达一点,但如果说用一个中华传统智慧的语言来描述我们的城市,可能我们是一个诗意的城市,包含了生态的概念。公园城市跟田园城市含义有相近之处,比较注重生态。当然公园城市不是像我们一般的理解,多一点绿地、多一点公园就叫公园城市,它实际上是一种城市的组织形态,主要还是体现一个生态的概念。西方的城市已经成熟和固化了,但中国的城市发展还如火如荼、方兴未艾,无论是长三角、京津冀、粤港澳大湾区还是成渝,包括雄安新区,还有很多走在城镇化道路上的中小城市,它们不断在试验、在试错、在实践,在这一过程中,很有可能找到我们自己的经验,形成我们自己的发展模式。

除了刚才讲的这些传统的含义之外,我认为当下的中国城市,虽然还没有完全成形,不能说已经有什么中国学派的城市理论了,可能还没有到这个程度,但还是要充分关注到已经显示出某些特征的东西。西方已经固化了,相关研究者因为疫情不能来,否则的话,他们肯定都涌到中国来了,来观察中国的城市实践,因为理论是要以实践为基础的,没有城市化研究的数据,理论就没有办法发展。中国城镇化的程度已经达到了63%,这是2020年的统计数据,但是这个城市化的程度,还没有达到一个顶峰,最高的发达国家要达到73%。

那么中国城市有什么特征呢?第一,国家战略主导的城市发展。尤其是上海,作为排头兵、先行者,需要为国家战略做一些探索、尝试,这是跟西方不同的。我前面讲到洛杉矶的自然蔓延式的城市,最后导致一个很弱的政府,甚至是影子政府,完全像一个自治组织一样,好像是一个企业在做这个事情,这就是美国下一步发展的模式。所以那边有很多治安问题、吸毒、贫富差距,尤其是很高的犯罪率。

第二,我们城市政府还是要考核GDP的,这也是我们的一个特点。当然这也有两面性。城市发展速度很快,其实大拆大建跟政府考核GDP也是有关联的,不这样搞,你执政期间的GDP怎么来呢?但大拆大建也会带来问题,好的方面是发展速度很快,一年一个样,三年大变样,否则中国改革开放这么多年,不会发展得这么快。这个有好处,包括形体主义,在历史阶段当中也是起了很大的作用。并不是说把形体主义都否定掉了,而是应该同时注重城市的活力,不能单向地搞形体城市,要考虑老百姓的生活、城市的活力、烟火气。还有一个都市圈的发展和区域一体化问题,长三角、大湾区、京津冀,都是一体化。城市发展到一定规模以后,到底该怎么办呢?一种是外扩,还有一种想法是要回归市中心,这是两种不同的发展理念。上海一方面回归市中心,另一方面围绕上海中心城区建五个新城,这基本上是都市圈的概念。上海进一步要做的事情就是长三角一体化，通过上海的辐射，带动三省一市一起发展，中国城市发展还是讲规划的，西方很多城市不讲规划，完全自由蔓延，在中国肯定是不合适的。

第三，创意园区和开发区带动内城发展和城市扩张的模式。每个城市内部有很多创意园区，都是网红打卡地。其实内城发展是靠创意园区拉动的。开发区拉动的是外城发展，浦东开发带动老城的开发。天津、郑州都有开发区，这是非常有中国特色的城市开发模式，建一个开发区，然后来带动整个城市的发展。但是如果开发区建得太远，晚上就变成一个黑暗的城市，所以现在我们认识到了，要产城融合，过去没有这个概念，就是搞一个开发区，搞一个形体城市，因为太远了，不方便，来回长距离通勤，还造成了很多环境污染，影响碳中和。所以在整个城市发展过程中要不断总结经验，浦东原来是组团式开发，这儿住人，那儿是工业开发，这里是商业，那里是行政。当时的宣传部部长后来回忆时认识到这样有问题。现在的城市发展主流是混合型的区域开发，一个区域里面既有居住的功能，又有商业和产业的功能，又有交通的功能。通过交通带动城市发展的 TOD 模式也开始被关注。中国因为高铁、地铁的迅猛发展，开始探索以交通为引领的城市发展模式。市区里面过去讲 CBD，就是中央商务区的概念，现在叫 CAZ，指中央活动区，不是商务区了。现在中央活动区要多功能，有住宅、商业、办公，又有政府部门，还有公共空间和便捷交通，这是更加人性化的一个区域。城市发展有不同层面，但总的趋势是这样的。

第四，移动互联网场景的大规模深度应用，这也是我们中国的一个特点。现在说中国有新四大发明，分别是高速铁路、扫码支付、共享单车、网络购物。我们出去一部手机解决问题，很多老外在中国生活惯了，回到原来的国家，觉得像从发达国家回到不发达国家了，外国没有这么方便，我们中国在应用市场方面，的确是远远超过海外很多城市的发展。所以不要小看这新四大发明，它们跟我们日常生活息息相关，给我们带来很大的生活便利，改变了我们城市及每个人的生活方式。所以在对外宣传的时候，也是可以作为一个故事讲给他们听的，当然最好是他们到中国来实地体验一下，就明白了。

很多城市都希望成为全球城市或世界城市，包括上海，市委全会开了以后，李强书记要求上海社会科学院做一个对标性的指标体系，对标纽约、伦敦、巴黎、东京，简称"纽伦巴东"。成为一流的国际大都市，从学术研究来说，全球城市、国际大都市，不是空口讲的，而是有指标体系衡量的，包括一级指标、二级指标、三级指标。联合国教科文组织，还有世界银行，都建有参考性标准和指标体系，包括有多少外国使节、海外来旅游的人数、留学生人数，都是统计指标里面的一项。如果要讲中国特色的城市文化理论，建立一个衡量我们城市建设标准的指标体系，我认为我们的核心思想、价值追求就是以人民为中心，就是人民城市，这是我们最高的价值追求。按照这个最高的价值追求，我认为可以建立一个以幸福感、获得感、安全感"三感"为衡量指标，让市民有切身感受的指标体系，然后细化到二级指标、三级指标，真正体现可以用实践来检验的中国城市发展模式的水平和标准。社会主义城市发展的目标是什么呢？就是以人为本，实现《共产党宣言》里面讲的，"人的自由而全面的发展"，这是我们最终极的一个目标。

从国际文化大都市到打响文化品牌

黄昌勇[*]

人们往往会把上海与北京做对比,北京称为"帝都",上海称为"魔都"。对上海文化研究有个两分法。从上海的考古发掘上看,它的历史可以往上延伸到 3 000—6 000 年前的文明,如上海的松江区由于广富林文化遗址,而被称为上海之根;青浦区因为崧泽文化遗址,被称为上海之源;闵行区因为马桥文化遗址,被称为上海之本。从考古学上看,这些的确与上海这座城市的历史文明发展有着密切的联系。但是如果考虑到上海的行政区划的变迁,直到 20 世纪 50 年代前,这三个区都由江苏省管辖,如果没有当年的行政区划调整,松江、青浦、闵行划归上海市,今天所谓的上海之"根""源""本"都不可能存在,当然从考古挖掘的地下文物或文献来研究一个地域或城市的历史也是一种方法。然而,对上海这座国际大都会来说,比较科学的研究方法或者研究起点可能是近代城市的形成、城市精神和文化的源头,即 1843 年上海开埠,因为这是上海从农耕文明向现代城市文明发展的起点。

开埠以来,经过晚清、民国时代,上海迅速崛起,成为远东综合性的国际大都市,其文化发展也有傲人的成就,到 20 世纪 30 年代进入黄金时代,号称远东第一大都会、东方的百老汇等,以南京东路和西藏路为十字架形成了市场化程度非常高的演艺产业带,不仅成为远东的文化中心,也是中国和远东的演艺中心。上海在《关于加快本市文化创意产业创新发展的若干意见》(简称"文创50条")中提出打造"亚洲演艺之都"的目标,可以说是对 20 世纪演艺产业的复兴。20 世纪 30 年代,上海演艺产业版图中,占主体的部分不是我们现在想象的外来文化,比如古典音乐、话剧、音乐剧等,市场最有竞争力的是中国传统戏

---

[*] 黄昌勇,上海戏剧学院院长、教授、博士生导师,上海市人民政府决策咨询特聘专家。

曲,京剧、昆剧、沪剧、越剧、淮剧五大剧种占据演艺市场主导地位。如果与当下上海文化发展进行对照,我们发现中国传统戏曲市场份额占比很小,西方舶来的艺术样式占据主导地位,当然,这里也有不同的情况,近代以来,西方舶来的艺术样式在上海或中国的发展各有不同,迅速民族化、中国化并取得比较大成就的是电影和话剧这两个品种,交响乐、歌剧、音乐剧等的融合还有很长的道路。

一、建设国际文化大都市

20世纪50年代以来,上海城市的功能和性质变得单一,转换成了一个重要的工商业城市。到改革开放之前,上海民国时代以来形成的多元文化也变得单一,民国时代的大量欧美进口电影基本消失了,文化交流基本停滞,开埠以来特别是民国时期形成的文化设施拆毁、挪作他用等现象比比皆是,一直持续到20世纪80年代,上海城市大拆大建中文化设施没有得到完整保护。当然也有经典的保护案例,如90年代初上海音乐厅的整体南移200米。改革开放一个教训就是我们在城市建设中,对历史建筑、文物单位的保护没有形成一套成熟的理念和措施,上海在80年代改革开放初期,对原文化设施没有整体上进行规划和保护,是非常可惜的一件事。

20世纪80年代后期,上海文化设施建设开始提上议事日程。改革开放初期,伴随着中外文化交流越来越密切,人们突然发现,偌大一个上海竟然找不到一个接待西方交响乐团的场所。1998年落成的上海大剧院,是中国第一座现代化意义的剧院,之后陆续有了上海体育场、上海图书馆等大型文化设施的建成。上海从20世纪三四十年代成为中国乃至东亚的文化中心,一直到新中国成立后,文化建设经历过一个沉寂期,到90年代中后期才又开始新的文化建设高潮。

总体上来看,我认为上海文化建设有一个奇点,就是2010年的上海世博会。上海城市的定位或者性质的表述一直是几个中心的建设,包括经济、金融、贸易、航运四个中心,后来又加上科创中心,还有一个国际文化大都市。曾经有一段时期提到建设中国文化中心,后来不提了。上海能不能提建设文化中心呢?事实上上海在20世纪就已经成为远东的文化中心了,目前文化建设的目标表述是国际文化大都市。2007年,上海市第九次党代会提出了建设文化大都市,在2007年之前,上海的任何官方文本中没有提过类似的概念;2010年11月,中共上海市委第十三次全体会议提出了建设国际文化大都市;2011年11月,中共上海市委第十六次全体会议又提出了非常具体的目标,就是2020年建成国际文化大都市;2018年1月,上海出台了《上海市城市总体规划(2017—2035年)》,提出了上海建设卓越的全球城市的新概念。我认为比较好的表述应该是"五个中心"加一个"国际文化大都市",就比较全面。

2010年11月,上海世博会刚刚成功落幕,上海就提出了建设国际文化大都市,这个时间节点非常有意思,2010年之前,差不多有将近20年的时间,上海的文化建设虽然取得了很大的成绩,但是它是一个非自觉的、计划性不强的行为。2010年世博会凸显了文化建设对一个城市的极端重要性。2010年世博会的举办对上海的意义非常重大,一是上海文化建设进入了自觉时代,二是文化建设开始进入黄浦江时代。我提出过上海城市发展两个时代的概念,即苏州河时代和黄浦江时代,世博会的选址是上海市中心的浦江两岸,有意无意把上海这样一个浦江两岸的城市连接起来,也就是说经过世博会,上海的建设包括文化建设开始从浦西转移到浦东了。世博会之前,上海的重大文化设施基本上都在浦西;世博会之后,世博会遗址的文化利用成为主导。上海博物馆东馆、上海图书馆东馆、上海大歌剧院等大型文化设施围绕世博会遗址布局在浦东。

2017年底,上海又出台了"文创50条",这是对上海建设国际文化大都市宏伟目标一个非常具体的阐释。国际文化大都市是一个大的概念,"文创50条"把它分解了,比如提出打造全球影视创制中心的目标。这个提法第一次清晰地对上海电影产业做了定位。美国东海岸、西海岸区分非常明确,东海岸的纽约是一个文化原创和展示中心,不是一个制造中心;西海岸的洛杉矶可能就是一个制造中心。纽约的文化是全方位发展的,消费性非常强,戏剧、演艺、当代艺术非常发达。洛杉矶与科创中心结合在一起,是电影制造中心。从电影产业来看,中国区分度不大,江苏、浙江、北京很强,其次是上海。上海显然不能放弃电影产业,上海是中国电影的发源地。在20世纪二三十年代至80年代,上海的电影占据全国半壁江山以上,出现了很多重要的作品、导演和演员。80年代后期一直到现在,大家对上海的电影有很多看法,是因为上海没有像80年代中期以前那样不断地出重要的作品。把打造全球影视创制中心放在第一位,因为有了这样一个定位,上海电影产业在崛起,如环上海大学影视产业集聚区、松江科技影都、迪士尼影视产业集聚区等,上海大学上海电影学院、上海温哥华电影学院、上海戏剧学院电影学院也相继成立。

二、打造亚洲演艺之都

发展演艺产业不能回避纽约百老汇和伦敦西区,其产值、规模、创作等都领先全球。上海如果从量化的指标上比,差距很大。从2016年开始,我们发布《中国城市文化报告》,建立文化数据库,第一次我们选择了中国最发达的10个城市,第二次选择了长三角的16个城市,从初步的数据看,中国的文化及城市文化建设,可能还是处在一个低水平的状态。比如在上海、北京,包括在广州,每天晚上可能都可以上演话剧,但在杭州、南京,可能不是每天晚上都有各种演出。但杭州、南京这样的城市,如果在西方,就属于特大城市了,在这样一个巨大的城市中,文化供给不充分,需要我们高度关注。

2018年,上海提出了"四大品牌"的概念,其中有一个品牌就是"上海文化"。上海文化的发展在城市发展中有着极其重要的地位。推动上海文化品牌建设的三年行动计划,提出海派文化、红色文化、江南文化,尤其红色文化的提出,对上海的文化建设丰富性,特别是主流意识的推进作用很大。在人们的印象中,上海是海派文化一支独大,20世纪80年代以后海派文化独占鳌头,我们往往对海派文化只认识到海纳百川、开明包容这些非常好的一面,但没有意识到海派文化也是双刃剑,鲁迅当年对京派、海派有很精彩的论述,值得我们思考。海派文化的第一个特点是特别崇洋,上海国际化程度高、视野宽,但总有一点崇洋心理。第二,海派文化比较重商,但资本和文化往往会有一些本质的矛盾和冲突。比如上海要建大歌剧院,计划投入非常大,上海有那么多人喜欢歌剧吗?我一直认为中国的戏曲就是歌剧,你就叫戏曲,不要叫歌剧,中国为什么要发展歌剧呢?老外为什么不搞戏曲呢?为什么非要学人家的歌剧呢?其实中国的戏曲不仅是歌剧,它还是音乐剧,融合了西方的歌剧、音乐剧两种艺术的元素,像《白毛女》这种成熟的民族歌剧,其成功原因是采用了民族戏曲的元素,纯粹走西洋歌剧的路子一定是困难的,不是西方所有的艺术样式都可以移植成功的。上海交响乐团音乐厅也是世界级的,但发展交响乐时,别忘了发展我们的民族音乐,上海更应该建造更多的民乐厅。西方的戏剧界非常重视中国的戏曲,甚至将其吸收到话剧中去。当年梅兰芳在欧美、日本演出都轰动一时,现在表面上非常重视戏曲,但我感觉实则还没有找到一条成功的道路。

上海要下大力气做驻场演出,其一定是有巨大市场的。2012年夏天我去参加伦敦奥运文化峰会,在伦敦西奥斯卡剧院看到《捕鼠器》驻演60周年的庆祝横幅,《捕鼠器》在这个剧场已经演了60年了,管理人员告诉我这个戏的上座率常年是85%以上,已经演出24 870场。3年以后我又去了,变成26 000多场。中国的驻场演出,是"十四五"每个城市都要考虑的问题,要很好去研究的问题。所以我给上海做"十四五"文化演艺产业的规划时就提出,在"十四五"期间,上海的驻场演出一定要有重大突破,舍此就不会有一个质的飞跃。

上海可以建几个天天演的戏曲剧院,其实,民国时代,戏曲在上海已经有非常典型的驻场演出模式了,也值得我们回过头来认真研究和借鉴。

三、重塑上海文化品牌

文化品牌怎么来打造?上海每年都评选文化品牌,2018年第二届评选中,上海国际电影节排第一位,上海书展排第二位,上海国际艺术节排第三位,上海旅游节排第四位,上海国际数码互动娱乐展排第五位,上海国际电影节影响力基本上可以超过东京国际电影节了,在中国肯定是最具影响力的,但上海国际电影节唯一的短板是什么?就是金爵奖的分量还不够。上海书展,每年8月份举办,是国内最好的书展;上海国际艺术节也是中国最好的国际艺术节;上海旅游节,是市民认知度最高的节庆。上海的节庆存在一个最大的问题是传统的节庆知晓度不够、参与度不足、影响力太低,这证明了上海这个城市崇洋的海派特色,其对传统是不够重视的;同时上海的节庆总量不够,在全球有广泛影响力的不多。

一个城市的文化发展,一定要有品牌文化活动。品牌文化建设不足是我们国家和城市文化建设需要高度重视和关注的。城市文化建设有共同规律,就是一定要有博物馆、图书馆、美术馆、剧院、音乐厅等标志性的文化设施,再加上建筑遗产、历史风貌和非物质文化遗产，共同构造成一个城市的文化基础。同时，每个城市都要有自己的文化特色，这也是共性。

上海文化底蕴开掘得不够，到现在还没有一处世界文化遗产。外滩就是最大的文化遗产，但没有申报，上海的江南古镇、石库门也是值得重视的文化遗产。

衡量文化品牌一个重要的标准就是它是否成为城市旅游的目的地。文化设施只重视开放，但旅游推广方面力度不够。同时重大的文化活动要有主场，比如上海国际电影节没有地标、没有主场就非常可惜。有主场就会形成地标，在不举办节庆的时候，国内国际游客都会来看，就像洛杉矶的星光大道、颁奖的奥斯卡剧院一样。

上海文化建设中，也要高度重视确定文化发展的重点领域和特色。

"文创50条"明确提出打造亚洲演艺之都，其中"演艺大世界（Show Life）"经过几年的建设，已经成为亚洲演艺之都和上海国际文化大都市建设的重要组成部分。20世纪二三十年代，上海在人民广场、南京路已经形成了剧院群落，这个剧院群落完全可以跟当时的百老汇和伦敦西区比美，甚至超越它们，但很可惜在50年代中断了，其实百老汇和伦敦西区历史上也中断过。

演艺大世界位于黄浦区，是在1.5平方千米范围内正常运营的剧场及展演空间，密度达14个/平方千米，是全国规模最大、密度最高的剧场群。比较纽约百老汇和伦敦西区，演艺集聚区在空间形态上有两种不同的类型：一是以百老汇为代表的沿百老汇大道呈南北狭长形的布局，二是以西区为代表的围绕伦敦市中心的环形布局。演艺大世界类似伦敦西区的环形空间布局。但是如果我们注意到民国时期上海演艺产业的布局，加之20世纪80年代的上海戏剧教育、院团建设、空间拓展，除现今演艺大世界所在的环人民广场区域外，在南京西路直至上海戏剧学院华山路校区区域，形成了另一个值得高度关注的演艺集聚区，呈现与环人民广场区域东西呼应的形态布局。

上海演艺形态主要是沿着南京东路到南京西路的总体布局，空间形态基本定形，更类似于百老汇狭长形布局。基于此，建议扩容演艺大世界，打造环上戏演艺集聚区，使其成为演艺大世界一个重要的组成部分。

第一，上海戏剧学院周边已经形成了剧场高度集聚的群落。上海戏剧学院华山路校区就有上海戏剧学院实验剧院等5个剧场，中福会儿童艺术剧院的马兰花剧场是有代表性的儿童剧场,安福路上海话剧艺术中心剧场群也近在咫尺,这些构成核心圈层。圈层外围,江宁路美琪大戏院、不眠之夜剧场距离3.2千米,艺海剧院距离不到2千米,云峰剧院距离2.3千米,徐家汇上剧场距离3千米,上海交响音乐厅距离1千米,文化广场距离2.8千米,兰心大戏院距离2.4千米,上音歌剧院距离1.8千米。也就是说,在上海戏剧学院大约3千米距离内已经形成了一个剧场密集度同演艺大世界一样高的集群。

第二,区别于演艺大世界,环上戏这一集群有着戏剧演艺创作主体集聚的重要特征。上海戏剧学院是与中央戏剧学院和北京电影学院并肩的著名戏剧高等学府,源源不断为上海乃至全国提供表演艺术人才;上海话剧艺术中心是国内重要的话剧艺术团体,具备强大的剧目生产能力;上海儿童艺术剧院、上影演员剧团、上海文广演艺集团、上海国际艺术节也集聚于此;静安区现代戏剧谷已经成为国内乃至国际有影响力的专业戏剧节庆;国际戏剧协会也落户于此。因此,这是上海打造亚洲演艺之都最好的戏剧策源地。

上海戏剧学院于20世纪末提出过建"戏剧大道"的构想,现在看来还值得重视。如上所述,上海戏剧学院华山路校区周边具备独特的优质戏剧演艺资源,遗憾的是至今没有形成一个在物理形态上融合在一起的集聚区。华山路到安福路处于上海历史文化风貌区,历史文化资源富集,可以与戏剧演艺资源很好地融合。这里应该是上海戏剧艺术的策源地,应该形成类似于韩国首尔大学路的演艺集聚区。目前,这一带处在静安、徐汇、长宁三区接合地,华山路北面是静安区,南面是徐汇区,镇宁路西面是长宁区。华山路交通拥挤,静安段高架线至今没能入地,华山路和乌鲁木齐路口旧改任务繁重,环境整治还有很多工作要做,镇宁路业态调整和交通整治也同样需要下大力气。

这是上海条件禀赋最好、最有可能打造上海演艺之都策源地的区域。希望能够将演艺大世界扩容到这里,市、区(静安、徐汇、长宁)、校(上海戏剧学院)、团(上海话剧艺术中心等)多方聚力,集道路改造、交通整治、业态调整、整体规划、政策引领于一体,打造环上戏演艺集聚区,呼应环人民广场演艺集聚区,构建类似百老汇的上海亚洲演艺之都的核心区域,为上海文化繁荣发展、建设国际文化大都市做贡献。

文化建设也需要突出中国风格、民族传统、本土特色。这是我们"十四五"怎么样弘扬传统文化、本土文化,怎么样提升文化自信的关键问题。五四新文化运动和20世纪80年代思想解放运动,共同的一个文化思潮是对传统文化的简单否定。我最近在看敦煌纪录片,真是震惊,中国有很多全世界顶级的文化,但我们没有对其进行更好的整理、挖掘、传播和创新发展。

此外,还有治理体系和治理能力现代化的问题。这个问题也非常难,一个院团乃至一个文化机构,只要是成功的、有影响力的,背后一定有一个非常有管理思想的当家人、非常有人格魅力的带头人。我们跟国家大剧院合作成立了国家文化和旅游研究基地——中国剧院发展研究中心,聘请国家大剧院首任院长、北京市文联主席陈平先生来主持,有很多人问陈平,你为什么跟上海戏剧学院合作?北京有那么多高校,为什么不合作?陈平回答得很巧妙:我们在北京嘛,在上海找个单位,就可以京沪联动。他还说了另外一句话:因为上海戏剧学院有一个黄昌勇院长。我也很敬佩陈平,国家大剧院如果没有他这样一个有能力又有水平,最关键是有人格魅力的人,肯定达不到今天的高度。所以,选对人非常重要,但是我们国内目前最重要的问题,就是缺少文化管理者,高水平的职业性文化管理者,更是缺乏。我们面临的一个最大的问题是人才的奇缺,不仅艺术创作人才奇缺,艺术管理人才更加奇缺。如果一个艺术机构没有一个好的管理者,没有一个好的治理体系,就会出大问题。

宗教文化与我国对外关系

徐以骅[*]

宗教文化与我国对外关系和战略是个研究大题也是难题。我们多年前就开始研究这一课题,并出版了一系列研究成果,其中包括《宗教与中国对外战略》《中国宗教走出去战略论集》和"宗教与中国国家安全和对外战略论丛""宗教与当代国际关系论丛""全球视域下的宗教研究论丛"等,并提出"宗教中国""地缘宗教""信仰周边""大国宗教""后传教时代""宗教与我国公共外交"等理念和分析构架,对宗教文化在我国对外关系中的作用做了梳理和论述。本文主要分为以下三个方面。

一、宗教文化在我国对外交流中的作用

宗教与文化的关系是国内外学术研究的恒久议题,向来就有主从论和两元论之争。就主从论而言,有的学者强调文化的重要性,认为宗教只是文化之树的枝干;有的学者则强调宗教的重要性,认为宗教才是文化之树的根,就像基督教神学家田立克所说的那样,"宗教是文化的本质,而文化是宗教的形式"。就两元论而言,另一位基督教神学家 H.理查德·尼布尔关于宗教与文化之间对抗、从属、高于、并列和改造等五种关系类型的经典论述也广为人知。但无论何种说法,宗教与文化都是互为表里、相辅相成、缺一不可的。

在对外关系中,文化与宗教亦具有密不可分的关系。在历史上,宗教一直扮演着文化交流先行者和主导者的角色,玄奘西行和鉴真东渡就是最好的例证;在当下,宗教在中国对外文化交流中的作用也相当独特且难以取代,要讲

---

[*] 徐以骅,复旦大学国际政治系教授,中国宗教界和平委员会委员,上海市人民政府参事。

好当代中国的故事,就得讲好中国宗教的故事。宗教也是中外关系中认知差距较大的领域之一,这反过来说明宗教文化交流对增进国际理解的重要性。

改革开放以来,对外宗教文化交流、中国宗教国际形象建构、中国宗教走出去以及如何走出去,已渐次成为中国宗教学界关注的议题,宗教在我国对外关系中所扮演的角色得到较全面的分析和诠释。归纳起来,我国宗教学界对我国对外宗教文化交流的研究,大致有以下几个路径:

第一,宗教作为近现代中西文化交流的载体。出于众所周知的原因,我国对外宗教文化交流曾一度中断,并且被视为学术研究的禁区。改革开放后首先打破这个禁区的是中国基督教史研究,基督教传教运动在近现代中西文化交流或中西交通史的框架下得到了重新审视,基督教传教士对中国社会的影响也得到了更全面和平衡的评价,这在很大程度上开启了改革开放以来中国宗教文化对外交流学术研究的进程。

第二,宗教作为公共外交的管道。过去十多年来,国内对公共外交的研究趋热,对外宗教文化交流被纳入公共外交研究的管道,被称为"宗教公共外交",或被视为国家对外关系中软实力的组成部分。宗教的公共性、社区性、草根性和长期性与公共外交面向他国民众的基本属性相当契合。不过,目前国内学界开始对公共外交和软实力之类源自西方的话语进行反思,认为公共外交,即使是弱化官方性,强调民间性、对话性和双向性的第二代公共外交,在一定程度上仍然是各国外交工具箱中的工具,并且较易陷入公共外交泛化的误区。对外宗教文化交流尤其不应负载过多的正式外事功能,而应尽量回归其与各国平等地分享各自的宗教信息、资源和产品,从而获得彼此之间更多的认知、理解、尊重和支持的初衷。

第三,宗教作为跨文化对话的平台。在当今世界,对话已经成为不同文明、国家、民族之间处理相互关系的重要方式,而宗教对话则是跨国跨文化对话的重要内容,也是宗教研究中最持续、最热门和实践性最强的议题之一。在中国,学术界关注的,不仅有国内的教内对话、教际对话、政教对话、社教对话(社会与宗教的对话),而且有国际跨宗教对话以及宗教对话在国际舞台上"拆墙建桥"的建设性作用。中国各宗教团体以及宗教学界不仅开展了各种以学术研讨、互学互鉴和事工合作为形式的国内宗教对话,而且正在日益成为国际跨宗教对话的积极倡导者、参与者和推动者。

第四,宗教作为中外人文交流的行为体。近年来,中外人文交流在中国对外关系中的地位和作用显著提升。与中西文化交流和公共外交相比,中外人文交流理念更具有创新性、广涵性、本土性和实践性,更能体现中国外交的民族文化底色和思想源泉。目前,人文交流已经成为新时代中国对外关系的政治、经济支柱之外的第三大支柱,被认为反映了中国对国际关系的更加全面的认知,中国也先后与世界主要国家和地区组织建立了高级别人文交流机制。当然,人文交流和公共外交具有兼容性,我国与其他国家共建的高级别人文交流机制,在很大程度上也是我国的公共外交实践。宗教是中国文化传统不可或缺的组成部分,但宗教作为中国对外人文交流的重要行为体,目前主要还停留在学术研究层面,宗教被纳入中国的双边和多边人文交流机制将是一个渐进过程。

第五,宗教作为构建人类命运共同体的组成部分。人类命运共同体是近年来中国倡导的国际关系理念和国际治理方案,强调共商、共建、共享,主张在追求本国利益时兼顾他国合理关切,在谋求本国发展中促进各国共同发展。人类命运共同体意识为超越种族、文化、国家与意识形态的界限,思考人类未来提供了视角,当然也为各宗教的自我超越、求同存异、互学互鉴指出了方向。宗教在人类命运共同体建设中的作用,包括宗教在"一带一路"倡议及其相关风险、中国构建"亲、诚、惠、容"周边关系,以及中国在参与全球治理中的作用等,目前都是中国宗教学界讨论的热点议题。

宗教涉及许多民族的核心价值观,并且往往与政治、国界、民族、语言、文化冲突等纠结在一起,因此在不少情况下,跨地区跨宗教交流的妥协性小,冲突性强,沟通难度大。在历史上宗教曾经是文化走出去的"先行者",但在当前国际关系格局下,宗教也可能成为对外交流的"绊脚石"。正因为对外宗教交流难度系数高,所以往往需要凭借更具普遍性和更易被接受的载体。在近代史上,基督教在中国直接传教遇阻的情况下,曾借助各种西洋文化载体以辅助传教,如明清时期的天主教经由西方天文学而上达中国朝廷,近代入华的基督教则通过医堂、学堂和教堂即所谓"福音布道的三位一体"而深入中国民间。作为我国传统宗教的道教的传播乃至存续,与医学也有着不解之缘,从来就有"十道九医、医道同源"的说法,东晋著名道士葛洪就曾指出:"古之初为道者,莫不兼修医术,以救近祸焉。"中华民族具有更注重取经而非传教的民族传统和文化基因,这就决定了中国宗教的对外交流,更强调"文以载道"和"人文化成",而非建制性的直接输出。中国宗教对外交流此种不以咄咄逼人的传教冲动和扩张性为驱动力的特点,减少了跨国交流的阻力和政教冲突的可能性,为国际宗教交流提供了具有包容性和可持续性的选择方案。

总之,无论在公共外交、跨文化对话、中外人文交流还是在人类命运共同体构想中,宗教都具有不可忽视的价值并且应该发挥更大的作用。目前,我国宗教团体在国际上积极传播中国宗教谦和宽容的信仰理念,分享圆融中道的传统智慧,开展公益慈善活动,提供宗教文化公共产品,支持和平与正义事业,抵制宗教极端主义,促进跨国对话和人文交流,从而推动了我国对外关系的发展,丰富了我国对外交流的路径。随着我国宗教中国化和法治化的深入发展,宗教在我国对外文化关系中的价值将会得到更多的呈现和更充分的认可。

二、宗教与我国公共外交

公共外交过去通常指一国政府通过包括文化交流项目和新闻传媒在内的各种途径,向国外公众传递关于本国的正面信息和价值观,拉近与国外社会各界人士认知和情感上的距离,增进双方的相互了解,形塑有利于本国的舆论氛围,从而提升本国国家形象和影响力,增进本国国家利益的外交方式。公共外交最大的特点就是"直接接触外国公众而非外国政府"。传统公共外交大致上有以下三个要素:以本国政府为主体,以外国民众为主要对象,以争取国际舆论导向和提升国家形象为目的。当前全球化时代的公共外交,则更注重主体的多样性和民间性,交流的双向性尤其是对话与合作,"倾听"而非"独白","接触"而非"瞄准",以民间团体为基础的关系网模式而非以国家为中心的等级制模式以及传播途径的大众化和网络化,被称为新公共外交或第二代公共外交。新公共外交越来越多地被界定为"公众所进行的外交"而非仅仅是"针对公众的外交",显然更能体现公共外交的广泛性、多元性、参与性、互动性和灵活性等特点,俨然成为当前各国对外战略的组成部分。

自冷战结束尤其是"9·11"事件以来,宗教在国际关系中的地位急速提升,业已成为各国国家安全与对外战略考量中不可回避的重要因素。因此在各国的对外关系和对外战略考量中,主要以本国宗教及其宗教团体为载体或主体、主要以国外宗教团体和信众为对象、主要涉及宗教和相关议题以及主要关乎国家宗教形象的公共外交，或可称之为宗教公共外交，也正在逐渐兴起。宗教交流作为民族与民族、国与国、地区与地区之间在思想、价值观和情感层面的互动，其影响往往要比基于现实利益的政治结盟和经贸交流等更为深刻和持久，而宗教的公共性、社区性、草根性和长期性与公共外交的基本属性十分契合，因此宗教是公共外交最重要的活动场域之一。

改革开放以来尤其是近年来，中国的宗教公共外交有了较快的发展。在有关部门尤其是中华宗教文化交流协会和中国宗教界和平委员会的协调和推动下，中国宗教公共外交和跨海峡民间宗教交流可以说是高潮迭起、成果丰硕，并且出现了诸如"世界佛教论坛""国际道教论坛""道行天下、和谐共生——中国道教文化对外交流系列活动""中国基督教圣经事工展""中美基督教领袖论坛"、双边和多边的伊斯兰文化展演以及国际性宗教文化展（节）等各种宗教文化对外交流活动和制度性交流平台，而中国的宗教领袖和宗教团体也纷纷在一系列重大国际宗教活动（如世界宗教暨精神领袖千禧年和平峰会）中登台亮相，并且在国际宗教组织（如世界基督教会联合会）中担任重要职位。这些都对在国际社会和海外华裔社区中展示中国宗教以及实践的良好形象产生了相当积极的效果。

2013年5月28日，习近平总书记在会见美国洛杉矶市市长安东尼奥·维拉莱戈萨（Antonio Villaraigosa）时，便对公共外交的性质、与传统外交的交叉关系及其对中美关系的影响做了很好的诠释。他在会见中指出，推动中美关系发展，不仅要自上而下，也要自下而上，因为"中美关系根基在地方、在民间、在基层"。宗教作为中美关系最具地方性、民间性和基础性的因素之一，其对推动中美关系进一步向前发展的潜能和必要性都是不言而喻的。2013年9月7日，习近平总书记在哈萨克斯坦纳扎尔巴耶夫大学发表演讲时，再次强调"国之交在于民相亲"的朴素道理，认为古丝绸之路留给后人的宝贵启示，就是"只要坚持团结互信、平等互利、包容互鉴、合作共赢，不同种族、不同信仰、不同文化背景的国家完全可以共享和平，共同发展"。宗教不仅能为中国公共外交提供重要平台和载体，向国际社会展现中国人民丰富多彩的精神世界，而且能为"和谐世界"以及"亲、诚、惠、容"等外交理念和实践提供深刻的思想基础和资源。宗教公共外交是中国公共外交的一个重要组成部分。

国家宗教事务局局长、中华宗教文化交流协会会长王作安最近指出,在对外交流中要讲好中国的故事,就必须讲好中国宗教的故事。中国宗教的故事大体上可分为两大部分,即传统宗教思想和文化以及当代宗教政策和实践。作为中国传统文化基础性的组成部分,前者已经享有很高的国际吸引力和接受度,具有所谓软实力的所有基本要素,而后者却是当前中外尤其是中美之间"相互认知水准最低、信任赤字最大、分歧最为严重"的一个领域。和中国博大精深的传统文化与改革开放以来中国经济快速崛起等中国故事相比,由于中外意识形态、政治制度和政教体制的差异,中国当代宗教政策和实践是一个较难讲述的故事。但正因为中外之间在对中国当前宗教政策和实践的认知上存在着较大的差距、疑虑、误解甚至曲解,我们更应重视宗教公共外交在消解这些问题、进一步树立中国积极正面的国际宗教形象方面的作用。

（一）宗教团体与公共外交

随着近年来中国各大宗教的不断发展,宗教以及宗教团体在中国公共外交和民间交流中正在日益发挥更为积极主动的作用。中国宗教公共外交近期的主要任务,就是要弥合国外对中国宗教以及宗教政策的媒体报道和公众印象与中国实际宗教国情之间的差距。

宗教要成为中国对外关系的重要载体和资源,首先必须满足以下条件:宗教信仰和宗教团体得到社会和民众的普遍尊重和认可,党和政府的宗教政策得到全面落实和贯彻,宗教界人士和信教群众在经济社会发展中的重要作用得到充分发挥,各宗教之间、宗教与社会之间、宗教与国家之间保持和谐的共生关系等。若要取信于人,必先取信于己,否则宗教即使走出国门也只能停留于浅层交往,形式大于内涵,难以深入持久,更谈不上构建扩大国家对外影响、提升国际形象的软实力。

宗教作为公共外交的载体,需尽可能强调宗教团体的自主性和自发性。作为公共外交升级版,新公共外交在主体上由政府逐渐向民间过渡,在方式上由单向传播向双向对话扩展,出现了官对民、民对民、民对官的多管齐下、多元互动的局面,提高和拓展了公共外交的有效性和涵盖面。实际上,官民并行、多层互动的公共外交和民间交流正是党的统一战线和群众路线理论在国际层面的灵活运用。中国的国情决定了政府在公共外交和民间交流中的关键作用,这在较为敏感的宗教领域尤为如此,但若事事由政府包办和管控,处处把政府推到前台，宗教团体缺乏自主性和自发性，甚至将宗教作为公共外交的工具化载体，则会使宗教在对外交流中的积极作用大打折扣，甚至造成事倍功半、得不偿失的局面。因此在宗教以及宗教团体的对外交流活动中，应根据具体情况，建立以宗教团体为主、政府为辅，宗教出面、政府隐身，宗教牵头、政府督导，政府主办、宗教配合等多种交流模式，以适应实际交流活动的不同需要。

中国各宗教和宗教团体在开展对外交流中需固本强基，加强自身的基础设施和能力建设，在经典研究、学术发展、思想建设、社会服务等领域形成人有我有甚至人无我有、人有我优的全面系统的理论、实践、制度和模式，实现宗教体制内的自我救赎和完善，否则将自顾不暇，疲于应付；即使走出国门也势必捉襟见肘，顾此失彼。宗教作为软硬兼施的力量，其影响依赖于一定的物资条件，如无基础设施的支持，宗教软实力便无从谈起。中国各宗教和宗教团体要在对外交流领域有所作为，也必须在宗教传媒、慈善事业、宗教院校、宗教团体、宗教场所等宗教基础设施或硬件上加大投入力度，从而加强周边影响力以及远程辐射力。

中国宗教走出去，要因教而异、量力而行，注重实效、循序渐进，有所为、有所不为，切忌一窝蜂、下指标、走过场、装门面、硬推销以及脱离实际宗教国情等。宗教对外交流的重点应渐次从礼节性互访推展到实质性合作，从教会高层发展到基层信徒，从华侨/华裔过渡到他乡异族，从提供宗教商品拓展到提供宗教领域的公共产品，使目前中国宗教的国际吸引力从"圣物"（如佛牙/佛指舍利赴外供奉）、"圣地"（如湄洲岛妈祖祖庙等）和实践（如少林武功、各教和谐）层次提升到制度、范式和思想层次。

（二）学界与宗教公共外交

宗教公共外交应成为中国学界的活动舞台。学界要真正成为推进中国宗教公共外交的思想库和人才库，自身亟须形成以下能力。

第一，形成对世界宗教发展的长期趋势和当前动态的分析能力。在近十多年间，中国学界对国际宗教问题的研究能力已有相当大的提高，有关机构、会议、课程、讲座、培训、项目、出版物等为数已相当可观，在相关学科内宗教研究已呈"主流化"趋势。但就整体而言，除某些涉华问题外，中国学界对国际宗教问题的研究还处于介绍、积累和起步的阶段，缺乏具有统摄性的"元理论"，对宏观层面的世界宗教发展趋势和微观层面的各国宗教状况均缺乏原创性和标志性的研究成果,尤其是缺乏地区乃至全球范围的大规模实地调查和资料搜集工作,未充分具备建设权威数据库和处理数据的能力。这些缺陷和不足均成为制约中国开展相关研究的瓶颈,与中国作为具有深厚宗教传统和全球利益的大国的地位是不相称的。

第二,形成向国际社会有效阐述真实宗教国情、政策和实践的论辩和设置议题的能力。由于受到体制性因素的制约,中国在与外部世界的交往中,对本国的事常常是只做不讲或多做少讲,在一些涉及中国的重要议题上,往往集体失语,导致国际社会对中国发展的现状所知甚少,甚至蜚短流长,在中国的真实国情与国际形象之间存在较大差距,这在宗教领域尤为如此,以至于民众覆盖面较窄的实地性和体验性接触,即"百闻不如一见",成为国际社会了解中国真实宗教国情的有限渠道。因此,在中国国内宗教问题日益具有国际效应的当下,"增强国际话语权、妥善回应外部关切",充分展现中国人民的精神世界,论述中国在宗教领域所取得的长足进步以及正视所存在的种种问题和不足,敢于发声和善于论辩,是中国宗教学界难以回避的使命。

第三,形成塑造中国国际宗教形象、参与宗教领域公共外交的能力。当前中国的国际参与已经不再限于政治和经济领域,而是日益涉及文化和宗教领域。在过去的十几年间,随着中国对外辐射力的增强,中国学界也日益走出国门,并且开始涉足宗教公共外交领域,部分实现了从"旁观者"到"参与者"的身份转变。政府主导的传统公共外交向社会各界共同推进的新公共外交的过渡,为中国宗教学界进入公共外交领域提供了契机。

第四,形成引导公众舆论以及对政府部门建言献策的能力。目前,中国智库建设正在积极推进,宗教问题对策领域的智库也已在筹建之中。国内外学界关于智库的职能以及如何界定智库有各种说法。我认为国内智库至少要起三种"桥梁"作用:一是智库要在学界和政界之间架桥,要把新的理念、思想和建议提供给政府决策者,以推动创新思维、国家治理(善政)以及社会进步;二是要在政府和民众之间架桥,促进政府与民众的互动和互相理解,引导社会舆论,通过发布权威信息和提供建议的方式使"下情上达"和"上情下达";三是要在中国社会与国际社会之间架桥,促进中外智库和民间交流。宗教或涉及宗教的智库除了上述三大功能外,还要在政府、学界、社会和教会四者之间的互动中发挥智力服务、对话沟通、促进变革的作用。

（三）政府与宗教公共外交

中国政府有关部门尤其是宗教主管和职能部门要在宗教公共外交领域更充分地发挥统筹协调的功能。如前所述，目前中国的公共外交主体呈多元化趋势。在公共外交研究领域，除全国性的中国公共外交协会和察哈尔学会外，还涌现出一批地方性的公共外交机构，大学有关公共外交的专业课程和研究项目也层出不穷，公共外交已经成为当前学术和对策研究的一大热点；在公共外交实践领域，参与机构和单位也日益增多，包括从中央到地方的形形色色的政府和非政府对外交流机构以及在海外有各种项目的跨国公司和企业等。

上述机构和单位的研究和实践在不同程度上涉及宗教，它们与教会界和学界一起，构成了中国宗教领域公共外交的主要执行机构和载体，甚至处于宗教公共外交的第一线。然而，随着公共外交主体的多元化和利益格局的复杂化，在中国宗教公共外交领域也出现了政出多门、各行其是、叠床架屋的局面。因此，如何平衡政府不同部门、政府与非政府组织、宗教组织与非宗教组织、中央与地方以及国内与海外团体之间的关系，统筹国际和国内的宗教资源，是政府主管部门在推进宗教公共外交方面所面临的难题。

有鉴于此，中国政府有关部门可通过加强政策、制度和人员供给以及建立处理涉教问题的危机管理机制，来适应宗教公共外交迅速发展的需要。在政策供给方面，政府有关部门需加强政策设计的功能和提升政策咨询的水准，在宗教非政府组织、宗教慈善事业、高校宗教学研究和教学、民间信仰/宗教及其组织、宗教传媒、宗教院校等一系列与宗教公共外交相关领域和机构的定位、培育与发展等方面，调整原有政策并推动新政策的出台，以加强宗教公共外交的基础建设，并且为宗教公共外交的顺利开展提供政策和法律保障。

在制度供给方面，中国政府有关部门可通过制度创新，即通过建立常设性的跨部门协调机制以及政策咨询机制，来应对外交部门不管宗教、宗教部门不管外交、各部门都不管宗教公共外交的"三不管"局面。2014年初，国家宗教事务局成立宗教工作专家库并召开了中华宗教文化交流协会第一次理事会，便是建立上述协调和政策咨询机制的努力。毋庸置疑，跨部门协调机制和政策咨询机制的政府配置和级别越高，宗教公共外交在中国外交和对外战略中的地位便越显重要。

在人员供给方面，中国政府宗教管理的职能部门已经做了大量的统筹协调工作。随着中国宗教团体和宗教信徒文化及教育程度的普遍提高和年轻化趋势,除宗教院校本身的进步外,选派各教神职人员到国内著名高校如中国人民大学、复旦大学和若干国外院校进修和攻读学位已成为获得政府批准和支持的制度性安排。教会系统外的大学宗教学和神学研究相对发达,是中国宗教学研究的一大特色,政、教、学三界在宗教研究领域的良性互动已经预示了在宗教公共外交领域资源整合的前景。

在建立危机管理机制方面,中国政府的作用更加显要。在信息全球化时代,宗教领域的各种突发性事件将因各种传统和新兴媒体的传播而迅即放大,其所造成的负面国际公共舆论足以使各国此前刻意打造的国际形象和公共外交努力毁于一旦,而现代信息传递所造成的简单化和片面化的强烈视觉效应也足以使任何姗姗来迟的有关官方声明黯然失色。信息时代公共外交的最大考验之一,就是能否迅速就有关事件尤其是突发性事件做出符合实情的及时和有效的回应。因此,中国政府有关部门应强化宗教领域的危机管理机制的建立,形成有效的危机预警、信息披露和舆情引导体系,动员包括上述教界和学界力量在内的社会力量和新兴媒体参与对公共事件的处理,以专业化和常态化的方式来提升宗教领域公共危机管理的效能。

总而言之,随着国力的快速增长以及政府外交、对外经济交往和人文交流的全面推进,中国宗教公共外交领域正在形成宗教界躬行践履、学术界建言献策、政界统筹协调的基本分工格局。在教、学、政三界中,教界是基础、学界是依托、政界是关键,而三界的资源整合、通力协作和良性互动不仅将有力推进中国的宗教公共外交,也必然会对中国的总体外交产生积极的影响。

三、宗教与"一带一路"倡议

历史告诉我们,一个大国在其崛起的过程中,不仅需要理顺国内宗教关系,构建良性互动的政教格局,而且需要具有驾驭世界性宗教事务和妥善处理涉及宗教的国际性治理问题的能力。我国的政体和主流意识形态决定了宗教和宗教团体在我国对外政策的形成和实施过程中,不可能具有显著的作用,但在我国与一些较具宗教性国家和地区的交往中,尤其在我国"一带一路"倡议的实施过程中,宗教往往是增进关系和影响民意的有效手段之一。在我国处理涉及宗教的全球治理问题时,尤其是在反对"三股势力"的斗争中,宗教是无法回避的因素,而我们要对外部世界讲好中国的故事,就不能不讲好中国宗教的故事。因此,是否具备处理好带有全局性的国内外重大宗教问题的能力,实现国内宗教政策与国家对外战略的对接,在某种程度上关系到中国作为大国崛起和中华民族复兴的历史进程。

宗教作为中国对外交流和公共外交的载体,尽管具有诸多有利条件,也呈现出明显的不足;既有搭载国家整体走出去战略和"一带一路"倡议便车的机遇,也有来自地缘政治环境和内生动力方面的限制。对于我国宗教走出去所面临的挑战和机遇,我们都应有清醒的认识:

第一,宗教领域的民间交流和公共外交都是国家整体外交的一个组成部分。在当前地缘政治考量占据显要地位和涉及国家主权的领土争端局势复杂的国际背景下,包括宗教交流在内的民间对外交流的空间受到挤压。然而在地缘政治、经济、文化、宗教盘根错节、高度互动的 21 世纪,所谓"高位政治"活动的不畅和阻塞也为文化、宗教等"低位政治"活动在双边和多边关系的民间层次上的介入和疏通提供了一定的机遇。

第二,当前世界宗教发展的主要趋势之一,就是发达国家与发展中国家之间的差距不仅是经济上的,而且是宗教和神学上的,发达国家的世俗化与发展中国家的宗教化形成了鲜明对照。而背离上述趋势的两个最主要的国家,就是中国和美国,即中国是世界上发展中国家中宗教性最弱(主要指宗教人口在总人口中的占比较低以及国民宗教性较低等)的主要国家,而美国则是发达国家中宗教性最强的主要国家,两国的宗教状况均成为同类国家中的异类或例外。中国的弱宗教性决定了宗教和宗教团体在我国的国际关系舞台上只可能扮演辅助角色。因此宗教与我国对外政策尤其是"一带一路"倡议的关系主要指理顺国内的政教关系以及提升我国处理国际宗教事务的能力,不可能借鉴和遵循宗教在很大程度上参与外交事务以及为对外扩张提供合法性依据的美国模式。

第三,目前我国各领域的非政府组织尚处于培育和成长阶段,因此在民间对外交流和公共外交活动中,政府的作用仍比较突出。我国的宗教对外交流和公共外交需要实现从等级制模式向扁平化模式的转变,充分发挥宗教团体在对外交流中的主体作用。与此同时,中国各宗教和宗教团体在开展对外交流中也需固本强基,加强自身的基础设施和组织能力建设,缩短开展对外交流意愿与能力之间的差距,从而对国际社会更多地发出"中国宗教的好声音"。

第四,我国"一带一路"倡议、亚洲基础设施投资银行和金砖国家新开发银行能为周边发展中国家提供各种基础设施建设,但此种国家建设型的投入有可能改变当地社会结构和经济格局的稳定性,对当事国或地区的宗教植被或宗教生态造成影响。正如宗教传播不能通过武力来实施一样,宗教交流也不能用"推土机"的方式来推行。针对此种情况,各种宗教团体、宗教非政府组织和宗教智库应以其专业知识、广泛的国际联系和感同身受的态度提供政策咨询建议,进行预防式的介入。

第五,与中国博大精深的传统文化以及与改革开放以来中国经济快速崛起等"中国故事"相比,由于中外意识形态、政治制度和政教体制的差异,中国当代宗教政策和实践是一个较难讲述的故事。然而正因为中外之间在对中国当前宗教政策和实践的认知上存在着较大的差距、疑虑、误解甚至曲解,我们更应重视宗教交流在消解这些偏见方面的作用,努力树立中国积极正面的国际形象。

第六,包括宗教交流在内的中外交流都是双向和互为条件的,"请进来"才能更好地"走出去"。随着中国全方位走出去战略的推进,包括宗教团体在内的中国文化机构和非政府组织也正在逐渐走出国门、走向世界,我们也将更多地面临自身作为境外非政府组织和境外宗教团体的问题。因此在宗教对外交流中,我们需要把正常和合法的交流行为与非正常和非法的渗透活动严格地加以区分。在国际正常的宗教文化交往中,如缺乏基本互信,相互提防和设障,都会使合法的交流与合作受阻甚至中断。有容乃大、沉稳自信,应该成为我国作为世界性强国的基本素质,这在宗教对外交流领域也是如此。

第七,无论在我国公共外交还是在我国宗教走出去战略中,宗教最大功能和最主要目的无疑在于其促进世界和平或国际"和平使者"的作用。宗教和宗教团体因其道德权威、中立地位、国际联系、丰富经验和动员能力而被视为维护世界和平的重要力量。宗教的和平功能可表现在或虚或实的许多方面。中国宗教团体在国际社会中发扬、倡导和传播传统宗教和谐思想方面游刃有余,但在作为国际和地区冲突的实际调解者和中介者方面仍显得能力不足。因此,在促进世界和平这一终极目的方面,我国宗教走出去的实际能力还有待提高。在某种程度上说,中国宗教团体在各种国际和地区的冲突中充当实际斡旋者和调停者之日,才是中国宗教真正走出去之时。

第八,如前所述,中华民族具有更注重取经而非传教的民族传统。在任何国家,宗教走出去不仅需要外在的环境,更需要内生的动力。中国宗教的传统风格是"坐而论道",是"门诊型"而不是"出诊型",并不特别强调对外拓展,外来宗教如基督教和伊斯兰教经中国历史文化传统的洗礼以及因社会条件的限制,也变得较为平和而减弱了传教冲动,因此中国宗教走出去显得内生动力不足。然而,不以宗教拓展而以传播宗教和谐思想、提供公益慈善服务和促进国际交流及世界和平为主要驱动力的中国宗教走出去,反而因此减少了阻力和引发宗教间冲突的可能性,从而具有可持续发展的前景。

第九,我国周边以及"一带一路"沿线国家的民族和宗教格局相当复杂。就宗教而言,有以单一宗教为主体(指伊斯兰教、佛教、基督教、天主教、东正教、印度教、犹太教占人口多数)的国家,也有以两大宗教为主体、多种宗教并存以及无宗教信仰者占人口多数的国家。在这些国家尤其在东南亚国家中,源自中国的民间信仰也有很多信奉者。针对这种情况,我国传统的"五教并进、三界携手"的传统宗教公共外交模式需要加以调整,在"五大教+"的基础上开展更广泛的对外宗教交流。事实上,我们五大教以外的宗教和民间信仰资源(如上海犹太难民纪念馆、福建莆田湄洲岛妈祖祖庙、散落在南海诸岛和海底的民俗道教遗存)不仅是宗教公共外交和加强海峡两岸关系的有效载体,宣示国家主权和恢复民族集体记忆的重要符号,也是促进我国与周边国家民心相通的信仰纽带。

第十,中国是世界上拥有侨民最多的国家,侨民是中国宗教走出去和"一带一路"倡议的最重要的资源和基础之一。宗教是我国海外侨民生活的重要组成部分,而侨民宗教不仅构成了"信仰中国"的海外板块,也是所在国家和地区宗教生活的有机组成部分。宗教团体通常是海外侨民最重要的社会组织之一。作为草根力量,侨民宗教和宗教团体不仅可影响所在国家和地区基层民众的中国观,也可作用于相关政府的对华政策。因此,开展宗教侨务工作,加强与各海外侨民宗教团体的联系,恢复和盘活散落在海外的我国宗教遗产,对推进我国走出去战略和"一带一路"倡议具有十分积极的意义。

当前,"推动中华文化走向世界,形成与我国国际地位相对称的文化软实力",已成为我国全方面走出去战略中的重要一环。而推动作为中华文化基础因素的中国宗教走向世界,应成为我国在新形势下实现在"政治上更有影响力、经济上更有竞争力、形象上更有亲和力、道义上更有感召力"的外交方针的有效途径。中国宗教已经走出去了,如何更好地走出去,以及为宗教走出去提供必要服务和建立有效机制,已经提上了政、教(会)、学各界尤其是教(会)界的议事和研究日程。

文化外译:一个世界性的课题

谢天振[*]

我从 20 世纪 80 年代晚期开始到 90 年代,主要从事的是翻译研究,从 90 年代末开始到 21 世纪初,我又关心文化外译的问题,中国的文学、文化怎么翻译出去。尽管我是上海外国语大学的老师,但我在复旦大学也指导博士生,我指导我的学生们怎么关注文化、文学的外译问题。

一、文化外译的问题

(一)一部中西翻译史,主要是一部译入史

无论讨论"一带一路"倡议也好,还是讨论中华文化"走出去"也好,这里面一个很关键的问题,就是文化外译。谈到文化外译首先要讲到一个概念,就是我们对翻译史的认识,也许有些同志感觉翻译史跟我们的距离比较远。其实不是这样的,我们对翻译的认识都是建立在翻译史的基础上,也就是说一两千年来,我们的翻译史是怎么样的。我提出一个观点,一部中西翻译史,主要是一部译入史。中国的翻译史有两千年的历史,从最早开始的古代佛经翻译,到近代对西方先进思想文化的翻译,到当前我们对国外的一些翻译,大家可以看到,都是译入,就是把国外的文学、文化,包括其他的典籍翻译进来。从中国古代到近代到现代,是不是这样?不光是中国,西方也是这样,从古罗马占领古希腊以后,古罗马把希腊典籍翻译成自己民族的语言,然后到中世纪,到后来文艺复兴,再到后来的启蒙等,也一直做的是把国外其他民族的文化典籍、文学经典翻译成自己民族的语言。这是一个中西翻译史的性质。那么这个性质

---

[*] 谢天振,上海外国语大学教授,中国比较文学译介学创始人。2020 年 4 月因病去世。

跟我们有什么关系?大家会觉得好像没有关系,但其实是有关系的。

(二)迄今为止我们缺乏对文化外译的研究

我们今天在考虑中国文学、文化"走出去"的时候,翻译的方向跟我们两千年来翻译的实际正好相反,我们两千年来都是把外面的文化翻译进来,我们今天要做的事情是把中国的文化翻译出去。这里面产生什么问题呢?就是我们的理念是建立在译入基础上的,在外面的翻译进来的基础上,以这样的翻译理念来指导今天把我们的东西翻译出去,是不是能取得成功?我的观点,到目前为止,我们中国文学、文化的"走出去",我们的文化外译,基本是不成功的。

所以这样的话,问题来了,就是说我们以前把中国文学、文化翻译出去的成功实践是有的,不是没有,翻译出去最成功的是传教士。我们的翻译史上传教士做的文化外译是成功的,无论是把自己民族的文学、文化的典籍传到其他国家,还是把中国的文学、文化典籍传到他们国家去,都取得一些不错的成效。但我们对外译的研究却很少,理论上的总结更少,这是一个历史的现状。

(三)在跨文化交际的国际性视野下做好文化外译

文化外译不光是我们中国在做,其实许多国家都在做这个事情。他们都有自己的做法,比如说,在法国设立傅雷翻译奖,就是让中国的翻译者积极地翻译法兰西的文学。我记得荷兰有一个公司跟我们接洽过,投了很多钱,希望把荷兰文化的典籍翻译成中文,丹麦这些国家都在做这些事情。今天我们对文化外译问题的思考,不光是我们自己一个国家的问题,还是一个世界性的问题。

对于文化外译的一些思考要取得成功,我有个观点,一定要将其放在一个跨文化交际的国际性视野下予以考察。而我们之前的不成功在于哪里?我们没有放到这上面去考察,我们关注的是把这个文本能够准确、忠实地翻译成外文,当我们拿出来一份所谓的忠实的译本的时候,以为我们的文化外译已经成功了,这是我们很普遍的一个认识,以为交出了一个成功的译本,就是我们文化外译的成功,其实文化外译的成功和文化译入的成功不一样。对于译入语境来说,我交出了一份合格的译本,我的翻译基本上是成功的,比如说当傅雷、朱生豪他们交出了一个很好的译本的时候,他们的翻译就很成功,朱生豪的译本有很大的读者群,傅雷的译本也是一样,有着很高的声誉。但是译出的语境与译入的语境有一个本质的区别,这是我们所忽视的。译入的语境,是我作为接受外来文化者,对这个外来的文学、文化是有需求的,我知道哪个文学比我们先进,所以我作为一个译介者,我把它能够翻译出来,用比较忠实、规范的语言翻译出来,就已经足够,接受、传播、影响都不需要我来关心,它是自然而然产生影响,能够得到传播。但今天我们做的是什么工作?我们做的是文化外译。文化外译的话,对方有没有这样的接受语境?他也在迫不及待等着看中国的文化、文学吗?这是一个关键。就语种而言,英语世界是一个状态,法语是一个状态,东南亚也是一个状态,各个语种是不一样的,但是我们现在说,要走向世界,我们首先盯的是哪个世界?英语世界。我今天的讨论主要针对英语世界。法语世界、德语世界、俄语世界、东南亚语言的世界又有不一样。我们在讨论中国文化、文学"走出去"问题的时候,其实不同语种的世界情况是不一样的,不能简单划分。

我们对文化外译要有一个共同的理解,文化外译首先有狭义和广义之分。狭义的文化外译,我们脑子里马上跳出来,一个文本翻成外文,这就是文化外译,这是一种狭义的,借助翻译让本国、本民族的文化、文学"走出去"的活动。广义的文化外译,跟翻译相关,不光是纯粹把语言文化转换了,如果讲"走出去"的话,那就不光是一个翻译的问题,它背后还是文化的"走出去"。对中国文化、文学"走出去",还要有一个很开阔的视野来看这个现象,看这个活动,看这个事实,然后我们才能把有些问题讲透。

二、中国文化外译存在的问题

(一)我们的文化没有切实有效"走出去"

围绕中国文化、文学的"走出去"也好,文化外译也好,我觉得目前国内其实是存在一些问题的。这个问题首先就是我们做得并不是很成功。从20世纪50年代开始,我们就在做这件事。当时我们创办了一份杂志叫作《中国文学》,这本杂志本来是不定期的,到最后变成月刊,是英文版的,后来还增加了法文版。这份杂志我们办了五十年,从50年代开始到2000年收场了,办不下去了,外面没人看,所以这份杂志就不了了之了。其中折射出来的一个问题,就是中国文学怎么能够"走出去",我要强调加四个字"切实有效"。你在国外书店里看到了吗,有人买吗?图书馆里看到了吗,有人借吗?这是一个实际的问题,是我们要思考的问题。20世纪80年代,杨宪益组织了一套丛书叫"熊猫丛书",也做了将近二十年,出版的语种也有英语和法语,其实也不是很成功,到后来也是不了了之,也停止了。我有两个博士生,分别写了两篇博士论文,一个考察半个世纪的《中国文学》怎么编辑,怎么发行,在国外的情况怎么样;另外一个专门谈"熊猫丛书"怎么编辑,怎么发行,它的实际影响怎么样。到21世纪开始,我们又有新的努力,也就是大中华文库,中国新闻出版总署要把中国几百种文化典籍翻译成英文,和其他各种各样的语种,希望能够向全世界展示介绍中国的文学、文化。大中华文库到现在为止,已经出版了一百多种选题,据我接触到的一些数据,大中华文库一百多种选题中,真正"走出去",也就是被人家版权买走的,是个位数,仅仅是三五本。这样的话,我们的大中华文库的行为,到底是成功还是不成功?因为我们希望通过它把中国文学、文化推介出去,但这些书籍都在我们高校的图书馆里面,没有走出国门。我到每个高校去做讲座的时候,都会问一下谁看了大中华文库。寥寥无几,是没有必要看,对中国读者来说没有必要看。所以文化外译的问题,我们还是很有必要做些深入的思考和探讨。

(二)没有意识到译入与译出的差异

我觉得我们在讨论中国文化、文学外译或"走出去"的时候,最根本的问题是完全没有意识到译入与译出的差异。为什么?我们从来没有意识到我们这部翻译史是一部译入史,我们的翻译理念全都是建立在这两千年来译入的实践基础上的,而这个实践基础告诉我们,我们不需要关注其他的问题,只要交出一个合格的译本就成功了。但今天一个新的课题是把中国的文化、文学外译,而不是把外国的文化、文学译入。我们没有发现文化外译的特殊性,觉得不是一样的嘛,把外面的东西翻译进来和把中国的东西翻译出去,无非是变了一下翻译的方向,没有感觉到其中有差别。但事实并非如此,我们一定要看到译入和译出之间的本质性的差异。我一直强调我们译入有内在的、自觉的对外在文化、文学的需求,而译出呢,人家并没有这个需求。以英美国家为例,美国翻译的出版物在整个出版物中间,它的比例仅仅是3%,在英国是5%。如果你们曾经到英美国家书店看过的话,一定会发现,几乎很难找到翻译作品,更不要说是翻译文学作品,更不要说是翻译中国的作品。反过来,我们自己国内的书店，你们也去过，我们翻译的作品占了我们整个出版物的多少？几乎一半都是翻译作品，无论是文学也好，文化、政治、经济、哲学也好，书店里有大量的翻译作品。这就是中外的特点和现状。在英语国家，他满足于自己的一些东西，他觉得我够了，不光排斥所谓你的中华文化，还觉得外来文化、外来文学对他来说并不那么急迫，觉得自己可以满足自己，跟我们的观念是不一样的。我们要看到这个问题。因此，我们应该怎么样在人家对你没有很急迫需求的情况下，让我的东西引起你的兴趣，被你接受，在你的国家得到传播，产生影响，这是我们今天要考虑的一些问题。从某种意义上，不考虑接受，不考虑传播，不考虑影响，所谓"优秀"的译本，某种意义上它是一堆废纸。我接触到好几个国家的大使馆的文化部门、教育部门，他们有的向我反映，我们送出去的东西，他们送不了，送给一些国家的高校、图书馆，他们都不要，白送还不要。我有的时候感觉到很困惑，白送怎么还不要？后来我就搞明白了，他说这个东西，你送给我，而我呢，一定要编目，要上书架，有一整套的程序，要花劳动力，如果这个东西没有人看，我何必花劳动力呢，还要占据空间，所以白送都不要。我后来也相信，有很多书其实都堆在大使馆里。

（三）我们的文化外译要重视接受语境的特点

我们要关注接受群体的阅读习惯、审美趣味，他们喜欢读什么样的东西，要使得中国文化、文学"走出去"，你必须关注这些问题。但有一些专家学者跟我持相反的态度，他觉得你这样强调要关注接受群体的阅读习惯、审美趣味，就是对西方读者的奉承，就被人家牵着鼻子走了，丧失了中国在文化、文学上的外译权，甚至影响我们国家独立主动的文化传递。这个观点在我们的学术界都有一定的市场。

文化的话语权，我觉得是要的，但我希望大家能够注意到一个问题，就是在文化外译的问题上，其实有两个层面，一个是对外宣传，一个是文化交流。对外宣传，毫无疑问，我们要牢牢地掌握话语权，我们要对人家进行宣传，要把我们的东西传递给人家。但是，在文化交流这个层面，我觉得我们没有必要刻意强调所谓的"话语权"。文化交流的目的是什么？我觉得是让世界各国的读者，通过对我们中华文化、文学典籍的阅读，建立起对中国比较全面、深刻的认识。因为文化、文学最容易让人家了解中国，他们本来以为中国是一个庞然大国，会不会对他们国家带来一些祸害，这么大的人口基数，一定是世界不安定的因素。但如果通过文化、文学，了解中国是一个以和为贵的民族，是崇尚和谐的民族，这样的话，他们对你的戒心就会消除。我们文化交流是这个目的，是通过文化交流增进了解、扩大影响，并不是争什么话语权。而且如果我们片面强调所谓的"话语权"，就会有人认为中国式的英语讲得不好没关系，你爱听不听，有本事你就讲中文好了，你觉得这样能达到交流吗？表面上我好像掌握了话语权，但你的话语权有什么价值，有什么意义呢？我有一个朋友在美国加州的大学做系主任，他看到美国的华裔孩子考大学，许多孩子都选了日语，而不是中文，他就很好奇，问这些孩子为什么不来考中文，为什么要去读日语。这些孩子的回答对我们有启发性，他们说我们从小看日本的动漫长大的。动漫绝对不是日本文化的精髓，但是动漫培养了孩子对日本文化的兴趣。我们在文化外译的时候，经常有一个声音，我们要把最能够代表中国文化精髓的东西翻译出去，四书五经、四大名著，一厚本一厚本地翻译出去了，但我们从来没有调查过有多少人看。如果没有人看的话，你"走出去"不就是失败嘛。我很希望大家能够关注这个问题，我们怎么能够切实有效地让中华文化引起世界各国人民的真正兴趣。其实我们处于一个很好的时机，中国的经济和国力正在崛起，这对中国文化、文学的"走出去"，绝对是一个难得的好时机。因为这个时候，人家就会思考，为什么当世界经济碰到问题的时候，中国的经济能够继续发展，那时候他就会对你感兴趣，他不光是看看你经济具体的东西，他还要关心你的文化、文学，因为从这里面可以看得出来，你们中国人是怎么思考问题的，是怎么在生活的，这一点就很要紧。前几年外文出版社有一套书《老人家说》，搞成一个很小的开本，很精美，把老子、墨子、庄子这些人的很精彩的、富有哲理的思想语录翻译成英文，中文英文对照，再配上一些图画，让人家简单一看印象就很深刻。国外最先对中国文化产生兴趣的部分是中国古代哲学。我于20世纪90年代初到加拿大，加拿大比较文学系的主任根本不懂中文，还是一个诗人，但一提到老庄的"无为而治"，就眉飞色舞，觉得好，中国人有智慧，他对中国古代哲学思想很有兴趣。我们就应该通过这些东西挑起他的兴趣，让他一点点进入中国文化领域里面来。我们有一种习惯思维，在汇报取得成绩的时候，总爱讲我们去年生产了多少多少万吨钢、多少多少万吨粮食。这样汇报是可以的，但作为文化外译的官员来汇报，去年我们翻译了多少部中文作品、多少部电影，我觉得不可以，为什么？你翻译出来，并不等于你行为的成功,译介是第一步,真正译介的目的是什么?跨文化、跨民族的交际。所以我觉得对于一个文化外译的官员来说,总结汇报的时候,要说通过我这样的文化外译,在我的译入语的国家,产生了什么样的影响,这才是实质性的问题,而不是我把中国的文化、文学翻译成这个国家语言的多少本书,我觉得这个不够,这是我们观念上要考虑的问题。

(四)忽视了文化译介基本的规律

我们往往并没有注意到这个规律,总觉得以前我们把人家的东西翻译成中国的,我们今天要"走出去"了,要把中国的翻译成外文,如此而已。但其实背后是有规律的,这个规律就是文化的译介总是从占据主流地位的强势文化流向或者译介到弱势民族文化国家。把这个问题点出来以后,就能理解,五四时期,我们之所以很努力地把西方的文化、文学翻译成中文,是因为其占据了世界的强势地位,文化一定是这样的。国内有些专家有点心态不平衡,说我们的文化交流应该被尊重,我们翻译了你那么多东西,你怎么就翻译了我们这么一点点?我提出彼此尊重、平等交流,听上去这个观点是对的,但是我们不要把它简单化、数量化。好像我翻译了你多少东西,你也应该翻译我多少东西,否则你就是不尊重我。其实在这个方面,没有绝对的平等可言,因为文化的不平等是绝对的,它不可能绝对平等,它一定是有强有弱。五四运动以后西方文化占据了强势的地位,所以我们对西方文化的译介比较多。其实我们想一想,历史上盛唐时期,我们中华文化也占有强势文化的地位,那个时候也不需要提什么中华文化"走出去"的口号,周边的国家自己会派专家学者到长安,把中国的文化、文学,要么偷回去,要么就在这里翻译带回去,这就是文化交流的一种规律。你有这个需求,一定会主动译介,所以你不要心态不平衡,这是一个客观规律。

怎么在文化劣势的地位上,让世界对中国文化产生兴趣,这是我们要考虑的问题。那这个兴趣怎么来?背后是我们强盛的国力和经济,现在我们已经处于很好的时期了。那么我们今天做的文化外译,从某种意义上来讲,它其实有点逆流而行,因为整个世界的文化交流目前还是不平等的,西方文化还是强势文化,我们要扭转这种局势的话,需要考虑一些务实的做法和策略,只有这样考虑,我们才有可能取得成功。

三、文化外译需要长期的积累和攻坚

文化外译在我们学界也好，在译界也好，有一点急功近利，很希望马上能够取得成效。其实文化外译是一个长期的事业，某几部作品的外译甚至一个时期的外译努力是无法达到中外文化交流的最终目的的，它一定是长期的，有一定时期的积累，才可能实现文化外译的成功。现在国内学术界有一些做法，比如说国外有些汉学家在翻译的时候连译带改，好像不尊重我们的作品，我们就横加指责，其实这是没看到一个国家、一个民族对其他民族的文化接受有一个过程。我们可以想一想，大家都知道莎士比亚，但是我们接受的莎士比亚其实与英国的莎士比亚不一样，我们读的朱生豪的译本跟莎士比亚有一个巨大的区别，原文是诗体，而朱生豪的翻译是一个散文体，我们需要去指责朱生豪曲解了莎士比亚的东西吗？不需要，我们先通过朱生豪散文体的翻译，对莎士比亚有了一定了解，然后前几年又有翻译家组织了一套莎士比亚诗体的全集，台湾地区的梁实秋也搞了一套诗体的莎士比亚的翻译。我们对外来的文化、文学其实也是这样一个过程，不要因为翻译的删减就横加指责，我觉得没有必要大惊小怪。有人提出一些观点，听上去好像是慷慨有力，比如有人就这么说，中国文化、文学"走出去"，是举国上下的共同目标，但是"走出去"的如果在某种程度上说是被误解、误读的文学、文化，那么如此的"走出去"是不是值得期盼？我一直有一个观点，我觉得首先要让人家接受，如果别人都不接受，其他东西是谈不上去的。但是我们有些学者、专家的观点，听上去还是振振有词，他提到很高的高度，他说："从国家文化建设的战略高度来看，中国文学走出去，并不是某位作家、某部作品的诉求，也不是某个社会群体和某种文学类别的诉求，而是中华文化走向世界，与他文化进行平等交流与对话的诉求，任何对文学、文化的曲解、误读和顾虑，都是与这个根本诉求相违背的。"这都是出自一些公开发表的文章，这个观点听上去还是振振有词的，觉得蛮有道理，我们的文化不能被人家曲解，被人家误读。这里要讨论一个什么问题？拒绝是简单的，问题的关键是，你翻译出去，能不能被人家接受，得到传播的影响。简单拒绝是很容易的，但是能不能取得成功呢？现在有些人把它简单化，以为这是一个民族的志气、自尊、自重，不要给他牵着鼻子走。这里面就是一个文化差异，有一个时间差和语言差。我们要想一想，今天英语世界那些读中国文化、文学作品的读者，他们接受中国文化、文学是哪种水平，他的能力就与此相对应。打个比方，他们就是我们晚清时期的严复、林纾。我们读西方文化、文学作品的那些中国读者的水平，那是什么样的水平？能不能读全译本？林纾翻译的作品全部是删节本，因为当时我们对西方的东西还不了解，还要把这个小说改头换面，改成章回体小说，最后也加一句"欲知后事如何，且听下回分解"。我们习惯于读这样的作品，一百多年前，我们是这样一点点接受西方文化、文学的作品。今天中国的读者接受西方文化、文学的水平当然是高了。今天如果我说出版一个删减本，你就不要看了，因为我们已经不满足于删减本。倒过来一百年前，出版社说我是全译本，一定是没有人看的。那么现在放到西方英语世界，就是当年中国的状况。所以葛浩文就跟我说："谢老师，《狼图腾》这么厚，我翻译肯定是要删减的，我不删减出版社不愿意出，读者也不愿意看，今天的英语世界，特别是英语世界的读者，还没有养成要读这么厚的一部长篇小说的习惯。"英语世界的小说一般都是二十来万字，哪里有我们这样四五十万、五六十万字的，很少，阅读习惯已经养成了，他们的写法往往控制在这样的篇幅，才容易卖得出去。这跟当今人的生活节奏、工作节奏也有关系。所以在英语世界中，删减本也很受欢迎，书不厚，可以往口袋里一塞，地铁上、旅程中，都可以看一看。

所以，我觉得我们要看到这个时间差，我们接受外国文学，特别是西方文学、文化已经有一百多年的历史，而西方有些英语世界的读者，也就最近二三十年，开始对中国文学、文化有了那么一点兴趣，这个读者的数量也很有限。所以在这种情况下，我们不要太急功近利，不要因为一点删减就大惊小怪，以为是歪曲了。严复翻译《天演论》的时候，原先人家是第一人称，因为我们中国读者不习惯读第一人称的文本，所以马上改成第三人称，后面部分删掉了，以突出重点，林纾的翻译更加典型。今天在英语世界的"严复""林纾"，他们在做中国文化、文学的译介工作，有一些删减甚至扭曲，我觉得不需要大惊小怪，对外来的文化、文学的接受是有一个过程的，你要承认这样一个过程。

最后，我想讲两个个案，其中一个也是上海的。就是前几年的事情，上海芭蕾舞团到英国的伦敦大剧院去演出，我觉得很有意义，为什么呢？这跟我们去维也纳金色大厅的演出不大一样，这个演出完全是商业演出，是一种商业行为。上海芭蕾舞团在伦敦大剧院演现代芭蕾舞《简·爱》,4天演5场,观众达到6 700人次。它为什么能够成功?因为用的是你的语言,你喜欢看芭蕾嘛,我就跳芭蕾给你看;讲你熟悉的故事,《简·爱》就是你的故事,但这个故事又不是简单的你的故事,是由中国人在讲,里面有中国元素。我们把《简·爱》里面的疯女人拉出来,演出一段现代人的情感关系的芭蕾舞剧,让外国人感到既熟悉又陌生。这里面很重要的一点是,它整个编舞由一个国际编舞大师负责,所以它的语言是国际性的语言,舞美服装全都是国际上有名的设计师搞的,所以这个成功不是偶然。英国观众在看了演出以后,就说上海芭蕾舞团以后再来伦敦的话,我们还会来,希望那个时候能够看到用芭蕾舞演绎的中国故事。我非常看中这句话,通过今天跟你讲《简·爱》,讲你的故事,里面有中国的元素,激发起你对中国人讲中国故事的一种兴趣,就像美国的孩子看到日本的动漫,希望进一步接触日本文化一样。今天的英国观众看了中国的芭蕾舞演出,开始对中国文化、文学感兴趣,提出你们能不能下次来讲中国的故事。文化"走出去",上海芭蕾舞团这个个案,是很值得我们关注和思考的,它给我们提供了很好的启迪。

  第二个例子就是莫言的得奖,莫言得奖的背后有一些很关键的问题,什么问题?他的译者是谁?他的出版者是谁?作者和译者的关系怎么样?这些大家没有注意到。莫言自己很清楚:我的作品能够得奖,离不开世界各国这些翻译家。所以莫言到斯德哥尔摩领文学奖的时候,瑞典政府给了他14个名额可以陪他一起去参加颁奖典礼,他把名额给了他的太太、他的女儿;给了一个高密的老乡,因为高密是他作品的根据地;两个名额给了复旦大学的陈思和教授夫妇,因为陈思和是中国现当代文学的评论家,他对莫言作品的推崇,对莫言在文坛上出名起到很重要的作用。另外还有9个名额给他全世界的译者,给了葛浩文夫妇,给了日本和意大利的翻译家。莫言很清楚,这些译者对他的作品走向世界起了非常重要的作用。他跟译者之间的关系也非常紧,莫言在这一点上很豁达,我的作品给了你翻译,由你做主,他非常信任译者。我们不妨想一想,如果我们有两个译本,一个是傅雷翻译的,一个是法国汉学家翻译的,那个法国汉学家中文也不错,语法上没有什么错,但你在读的时候,你会觉得难读,而傅雷的翻译,也许有好几句理解错了,但你觉得流畅,还是喜欢读傅雷的译本,这就是一个规律。所以翻译到最后并不是一个简单的对与错的问题,所谓的忠实原文,这是我们在搞翻译训练的时候要讲的问题,对原文什么意思要了解,我们要尽可能完全准确地把原文的意思表达出来。但当我们真正从事文化交流的时候,我们要考虑的更多还有其他的因素。从莫言个案我们得到启发,译者对读者很重要。就像我们走进书店,我看到这个译者,喜欢的我会买,不喜欢的我就不买,所以译者本身是文化、文学推介重要的因素。还有出版社,这个出版社我都没有听到过,我不敢买,我对它的质量不信任。这些东西都会起作用,所以今天我们在思考文化、文学的外译的时候,其实不能停留在我们的文化、文学的语言文字的转换,应该考虑到在跨文化交际的广阔视野下,必须要有务实的态度来看待我们今天的文化外译行为,不要简单被一种似是而非的理念牵着鼻子走。我们国家到目前为止,在文化、文学外译方面,有哪些是成功的,有哪些是不那么成功的,两者对照一下,就能够发现一些问题,从而发出声音,使得中国的文化、文学真正切实有效地走出国门,走向世界。

中国民众的文化智慧与国际交流

陈勤建[*]

20世纪80年代开始我逐步从文艺学研究转向民俗学和中国文化的研究,在国内进行调查研究的同时,也和美国、日本、俄罗斯、德国、加拿大、澳大利亚等一些国家进行比较研究。90年代后期,我受学校任命担任华东师范大学对外汉语系的系主任,当时全国只有四个大学的对外汉语系是由国家汉办认定可以进行对外汉语教学、培养外国学生的:北京语言大学、北京外国语大学、上海外国语大学和华东师范大学。之后我又当了多年的院长,长期和这个系统的人打交道,因此有了一点想法和体会。

文化作为中国的软实力,在国家的文化战略转变下,也希望不断走出去。但是如何走出去?靠什么走出去?有许多的问题需要我们进一步思考。

一、国际交流中文化认知的偏差

我感觉在思考这个问题之前,首先要考虑怎么看待我们的文化和外国文化之间的关系。我们在国际上对中国自身文化的认知,过去有两个极端主义:有时候感到很自卑,有时候又感到很自大。实际上,这两种认识都有一定的偏差。经济全球化的语境下,文化在走向多元化,文化多样性成为我们当前的焦点,我认为在文化多样性的国际环境中进行文化交流,既不能自卑,也不能狂妄自大,而应该以平等的态度来看待人家的文化,同时对自己的文化要有深刻的理解。多年前,撒切尔夫人在一次很重要的国际会议上说,当代中国在向世界出口电视机产品和其他的电子用品,经济似乎也在发展,但是其出口不了思

---

[*] 陈勤建,华东师范大学终身教授、华东师范大学对外汉语学院原常务副院长,中国民俗学会副会长。

想、观念和文化。听了这个话以后大家都感到很气愤,但是回想一下,我们的确存在这个问题。虽然大家强调把中国文化推广出去,但是有多少文化被国外认可?

我从我们对外汉语教学的经历来看,深感如此。一方面,外国承认中国文化有魅力;另一方面,我们的文化中真正受到国外认可的并不多。有一次我和弗吉尼亚大学校长谈我们合作的问题,他跟我说:"陈院长,你要我们的学生到你们华东师范大学来学习,你们能提供什么?你们哪些学科是受学生喜欢的?理工科基本不要谈,只有你们的语言文化我们还可以来学习。但是回过来你们的语言文化能够给我们带来什么?"老外的直率让我们不得不考虑我们到底有多少拿得出手的东西。

七八年前,上海外国语大学出版社召集了我和复旦大学、上海交通大学的一批人文骨干教师(约十人)商议一个得到国家授权的出版项目,主要围绕中国文化来写。那么写什么中国文化?其中一个著名历史学教授提议说,我们写十大皇帝、十大宰相或者十大美女给他们看看,这就是文化输出。但是从外国人的角度看,十大皇帝、十大宰相与他们何干呢?他们最想了解的是中国人的生活现实。在对外汉语学院的时候,美国好几个大学和我联系合作,有上海纽约大学、弗吉尼亚大学等。他们来了以后要学习汉语和中国文化,这中间有一点让我感到很困惑:他们来了以后只用个别他们认可的青年教师和研究生来进行教学和培养,不用老教师,也不用我们的教材。他们名义上说来学习中国文化,却不用我们的教材,我感到不解。当时我们想,作为一种礼貌和尊重,他们想用自己的教材就用吧。之后,有一次我和一个关系比较好的国外大学负责人谈话的时候,我说:"你们搞的对外汉语教学用的是什么教材?能不能给我看看?"他说可以,但是不能外传,就在这里看。我看了其中一本教材以后有点傻眼:我所想象的中国文化在里面都见不到,他们所谓的中国文化就是我们到了中国以后,会遇到什么事、怎么生活、怎么吃饭、怎么和人交际。教材把现实中的中国日常生活文化做了很详细的介绍。他们所教的就是这些内容,而不是我们想象中的中国的孔子思想、孟子思想。这些孔孟思想毕竟只有少数外国学者会感兴趣,他们这本教材讲的就是普通中国人的生存方式、生活智慧、思维方式等,很实用。为此,我马上组织系内本科生编了一本《走进上海》,介绍外国人来上海,从进入海关后,碰到的语言的点是什么,文化的点是什么,到小菜场买菜怎么讨价还价等，这本书出来了以后颇为热卖。

我们想象中的文化交流好像很"高大上"，但是缺少了思维互换：一个人进入异国他乡之初会思考什么问题？就像我们中国人到了美国、日本，进入那边的生活圈子首先会考虑什么问题？所以我感觉到对我们自身文化的了解应该包含两个方面——上层和下层，其中更重要的是了解中华民族的深层的根基性文化，这是国际文化交流的基础。比如说我们中秋节为什么要吃月饼？多数人肯定回答，为了圆圆满满，但是外国人会想到为什么要用这个圆形的东西来表达我们期待团圆的愿望。我举一个例子：有一年法国的一批研究生在我们华东师范大学学习，冬季的第三个学期，中国过春节了，教师过年几天都会休息，饭店也不开门，这些学生没有地方去，办公室主任建议让他们到我家来。我是上海"土著"，从小会做菜，按照中国最传统的过年习俗给他们做了一桌菜，比如说一进门要喝元宝茶，吃完了年夜饭以后到半夜里要吃元宵。我教了他们怎么做元宵，过了二十分钟以后一看，这些法国学生有的做成三角形，有的做成长方形，有的做了一匹马，还有的做了凯旋门。我说："错了。"他们问："错在哪里？"我说："中国人做元宵意味着团团圆圆。"他们说："我们也表示团圆。"有一位学生讲："我做的三角形，三角形最稳定了，正方形也很稳定，放在桌子上不会动，不像你们圆的东西放在桌子上会滚下去，一点都不圆满。"我晕了，外国人怎么会这么想？我意识到以我们的思维方式教他们是不行的，他们对我们的文化的理解也是有差异的。我们生活中很多东西都是圆的，为什么圆？"团圆"只是最表层的解释。第二个例子：兵马俑世界文化遗产向全世界展示，有的老外观察比较仔细，他们问："你们秦始皇陵墓的门为何向东开？你们中国人的门不是朝南吗？"这个问题我们很多老师一时回答不出。我们原来可能认为语言是最好教的，但是到了国外才发现，老外没有把你当作研究语言的教授，他们当你是汉学家，他们会问你们的门为什么这么开，为什么数字中有这么多禁忌。经过一段时间的考虑，我感觉到我们对中国文化的交流和推介要分两步走，不仅从大的文化角度走，更重要的是从下层走，也就是我们今天要讲的民众文化智慧。

二、中华文化多元一体下的双重轨迹

过去我们一直宣扬黄河文明，实际上长江文明比黄河文明更早，以杭州良渚为基础的长江文明,考古界几乎认定其城市化程度、文明程度是全国最早的,另外还有草原文化、黄土高原文化、丘陵文化、沙漠文化、水乡文化、海洋文化等,不同的地区有不同的文化。上海自然博物馆有个自然系可以反映黄土高原的地质地貌会产生什么样的文化,内蒙古草原会产生什么样的文化,江南水乡又会产生什么样的文化。另外还有我们的族群,不同的族群生活在不同的地区,也会产生不同的文化。我们的 56 个民族,实际上不止 56 个,还有很多族群没有进行细分,有多个不同类型的文化圈存在于中华文化的体系里面。中国文化的概念形成有一百多年,实际上我们在多元的文化系统中形成了一体化的文化,而且一体化的文化具有双重轨迹。

我们平时所讲的文化大多数都是表层文化,不能忽略的还有地质文化、生活文化、传承性文化。文化分为两层,一个是表层文化,一个是地质文化,而地质文化往往是更深层次的。五六年前我受日本文部省合作项目的邀请,赴日本的伊势神宫进行考察,看到不远处的地方好像在造一个木质建筑。我问神主(神主不是一般的小和尚,是博士毕业生):"你们在旁边建什么?"他告诉我,伊势神宫每隔 20 年要举行一次修建新殿的"迁宫祭",现在 20 年快到了,他们正在修建新殿。我问他为什么,他说这是传统规定的。我说:"为什么一定是 20 年?"他说他也不清楚,可能按照科学的眼光来看,木头不像钢筋水泥,会烂掉,只能维持 20 年左右。我说:"20 年木头都好好的,上百年都没有问题,为什么 20 年一定要换掉?"他自己也说不清,询问我的看法。我们知道阿 Q 这个人物说过一句话:"20 年后又是一条好汉!"我告诉这个神主,20 年更新一次是江南吴越人生命周期意识的反映,神宫中的一些行为和吴越地区的文化有许多相似之处。"20 年后又是一条好汉"是阿 Q 对生命的认同,也是古越地区民众独有的生命意识。这种文化意识在我们生活当中对民众影响很大。我在浙江象山搞调查,一个海岛出身、从来没有读过书的老人跟我聊起三国史和隋唐史,他所讲出来的内容和我们所熟悉的历史书写不一样。他说自己都是看戏看来的,看菩萨戏、庙戏。整个海岛约 2 平方千米,有 13 个地方神庙,当地居民靠庙戏了解人生,了解国家的历史,这是一种基层文化系统历史观的独特表达。我们应该注意到中国文化存在着两条并行不悖的发展路径:一个是表层知识性的文化系统,另一个是基层民众生活固有的文化系统。这两种文化系统支撑了一个国家文化系统的形成,也造就了我们国家民众的很多观念和想法。

日本等国际学界认为民俗，就是一国一民族的基层文化系统。我们读书人的知识结构对下层文化系统关注比较少，在这一类文化系统中经常可听到两个字：民俗。中国学界对民俗的界定相当狭隘，以为就是风俗习惯、婚丧喜事。事实上，民俗相当广泛，是一个国家民众生存方式的文化，或者一个国家日常生活传承性的文化。"民俗"一词，国际上叫 folklore，德语系统表达为"民众的""人民的""大众的"，中国翻译成"民间文学""风俗学""民情学""民学""民间智慧""民间创作"等。1989 年联合国出台《保护民间创作建议书》（《保护非物质文化遗产公约》的前身），这是外联部邹启山先生翻译的，我请教他为什么这么翻译。他搞外语出身，外语很棒，但是 folklore 翻译成什么更恰当，他也不知道，就把这个词翻译成"民间创作"，内涵缩小了很多。民俗其实就是人民知识智慧的俗称。历史进程中，英美语系的 folklore 由"乡下人学问"的表述，发展为"民众的知识""民众的生活""民众的法则"的表达，但是它在德语系统中一贯表达为"民众的""人民的""大众的"意思。这一类文化知识体系相当丰富，但是在我们国家传统的思想观念中地位一直不是很高，我们通常讲到的文化多指上层文化系统，对这一类下层文化不关注。

民俗这类文化，表面形态有时颇粗犷蛮性。湘西有一种文化叫"摸泥黑"，当地人在一定的季节举行一定的仪式，在身上涂上黑的东西，这种东西全是泥巴，里面加了一种草药，涂在身上可以治病。对这样的文化系统的理解，不能仅仅将其看作愚昧的文化，而应将其视作各个民族不同的防疫文化传统。

三、重视根基性民众文化知识的国际交流

我认为，在国际文化交流中，要注意民众文化知识的交往联络。这些民众文化知识表现在以下几个方面：生存方式、生产技艺、生活才智、思考原型、民间俗信等。我在日本的时候，有日本学者经常请我吃生鱼片，但有一次请我吃涮牛肉，我与日本学界交往多年，第一次有人请我吃牛肉。日本教授说，牛肉在日本很贵。按理说日本是一个食鱼的民族，生活方式以吃鱼为主，牛肉为什么这么贵呢？这是由于美国文化的引进，美国文化以为牛肉最好，这种文化观念传到日本，导致日本也认为牛肉是最好的。西方有一个研究文化的学者讲，

假如说某一个国家生活基础以羊肉为主,认为羊肉是最好的,就不会把牛肉看得太重。换句话说,生存方式决定了很多文化观念和文化价值判断。我们江南以稻米为主,北方以小米和小麦为主,我们为什么吃米饭?米饭形成了一种怎样的生产方式和生活文化?这些直到今天都和我们每个人息息相关。

研究表明,中国人吃米饭的源头是模仿鸟吃食。大米原来是鸟食,我们模仿鸟类才吃米饭。我们为什么用筷子?筷子是什么?日本有研究表明筷子就像鸟的爪子,用筷子是模仿鸟用爪子吃东西。我们不仅模仿鸟类,我们种的稻田其实也是鸟田。

12 000年以前,宁波向东600千米外还是一片沼泽平原,美国有一位人类学家写了一本书叫《日本人》,卷首第一句话:"日本人,中国古北越族的一支。"我们中国有一本古书叫《越绝书》,提到两个字"外越"。浙江大学的陈桥驿先生是中国著名的历史地理学教授,他研究的结果表明《越绝书》中的"外越",就在远古时期宁波海外,包括日本这一带的地域族群。国内外研究证明,日本人和我们江南古越族,确实有一定的联系。

稻作生产方式引发了一系列文化现象。在宁波余姚地区发现的7 000年前河姆渡文化的考古遗留,其中有特别多鸟的形象。为什么?考古研究发现这和鸟类吃野生稻有关。人类吃稻米就是模仿鸟类吃野生稻,并逐步演变过来的。我国古代文献记载的"鸟田",就是过去野生稻孳生地。远古先民为感谢鸟类带来了稻米,所以对它们顶礼膜拜,模仿鸟类的生存方式:江浙一带那种二层楼的干栏式建筑,云南贵州一带的竹楼、木楼,都是鸟巢——鸟居在现代的变形。稻作生产需要水,但是又不能很潮湿,要与水有一定距离,所以远古的本地人采取了一层离开地面(下面养牲畜或者放杂物)、二层住人的做法。我们现在很多二层楼的房子和这一文化有密切的联系。现在江南很多大宅的门庭、屋脊都有飞鸟的形象,这也是受7 000年来连绵不断、鸟崇信文化传承的影响。而我们江南的"南"字,是仿照鸟巢的象形字。江南一带种水稻,都是这类干栏式建筑,"南"字由原来江南稻作居住文化的体现,后来慢慢演变成了一个方位词。

江南不少地方出土的铜鼓上的"鸟冠羽人"形象,也是鸟崇拜的一种体现。20世纪某个龙年,我应邀为全上海旅游系统导游讲龙信仰和生肖。讲座后,一位老先生和我聊天说,你的报告很精彩,但有一点和你商榷:我是搞考古的,江南考古，是发现四五千年前有一个标记性的"神兽"形象，但不是龙。这个神兽形象是刻画在各类玉器上的，国内外不少专家都试图揭开它的真面目。美国哈佛大学前人类学系主任张光直教授认为，这个形象很古老，反映了我国仙道思想的前期文化：一个权威人物，坐在神虎上，也有人说骑在牛上。经过考察分析，他头上戴的羽冠状的帽和埃及文化相似，身上披的是鸟羽，足下是鸟爪，不是老虎爪，这是一个披上羽衣的神圣的神秘人物。为什么出现这样的神秘人物？这形象就和我们远古江南先民吃鸟食有关。根据我的研究，是这样一个过程：远古先民在狩猎活动中模仿鸟类食用野生稻，为索取更多的稻谷，他们逐步学会种植稻子，粮食多了，生活好了，大家对鸟类开始崇敬，后来产生了河姆渡遗址所发现的象牙雕双鸟异日—太阳鸟—金鸟—凤鸟等一系列的崇拜图像，以及稻谷对人的生命存在意义的思想观念。

20世纪90年代初，我在绍兴和国际学者一起做田野调查。有一天家访一个老农，同行的外国学者想了解一下稻作中扎稻草人的意义何在。老农用当地话说，稻谷是麻雀带来的，它自己吃点稻谷没有关系。为什么播种和收割时节，要驱鸟，又说可让它吃？为什么中国远古江南萌生这么多鸟的形象和观念？理由是什么？依据是什么？当时古人出于什么样的心理和想法去这样做？国外学者感到没有意思，想走，我听了以后却好像看到黑夜中的一道闪电，突然之间心中的火点起了。我们又到了另外一个地方，换了一个调查对象，没想到那个地方的老农也说："没有关系，让鸟吃吧，是它自己带来的。"我们进一步调查发现，当地农民中有很多麻雀传说和信仰，如认为麻雀是送子神。当地结婚两三年没有生育的夫妻，每年农历二月十九，男子通常会带着火把或手电筒到祠堂抓麻雀（要雄的），回来再念"天上有帝王，地下有麻将（麻雀）"之类的咒语，然后把麻雀煮了吃后再圆房，看起来很像迷信活动。但据当地一位文化工作者调查发现，这样做生育成功率达到15%—20%。大家感到奇怪吗？这是巫术吗？宁波一本《本草纲目补》的古医药书中，有吃麻雀有助于提高男性生育能力的说法。汉古尸"马王堆老太太"是贵夫人，棺材的旁边里三层、外三层，摆满了她生前最喜欢的陪葬品，最里面一层就有麻雀酱。民间认为吃麻雀能够生子，当代有科学研究发现，麻雀大脑某一个部位对人体的生育功能有益。

古器物上的羽人是古人崇拜的羽人或者鸟人的首领。1996年我应邀在台湾举办的中国饮食学术国际研讨会上做报告,解读江南地区的稻作生产形成的饮食文化的深层结构,分析旧时食用麻雀的文化意蕴及与稻作民生命的联系。报告引起了轰动,台湾一位资深老院士激动地走到台前,大声说:"陈勤建,我再也忘不了你。"那时我们刚认识不久。我们文化研究的推进,不是胡乱猜想的,是根据生存方式或者按照历史唯物主义的立场展开的。

回到我们前面讲的:为什么生活中很多东西是圆的?圆的核心是什么?《史记》中有记载,春三月,殷商祖先简狄等三人到河里沐浴,简狄吃了鸟蛋后怀孕,生下了殷商的始祖。圆的东西在古人看来是生命的一种象征,所以我们喜欢吃一些圆的东西,所谓的团圆之意是后来的延伸,最早的含义其实是对于生命、生存能力的憧憬。江南民间节日习惯吃汤圆、青团、月饼等一类圆的食品,婚前婚后吃红蛋的习俗,都出自一系列鸟崇拜的结果。当今京剧,武将为什么头上搞两个羽翼,而不用两个牛角?都是远古鸟崇拜的遗存,这种崇拜一直保留在我们的衣食住行日常生活中。

我们崇拜鸟,包括语言——鸟语。孔子有一个学生公冶长会说鸟语,历史文献有记载:大越子民鸟语也。北方人认为南方人讲话像鸟一样叽里呱啦,听不清楚,我到黑龙江兵团办公室,说上海话,我们的领导会生气:你们叽里呱啦说什么,像鸟叫。江南吴语发声中辅音比较多,有八九个,像鸟鸣叫一样。古良渚文化时期,一直到山东少昊氏族,还以鸟名为官职。《左传》里面谈到鲁国原"以龙纪",后"凤鸟适至",南方崇鸟部族北迁和龙山文化融合,以鸟名为不同岗位的官名。1998年日本召开了一个国际性的会议"环太平洋地区看日本人与日本文化起源",发起者是生命科学研究者,也邀请了一部分文化学者,当时全世界搞生命科学的人都去了。我被请去做大会的主题报告:江南稻作对日本人和文化的影响。报告刚结束,有一个山东历史博物馆副馆长(博士),他正好在那里进修学习,他说:"你说得太对了,我们在考古中可以佐证你说的事情。我们发现龙山晚期土陶和精美的玉器放在一起,百思不得其解,两种不同层次的文化怎么会葬在一起?你的说法印证了这个观点,揭开了谜底。南方人从来不当官,当官的都是北方人,但是受到文化融合的影响,南方文化的北移对殷商文化发展影响极大,对中原文化的发展影响也极大。"

除此之外,还有很多衍生出来的文化。比如说筷子是仿鸟爪,但是在使用筷子方面,我们又延伸出许多文化,外国人对这些问题很痴迷,比如怎么拿筷子、怎么放筷子、怎么用筷子吃饭。美国有一位学者于20世纪90年代来中国，有人告诉他中国人很好客，给你吃什么东西不要浪费，他默默记在心里。到了一个山区，山区农民很纯朴，把最好的东西拿出来招待他，他吃饱了以后把筷子往碗上一放，说："我吃饱了。"老农看了以后以为他还可以再吃，又给他盛了一碗。他想，不行还是吃吧。吃完了以后又这样一放，老农看了以后再给他添了一碗。他吃撑了，旁边的翻译说不能再吃了，老农说："他筷子放在碗上面，表示还可以吃一碗。"再举一个例子：女孩第一次到男方家去见公婆，不好意思多吃，吃了两口筷子往碗上一放，表示自己吃饱了，公婆看到女孩这样做知道是客气，会再盛一碗。这其实是中国基本的礼仪动作，外国人不知道。还有一点，筷子怎么拿？我小的时候反手用筷子夹东西，我的外婆打过来说这样用筷子人生不顺，不能这样夹，后来强迫我改过来。我筷子拿得比较高，外婆又打我一下，说这样拿筷子表示这个人要出远门，所以我高中毕业以后去了北大荒。当然筷子也不能拿太低，否则出不了家门。这些都是一种行为规范，是一种文化。中国人吃饭喜欢给客人夹菜，20世纪80年代中期，有一次日本人来做客，我旁边有一个小姑娘很殷勤，马上给他们夹菜，他们却面露难色。我说："不要夹了。"她说："我用的是公筷。"她以为用公筷就没问题。其实日本有个习俗：人死了以后化成骨灰，拿了长的筷子把骨灰夹出来。再好的食物，在60岁左右的日本人面前夹，他感觉到的都不是美味佳肴，是死人骨头。用筷子还有一点忌讳：中国人认为筷子不能插在饭上。80年代条件不好，吃饭都是自己带碗，我记得我同一个寝室里的同学，他吃饭的时候把筷子往饭上一插，我都看不下去了，中国人上坟的时候才把筷子这样插。

生产技艺也是一种文化系统，这也是我们现在说的非遗中的手工技艺。我们的文化系统太深厚、太伟大了，而我们了解得太少了。前几年我们在北方发现了战国时的秦剑，居然至今没有生锈，一检查原来外面涂了一层金属铬，铬的熔点在4 000度。我们最好的青铜兵器熔点也只能达到900度，当时要铸造出达到4 000度熔点的金属根本不可能，怎么镀上去的？现在不知道。中国现在为什么拼命抢救非物质文化遗产，就是因为其中的生产技艺深不可测，很多技术现在还没法破解。2001年我帮国窖1573策划，提出搞文化研究，当地市长带了二三十个人听我讲，之后国窖1573的制作技艺成功申报为国家第一批非物质文化遗产，但是，这当中的有些技艺到现在还没有办法破解。一个日本代表团来考察过国窖 1573 的制作，中国人很大方，让他们现场参观，代表团中有一个女的穿高跟鞋，她把鞋跟踩在发酵的酒里面，回去以后拿这个液体去化验，化验出来的微生物有 430 多种，日本人把它们全部复制出来再合成，不过可惜没有国窖的水源，最终没能复制出来。我们中国自己只能化验出不到 40 种微生物，究竟怎么酿造而成的我们自己也不明白。我们只能让当地什么都不要动，水源、粮食、场地、工具、原来的做法都不要动，先这样保护起来，再做进一步研究。中国有许多这样的绝技在民间，但我们中国人对这个文化系统了解太少。这和我们过去的观念有关，过去有一个观点认为，雕虫小技这种东西不是文化人关注的东西，因此这类工艺往往自生自灭比较多。马王堆有一件 49 克重的素纱蝉衣，现在无法仿制，因为最新研究发现蚕宝宝太胖了，营养过剩，没有办法做，很多条件跟不上。现在大家穿的衣服颜色多样，但是我国在清代中期自然植物的染色就多达 794 种，其中黄色有 104 种，绿色有 94 种。传统顾绣要把一根丝线撇成 72 根才能绣，我们现在一方面是染料不行，另一方面是丝工艺加工水平跟不上。现在中国好多像这样的绝活已经绝迹了，其中包含许多聪明才智。

四、加强国际文化交流的策略思考

我们共同探讨文化怎么向国外进行传播，传播中要注意什么问题。我曾经在涉外会议上发表过意见，在外交策略上，有时候我们的文化交流短期目的性过强，包括有些意识形态等也太强，如何注意润物细无声？我们搞大的东西，给人家建造体育场，但当地管理能力达不到，结果浪费钱，体育场成为一片空场子。反过来日本人种几棵樱花树，搞个幼儿园，比我们好得多。在和外国人进行文化交流时，应当在了解中国人民文化智慧资源基础上，贴近外国人的思维方式、生活方式，注意多文化背景中的文化传承、文化多样性，不同文化、不同价值观念之间要允许和而不同，要互相理解。对中国文化，要在熟悉历史文化的基础上关注日常生活文化，举个简单的例子：中国人请客吃饭喜欢说"做东"，为什么不说"做西"和"做南"？外国人问你为什么不"做南"，就像我们开头说的秦始皇陵墓为什么朝东开。中国人远古很多房子都是向东开，这是生活的需求造成的，也是生活的适宜度造成的，由此产生了"东向"的习俗，民间生活中也是"东向坐",比如在上海吃饭时方桌东首是第一老大——老娘舅坐的位子。"东向"观念的形成最早是源于太阳朝东升,所以以东为大。外国人吃饭的时候,有学生问中国人为什么不喜欢朝北的房子。这与中国古老的思维观念有关,包括风水理论。风水理论现在很多很复杂,被认为是一种迷信,但是风水其实就是风的走向、水的流向,在风和水的走向中间合理规划区域空间,选择最好的位置。

风水中很大一部分是我们长期生活经验的积累,不要看得太神秘,19世纪,外国人把风水当作中国人的"潜科学"。我们应当注意不同文化背景下的思维方式。和外国人交流讨论不要怕,真正掌握中国文化的底蕴、中国人的生活智慧,回答他们的问题就能游刃有余。中国民众文化智慧是极其丰富的宝库,就在我们生活中,只要自己留心把握,在外交活动当中适当加以应用,就能成为国际文化交流中很好的素材。

第六章
文化外交官的素养与视野

导　言

　　1942年，美国学者拉尔夫·特纳向美国国务院提交了对外文化关系的"特纳备忘录"，明确提出了国家"文化外交"的理念。文化外交是主权国家为维护本国利益、实现国家对外战略目标，以文化传播为内容，以文化交流、沟通为主要手段，以和平方式开展的官方外交活动。文化外交始终属于国家战略范畴，是国家关系发展到一定阶段的政治化产物。文化外交概念的产生和重要性的凸显，反映了在全球化背景下，国际文化交往从原来的低政治（low politics）范畴到全球化背景下高政治（high politics）范畴的转变。美国历史学家拉尔夫·特纳即认为"文化外交"就是由一国政府所从事的、带有浓厚的政治色彩的对外文化交流行为。文化外交具有柔软性，也被称为"柔性外交"，相比其他外交形式更易被外国政府和民众所接受。开展各种形式的文化交流，已经成为外交活动领域的重要路径。全球化时代的文化外交与政治、经济、安全外交共同成为建构国家实力的四根支柱。

　　文化外交具有三个基本特征，即思想性、隐蔽性和长期性。文化外交是为了争取国际民心，是赢得人心的战略。文化外交的重点在于改变或影响人的思想观念，通过思想上潜移默化，使本国的民族文化被对方国家与民众了解，并且通过本国文化的吸引力输出本国思想观念、价值标准，文化外交因而具有思想性。文化外交又具有隐蔽性，文化作为人们思想观念、历史发展的一种长期积淀，既可以通过自身直接发生作用，又可以通过政治、经济等有形的载体间接发挥作用。文化外交是文化的运用，它以发展对外文化关系的名义，通过文化交流的形式，如通过教育、艺术交流、人员往来等方式来进行。由于文化手段上的和平性掩盖了国家文化外交的真实目的，容易被人接受。文化外交还具有长期性，这是由文化本身的特性决定的，因为文化的培育、发展、传播就具有不同于政治与经济的特点，文化作为一种软实力，在其发挥作用的过程中,往往要受到更多因素的制约,此外,文化发展水平的提高也不是在短期内能够实现的,因此,无论从动态上看,还是从静态上看,文化力量是一种渐进性的力量,而并非是一种突发性的力量。总之,文化外交与政治外交、经济外交既有不少共同点,也有着不同于其他外交手段的个性特征,发挥着独特作用。中国开展文化外交既要捍卫民族文化之根基,保障国家的文化安全,又要推进世界文化多样性,使一国文化资源转化为世界各国共同的文化财富,使中国形象和中国故事为世界所理解和接受。要完成中国文化外交的重要使命,文化外交官任重而道远。

随着中国对外文化交流日益活跃和深化,面对风云变幻的国际新环境,迫切需要培养新型的国际化人才,也就是说,对我国的文化外交人才提出了更新、更高的要求。首先,文化外交官应当具有清醒的政治头脑和思想素质,爱党爱国。文化外交官的一言一行,体现的不仅是人格,更是国格。因此,提高文化外交官的政治敏锐性和洞察力,十分重要。多年来,国家文旅部在做好驻外干部思想政治工作、强化政治忠诚教育等方面采取了很多积极措施,把理论学习与研究新形势下如何做好对外文化工作结合起来,坚持学习教育与实践锻炼相结合,引导驻外文化干部在经济全球化、政治多极化的复杂环境中,能够始终坚定共产主义理想和中国特色社会主义信念。

其次,文化外交官应根据新时期文化外交工作新要求,不断拓展知识面,提升个人素养。除了应该具有超强的语言能力和谈判技巧外,文化外交官还需要了解和掌握本国与他国的外交政策、外交实践,以及双方的历史、文化,尤其对中国国情和历史要有较为全面的了解。习近平总书记反复强调,中国的对外文化传播要传播中国的核心价值观,要构建自己的话语体系。这涉及传播过程中文化价值观的表达问题,也就是说要以合适的话语体系为载体,进行对外文化的传播。而话语体系的建立本身就应该在既深入了解中华文化的精髓又充分掌握传播语境的前提下,这个话语系统不仅能彰显中华文化的特色,适合承载中华五千年的灿烂文明,也应该是接受者或传播对象能够听得懂、能够理解的话语,它能跨越不同语言、文化和风俗的障碍,用他国能够理解的表达方式来阐释中国的历史、中国的实践和中国的核心价值观,真正达到"对话"的效果,引导世界客观理性地认识中国。因此,我们的文化外交官必须对中国文化历史有深入的了解。当然,了解其他国家、民族的历史文化和各种风俗习惯也是必不可少的。做到学识渊博,所谓既懂中国,又懂世界。

最后,不断在学习和实践中提高交流技巧和应变能力。国际形势风云变幻,世界各民族文化多元混杂,在这样一个缺乏国际普遍认同的现实面前,我国的文化外交工作异常艰巨,如何在国际交往中做到融通中外,为中国价值观的表达寻求更大的表现空间和更活跃有效的表达方式,从而增强中华文化影响力和感召力,对于文化外交官的专业技能是一项考验。高超的交流技巧将有利于推动我国对外话语体系的构建。优秀的文化外交官要以灵活多变的姿态参与到我国在国际上的多形式、多渠道的双边及多边文化交流中。

我国文化外交战略的实施、中国形象的塑造与传播,均有赖于文化外交官,文化外交官的素养与视野因而在对外交往中起到巨大的作用。为此,应当注重文化外交官个人能力的全面提升,从而在国际外交领域游刃有余。

本章收入四篇演讲,汪志刚的《文化外交官的职业素养与要求》认为,对外文化交流工作的出发点和最终的目标是树立国家的良好形象,我们一切具体工作都应该围绕着这一总体目标。文章就文化外交官的职业素养提出了五方面有针对性的具体要求,即第一是事业心和责任感,第二要有大局意识,第三要有学习意识,第四是纪律意识,第五是创新意识。唐亚林的《行政体制改革与服务型政府建设》从推动政府职能转变、推进行政体制改革以及建设好服务型政府三个方面,对行政体制改革与服务型政府建设进行了阐释,提出行政体制改革的四大目标,即服务政府、责任政府、法治政府、廉洁政府,对照绩效化、专业化、理性化的标准,建设好服务型政府,为人民群众提供更多更好的公共服务和公共产品。奚洁人的《领导者的用典艺术:谈故事领导力与领导艺术》对领导者如何讲故事、如何用典进行了阐述,认为不仅文学家、戏剧导演和表演艺术家需要讲故事的能力,领导者同样需要,因为领导力就是影响力,故事是领导力的重要载体。如何运用讲故事的方式来表达思想观点、传播价值理念、进行相互沟通,是领导者的一种重要领导力,也是很重要的领导艺术。而用典作为一种修辞手法,可以含蓄而深刻地阐发有关思想观点及其象征意义,所以,古今中外的领导者常常会在演讲、著作和交流中适当地运用典故,以提升和扩大领导影响力。忻平的《学习党史与提升政治素养》指出,习近平总书记要求党员干部都要学好党史、新中国史,要搞清楚我们从哪里来,到哪里去。文章认为党史、新中国史是教科书、营养剂,通过学习党史、新中国史,有助于我们深刻认识党的使命宗旨和历史担当。

文化外交官的职业素养与要求

汪志刚[*]

一、文化外交官的工作目标

首先,我想谈一谈文化外交官到底是做什么的。对外文化交流工作的出发点和最终目标是树立国家的良好形象。我们一切具体的工作、具体的项目,都必须紧紧围绕这个总体目标来开展,不能舍本逐末,不能脑子里只有具体的项目,眼睛里只有具体的工作,我们的文化参赞出去不能只想着办什么展览、演出,而没有总体的目标。

树立一个什么样的国家形象呢?这个大家可以探讨,专家学者提出过各种不同的意见,中央的文件在不同的时期也有不同的表述。在现阶段,根据中国国家形象在国外的实际状况,根据我们在国外看到的大量的,包括参赞们的调研报告,我想在现阶段我们就是要在世界上树立当代中国富强、民主、文明、和谐、自由、平等、公正、法治这样一个国家形象,这是一个综合性的国家形象,我们文化外交官就要用好各种手段讲好中国故事,树立中国的形象。

其次,跟大家共同讨论一下我们现在所面临的挑战与工作目标的关系。我们讲工作的总目标、总出发点是树立国家的良好形象,首先要回到国家形象这一概念,目前中国国家形象的状况是什么呢?我们如何通过我们的努力来提高中国的国家形象?这里我想和大家分享《参考消息》转载日本媒体的一篇文章,题目是《中国在意自己的国际形象吗》,文章分析了中国国际形象下降的原因,里面讲的不一定正确,但是至少可以对我们有所启发。这篇文章指出,根据一次民调,中国的国际形象在世界范围内并没有那么好,虽然认为中国的

---

[*] 汪志刚,国家文化和旅游部人事司司长。

影响正面和影响负面的人一样多(42%对42%),但是中国在日本和韩国的形象相当负面。在韩国只有32%的人对中国抱有正面看法,56%的人对中国的看法负面;在日本只有3%的人对中国有正面看法,为历史最低,73%的人认为中国给亚洲带来了负面影响,这个结果可能与当时中日关系正处于最低谷有关。然而,中国在非洲和拉丁美洲的形象相当正面。被调查的3个非洲国家对中国持正面看法的比例非常高,尼日利亚占85%,加纳占67%,肯尼亚占65%;在被调查的4个拉美国家中,只有墨西哥持负面看法者超过了持正面看法者,是40%对33%,其他3个国家对中国看法正面的均占多数。另一个有意思的发现是多数发达国家对中国看法负面,只有英国(49%对46%)和澳大利亚(47%对44%)是例外。德国比较让人困惑,德国和中国的经济关系是非常密切的,但是只有10%的德国人对中国的看法是正面的,76%的人看法是负面的。文章认为这个结论或许并不令人吃惊,因为大部分发达国家碰巧是所谓民主国家,他们常常对中国的民主和人权问题持批评态度,但是我们文化外交官在工作中确实面临这样的问题,我们在对外工作中常常要同抹黑、歪曲中国形象的行为做斗争,这样的情况很多。此外,这篇文章分析了中国的国际形象呈现以上状况的多方面原因,提出:第一,中国可能并未真正接纳国家形象或软实力的思想,根据在中国占支配地位的现实主义逻辑,在国际政治中真正重要的是物质实力,软实力常常是物质实力的一种副产品。但事实上我们对加强对外传播、讲好中国故事、树立良好的国家形象这些软实力是高度重视的。第二,中国在提升国家形象方面经验不足,甚至十分笨拙,中国的确想向国际社会展示一种正面的、和平的国家形象,但负责提升国家形象的中国官员可能无法胜任,或者是不同部委间没有协调好,中国的公共外交需要更有技巧、更加老练,但是我们往往不善于驾驭。这篇文章的观点不一定完全正确,因为关于中国国家形象的调研可能因在不同的国家或者是不同的时期以及不同的方式方法会有一定的差异,但还是反映了一些基本情况。那就是一方面这么多年,随着我们国家改革开放的不断深入发展,国际影响力不断增强,中国的国家形象在不断提升,但是另一方面,我们确实还有不少提升空间,对中国的负面看法在不同地区、不同国家、不同时期还占有相当大的比重,这就是文化外交官所肩负的重要责任。要改变这种状况,就是要用我们的实际行动,对上述文章所说的我们的官员无法胜任公共外交、外交技巧不够等,予以反驳和否定。

习近平总书记在中共中央政治局第十二次集体学习时强调要建设社会主义文化强国，着力提高文化软实力。提高文化软实力关系"两个一百年"奋斗目标和中华民族伟大复兴中国梦的实现。习近平总书记强调提高国家文化软实力，要努力传播当代中国价值观，这也是给我们布置的任务。第一个方面是传播当代中国价值观。当代中国价值观就是中国特色社会主义价值观，代表了中国先进文化的前进方向，我国成功走出了一条中国特色社会主义道路，实践证明我们的道路理论体系是成功的，要拓展传播平台和载体，把中国当代价值观贯穿于国际交流和传播的方方面面，这也是文化外交官要学习的重点。第二个方面，习近平总书记指出要提高国家软实力，要展示中华文化的独特魅力。在五千多年文明发展进程中，中华民族创造了博大精深的灿烂文化，要使中华民族最基本的文化基因与当代文化相适应，与现代社会相协调，以人们喜闻乐见、具有广泛参与性的方式推广开来，把跨越时空、超越国度、富有永恒魅力、具有当代价值的文化精神弘扬起来，把继承传统优秀文化又弘扬时代精神、立足本国又面向世界的当代中国文化创新成果传播出去。

关于国家形象，习近平总书记的重要论述是我们的行动指南，既是理论上的指导，也是对现实工作的操作指导。习近平总书记强调要注重塑造我国的国家形象，一是重点展示中国历史底蕴深厚、各民族多元一体、文化多样和谐的文明大国形象，二是展示政治清明、经济发展、文化繁荣、社会稳定、人民团结、山河秀美的东方大国形象，三是展示坚持和平发展、促进共同发展、维护国际公平正义、为人类做出贡献的负责任大国形象，最后是对外更加开放、更加具有亲和力、充满希望、充满活力的社会主义大国形象，这一点更多是从我们国家的政治制度、政治形态出发的。

关于怎样做好对外宣传，提高国家文化软实力，习近平总书记还指出要努力提高话语权，精心构建对外话语体系，发挥好新型媒体作用，增强对外话语的创造力、感召力、公信力，讲好中国故事，传播好中国声音，阐释好中国特色。对中国人民和中华民族的优秀文化和光荣历史，要加大正面宣传力度，通过学校教育、理论研究、历史研究、影视作品、文学作品等多种方式，加强爱国主义、集体主义、社会主义教育，引导我国人民树立和坚持正确的历史观、民族观、国家观、文化观，增强做中国人的骨气和底气。

二、文化外交官的任务

我们在对外文化交流一线,一定要做好调查研究,要了解中国在驻在国的国家形象是什么样的,正面的因素是什么,负面的因素是什么,出于什么原因,我们下一步应怎样努力,这才是战略思维,这才是在战略思维的指导下来制订我们的行动计划。然后在调查研究的基础上制定战略,在战略指导下安排项目,通过具体的项目来提升某一方面的形象。我们每一个项目都应包含战略目标,而不能为了做项目而做项目,更不能因为别人需要我们就安排。我们在日常工作中也都曾多次谈到过这个问题,我过去在文化部外联局工作的时候,有同志说要安排去某个国家表演杂技,我就问为什么要安排杂技,为什么每年都是杂技。他回答说因为杂技在那个国家比较受欢迎。我觉得这个逻辑本身就存在问题,为什么对方喜欢看什么我们就要安排什么。中国的老百姓喜欢看百老汇的演出,喜欢看芭蕾舞,或者是看一些流行的演出,为什么人家不给我们送来呢?为什么在我们国家还并不富裕的情况下,要花那么多钱送演出给他们看,就仅仅因为对方喜欢?我们还没有富裕到钱多到用不了,要去关心别的国家的老百姓喜欢什么就给他们看什么。我们安排的每一个项目一定要有我们自己的意图,我们要树立什么样的国家形象,改变什么样的偏见,而不能因为别人需要什么我们就安排什么。此外,我们在安排项目的时候,不能仅仅为了追求政绩,本来一百万元就可以做的,要花五百万元甚至一千万元,把这个项目做得轰轰烈烈,导致工作的投入和产出效益非常低,这是对国家经费的浪费。所以我们做任何事情,做任何项目,一定要首先做好调查研究,在调查研究的基础上制定战略,在战略的基础上制定我们的年度规划,安排我们的项目。

在这里我想举个英国的例子。《中国文化报》有一篇文章叫《"非凡英国":国家形象营销的英国样本》,其中"非凡英国"是双关语,是英国国家形象的一个推广计划,由英国首相戴维·卡梅伦于 2011 年 9 月首次提出,该计划的初衷是借伦敦奥运会之机扩大旅游影响,提升国家形象和竞争力,由于推动之后取得良好效果,逐渐发展为一个长期的、全球性国家形象推广计划,旨在树立英国是全球最佳旅游、学习、工作和投资目的地的国家形象。"非凡英国"国家形象推广计划致力于宣传英国形象的丰富性,重点推介英国最具吸引力的文化、遗产、乡村、音乐、体育、购物、美食以及商业投资相关的创意、创新和知识等优势要素。该计划涉及英国的方方面面,下设"体育是非凡的""遗产是非凡的""乡村是非凡的""创意是非凡的""文化是非凡的""音乐是非凡的""购物是非凡的""知识是非凡的""绿色是非凡的",实际上就是讲英国的这些要素都是很好的。德国也有自己的对外宣传战略,他向全世界宣传德国的工程师是全世界最优秀的工程师,德国的产品是最优质的产品。美国对外宣传的是好莱坞文化和消费文化。我们中国的国家形象不能一提起来就是悠久历史和世界工厂,只能生产鞋、服装等一些初级产品。我们要树立起中国的良好国家形象,那么文化外交官就要从树立国家良好的形象战略目标着眼,通过我们的点滴工作,一砖一瓦营造起国家的形象大厦。

具体来说,第一个任务就是要增进相互了解,世界对中国的了解还远远不够,我们不少在外面工作过的同志都知道,有的时候甚至闹笑话。1999年我在澳大利亚工作,那个时候按道理讲,世界对中国应当相当了解了,但是我去澳大利亚一些小镇的时候,居然有人问一些让我感到不可思议的问题,包括中国男人为什么没有留辫子。他们图书馆里介绍中国的书基本上都是几十年前的,书里的形象还是清朝晚期或辛亥革命初期的图片,所以他们以为当代的中国就是这样的形象。虽然世界对中国的了解这几年已经有了飞跃的发展,有了巨大的变化,但是这些还远远不够。第二个任务是建立友谊,要多交朋友,广交朋友,深交朋友。第三个任务是要提升我们国家的影响力和话语权,要做好思想和价值观的交流,这样中华文化才会对世界产生真正有意义的影响。第四个任务是为国家的发展创造良好的国际环境。中国现在是一个制造业大国,也是出口大国,但是世界上很多国家和地区的人对中国并不了解,对中国还是几十年以前的印象,如果在他国的观念里中国是一个贫穷落后的国家,他对你的产品还信任吗?我们的电器产品质量已经非常好了,但是为什么高端的市场还是上不去,就是因为国外很多人都认为中国不可能生产出高端的电器产品,高端产品肯定还是日本、德国的。所以他国对中国的看法、对中国的了解,会影响到我们国家的实际利益。比如中国制造在一些国家的形象就有待改善,在阿拉木图吉利汽车专卖店,当地人认为中国汽车品质不佳,所以他们在宣传的时候会强调汽车是在白俄罗斯制造的。明明是中国的吉利汽车,但是为了营销的需要,硬说这个汽车是白俄罗斯生产的,当地人就相信白俄罗斯生产的比中国生产的好,这就是国家形象所带来的巨大影响。这方面还有很多的例子,当然还有政治上的,比如说在非洲,由于西方舆论的宣传,说中国在非洲投资、与非洲的合作是掠夺非洲的资源,这样就有人反对中国的投资项目,特别是知识分子阶层,这些宣传对当地政府的决策也会产生影响,从而影响我们的企业走出去,影响我们在非洲的投资。某个亚洲国家政治生态发生变化以后,我们的投资在那里遇到了很大的阻力,好几个重大项目都被迫停工。所以我们的任务非常艰巨,我们不是为了做好某个具体的展览而做展览,而是要为国家的发展创造良好的国际环境。

三、内外形势以及对文化外交官的要求

我想简单分析一下我们目前所面临的内外形势。

外部形势方面,第一,我们国力的提升、国家影响力的增强,为新时期对外文化交流工作提供了更好的机遇。第二,世界渴望了解中国,随着中国不断崛起,中国对世界的影响越来越大。像国际大宗商品市场,如果中国的需求旺盛,价格就会猛涨,中国经济一旦乏力,国际大宗商品价格就会暴跌。你对世界有影响,世界就愿意了解你。第三,世界对中国的了解还不够。世界对中国经济发展的了解相对多一点,但是对中国社会的变化,特别是对中国人思想变化的了解还是非常少的,这应该是我们对外宣传的重点。第四,我们在取得巨大发展成就的同时,还存在很多问题,比如说雾霾的问题、贫富差距的问题,等等。我们要了解、研究、坦然面对这些问题,首先,就得承认这些问题的存在;其次,我们党和政府、社会各界和老百姓都要高度重视这些问题,采取各种措施解决这些问题,但肯定需要一个过程和时间。内部工作方面,第一,外交工作的艰巨性、复杂性日益突出,对外交队伍的素质和能力提出了更高要求。第二,国内外思潮更趋多元化,对外交队伍的思想觉悟、政治定力形成更大的挑战。第三,驻外队伍的人员构成发生新变化,给思想政治工作增加了难度。

前面讲了文化外交官工作的目标、任务,以及面临的形势,最后提一些要求。

第一,要有强烈的事业心和责任感。文化外交官肩负着国家的重任,肩负

着党和人民的委托,出国到一线工作,虽然具体分工不同,有参赞,有主任,有秘书级干部,有财务人员,还有工勤人员,但都是为了要开创中国文化外交的新局面、树立国家的良好形象、维护国家利益这一共同目标而奋斗。我们有一大批同志在前方兢兢业业地工作,他们有强烈的爱国心和事业心,我为此非常感动。我们有一批老参赞退休了,回来以后还写了厚厚的离任报告,他们觉得为这个事业奋斗了一辈子,有很多的心得体会要留下,这就是一种责任心的驱使。所以我们出去工作的同志一定要带着这样的责任心。我们过去多次讲过,在国外的工作平台很大,用武之地也非常大,但同时因为山高皇帝远,所以国内的监督客观上会少一些,更多是依靠大家的自觉性和强烈的事业心。外交官是很崇高的职业,要有外交官的自豪感和荣誉感,决不允许在外面混日子,更不允许拿着国家的钱做自己的事。

第二,要有大局意识,要把所从事的对外文化交流的具体工作放到国家对内对外战略中去考虑和谋划,要有明确的目标,在战略的指导下开展具体的工作。比如说应当如何配合好国家的"一带一路"倡议,如何配合好中国特色社会主义道路的对外宣传和推广,文化外交官的工作要始终围绕着文化和旅游部党组的大局,围绕着国家发展的大局。

第三,要有学习意识,提高职业素养和技能。混日子是容易的,但是要做一名合格的外交官不容易,做一名优秀的外交官就更不容易了。首先,文化外交官必须具备外交官的职业形象、职业技能和职业素养。职业形象非常重要,外交官代表国家,出席的各种场合、各种活动都是代表中国政府和中国人民,若没有良好的形象,就会被别人看不起,所以必须熟悉外事礼仪和礼节,懂得入乡随俗。其次,要掌握基本的职业技能,首先要懂语言,语言是一个最基本的技能,不要认为学了外语,语言就没有问题,我们不少同志出国,第一任刚开始的时候拿着电话听不懂。还有社交技能,外交就是对外交往,参加各种酒会、招待会永远都躲在角落进不了中心是不行的,特别是由于我们在国际上的大国地位和大国形象,中国外交官参加任何一个活动当然是在主要的位置,和主要的嘉宾交谈交流。再次,要具备良好的职业素养。这个要求就更高了,作为一个中国的外交官出去,当聊起中国的事情、世界热点问题、最新的艺术发展趋势、潮流、一些新的艺术品种,或者是在世界上有影响力的剧目时,不知道肯定是不行的。最后,对事物要有深刻的见解,比如说当谈起中国这两年发展的情况、中国的发展模式、发展中国家不同的发展模式怎么比较时,如果自己不懂,没有深刻的见解,就谈不出很深的东西来。只有具备了这些职业素养,才能够挥洒自如,才能够做到谈笑风生,要不然在这些外交场合我们的文化外交官永远都是怯场的,进不了真正的核心社交圈。

第四,要有纪律意识。我们的文化外交官在国外工作,环境是非常严峻的,对自己最好的保护就是增强纪律意识,这个是我要重点强调的。我们过去反复强调过很多次,但是还是有人在这个方面犯错误。作为外交官出去,每天非常平静的生活只是一个表象,所面临的形势非常复杂,自身在明处,别人在暗处,没有任何隐私,有一点毛病都会很快被人抓住,所以我们的文化外交官一定要遵守各项外事纪律,做好安全保密工作,决不能逾越红线。

第五,要有创新意识。我们国家在发生日新月异的变化,文化艺术事业也在快速发展,我们的工作内容、工作对象都发生了很大的变化,过去一些传统的方式方法可能还在用,还在起作用,但是我们要讲求创新。从内容来讲,比如说我们现在对于动漫、创意设计方面要高度重视,对文化和科技融合的成果要高度重视。从对象来讲,我们对民营文化团体机构要高度重视,我们现在很多地方演出团体是民营团体,我们要研究怎样发挥好民营文化团体的作用,开展对外文化交流工作。从手段来讲,要研究如何用好互联网,通过互联网做好对外文化宣传,我们现在做的事情还远远不够。特别是对于现在的年轻人,互联网的影响力非常大。我们要研究怎样做到以政府间合作为引导,以市场为主渠道,以民间为主体来促进友好交流和文化贸易的发展,来创造对外文化工作的新局面,这些都需要不断增强创新意识。

当然,对于文化外交官的素质和要求是非常多的,我针对我们目前这支队伍的现状,就讲这么多。

行政体制改革与服务型政府建设

唐亚林[*]

本文的主题是行政体制改革与服务型政府建设。为什么政治体制改革的下一步改革重点放到了行政体制改革上面？行政体制改革在当下的中国为什么有自身的独立性？行政体制改革搞了快40年了，做了哪些探索，有哪些进展？建设服务型政府是我们政府建设的一项主要目标，它的内涵是什么？为什么背后体现出了"公共服务兜底"战略？

一、推动政府职能转变

2015年下半年，我应邀到北京参加了由国务院推进职能转变协调小组办公室组织的关于推进政府职能转变的座谈会。当时会议的主题是什么？因为在之前，李克强总理批示了一个关于办事多、办证难问题的报告之后，国务院办公厅专门召开了此次座谈会，邀请了全国相关部门主要是各省、市、自治区编办的主任和几个高校研究者参加这个座谈会。

在2013年3月17日十二届全国人大一次会议闭幕后的中外记者招待会上，李克强说他到地方调研，常听到抱怨，办事创业要盖几十个公章，影响了效率，也容易产生腐败，损害了政府的形象，必须从改革行政审批制度入手，大力推进政府职能转变。这个座谈会实际上就是关于深化行政审批制度改革、进一步转变政府职能的一次专题探讨会。而且，李克强当选总理后，在出席第一次记者招待会时，就提出了他第一个五年总理任期的改革目标，即国务院各部门1 700多项行政审批制度事项要在其五年任期内削减1/3，这一目标过去三

---

[*] 唐亚林，复旦大学国际关系与公共事务学院教授、博士生导师。

年多时间后,落实得怎么样?

2016年5月9日,在简政放权、放管结合、优化服务改革的电视电话会议讲话中,李克强总理回顾了过去三年半的工作,对下一步推进放管服改革,尤其是对通过行政体制改革来转职能、提效能等问题做了部署。其中,特别强调了在三年多时间里,1 700多项行政审批事项已经取消和下放了618项,占原有审批事项的36%,提前完成了五年改革目标。例如,非行政许可审批已经全部取消,还做了商事制度改革,先照后证,三证合一,有的地方还搞了五证合一,这是简政放权方面所做的最大工作。

加强事中事后监管,以上海自贸区改革所做的探索最为典型。我刚刚完成了一项关于自贸区政府职能转变、加强事中事后监管的课题研究工作。这不仅仅是中央部门推进行政审批制度改革进程的要求,而且各省、市、自治区也相应地推进了各自的改革进程,一般的省份都达到了精简50%行政审批事项的目标,甚至达到了70%的大幅度精简目标。

我们原来搞改革的时候,强调"最先一公里",强调顶层设计,但是老百姓有抱怨,企业有抱怨——国务院不断出政策、出文件,但是在政策落地方面效果不佳。2015年下半年我到深圳讲学和调研,和深圳改革办的一个处长一起聊天。深圳的改革是带有探索性意义的。中共十八届三中全会改革方案出来了以后,中央关于各部委、各大条线、各大块的时间表、路线图和任务清单都已经设计好了,只不过按照既定的节奏在推进,为什么不能把后面的任务提前公布出来?因为改革路线图、时间表有推进的节奏,而党的十八届三中全会提出了到2020年让我们的制度更加成熟、更加定型的目标。向社会交代要有社会节奏,有些时候社会节奏太快,使政策很难落地,也会造成社会的混乱,表现为"最后一公里"问题。政策的设计、政策的执行和政策的落地之间有相当长的距离,"最后一公里"问题没有得到有效解决。

"最后一公里"问题,就是怎样把老百姓的需求和办事的便利作为重要的服务目标,体现出政府建设的公平性、公共性、回应性、长效性等特点。李克强是在2013年3月人代会上正式当选为总理的,他特别强调实质性的自我革命,将部门权力和部门利益下放,让利给企业,达到利益格局的调整、权责关系的重塑、管理模式的再造和工作方式的转型等目标。这是放管服改革的目标,表现为关系格局、权责关系、管理模式和工作方式的重塑。

放管服改革的第一个重点是一定要结合简政放权。目前的行政审批制度改革还是有大量的与行政审批制度并行的情况,比如行业准入的资质证书等。围绕行政审批制度改革的"去行政化"问题,真的太重要了。实际上,这些政府部门或者行业协会即所谓"二政府",搞的就是利益导向和利益格局,对开美容美甲店等巧立名目,层层刁难,考试、发证的目的就是收费,而要破除这样的利益格局是很困难的。因此,中国的政府体制改革,表现出鲜明的自上而下设计和推进的特点,有时候地方进行的有效探索或者试点,最后一定要得到高层的呼应,直至在全国推开,才能取得良好效果。

放管服改革的第二个重点是加强事中事后监管。到目前为止,上海正在大力推进事中事后监管的创新做法,比如在自贸区实行一线放开、二线管住,比如通过加强自我承诺等信用体系建设,在进出口商品过程中实行免检制度,一旦查到有问题会进行严厉处置。这种事中事后监管制度创新也会带来很多问题:第一,放开以后谁来管?目前还不清楚。第二,管理的手段方法需要不断创新,可创新的方法没有先例可循,只能摸索着做。第三,放开后,市场却接不住,容易出问题。我们学校文科科研处曾接到中央有关部门的任务,让我写一篇关于放开后如何实现有效监管的文章,所围绕的主题就是资格资质"去行政化"后面临的问题与对策。这种情况,已引发了很大的担心,尤其是金融放开之后如何有效监管问题,也在中央层面形成了争论。

2016年9月,上海自贸区满三周年,面临着向党中央、国务院交答卷的要求。上海市的宣传系统、政府系统、党委系统做了一系列部署,向社会宣传。其中有对事中事后监管制度创新进行评估,上海市发改委找我咨询,涉及评估的目标问题,即当初的目标是什么,现在是否达到预期效果。很遗憾,事中事后监管的目标在不断地调整,刚开始并不是非常清晰的,因为也只是干中做、做中学而已,真要评估改革的成效,只能通过企业的感受度等方式来评估,但不容易精准。

放管服改革的第三个重点是优化服务。虽然大家讲优化服务,主要是讲提升公共服务的水平,但在现实生活中,主要是讲提升行政服务水平(如今通行提法叫政务服务水平)。就这一点,广大老百姓非常认可这种做法和取得的成效。中共十七大报告第一次比较系统地对行政体制改革的内涵做了分析,简单而言就是四句话——转变职能、理顺关系、优化结构、提高效能,具体体现在权责一致、分工合理、决策科学、执行顺畅、监督有力的行政管理体制。2008年中共十七届二中全会专门通过《关于深化行政管理体制改革的意见》，对行政体制改革内涵大致做了界定，提出了行政体制改革的目标，即四大政府，服务政府、责任政府、法治政府、廉洁政府。

与此同时，现在日常政治生活中被广泛推行的"三重一大"制度，也是一个值得高度关注的行政体制创新问题。比如说，文化部党组讨论的事情、省委常委会讨论的事情、市委常委会讨论的事情、区委常委会讨论的事情、县委常委会讨论的事情，都需要遵循这一基本制度。我们原来的决策体制把决策权高度集中，缺乏有效的监督措施，容易出现各种问题。上海在十几年前就率先总结出了"三重一大"制度，后来被中央在全国全面推广。2010年中办和国办联合发布了在国有大型企业实行"三重一大"制度的决定，即《关于进一步推进国有企业贯彻落实"三重一大"决策制度的意见》。

这个关于国企"三重一大"制度的管理创新，连同上面所说的行政管理体制的目标体系问题、发展路径问题，都是行政体制改革的内涵。一般来说，政府职能要向创造良好发展环境、提供优质公共服务、实现公平正义转变，政府组织与人员向规范化、法制化转变，政府管理方式向规范化转变，建成让人民满意的服务政府，最为关键的，一是政府职能转变，二是政府行政体制改革，三是依法治国和行政现代化建设，对此官方也好，学术界也好，都已形成共识。

行政体制改革从功能类型化角度来看，中国的政治是国家意志的制定，行政是国家意志的执行，也就是党中央搞决策，国务院搞执行。因此，我们可以清楚地看到，国务院的执行能力在增强。

二、推进行政体制改革

我们在研究中国政治体制时，看到它正在慢慢回归到自身的逻辑上来。谈到管理，我们经常说七要素，计划、组织、人事、指挥、协调、报告、预算等。我这里要特别补充一个理念，《布莱克维尔政治学百科全书》曾经讲行政就是对生活进行管理，行政广泛存在于社会生活的方方面面。学校有行政，事业单位有行政，企业有行政，政府机关当然有行政，教会也有行政。因此，行政是对信息的处理与保持控制之事，而对信息保持控制并不意味着支配，而是知道什么应该发生,即事情的目标是什么;正在发生什么,即事情的结果是什么;当二者出现差距以后,该如何进行有效控制。我认为,真正的行政的内涵是指当组织的目标和现实效果之间出现了差距的时候,组织的管理者动员组织的全体人员对此差距进行有效控制的过程。这是我根据行政是对生活的管理、对信息的处理以及保持控制之事所给出的关于行政的定义,我相信这一定义对于我们真正理解行政具有重大的指导意义。

当前改革遇到的最大问题是高压反腐以后的不作为。2014年下半年到2015年,是不作为的高峰时期,现在好了一点。2014年不作为的原因在于大家看不清中央的改革做法未来会是什么样子,担心会不会走向"一阵风"的架势。现在三年半的时间过去了,大家慢慢习惯了,知道来真格了。2014年底,中央领导对此很着急,新华社专门组织了6个小组到全国各省、市、自治区调研,当时到上海来的调研小组请我们上海学者讨论研究官员不作为问题,我也参与了讨论,并提出了一些建议。

我曾经总结过现代政府运作有六大原理,第一个是回应性原理(其他五个原理是责任性原理、透明性原理、参与性原理、协作性原理、绩效性原理),必须以民众的利益为导向,以国家和社会的发展为皈依,以人类福祉为导引。回应性原理是政府存在的第一大理由。党中央、国务院最大的变化是让政府面对老百姓,以老百姓、企业的需求为动力牵引。

对于广大公务员而言,需要大力强调中国共产党和中国政府一直倡导的"全心全意为人民服务"的责任伦理。如果责任伦理没有了,公务员只是谋生的手段,就会容易成为以公共权力捞钱或者异化的工具,因此,必须强调责任制。

行政体制改革为什么会受到广泛关注？因为行政体制和政治体制对老百姓所需要的公共产品、公共服务的作用方式是不一样的。举一个简单例子,从2013年开始,大中专毕业生已经逼近700万(699万);2016年的大学毕业生是745万(现在已经突破1 000万了),中专、高职毕业生是400多万,加起来1 200多万。一般来说,这700多万大学生中,当年不能实现就业的有100多万,原因有很多方面,比如有的是等待再考国内研究生,有的是等待出国留学,有的是在家里做其他的准备,当然也有人是做"啃老族"、高不成低不就的。这100多万大学毕业生并没有实现当年就业目标,也不去户籍所在地申领失业救济金,更没有引起社会动荡,这要归功于中国独特的家庭救济和支持功能。我们政府所涉及的老百姓衣食住行、生老病死的管理和救济远比党中央所做的宏观发展战略、干部任免等更让老百姓关注,这就是决策和执行的差别,也是政治体制和行政体制的差别。也正是从此意义上讲,我们的行政体制内部改革还有很大的空间,还能释放出巨大的活力。

以前我们一讲行政体制改革或者政府管理体制改革,要么是讲转变政府职能,要么是讲改进政府干预方式,缺乏将二者有机结合起来的思考。我曾经将政府职能和政府干预方式二者有机结合,总结出了现代政府的三大运作形态:

第一,行政服务,即政府为市场主体和自然人所提供的各类辅助性办事服务。各地为民众和市场组织(企业)、社会组织所设立的办事大厅、行政服务中心,就是典型的例子。在实际生活中,其突出成效得到了广大老百姓的高度认可。

第二,运作项目,即政府通过财政预算的方式设立各类项目(包括各类转移性支付项目),以满足民众公共服务需求、促进经济与社会发展、维护公共安全等。目前中央政府已经认识到国务院有关部委的大量专项性财政转移支付项目存在不少问题,正在大力推进直接拨付和限时拨付等流程化、规范化、制度化改革进程。

第三,管制政策,即政府运用国家强制力允许或禁止经济与社会领域的某些活动行为,主要表现在通过从事特定活动、市场准入、行业资质、质量标准、技术标准等方式而设置的行政许可、行政审批制度,以及为实现一定经济与社会目标而对产业的形成和发展实施干预的各类行业政策。经济社会领域的管理主要是通过产业政策来实施。改革开放以来有两个人因搞乱了产业政策而被判死刑,第一个是国家药品监督管理局原局长郑筱萸,因为他乱批新药品,搞大量仿制,并接受贿赂,造成极大民愤,被判了死刑。第二个是国家商务部条法司原副司长郭京毅,负责制定外商投资管理条例,他利用制定管理条例之机,专门为外国人兼并中国企业、占领中国市场提供便利、开辟道路,属于实打实的"卖国贼",最终被判了死缓。

我们在文化领域所施行的文化项目、所制定的文化政策就非常值得检讨。2012年我到日本访问时才知道,日本内阁里面有一个行政改革担当大臣职位设置,专门负责梳理政府各个部委的所有项目,并请专家过来一起把关,让所有项目一一过堂。例如,对于科技政策的效果可以超出美国的项目就予以保留,不能超过的项目就被全部砍掉。这两年日本文部科学省把很多的教育项目砍掉了,甚至还把一些高校的文科类专业给取消掉了。我看当今中国各级政府里面的很多项目都值得检讨,很多需要取消或者再调整,尤其是要杜绝让大家为了不必要的产业政策去拉关系、抢项目、争资金。

三、建设好服务型政府

好的政府怎么衡量?在新中国成立六十周年的时候,我曾经在报纸上写过一篇文章,提出衡量好政府的标准,首先是建立体系化的治理体系,而体系化的治理体系的标准,又需要遵循三个原则,即绩效化、专业化和理性化。绩效化原则,要求按照效率和效益相结合的原则从事行政管理,这个大家都普遍理解和接受了;专业化原则,要求专业化人员运用专业化知识,通过专业化机构在相关管理领域从事专业化管理,这里面有四个专业化的表述;理性化原则,就是要按照规范、制度、法治的原则,照章办事,按照程序办事。

服务型政府强调公共服务和公共产品的有效与公平供给,公共服务强调过程和体验,公共产品强调公益属性以及拥有权。如今,公共服务不仅仅是提供服务,还要求水平、样式、品质、体验都跟上去。执政党是怎样看待公共服务和服务体验的?2004年2月,在省部级主要领导干部"树立和落实科学发展观"专题研究班结业式上,时任总理温家宝第一次对公共服务型内涵做了界定:简单来讲,就是三个"公共"——公共设施、公共事业和公共信息。当时他把"公共服务"作为"全面履行政府职能"的四大职能之一(政府的主要职能是经济调节、市场监管、社会管理和公共服务四个方面):公共服务,就是提供公共产品和服务,包括加强城乡公共设施建设,发展社会就业、社会保障服务和教育、科技、文化、卫生、体育等公共事业,发布公共信息等,为社会公众生活和参与社会经济、政治、文化活动提供保障和创造条件,努力建设服务型政府。这是执政党和中央政府第一次把公共服务概念概括为公共设施、公共事业和公共信息之"三公"内容,而我们传统讲公共服务,就是讲社会事业,就是讲科、教、文、卫、体五个方面。

当然，我们关于公共服务和公共产品的概念和内涵也在不断变化。在"十一五"的时候，叫"公共服务重点工程"。我曾经做过一个关于上海市公共服务清单化和标准化的课题研究，仔细地梳理了一下公共服务的内涵变迁：从"十一五"时期叫"公共服务重点工程"到"十二五"时期开始叫"基本公共服务体系"，当时分为公共教育、就业服务、社会保障、医疗卫生、人口计生、住房保障、公共文化、基础设施、环境保护等九类。到"十三五"时期，开始叫"基本公共服务项目清单"，其中"基础设施"去掉了，其内容的类型变成了公共教育、劳动就业、社会保险、卫生计生、社会服务（养老服务）、住房保障、文化体育、残疾人基本公共服务等八类。上海呢，情况特殊一些，因为早就进入了老龄化阶段，便将"养老服务"单独从"社会服务"类型中拉出来单列，又总共变成了九类。

2016年1月1日起施行的《居住证暂行条例》，要求把常住人口也纳入公共服务体系当中，明确了义务教育、公共就业服务、公共卫生服务等六类。从这些变化中我们可以看到，我们国家对公共服务的理解有一个从社会事业到公共服务的演化过程，而且，基本公共服务项目清单和标准也在不断地调整和提升。一般来说，公共服务叫社会事业的时候，更多体现的是一种福利救济功能，到叫基本公共服务的时候，开始向公民的权利保障方向演化。也就是说，只要是中华人民共和国的公民，都可以享受到这些基本的公共服务内容，这就构成了公共服务的权利性。目前为止，城市中国和乡村中国并立，这是历史形成的，需要我们大力去改变，尤其是推进全国一体化的公共服务均等化进程，更是重中之重。当然，这还是一个漫长的过程。当下中国，广大老百姓对公共服务的需求在不断增加，但是政府的公共供给还没有很好地跟上。一般来说，老百姓最为关心和迫切需要的公共服务内容，主要有四大块，即就业、义务教育、医疗和社会保障。在大中城市，还有一个住房保障的公共服务需求。

回到"公共服务兜底"战略议题。2014年我曾经写过一篇在当时很有影响的网络文章《新一届中央领导集体治国方略漫谈》，在共识网站上发表。当时我把新一届中央领导集体治国方略的内涵概括为"八大战略"：改革面貌上的"三把火"或曰"三板斧"战略、改革方法上的"时间换空间"战略、改革思维上的"底线思维"战略、改革主题上的"经济内生动力"战略、改革路径上的"小组治国"战略、改革格局上的"五位一体发展"战略、改革目标上的"民族复兴"战略、改革保障上的"依法治国"战略。

其中,改革思维上的"底线思维"战略包括两个方面的内容:一方面,在中共组织体系层面坚守"底线思维"战略,有两个内容,一是坚持"不犯颠覆性错误"的底线思维,二是坚持"立足国家整体利益"的底线思维;另一方面,在政府组织系统层面坚守"底线思维"战略,同样有两个内容,一是坚持"公共服务兜底"的底线思维,二是坚持"打造现代政府"的底线思维。

具体说来,坚持"公共服务兜底"的底线思维,就是要在义务教育、公共医疗、社会保障、社会就业、安居工程、基础设施等基本公共服务领域,实行"应保尽保"的"兜底思维",从而为整个社会的和谐发展构筑有效"防火墙";坚持"打造现代政府"的底线思维,就是要通过简政放权、改革行政审批制度、公开政府信息、厘定政府权力清单等有效措施,划清政府与市场的基本边界,规范政府权力干预经济的方式,创新事中事后监管模式,推动政府职能自我转变,为经济发展和社会稳定创造良好的体制机制环境。

坚持"公共服务兜底"战略,需要改变以往只是重视电子政务服务平台、行政服务中心等基础设施建设的倾向,要向就业、义务教育、医疗、社保等领域倾斜,最重要的是回到提升义务教育、医疗、社保、就业等公共服务的内容和品质上来。进一步说,坚持"公共服务兜底"战略,要实现基本公共服务的清单化、标准化、均等化、制度化与法制化"五化"目标。

什么叫服务型政府?就是就业、义务教育、医疗、社保的支出占 GDP 支出的份额较高,这样的政府才能叫服务型政府。目前,我们国家义务教育、医疗、社保这三大项公共服务支出,占 GDP 支出的份额大致在 30%,离如北欧发达国家的水平还有较大的距离。目前我们的服务型政府是为老百姓办事方便的政府,但在公共服务内容与品质方面,离服务型政府的目标还有不小的差距。以前农村刚开始搞新型农村合作医疗的时候,生了大病只能报 5 万元、8 万元,后来提高到了 15 万元、20 万元,现在有的地方达到 40 万元、80 万元甚至更高比例,这就是公共服务内容与品质提升的表现,更是服务型政府的体现。

在坚持"公共服务兜底"战略的同时,还需要坚持"打造现代政府"战略,也就是继续推行放管服改革,为划清政府与市场、政府与社会的权力边界创造良好的发展空间。

今天不单是中国,在整个世界范围内,推动政府管理体制改革或者行政体制改革都是重大而艰巨的任务。这一波世界范围的新公共管理改革浪潮,最早是 1979 年撒切尔夫人在英国开始搞，1981 年美国里根总统也抓，北欧和澳大利亚等也形成了新公共管理改革浪潮。新公共管理改革的第一要义是回应老百姓需求，推进公共参与；第二要义是实行民营化，促进效率提升。英国在推进公共服务民营化时，搞了铁路民营化，后来又重新收回去。中国一个地方把公立医院以 2 亿元卖掉，后来再花 12 亿元买回来。由此可以看出，公共服务改革走民营化道路始终存在很大争议。

推进行政体制改革，还意味着今后是从政府独占管理权向政府和老百姓分享管理权的转变。就像政府和老百姓打乒乓球，以前是政府发球、老百姓接球，如今是政府发球，老百姓将球弹回来，政府再调整发球的频率、分量、数量等后再发球，老百姓满意之后才接球。这意味着未来社会的组织形态将彻底改变，尤其是信息技术网络为现代政府的改革奠定了巨大的能量和基础。

为什么强调行政体制改革具有独特的中国式意义？因为我们可以通过清单化的方式把各级政府的公共服务责任给定下来，走出一条中国行政体制领域的独特权力制约道路。我有一个新的理论范式，即通过治事权、用人权、财政权的"新三权划分"建构，来达到建构中国式政府权力制约逻辑的目的。这种中国式政府权力制约逻辑，概括起来就几句话：通过权力清单的制定，先划定政府职能边界，构建政府与市场关系；接着引入责任机制，构建权责一体的纵横向关系；再通过公共服务的清单化、标准化，拟定政府的服务责任，建立高效的公共服务供给体系；最后通过公共服务的均等化、制度化、法制化进程，探索先制约行政权力再制约政治权力的中国式权力制约之路。我们不需要像西方那样搞三权分立，而是通过这种"新三权划分"方式，实现对政府权力进行制约与优化的目标。在这个过程中，我们将实现把政府职能转变、推进行政体制改革、建设服务型政府等多重目标有机统一于社会主义现代化建设的历史进程，而中国的未来发展面貌也将呈现出一个美好的理想图景。

领导者的用典艺术:谈故事领导力与领导艺术

奚洁人[*]

故事蕴含着多种艺术要素。讲好一个故事,会涉及诸多环节,比如,人物设计、情节构思、形象描绘、语言凝练、情感表达和节奏控制,等等。故事讲得好,就能提高传播力、扩大影响力。然而,讲故事的能力,不仅文学家、戏剧导演和表演艺术家需要,领导者同样需要,因为领导力就是影响力,故事是领导力的重要载体。领导者通过讲故事影响、教育和引导被领导者,既是形象教育,又有情绪感染,效果更好。因此,如何运用讲故事的方式来表达思想观点、传播价值理念、进行相互沟通,是领导者的一种重要领导力。学界称之为故事领导力,是很重要的领导艺术。

典故,一般是指关于历史人物、典章制度、民间传说,以及神话、寓言、诗词、小说、戏剧、楹联的诠释运用和创新发展。用典,是一种修辞手法,可以运用典故丰富而简练、含蓄而深刻地阐发有关思想观点及其象征意义。所以,古今中外的领导者常常会在演讲、著作和交流中适当地运用典故,以提升和扩大领导影响力。因此,用典艺术也是领导艺术的重要表现之一。

善于用典是无产阶级领袖政治领导艺术的重要体现。马克思主义经典作家和无产阶级领袖人物在演讲、文章和著作中常常引用各种典故,以丰富而简练、含蓄而深刻地表达自己的观点和思想,彰显了他们作为伟大政治家深厚的历史文化修养和炉火纯青的领导艺术、政治智慧。马克思、恩格斯、列宁、毛泽东等伟大政治家在这方面都有很高深的造诣。我们知道,习近平总书记在领导实践中也经常会运用这种讲故事的领导艺术,并且对于古今中外的典故,旁征博引、信手拈来,诠释精彩独到,寓意深刻隽永,展现了非凡的政治智慧和高

---

[*] 奚洁人,上海市习近平新时代中国特色社会主义思想研究中心研究员,中国浦东干部学院首任常务副院长,上海市领导科学学会名誉会长。

超的领导艺术。其主要特点包括：一是用典涉猎范围十分宽广，除大量引用中华典籍中的典故外，还包括马克思主义和革命文化的红色经典以及世界各国的名作精品典故；二是坚持用典古为今用、洋为中用，以文化人的原则，目的是从文化典故中启迪治国理政的政治智慧，教育党员干部和人民群众，也是为了向世界讲好中国故事；三是体现了他高度的中国文化自信，倡导美美与共、世界大同的文化理念，彰显其博大的文化胸怀，着力促进世界各种文明和各民族优秀文化的交流互鉴，从理论和战略高度展现了21世纪马克思主义的世界文明观和对人类文明发展的历史性贡献。

善于用典是无产阶级领袖的高超政治艺术。马克思主义经典作家和无产阶级领袖用典的风格各有特色，但总是同他们所处的文明系统、所在国家的历史人文传统和具体社会环境、历史任务紧密联系，与其本人的历史文化修养直接相关。

马克思、恩格斯身处西方文明系统，所以在他们的著作中，一个鲜明的特点是大量引用古希腊罗马的神话典故。比如，马克思多次提到希腊之神普罗米修斯，他早在博士论文中就强调"普罗米修斯是哲学的日历中最高尚的圣者和殉道者"。后来马克思在《〈黑格尔法哲学批判〉导言》《资本论》中，恩格斯在《反杜林论》等著作中都提到过普罗米修斯。普罗米修斯这名字本身有"预见"的意思，所以他是一位深谋远虑之神。同时，普罗米修斯是一位因盗取天火送给人类，而自己却被钉在高加索山顶峭岩上的英雄，所以在西方文化中，他也是一位富有反抗精神，为造福人类不惜牺牲自己的伟大之神。马克思、恩格斯推崇普罗米修斯，就是象征共产党人是富有理论远见和奉献精神的革命者，是高尚的圣者和殉道者。

又比如，马克思、恩格斯都十分喜爱莎士比亚及其作品，常常在著作中引用莎士比亚戏剧诗文典故及人物，以增强理论论述的形象性、深刻性和演讲、文章的文化底蕴与感染力。马克思曾在《法兰西内战》中用"普鲁士的夏洛克"一词，将德国宰相俾斯麦比作莎士比亚戏剧《威尼斯商人》中残忍贪婪、斤斤计较的犹太高利贷商人夏洛克，以揭露资产阶级的残酷和贪婪。恩格斯在其《流亡者文献》中，将英国伦敦的布朗主义者比作莎士比亚著名悲剧《哈姆莱特》的剧中主人公哈姆莱特，以此深刻而形象生动地揭示了机会主义者只是一伙高谈阔论、优柔寡断的空谈家。

列宁在著作中曾引用大量的文学典故，包括古希腊神话、《圣经》故事、民间传说，以及寓言、诗歌、戏剧和小说等，尤其是俄罗斯文学典故。比如，列宁多次引用"奥吉亚斯的牛圈"和奥勃洛摩夫两个典故。"奥吉亚斯的牛圈"出自古希腊神话，后来人们用来比喻积满粪秽垃圾的极其肮脏的地方或积聚成堆、难以解决的问题。列宁在《十月革命四周年》一文中写道：一切先进国家在完成其资产阶级民主革命时，都在很大程度上留下了没有打扫干净的"奥吉亚斯的牛圈"，可是，这些"奥吉亚斯的牛圈"，我们已经把它们打扫得干干净净。列宁在这里用"奥吉亚斯的牛圈"来比喻一切奴隶社会和封建社会的旧制度、旧机构及其社会关系，在俄国，经过十月革命，在很短的时间内，已经打扫干净。奥勃洛摩夫是俄国作家冈察洛夫同名小说中的主人公，列宁在《论苏维埃共和国的国内外形势》一文中说，"在俄国生活中曾有过这样的典型，这就是奥勃洛摩夫。他总是躺在床上，制订各种计划"，"只要看一下我们如何开会，如何在各个委员会里工作，就可以说老奥勃洛摩夫仍然存在"。列宁在这里借用奥勃洛摩夫这个小说的人物形象，来批评已经取得政权的无产阶级政党和国家机关在政治生活中存在的宗法制度的影响和昏庸懒惰等官僚主义习气，以及同共产党人的革命作风不相适应的思想僵化、怠惰成性、不思进取、无所事事的工作作风和生活方式。

毛泽东在文章和讲话中经常引用民间寓言、国学经典和四大文学名著等典故，在他的诗词中更是比比皆是，生动、深刻和形象地表达革命观点，教育干部群众，达到了很高的境界。同时，他也会引用西方的典故，特别是马克思主义经典作家曾经用过的某些西方文化典故。毛泽东的文章和演讲，大部分是直接面对中国的老百姓或党的中、基层领导干部的，所以，他所用典故题材丰富，体裁多样，大多是中国人民家喻户晓、喜闻乐见的，但又蕴含着深刻道理。同时毛泽东还会做出自己独到的理解和解读，而且同一个故事和人物，常常还会有不同的解释，以教育、启发和引导群众。比如，毛泽东用"愚公移山"的寓言故事，比喻要推翻压在中国人民头上的封建主义和帝国主义两座大山，就要像愚公一样每天"挖山不止"，要下定决心、不怕牺牲、排除万难、争取胜利，并且更重要的是光有共产党人的努力还不够，必须以真情"感动上帝"，就是感动和组织带领广大群众，为实现党的历史任务而奋斗。他明确强调，"我们的上帝就是人民群众"。再比如，《西游记》中的孙悟空，在他笔下，一会儿被比作智慧化身,钻入铁扇公主的肚子里;一会儿被比作敌人,讲他跑不出人民这个如来佛的手心。1938年4月,毛泽东在延安中国人民抗日军事政治大学(简称"抗大")对学员讲话时,强调了唐僧的坚定、八戒的吃苦、孙悟空的灵活机动和小白马的朴素务实,用以象征、比喻"坚定正确的政治方向,艰苦奋斗的工作作风,灵活机动的战略战术"的抗大教育方针。1939年7月7日,毛泽东在华北联合大学开学典礼的讲话中风趣地引用了《封神演义》的故事,说:"当年姜子牙下昆仑,元始天尊赠了他杏黄旗、四不像和打神鞭三样法宝。现在你们出发上前线,我也赠你们'三样法宝',这就是'统一战线、武装斗争、党的建设'。"还比如,毛泽东在《矛盾论》中,举例分析了《水浒传》里"三打祝家庄"运用唯物辩证法的故事。他指出:"《水浒传》上宋江三打祝家庄,两次都因情况不明,方法不对,打了败仗。后来改变方法,从调查情形入手,于是熟悉了盘陀路,拆散了李家庄、扈家庄和祝家庄的联盟,并且布置了藏在敌人营盘里的伏兵,用了和外国故事中所说木马计相像的方法,第三次就打了胜仗。"这里毛泽东站在思想方法论高度,从"三打祝家庄"的故事中引出了多重道理:一是要善于总结失败的经验,从中吸取教训;二是正确地解决问题,要从调查研究入手;三是战胜较强大的对手,要善于运用分化瓦解敌人联盟的方法;四是采取迷惑敌人的战略和策略。从用典角度看,这里毛泽东还引用了马克思、恩格斯曾多次用过的"特洛伊木马"这个古希腊神话故事。

下面,我们主要介绍习近平用典艺术的类型和特征。

一、善用传统经典演绎治国方略

中华五千年文明积累了浩瀚如烟的典籍及其典故,蕴含着丰富的哲学思想、人文精神和政治智慧,可以为治国理政提供有益启示。当然,习近平特别强调,"我们要结合时代条件加以继承和发扬,赋予其新的涵义",要"努力实现传统文化的创造性转化、创新性发展,使之与现实文化相融相通,共同服务以文化人的时代任务"。

党的十八大以来习近平提出的一系列治国理政的新理念、新思想、新战略,其中不少是从传统的经典中受到有益启示,并通过创造性转化和创新性发展,赋予其新的时代内涵。习近平对传统经典的引用,涵盖了治党、治国、治军、内政、外交、国防、改革、发展、稳定。用典内容和形式都十分丰富,从中国古代典籍中的寓言、名句、诗词、楹联,到民间俗语、当今基层干部工作体悟用语,等等。

(一)治党

党要管党,全面从严治党。从党的十八大后中央政治局常委第一次与中外记者见面时的"打铁还需自身硬",到党的十九大报告的"打铁必须自身硬",彰显了中国共产党勇于自我革命的政治清醒、严于自律和理论自觉。全面从严治党,是习近平治国理政"四个全面"战略布局、总战略的核心,也是其政治领导艺术用典的重点和亮点。比如,为形成和巩固反腐败斗争的高压态势,他多次强调,要"以猛药去疴、重典治乱的决心,以刮骨疗毒、壮士断腕的勇气,坚决把党风廉政建设和反腐败斗争进行到底"。比如,习近平讲严明党的纪律和规矩,用了"不以规矩,不能成方圆""木受绳则直,金就砺则利";讲用好巡视"利剑",用了"魔高一尺,道高一丈;魔高十丈,道高百丈";讲发挥领导干部的示范作用,强调"正所谓己不正,焉能正人""善禁者,先禁其身而后人";讲保持发扬艰苦奋斗精神,引用了"历览前贤国与家,成由勤俭破由奢""由俭入奢易,由奢入俭难";讲正确处理公私关系,则用了"一心可以丧邦,一心可以兴邦,只在公私之间尔";讲防患于未然,强调"千里之堤,溃于蚁穴""不以一毫私意自蔽,不以一毫私欲自累";讲正家风,就用"将教天下,必定其家,必正其身""心术不可得罪于天地,言行要留好样与儿孙";讲净化政治生态,引用苏辙的"必先正风俗。风俗既正,中人以下,皆自勉以为善;风俗一败,中人以上,皆自弃而为恶"之论;讲对于腐败零容忍,决心不动摇,力度不放松,惩治不能软,则用"诛一恶则众恶惧""新松恨不高千尺,恶竹应须斩万竿"。

习近平在中共十八届中央纪委六次全会上一连用了七个典故,在中共十八届中央纪委七次全会上,讲了西汉枚乘在《七发》中的故事:"楚太子生病,吴客诊断其病原为精神萎靡,开出的药方是学习探讨'要言妙道',用道德调理自身,慢慢'阳气见于眉宇之间',最后'霍然病已'。"然后说:"全面从严治党,既要靠治标,猛药去疴,重典治乱;也要靠治本,正心修身,涵养文化,守住为政之本。"

(二)治国

关于治国理政,习近平首先指出:"方向要正确,政治保证要坚强。古人说：'有道以统之，法虽少，足以化矣；无道以行之，法虽众，足以乱矣。'"这里的"道"，既指党的指导思想、中国特色社会主义道路，也指党的全面领导，这是治国理政的根本保证。其次，习近平强调制度是基础，更具有稳定性，他指出："治国犹如栽树，本根不摇则枝叶茂荣。"因此必须坚持和完善中国特色社会主义制度，推进国家治理体系和治理能力现代化。他在十九届四中全会上强调："凡将立国，制度不可不察也。"最后，突出治国理念和文化思想，他指出："在几千年的历史演进中，中华民族创造了灿烂的古代文明，形成了关于国家制度和国家治理的丰富思想。"

这里结合习近平用典，择要阐述：一是民本思想。习近平强调，"治国有常，而利民为本""得民心者得天下"。他在山东菏泽市考察调研时念了河南省内乡县古县衙的一副对联："得一官不荣，失一官不辱，勿道一官无用，地方全靠一官；穿百姓之衣，吃百姓之饭，莫以百姓可欺，自己也是百姓。"并说："对联以浅显的语言揭示了官民关系。封建时代官吏尚有这样的认识，今天我们共产党人应该比这个境界高得多。"他多次提到，"五六十年代福建东山县委书记谷文昌，他一心一意为老百姓办事，当地老百姓逢年过节是'先祭谷公，后拜祖宗'"。二是依法治国和德法兼治思想。习近平强调："法令行则国治，法令弛则国乱。"他在中央全面依法治国委员会第一次会议上指出，春秋战国时期，法家主张"以法而治"，商鞅"立木建信"，并主张要传承贯彻古代"德主刑辅""德法兼治"的治国理念。三是忧患意识，未雨绸缪，防患未然。习近平指出，"安而不忘危，存而不忘亡，治而不忘乱"。他在年轻时代就特别欣赏苏东坡的一段话，"天下之患，最不可为者，名为治平无事，而其实有不测之忧。坐观其变而不为之所，则恐至于不可救"，强调"我们一定要有忧患意识"。

（三）改革

改革即应变之道。

对于改革创新的必要性和重要性，习近平首先指出："我们的先人早就提出了'天行健，君子以自强不息'的思想，强调要'苟日新，日日新，又日新'。"因"常制不可以待变化，一途不可以应无方，刻船不可以索遗剑"，所以，"明者因时而变，智者随事而制"。

其次，习近平认为，中国改革开放已经进入深水区，所以要有敢于啃硬骨头、勇于涉险滩的信心和勇气，强调："改革面临的矛盾越多、难度越大，越要坚定与时俱进、攻坚克难的信心,越要有进取意识、进取精神、进取毅力,越要有'明知山有虎,偏向虎山行'的勇气。"

再次,习近平指出,从历史经验看,凝聚共识对改革能否成功至关重要。对此,他提到了战国时期商鞅变法、宋代王安石变法、明朝张居正变法的典故,讲到了清代洋务派代表人物张之洞关于"旧者不知通,新者不知本。不知通则无应敌制变之术,不知本则有非薄名教之心"的感叹,并指出"说的就是因把握不好守成和变革的分寸形成共识之难"。

最后,改革要加强党的领导,坚持党的群众路线。一是要增强全局观念、大局意识,因为"不谋全局者,不足谋一域"。二是在改革方法上,要做到"蹄疾而步稳",坚持胆子要大,步子要稳,不能企望毕其功于一役,要"图难于其易,为大于其细"。三是要破除妨碍改革的思维定式,顺应潮流、与时俱进。他引用了"昨日是而今日非矣,今日非而后日又是矣""审度时宜,虑定而动,天下无不可为之事"等。四是必须"紧紧依靠人民推动改革"。习近平引用了汉代王符"大鹏之动,非一羽之轻也;骐骥之速,非一足之力也"的典故后解释道:"就是说,大鹏冲天飞翔,不是靠一根羽毛的轻盈;骏马急速奔跑,不是靠一只脚的力量。"从而进一步强调:"中国要飞得高、跑得快,就得依靠13亿人民的力量。"五是改革是一项长期的战略任务,"任重而道远者,不择地而息",要以"踏平坎坷成大道,斗罢艰险又出发"的顽强意志,誓将改革进行到底。

(四)治吏

治吏即党管干部。习近平指出,"中国历史上凡是有作为的政治家都懂得,'为政之要,惟在得人'"。所谓"治国先治吏",就是要抓"关键少数",建设忠诚、有担当、干净的高素质干部队伍。

首先是忠诚。习近平用典强调,"人之忠也,犹鱼之有渊""忠信谨慎,此德义之基也"。他指出,立大德,坚定理想信念,就可以"志之所趋,无远弗届,穷山距海,不能限也。志之所向,无坚不入,锐兵精甲,不能御也"。

其次是干净、清廉、谦卑。因为"吏不廉平,则治道衰",故"为政以德,正己修身"。习近平在2013年全国组织工作会议上引用了宋国大夫正考父的典故,他说:"春秋时期宋国大夫正考父是几朝元老,但他对自己要求很严,他在家庙的鼎上铸下铭训:'一命而偻,再命而伛,三命而俯。循墙而走,亦莫余敢侮。饘于是,鬻于是,以糊余口。'意思是说,每逢有任命提拔时都越来越谨慎,一次提拔要低着头,再次提拔要曲背,三次提拔要弯腰,连走路都靠墙走。生活中只要有这只鼎煮粥糊口就可以了。我看了这个故事之后,很有感触。我们的干部都是党的干部,权力都是党和人民赋予的,更应该在工作中敢作敢为、锐意进取,在做人上谦虚谨慎、戒骄戒躁。"习近平多次提到被康熙誉为"天下清官第一"的张伯行,为谢绝各方馈赠,专门写了一篇《却赠檄文》,其中说道:"一丝一粒,我之名节;一厘一毫,民之脂膏。宽一分,民受赐不止一分;取一文,我为人不值一文。谁云交际之常,廉耻实伤。"他强调指出,"这些廉政箴言,至今都没有过时,大家要努力学习",要作为我们为人处世、安身立命的重要启示和借鉴。

最后,关于担当,习近平在全国组织工作会议上的讲话中用"为官避事平生耻"一语,引出"担当大小,体现着干部的胸怀、勇气、格调,有多大担当才能干多大事业"之论;用北宋文学家欧阳修为好友所作的墓志铭中"遇事无难易,而勇于敢为"的典故,强调遇难事要勇于担当,坚定意志,敢作敢为;用苏轼"为国不可以生事,亦不可以畏事"之语,强调遇事不可退缩,要主动作为。他还讲过,难易是相对的,只要"敢于啃硬骨头,敢于涉险滩,就没有过不去的火焰山"。

(五)聚才

习近平强调"致天下之治者在人才""国势之强由于人"。党的十九大报告强调,要以识才的慧眼、爱才的诚意、用才的胆识、容才的雅量、聚才的良方,聚天下英才而用之,要"让各类人才的创造活力竞相迸发、聪明才智充分涌流"。习近平曾在一次讲话中一口气提到了六个典故:"我国古代既有文王渭水访贤、周公吐哺礼贤、刘备三顾茅庐求贤、萧何月下追韩信的美谈,也有冯唐易老、李广难封的悲叹。"

从逻辑上看,首先是坚持德才兼备、以德为先的人才标准。所用之典出自《资治通鉴》:"才者,德之资也;德者,才之帅也。"这个德,包括要坚持实事求是的精神和大度包容的品格。比如,习近平用"千人之诺诺,不如一士之谔谔"之典,强调主要领导干部要勇于听真话,善于听取不同意见,特别是能听刺耳难听的谔谔之言,而基层干部要敢于向上级说真话、禀实情,敢讲谔谔之言。

其次是人才培养和选拔的机制,要让干部在实践中经受历练、增长才干,因为"操千曲而后晓声,观千剑而后识器",要重视从基层逐级选拔干部,即所谓"宰相必起于州部,猛将必发于卒伍"。

最后是对人才的评价和使用,要坚持任人之功,不强其拙,用其所宜,能岗匹配,因为"骏马能历险,力田不如牛。坚车能载重,渡河不如舟"。习近平还用"不知人之短,不知人之长,不知人长中之短,不知人短中之长,则不可以用人,不可以教人"强调,要历史地、全面地、辩证地考察识别干部,做到具体准确地分析和把握干部的长处、短处,以及其长中之短和短中之长。

二、善用红色经典传承革命基因

习近平善用红色经典,常讲六类故事,以传承红色基因,发扬优良传统,树立先进典型,加强党的作风建设,倡导良好的社会风气。

（一）讲关于马克思的故事

习近平在纪念马克思诞辰200周年大会上,深情地提到了1835年,17岁的马克思在他的高中毕业作文《青年在选择职业时的考虑》中立下的为人类而工作的志向,并指出:"马克思一生饱尝颠沛流离的艰辛、贫病交加的煎熬,但他初心不改、矢志不渝,为人类解放的崇高理想而不懈奋斗,成就了伟大人生。"其实,习近平早在1990年3月的《从政杂谈》中,就讲到了马克思写作《资本论》的故事。他在文中写道:"纵观人类历史,凡有成就者,必有高风亮节。马克思就是在他一生中最贫困潦倒的时期写成《资本论》的。"同时强调:"不畏艰难困苦,只为主义真,这就是无产阶级革命家的气节。"党的十八大闭幕不久,他率领中央政治局常委参观"民族复兴之路"展览时,饶有兴趣地讲起了陈望道翻译马克思、恩格斯《共产党宣言》时误把墨水当作红糖水喝的故事,由此还引发了社会上"真理的味道非常甜"的时尚感言。

（二）讲弘扬革命先烈坚定理想、无私奉献的经典故事

习近平对中央党校学员说:"革命战争年代,革命先烈在生死考验面前所以能够赴汤蹈火、视死如归,就是因为他们对崇高的理想信念坚贞不渝、矢志不移。毛主席一家为革命牺牲6位亲人,徐海东大将家族牺牲70多人,贺龙元帅的贺氏宗亲中有名有姓的烈士就有2 050人。革命前辈们为什么能够无私无畏地英勇献身? 就是为了实现崇高的革命理想,为了坚守崇高的政治信仰,为了在中国彻底推翻黑暗的旧制度,为了实现民族独立和人民解放。我多

次读方志敏烈士在狱中写下的《清贫》。那里面表达了老一辈共产党人的爱和憎,回答了什么是真正的穷和富,什么是人生最大的快乐,什么是革命者的伟大信仰,人到底怎样活着才有价值,每次读都受到启示、受到教育、受到鼓舞。"

(三)讲红军长征中的故事

习近平在十九届中共中央政治局第六次集体学习会上,讲了红军长征过草地的时候,有位伙夫同志一起床,不问今天有没有米煮饭,却先问向南走还是向北走的故事,然后强调,"在红军队伍里,即便是一名炊事员,也懂得方向问题比吃什么更重要"。这里,他突出了方向问题的重要性;同时表明,像这样具有高度政治觉悟的革命队伍,每一位战士直至伙夫,都有这种清晰、坚定的政治方向,那必定是战无不胜的。这个故事毛泽东、邓小平同志也多次讲过。1962年,在扩大中央工作会议上,邓小平说:"毛泽东同志多次讲过这么一个例子,在红军过草地的时候,伙夫同志一起床,他不问今天有没有米煮,却先问向南走还是向北走。向南走向北走是当时最重要的战略问题。这说明我们军队的战士都是关心战略的。"习近平在纪念中国工农红军长征胜利80周年大会上讲了"半条被子"的故事,他说:"在湖南汝城县沙洲村,3名女红军借宿徐解秀老人家中,临走时,把自己仅有的一床被子剪下一半给老人留下了。老人说,什么是共产党?共产党就是自己有一条被子,也要剪下半条给老百姓的人。"今天,"半条被子"的精神一直在传承,当年徐解秀老人家的儿子现年81岁的朱中雄,每天坚守在"半条被子"故事发生地旧址,为游客义务讲解"半条被子"的故事。讲解中,他总是要重复母亲经常嘱咐他们的话:什么是共产党?共产党就是自己有一条被子,也要剪下半条给老百姓的人。

(四)讲英烈故事,礼赞英雄精神

习近平指出:"'天地英雄气,千秋尚凛然。'一个有希望的民族不能没有英雄,一个有前途的国家不能没有先锋。"党的十八大以来,习近平探访英烈的脚步走遍了祖国的山山水水,一个个深深的鞠躬、一次次深情的仰望,都在表达对英烈的缅怀、对历史的敬畏、对英雄精神的讴歌。他通过讲述一个个英烈故事,身体力行地传承红色基因。2013年11月25日,习近平在瞻仰华东革命烈士陵园时,讲述以"沂蒙母亲"为代表的沂蒙人民,用乳汁和小米粥哺育革命的故事,他说,我一来到这里就想起了革命战争年代可歌可泣的峥嵘岁月,强调沂蒙精神与延安精神、井冈山精神、西柏坡精神一样,是党和国家的宝贵精神财富,要不断结合新的时代条件发扬光大。2014年7月7日,习近平在纪念全民族抗战爆发77周年仪式上的讲话中说,北京密云县一位名叫邓玉芬的母亲,把丈夫和五个孩子送上前线,他们全部战死沙场。华北平原上的一个庄户人家写下这样一副对联——"万众一心保障国家独立,百折不挠争取民族解放",横批是"抗战到底"。这是中华儿女同日本侵略者血战到底的怒吼,是中华民族抗战必胜的宣言。2015年5月7日,习近平在《俄罗斯报》发表署名文章《铭记历史,开创未来》,文中记述:在卫国战争最艰苦的时刻,中华民族许多热血儿女毅然投身到抗击法西斯德军的英勇行列中。毛泽东主席的长子毛岸英作为白俄罗斯第一方面军坦克连指导员,驾坦克转战千里,直至攻克柏林。中国女记者胡济邦以柔弱之躯全程经历卫国战争,冒着炮火报道了苏联人民的坚贞不屈、法西斯军队的残暴、俄罗斯军民胜利的喜悦,鼓舞了中俄两国军民抗战到底的决心。2016年7月1日,在庆祝中国共产党成立95周年大会上的讲话中,习近平强调指出:95年来,共产主义远大理想激励了一代又一代共产党人英勇奋斗,成千上万的烈士为了这个理想献出了宝贵生命。"砍头不要紧,只要主义真""敌人只能砍下我们的头颅,决不能动摇我们的信仰",这些视死如归、大义凛然的誓言生动表达了共产党人对远大理想的坚贞。"理想之光不灭,信念之光不灭。我们一定要铭记烈士们的遗愿,永志不忘他们为之流血牺牲的伟大理想。"

(五)讲焦裕禄、杨善洲、谷文昌等新中国历史上党的好干部的典型故事,要求各级领导干部向他们学习

焦裕禄同志是习近平十分尊崇的党的好干部。2019年3月,习近平主持召开学校思想政治理论课教师座谈会,回忆起上初中时,一位政治课老师讲授焦裕禄的事迹时数度哽咽,给同学们带来巨大心灵震撼的情景,他说这节课在我的一生中留下深刻印记,对我树立坚定的理想信念也有很重要的影响。他多次讲过:"这件事一直影响着我。直到我从政,直到我担任县委书记,后来担任总书记,焦裕禄精神一直是一盏明灯。焦裕禄精神诠释了中国共产党人的优秀品质。"确实,习近平早在时任福州市委书记的1990年7月15日就以念奴娇词牌填写了《追思焦裕禄》,并刊登在7月16日的《福州晚报》上。

2014年3月,在第二批群众路线教育实践活动期间,习近平在兰考县委常委扩大会议上的讲话中再次结合自己的成长经历,讲述了焦裕禄的故事,概括

了焦裕禄精神。他首先真情回忆道:"李雪健主演的电影《焦裕禄》,我看过不止一遍。我到中央工作后,2009年4月到河南调研时专程来过兰考,瞻仰了焦裕禄烈士纪念碑,参观了焦裕禄同志事迹展,看了焦裕禄同志当年栽下的泡桐树,看望了焦裕禄同志亲属,开了一个学习焦裕禄精神座谈会,专门就学习弘扬焦裕禄精神作了一个讲话,提了五个方面的要求。"他接着讲:"一踏上兰考的土地,我的心情依然很不平静。……我们住在焦裕禄干部学院,出门就看得见焦裕禄同志当年栽的泡桐树,睹物思人,也别有一番感慨。"当然,更重要的是"我联系兰考,还有一层考虑,就是希望通过学习弘扬焦裕禄精神,为推进党和人民事业发展、实现中华民族伟大复兴的中国梦提供强大正能量"。习近平在讲话中精辟而深刻地概括了焦裕禄精神:一是"心中装着全体人民、唯独没有他自己"的公仆情怀,二是凡事探求就里、"吃别人嚼过的馍没有味道"的求实作风,三是"敢教日月换新天""革命者要在困难面前逞英雄"的奋斗精神,四是艰苦朴素、廉洁奉公、"任何时候都不搞特殊化"的道德情操。

(六)讲今天基层干部的感人故事

习近平还善用现实生活中基层干部形象生动的故事和语言,教育基层干部。他在同菏泽市及县区主要负责同志座谈时的讲话中说:前不久《人民日报》一份内参介绍了云南怒江傈僳族自治州人大常委会副主任、独龙族干部高德荣的从政体会,我看了也很有感触。高德荣同志说,"领导就是带领群众一起干活,干出活路来","当干部、当领导的如果不务实,指挥棒就会变成搅屎棍","用身影指挥人,而不是用声音指挥人","漂浮在官场上使人越来越浮躁,生活在群众中让人过得更充实",我把这些话推荐给大家,同大家共勉。

三、善用中外经典诠释中国故事

习近平非常重视创新完善文化传播方式,善用中外经典诠释中国故事,提高文化传播能力。他明确指出,要"创新对外宣传方式,着力打造融通中外的新概念新范畴新表述","要推进国际传播能力建设,讲好中国故事、传播好中国声音,向世界展现真实、立体、全面的中国,提高国家文化软实力和中华文化影响力"。

(一)用中国故事诠释中国道路

习近平在新进中央委员会委员、候补委员学习贯彻党的十八大精神研讨班上的讲话中,曾用"邯郸学步"的寓言故事论述中国走自己道路的历史文化根据。他强调"过去不能搞全盘苏化,现在也不能搞全盘西化或者其他什么化","我们千万不能'邯郸学步,失其故行'"。2014 年,他在布鲁日欧洲学院的演讲中,用中国人近代探寻民族解放和强国之路的真实故事告诉世界:"中国人苦苦寻找适合中国国情的道路。君主立宪制、复辟帝制、议会制、多党制、总统制都想过了、试过了,结果都行不通。最后,中国选择了社会主义道路。"

(二)用世界经典讲中国故事

让世界了解中国、读懂中国、理解中国,针对世界上对中国道路的误解、曲解甚至偏见,习近平在有关国际场合,往往会借用演讲所在国的有关经典智慧地回应。如,2014 年 3 月 27 日,在巴黎召开的中法建交 50 周年纪念大会上,习近平强调,"中国梦是追求和平的梦",并巧妙地引用和回应当年拿破仑的话,以解除大家的疑虑。他说道:"拿破仑说过,中国是一头沉睡的狮子,当这头睡狮醒来时,世界都会为之发抖。中国这头狮子已经醒了,但这是一只和平的、可亲的、文明的狮子。" 3 月 28 日,习近平在德国科尔伯基金会演讲中指出:"面对中国的块头不断长大,有些人开始担心,也有一些人总是戴着有色眼镜看中国,认为中国发展起来了必然是一种'威胁',甚至把中国描绘成一个可怕的'墨菲斯托'。"这个"墨菲斯托"其实就是著名德国作家歌德的小说《浮士德》中的魔鬼,这让德国人一听就明白了。2013 年,习近平在莫斯科国际关系学院的演讲中指出:"我们希望世界变得更加美好,我们也有理由相信,世界会变得更加美好。同时,我们也清楚地知道,前途是光明的,道路是曲折的。车尔尼雪夫斯基曾经写道:'历史的道路不是涅瓦大街上的人行道,它完全是在田野中前进的,有时穿过尘埃,有时穿过泥泞,有时横渡沼泽,有时行经丛林。'"这里,习近平在引用俄罗斯车尔尼雪夫斯基名言的同时,还引用了毛泽东在《关于重庆谈判》一文中"前途是光明的,道路是曲折的"这句话,以宣示中国的必胜信念和战略韧性。

(三)用中国或外国经典诠释世界大势和中国主张

一是正确认识世界大势和时代潮流。习近平在上海合作组织青岛峰会上指出:"'孔子登东山而小鲁,登泰山而小天下'……必须登高望远,正确认识和把握世界大势和时代潮流。"

二是强调要把握好和平发展的时代主题。习近平在联合国日内瓦总部的演讲中指出:中华文明历来崇尚"以和邦国""和而不同""以和为贵"。中国《孙子兵法》是一部著名兵书,但其第一句话就讲,"兵者,国之大事,死生之地,存亡之道,不可不察也",其要义是慎战、不战。几千年来,和平融入了中华民族的血脉中,刻进了中国人民的基因里。

三是强调协调合作是必然选择。习近平用"孤举者难起,众行者易趋"之典强调:"在经济全球化时代,没有哪一个国家可以独善其身,协调合作是我们的必然选择。"在二十国集团领导人汉堡峰会上,他引用了"一个人的努力是加法,一个团队的努力是乘法"的德国谚语。在博鳌亚洲论坛 2015 年年会的主旨演讲中,他用多国谚语佐证说:"东南亚朋友讲'水涨荷花高',非洲朋友讲'独行快,众行远',欧洲朋友讲'一棵树挡不住寒风',中国人讲'大河有水小河满,小河有水大河满'。这些说的都是一个道理,只有合作共赢才能办大事、办好事、办长久之事。"

四是展望未来,习近平引用法国"人的命运掌握在自己的手里"的谚语,强调面对严峻的全球性挑战,面对人类发展在十字路口何去何从的抉择,各国应该有以天下为己任的担当精神,努力把人类前途命运掌握在自己手中。他用"大船必能远航"的俄罗斯谚语和中国"长风破浪会有时,直挂云帆济沧海"的古诗描述未来图景。

最后,他特别强调:"形势在发展,时代在进步。要跟上时代前进步伐,就不能身体已进入 21 世纪,而脑袋还停留在冷战思维、零和博弈的旧时代。"为适应世界发展的大势,各国要树立新理念,破除旧思维,即"要积极树立双赢、多赢、共赢的新理念,摒弃你输我赢、赢者通吃的旧思维,'各美其美,美人之美,美美与共,天下大同'"。

(四)讲中外友谊故事

国之交在于民相亲,民相亲在于心相通。我们知道,领导者讲故事,就故事的主人公而言,一般可以分为五种类型:一是讲我的故事,即自己亲历的故事;二是讲我们的故事,即所在团队、政党、民族和国家的故事;三是讲他人的故事,即古今中外的典型事例;四是讲关于未来的故事,即梦想、愿景和蓝图;五是讲我与你的故事,即讲自己与听众相关的故事。这里是第五种类型,即讲中外主人公之间相互支持帮助的友谊故事。

例如,习近平在巴基斯坦议会的演讲中,深情地讲述了一段见证中巴友谊的故事,感人至深:"在不久前的也门撤侨行动中,中国军舰搭载 176 名巴基斯坦公民从亚丁港撤离,巴基斯坦军舰协助从穆卡拉港撤离 8 名中国留学生。巴方军舰指挥官下达命令:'只要中国留学生不到,我们的军舰就不离港。'"习近平在莫斯科国际关系学院演讲时说:"抗日战争时期,苏联飞行大队长库里申科来华同中国人民并肩作战,他动情地说:'我像体验我的祖国的灾难一样,体验着中国劳动人民正在遭受的灾难。'他英勇牺牲在中国大地上。中国人民没有忘记这位英雄,一对普通的中国母子已为他守陵半个多世纪。"习近平在印度世界事务委员会演讲时说:"公元 67 年,天竺高僧迦叶摩腾、竺法兰来到中国洛阳,译经著说,译出的四十二章经成为中国佛教史上最早的佛经翻译。白马驮经,玄奘西行,将印度文化带回中国。中国大航海家郑和七次远航、六抵印度,带去了中国的友邦之谊。印度歌舞、天文、历算、文学、建筑、制糖技术等传入中国,中国造纸、蚕丝、瓷器、茶叶、音乐等传入印度,成为两国人民自古以来互联互通、互学互鉴的历史佐证。"习近平在坦桑尼亚凭吊援坦中国专家公墓时深情地说,"40 多年前,5 万多名中华儿女满怀对非洲人民的真挚情谊来到非洲……用汗水和鲜血乃至生命筑成了被誉为友谊之路、自由之路的坦赞铁路。他们中有 60 多人为此献出了宝贵生命,永远长眠在这片远离故乡的土地上。他们用生命诠释了伟大的国际主义精神……他们的名字和坦赞铁路一样,永远铭记在中国人民和坦赞两国人民心中"。正是通过这些故事,习近平生动地表达了中国人民同世界各国人民间的真诚友谊。

四、善用自己的人生故事交流感情,启迪后俊

习近平在许多场合会根据不同对象讲述自己的人生经历故事,以启迪后俊,尤其是大学生和中青年领导干部,有时也会将其用于国际交流,拉近同听众的心理距离。

一是在梁家河插队时的故事。2013 年 5 月,习近平在五四青年节参加主题团日活动时说:"我到农村插队后,给自己定了一个座右铭,先从修身开始。一物不知,深以为耻,便求知若渴。上山放羊,我揣着书,把羊圈在山坡上,就开始看书。锄地到田头,开始休息一会儿时,我就拿出《新华字典》记一个字的多种含义,一点一滴积累。我并不觉得农村 7 年时光被荒废了,很多知识的基

础是那时候打下来的。现在条件这么好,大家更要把学习、把自身的本领搞好。"他以此激励青年人珍惜大好时光和有利条件,抓紧学习,提高本领。

2015年,习近平出访美国,讲到自己关于梁家河的经历时说:"上世纪60年代末,我才十几岁,就从北京到中国陕西省延安市一个叫梁家河的小村庄插队当农民,在那儿度过了7年时光。那时候……乡亲们生活十分贫困,经常是几个月吃不到一块肉。……我很期盼的一件事,就是让乡亲们饱餐一顿肉,并且经常吃上肉。……今年春节,我回到这个小村子。梁家河修起了柏油路,乡亲们住上了砖瓦房,用上了互联网,老人们享有基本养老,村民们有医疗保险,孩子们可以接受良好教育,当然吃肉已经不成问题。"他强调:"梁家河这个小村庄的变化,是改革开放以来中国社会发展进步的一个缩影。"这个故事以小见大,让美国朋友了解和理解改革开放对中国带来的巨大变化。

二是在正定县任县委书记时的故事。"1982年,我到河北正定工作,那时候生活条件很差。……连个宿舍都没有,就住在办公室里,两个板凳搭一个床板,铺盖也是自己带的。""我当年到了正定,看到老百姓生活比较贫困、经济社会发展水平比较落后的情形,心里很着急,的确有一股激情、一种志向,想尽快改变这种面貌。""我在正定时经常骑着自行车下乡,从滹沱河北岸到滹沱河以南的公社去,每次骑到滹沱河沙滩就得扛着自行车走。虽然辛苦一点,但确实摸清了情况,同基层干部和老百姓拉近了距离、增进了感情。"这个故事旨在让基层干部更加重视调查研究。

三是在福建省工作时的故事。"我当市委书记、地委书记期间走遍了福州、宁德的乡镇。……有个下党乡,我去时真是披荆斩棘、跋山涉水,乡党委书记拿着柴刀在前面砍杂草……那个地方叫寿宁县,明代写了《警世通言》等'三言'的冯梦龙在那儿当过知县。冯梦龙去上任走了半年。当时我就一个感慨,一个才高八斗的封建时代知县,怎么千辛万苦都去,难道我们共产党人还不如封建时代一个官员吗?到了那以后,看到乡党委办公室设在一个改造过的牛圈里,地方很小。南方的桥是廊桥,我们就在一座桥上办公,摆几把竹椅,中间用简易屏风一隔,开会、吃饭、休息、洗澡都在上面。现在,下党乡面貌已经完全变了。当时,我在那儿看到好几座教堂,是什么人建的呢?18世纪西方传教士。不管他们出于什么目的,但那种传教的使命感,跟我们共产党就有一比啊!"这个故事旨在增强领导干部的使命感、责任感。

四是党的十八大后精准扶贫的故事。习近平说:"党的十八大后,我到一些贫困地区就要看真贫,如河北阜平、湖南花垣、甘肃东乡,都是最贫困的。……为什么讲要精准扶贫?'手榴弹炸跳蚤'是不行的。新中国成立以后,50年代剿匪,派大兵团去效果不好,那就是'手榴弹炸跳蚤',得派《林海雪原》里的小分队去。扶贫也要精准,否则钱用不到刀刃上。""上次到湘西十八洞村视察,我感触很深。爬那个山爬了好远,好不容易才到那里。去了以后,一个老太太见了我问,请问你贵姓,你是哪里来的?她不认识我,因为那儿比较偏远,她不看电视,文化也不够。后来,全村乡亲都来了,我一看,人不多,全是'996138'部队,也就是老人、孩子、妇女,青壮年都到城里打工去了。这个地方这么偏僻,又是一些老人和儿童,搞什么大事业啊?根本搞不起来。我说,还是给你们搞几条腿来吧——一户养几头黑猪、一头黄牛,再养几只山羊,这总能办得成。老太太、老大爷听了很高兴,说我就要这个。"

以上,我们多视角、多维度地介绍了习近平同志的用典艺术,那么,他用典为什么能够达到信手拈来、娴熟高超、用意贴切、出神入化的境界呢?也许下面这个故事可以给予我们重要启示,即2014年12月20日,习近平在澳门大学考察时向学校赠送了《永乐大典》重印本和《北京大学图书馆藏稀见方志丛刊》,并现场在赠书函上签名。他对学生们说:"我本人也是一个中华文化的热烈拥护者、忠实学习者。""自己在青少年时代也非常喜欢阅读中华文化典籍,坚持一点一滴学。直到现在,一有空就会拿起一本翻一翻,每次都觉得开卷有益。中华文化源远流长、博大精深,如同一座宝藏,一旦探秘其中,就会终生受用。我们要取其精华、去其糟粕,赋予中华传统文化以新的时代内涵,使之成为我们的精神追求和行为准则。"显然,这段故事以简洁的语言对他自己精湛的用典艺术作了一个很好的总结,也为我们学习用典提供了重要遵循。首先是热爱文化,是忠实的学习者,深知开卷有益;其次是从青少年时代就开始喜欢阅读文化典籍,是长期积累养成的好习惯;再次是一有空就会拿起一本翻一翻,就是要挤时间学,善于利用空隙时间;最后是服务现实、学以致用,取其精华、去其糟粕,赋予文化典籍以新的时代内涵。

学习党史与提升政治素养

忻　平[*]

2014年9月30日,中央新设了三个国家节日,其中之一就是"烈士纪念日"。2019年9月30日"烈士纪念日",习近平等国家领导人来到人民英雄纪念碑敬献花篮,同时瞻仰毛主席纪念堂,向毛主席遗容座像三鞠躬。

2019年10月1日是国庆节,也是伟大的中华人民共和国成立70周年,习近平总书记在天安门广场上阅兵,并发表了重要讲话,指出:"70年前的今天,毛泽东同志在这里向世界庄严宣告了中华人民共和国的成立,中国人民从此站起来了。这一伟大事件,彻底改变了近代以后100多年中国积贫积弱、受人欺凌的悲惨命运,中华民族走上了实现伟大复兴的壮阔道路。70年来,全国各族人民同心同德、艰苦奋斗,取得了令世界刮目相看的伟大成就。今天,社会主义中国巍然屹立在世界东方,没有任何力量能够撼动我们伟大祖国的地位,没有任何力量能够阻挡中国人民和中华民族的前进步伐。"他精辟地回答了70年中国历史性变革当中蕴含的内在逻辑,指出了前进征程上团结奋斗的方向,提出了"五个坚持"。

我们看到,这次中华人民共和国成立70周年阅兵式后群众游行的36个方阵当中,其中一个方阵就是"毛泽东思想标语"。国外媒体普遍认为,这表明了毛泽东思想仍然是凝聚人心的一个精神信仰,国内群众反映也非常好,认为"国之大事,在祀与戎"。祀就是祭祀,是一种对祖先的崇拜和祭祀,是过去讲的一种礼仪,表明一种精神信仰;戎,部队和国防。无疑,精神信仰和国防至今仍然是国家的大事。今天祭奠毛主席,祭奠英烈,意义重大。中华人民共和国成立后很长一段时间,国庆没有纪念人民英雄,人们担心这样下去,下一代就

---

[*] 忻平,上海市社会科学界联合会副主席,上海市中共党史学会会长,中共上海市委党史研究室特约研究员。

要忘了共和国从哪里来,为什么要叫"人民共和国"。纪念毛泽东,这表明了对我们党、国家和军队革命传统的延续,媒体称之为"党魂、国魂、军魂归来"。

2019年7月31日,中共中央印发《关于在"不忘初心、牢记使命"主题教育中认真学习党史、新中国史的通知》(简称《通知》),要求把学习党史、新中国史作为主题教育的重要内容,不断增强守初心、担使命的行动自觉。要求党员干部都要学好党史、新中国史,要搞清楚我们从哪里来、到哪里去,弄清楚艰苦卓绝是什么、是怎么来的。

2019年5月13日,中央政治局开会决定,6月起全党分两批自上而下进行"不忘初心、牢记使命"主题教育。上海主题教育第一批是市级单位,第二批是区级单位。主题教育有"必读教材",一本是《习近平关于"不忘初心、牢记使命"论述摘编》,另外一本是《习近平新时代中国特色社会主义思想学习纲要》,要求重点学。7月31日中央《通知》里面前所未有地推荐一本书,这就是《中国共产党的九十年》,这本书是十八大党中央决定、由中共中央党史研究室编写,2016年出版的,被称为至今为止最为客观的中国共产党的九十年历史记录,即使从党史学术角度讲,也是最好的权威教材。

中央要求学习党史、新中国史要做到"四个了解"和"五个深刻认识"。"四个了解":一是了解党史、新中国史的重大事件、重要会议、重要文件和重要人物,二是了解我们党领导人民进行艰苦卓绝斗争的历程,三是了解中国近代以来170多年斗争史、党的98年奋斗史和新中国70年的奋斗史、发展史,四是了解党的光荣传统、宝贵经验和伟大成就。"五个深刻认识":一是深刻认识我们党的本质特点。二是深刻认识我们国家从站起来、富起来到强起来的历史过程是一种历史必然。三是深刻认识我们党的使命宗旨,恪守人民情怀。四是进一步深刻认识担当重任。关于担当,习近平总书记这几年讲了很多,一代人有一代人的担当,一代人有一代人碰到的问题,所以要勇于担当,直面问题,用改革的方法解决问题。五是进一步深刻认识我们党的忠诚品格,我们党靠忠诚经受考验,靠忠诚战胜困难,靠忠诚发展壮大。对党忠诚、对组织忠诚、对自己同志忠诚,既是对党员干部的基本要求,也是一条底线。这方面的案例太多。习近平总书记近年来多次讲到陈树湘的故事,要求对党忠诚,军队中坚持党指挥枪的建军原则。2019年4月,在纪念五四运动100周年大会上,习近平总书记再次提到他。这个陈树湘是谁呢?他是红军第34师师长,湖南人,

1934年红军长征到湘江,著名的湘江战役打响了,这是红军长征前期的最大一仗。但是,国民党掌握了红军长征的所有路线、目的地,为什么?因为中共中央在上海的一个秘密电台被破获了。前段时间中央台放了电视片《伟大的转折》和《长征》,真实地反映了当时的历史场景。当时中央要求红34师坚守三天三夜,作为后卫部队掩护大部队渡湘江,结果实际上打了四天四夜。6 000多名将士大多阵亡了,陈树湘肚子中枪,破了一个大洞,肠子都流出来了。醒过来后,他说我决不当俘虏,把肚子上的伤口扒开,把肠子拉出来绞断,最后壮烈牺牲,实现了他说的"为苏维埃新中国流尽最后一滴血"。国民党将士们都大为震惊,红军还有这样的人,对这个组织这么忠诚。习近平总书记多次讲这个案例,对党要忠诚,要绝对忠诚,习近平总书记讲"绝对"两个字是唯一的、彻底的、无条件的、不掺杂任何杂质的、没有任何水分的忠诚,对党绝对忠诚,关键就在"绝对"两个字。

一、当下学习党史和新中国史的必要性

"欲知大道,必先为史,灭人之国,必先去其史。"当下学习党史、新中国史的必要性是什么,为什么现在要学习?因为党史、新中国史是一部内容丰富的教科书,包含了近百年来我们党处理所有难题、复杂问题的全部智慧、全部经验的历史过程。我们党所有的经验、教训、方法、立场,全部体现在一部党史当中。

目前来说,学习党史、新中国史大概有四个原因:第一,这是抓好主题教育的重要途径和重要内容。第二,学习我们党处理难题和复杂问题的历史智慧和历史经验。第三,利用党的历史智慧和历史经验,化解国际国内复杂局面。第四,完成两个百年目标。我认为其中关键就是第二条。

历史上国共有过两次合作。第一次合作,中共二大明确中国共产党是共产国际的一个支部,所有重大事情必须向共产国际请示,得到同意才能做。共产国际指示,要求跟国民党合作,国共合作掀起中国历史上前所未有的工农群众大动员。中共中央从上海搬到国民党中央所在地广州,实行紧密合作。合作方式是中国共产党党员以个人身份加入国民党,实行国共合作。应该说,大体上国共合作是成功的,掀起了大革命高潮。中共中央长期在上海,中共一大

明确党成立以后要搞工人运动,二大、三大以后提出要包括农民运动,共同革命。中共中央从上海迁到广州之后,总体是顺利的,但也有不和谐音。孙中山介绍李大钊入国民党作为特别党员。但是国民党历史很长,有一批元老,比如国民党右倾的西山会议派元老谢持等在1924年国民党第一次代表大会决定联俄联共、扶助农工政策后,坚持反共,谢持和张继、邓泽如联名向孙中山提出《弹劾共产党案》,声称共产党员加入国民党"于本党之生存发展,有重大妨害""绝对不宜党中有党"。8月,他们又抛出所谓《护党宣言》,诬蔑共产党员加入国民党的目的是消灭国民党。

国民党看不起共产党,说小小的政治团体怎么和国民党这么个全国性的大政党合作?确实,当时我们党自己也说是一个小的、以政治宣传为主的团体。当时全党一共995名党员,确实难以担当起领导全国革命的重任。所以,当时的党中央决定将总部迁回上海,随即于1925年1月在上海虹口三益里(今虹口区东宝兴路254弄28支弄8号处)召开了党的四大。面对国民党内的反对,会议提出要夺取国民革命的领导权,建立牢固的工农联盟。为此要加强党的自身建设,建立一个群众性的全国党,夯实基础,首次提出建立党的最基层组织支部和党的领导核心总书记,提出并实践群众路线。四大精神经过五卅运动的实践检验,证明是正确的。1925年底党员人数达到万人,翻了十倍。及至五大前,达到五万多名党员,真正成为全国性的大党。

当时国共合作也有成功例子,比如国民党上海执行部。国民党一大决定在北京、上海、汉口等地建立中央派出机构——执行部。上海执行部设于上海环龙路44号(今黄浦区南昌路180号),管辖苏、皖、赣、浙四省和上海市党务,各部长是国民党要员,但是秘书很多是共产党员,比如说宣传部部长是汪精卫,秘书则是毛泽东。毛泽东还担任文书科主任。当时的秘书实际权力很大,发文件要部长和秘书两个人签字才有效。后来汪精卫长期在中央,推荐毛泽东任国民党中宣部代部长。

还有一个例子,就是我们党抓住历史契机,很好地处理了1936年西安事变,建立了抗日民族统一战线。西安事变发生后,蒋介石被抓,消息传到延安窑洞,中共领袖们大为兴奋,第一个反应就是"杀蒋抗日",蒋介石杀了我们那么多的革命兄弟们,难道不该报仇吗?同时20世纪30年代,日本对华侵略野心已经表露无遗,而蒋介石的基本政策是攘外必先安内,即要先解决共产党问题,再解决日本侵略问题。这违反了民心,全国人民一致要求抗日。所以此时中共中央改变策略方针为"逼蒋抗日"。因为蒋介石还是当时名义上的国家领袖,而此时国内军阀割据,一旦杀了蒋介石的话,群雄并起,整个中国要乱套。这个时候,人们对整个局势的认识越来越清楚,包括蒋介石的态度也有所转变,有所松动。共产国际明确希望妥善处理此事,不希望中国内乱。中国共产党迅速改变处理策略,确定了"联蒋抗日"的和平解决方针,并应张学良、杨虎城的邀请,派周恩来、叶剑英等人赴西安谈判,迫使蒋介石接受停止内战、联共抗日等六项条件。中国共产党向全国人民号召,中华民族到了亡国灭种的时候,要求建立全国各民族、各党派、各城市最广大的抗日民族统一战线,与国民党的矛盾可以缓和。国共谈判最早在上海,潘汉年和张冲谈了一年后,交给国共双方高层谈。

西安事变和平解决后,1937年2月中旬至7月中旬,周恩来、秦邦宪(博古)、叶剑英、林伯渠等与国民党代表蒋介石、宋子文、顾祝同等,先后在西安、杭州、庐山进行了多次关于国共两党合作抗日的谈判。"七七事变"以后,蒋介石发表庐山谈话,提出地无分南北,人无分老幼,都要起来抗战。1937年8月,中共中央在陕北洛川召开政治局扩大会议,通过了《抗日救国十大纲领》,提出了争取抗战胜利的全面抗战路线。9月22日,国民党中央通讯社发表了《中共中央为公布国共合作宣言》。23日,蒋介石发表谈话,实际上承认了共产党的合法地位。至此,抗日民族统一战线正式形成,第二次国共合作开始。我们可以看到,从"杀蒋抗日""逼蒋抗日"到"联蒋抗日"的政策变化中,我们党以国家人民利益为重,坚持第二次国共合作中的原则性、灵活性。这就是历史经验。又如延安整个特区就是按照未来新中国的布局来建设的,政权的结构,经济、政治、文化体系,包括政治体系三三制,三分之一是党外人士,体现了共产党领袖们的魄力以及灵活性和原则性。

学习党史和新中国史的必要性,首先在于党史、新中国史是我们党科学判断历史方位的基本依据。

其次,历史关键时刻学习党史,是我们党行之有效的重要经验。延安时期,延安整风前所未有地学习党史、总结党史、研究党史。1945年,中共六届七中全会做了第一个若干历史问题的决议,为七大奠定基础,七大是我们党成熟的标志,毛泽东讲得很清楚,全党达成空前的团结和统一,这非常关键。中华人民共和国成立初期,我们学习党史、社会发展史,也是为新政权奠定一个思想基础。改革开放初期,全党学习党史,关键是党的工作重心转移,不再搞阶级斗争式的运动,把党和国家的重心转到经济建设上来。

延安时期,中共第一次进行了党性教育,毛泽东、周恩来、刘少奇、朱德、任弼时五大书记都谈党性教育,我认为毛泽东同志讲得很接地气,一听就明白。他说,什么叫党性?一致的行动、一致的意见,集体主义,这就是党性,而粗枝大叶、自以为是的主观主义作风,就是党性不纯的第一个表现,而实事求是、理论与实际密切联系,就是一个党性坚强的党员的起码态度。1941年,皖南事变发生,中共中央政治局召开第一个以增强党性为专题的政治局会议,通过《中共中央关于增强党性的决定》,非常明确地提出并强调维护党中央权威和集中统一的领导以及增强党性的重要性,这是我们党的法规,是第一个增强党性的文件。毛泽东为七大代表题词,四个字"提高党性"。很多人认为,"党性"是不是这些年才提出的?不是。党史上早已有之。

再次,学习党史是我们党自身建设的迫切需要。党史学习当中要坚持斗争精神,坚决进行自我革命,尤其是以主题教育为契机,以刮骨疗伤式的勇气来推进自我革命。

最后,借鉴历史经验,应对世界百年未有之大变局,这句话是习近平总书记讲的。当下中国无疑正处在历史上最关键的发展时期。习近平总书记强调把握国际形势,首先要树立正确的历史观,今天遇到的事情很多可以在历史上找到影子,历史上发生的很多事情也都可以为今天借鉴。清朝国力其实还是很强的,在世界经济总量上最少的时候也有12%,最后还是灭亡了。关于清朝灭亡的原因,历史学家写了很多书,我认为千言万语不如李鸿章讲得清楚,"此乃三千年未有之变局"可以说概括得极为准确。我们现在面临百年未有之大变局,所以需要借鉴历史经验加以应对。

70年新中国史,一个很关键的方面是具有政治优势和组织优势。中国政府在教育方面长期布局,长期投资。比如说人口变红利,背后是教育的长期性。新中国成立以后第一次教育工作会议就非常明确地提出,开展全国规模的扫盲教育;1956年提出,在12年内普及小学义务教育;1986年开始实施九年义务教育;2006年开始实施免费义务教育。所以,1978年改革开放后,大量的农业人口直接成为工人。这可不简单,但我们做到了,什么原因?这些工人基本都识字,至少具有初小文化,稍加培训,就达到基本要求了。连续40年全球产业向中国转移,中国成为世界工厂。现在外资企业嫌中国劳务成本高,转移到越南、柬埔寨投资,但发现一个问题,那就是他们那里农民转化过来的工人缺少基本的文化水平,培训成本很高,没有那么好的工人条件。中国是基建大国,世界上最长最高的桥80%都在中国,而且刷新速度非常快,港珠澳大桥原来是世界第一,现在变成第三。据说特朗普问前总统卡特,为什么美国很多方面已经落后中国了?卡特说很简单,第二次世界大战以后美国发动了30多场战争,花了3万多亿美元军费,中国不一样,美国忙打仗,中国忙建设。长期以来中国基建投资很大,有个说法,一元钱投下去搞基建可以拉动二到三元钱市场。教育也是一种基本建设,长期持续大搞教育,效果现在出来了,历史偏向有心人。

党史上有几个会议很关键,涉及党的工作重心转移。第一,八七会议,从城市走向农村,农村包围城市,武装斗争。第二,遵义会议,最大的意义就是中国人、中国共产党自己解决自己的问题。第三,包括七届二中全会、七大,接下来是八大、十一届三中全会,然后是十九大。

1949年3月,中央在西柏坡开完七届二中全会,3月23日,中共中央离开西柏坡开始进北京。七届二中全会是党史上的一个重要会议。中央从3月份进北京,然后到10月1日开国大典。这半年当中,党中央在北京郊外香山,在这里,毛泽东、朱德发布了向全国进军的命令,打过长江去,解放全中国;在这里,毛泽东发表了《论人民民主专政》,为新中国建立奠定了理论和政策基础;在这里,中共中央同民主党派各界人士共同筹办新政协,通过了起到临时宪法作用的共同纲领。党中央在北京郊区,算进城了吗?没进,但也算进了。所以习近平总书记讲了,这是我们中国革命取得伟大胜利的总指挥部,是革命中心从农村转向城市的重要标志。习近平总书记讲这个话有道理,因为未进已进。

二、党史、新中国史是教科书,是营养剂

首先,党的成立是历史的必然。我们学习党史、新中国史的深刻内容,学什么很关键。近代以来,西方工业革命以后,整个世界发生了变化,英国伯明翰广场上有一个铁人雕像,很粗糙丑陋,但是英国人很自豪,据说是近代英国

人通过炼铁法用第一炉铁水浇铸出来的。曼彻斯特是英国纺织中心，也是世界纺织中心。工业革命以后，生产力井喷式发展，马克思讲得很清楚："资产阶级在它不到100年的阶级统治中所创造的生产力，比过去一切世纪创造的全部生产力还要多，还要大。"马克思的这一论断，揭示了资产阶级促进了近代世界变革，也揭示了资产阶级的剥削和殖民侵略的残暴性。

近代以来社会主题和时代主题是什么？就是救亡，就是民族独立、人民解放、国家富强。从1840年到1905年，几乎世界所有的列强都侵略过中国，但真正对中国实现领土要求的是三个国家，英国占领香港，日本占领台湾、澎湖列岛，沙俄占领中国东北、西北大片土地。明清以来，中国有一个很好的传统，就是顾炎武提出的"天下兴亡，匹夫有责"，已经深入人心，中国不能分裂，更不能被奴役。近百年来，有识之士想了很多办法，做了很多探索、奋斗，就为两个字"救亡"。历史上有人提出过"中国梦"，今天的"中国梦"是强国梦，以前的"中国梦"是救国梦。我们要看一个国家实行什么样的主义，就要看这个主义是否符合这个国家的时代主题。所以近代中国进行过很多的救国实践，如工业救国、农业救国、实业救国、科学救国，都没有成功，政治实践如总统制、内阁制、议员制等都实行过，也都没有解决中国的问题，最终还是马列主义、毛泽东思想引导中国人民走出漫漫长夜。

其次，救亡这么一个宏大的时代主题，虽不是由我们党发起的，却在我们党手里完成。我们党的百年历史中，以无产阶级政党属性，立党为公，执政为民，不忘初心，牢记使命，以自己的历史担当赢得民心，成为国家的核心，这是历史必然，是人民的选择。

中共一大是马克思主义中国化的开始。2007年习近平担任上海市委书记，刚到上海一周以后就去瞻仰了一大、二大、四大会址，明确指出，我们有幸在党的诞生地工作，十分光荣，责任重大。10年以后，2017年十九大以后，10月31日，习近平总书记带领中共中央政治局常委到上海瞻仰一大会址，再到嘉兴南湖瞻仰红船，说这里是我们党梦想启航的地方，我们党从这里诞生，从这儿出征，从这儿走向全国执政，这里就是我们党的根脉。毛主席说这里是党的产房。党的一大就是在建党先驱李汉俊家中举行的，实际上是他哥哥辛亥元老李书城的房子。一大代表中最后只有毛泽东和董必武两位从上海石库门走上了天安门。中共诞生时候的13位代表只代表58名党员，非常弱小，当时也没有报纸。如今中央组织部非常明确地宣布,我们党总人数突破了9 000万。

上海恐怕是中国早期革命留下的红色遗址最多最为重要的城市,据2021年统计,有612处。如果加上革命遗址、进步文化遗址,那就更多了,所以,我们讲红色基因渗透在繁华都市的血脉当中,毫无疑问,上海是中国革命的红色摇篮。

我们党的历届领导都十分重视历史。毛主席讲得很清楚:"指导一个伟大的革命运动的政党,如果没有革命理论,没有历史知识,没有对于实际运动的深刻的了解,要取得胜利是不可能的。"他极为重视全党理论学习,但是再好的理论必须适合国情才有用。马列理论必须要适合中国国情,1938年毛泽东就提出了"马克思主义中国化",到20世纪50年代,改成"马克思主义与中国实际相结合"的提法。对于中国革命道路,苏联共产党认为,只有学习苏联道路,城市夺取政权后才能夺取全国政权。毛泽东不这样看,他认为中国历史和西方历史不一样,国情完全不同。事实上也是如此,欧洲皇权、贵族、军队都在乡村城堡,城市力量不强,城市里主要是贫民和平民,以及手工业者和知识分子。在中国,敌人最强大的力量全部在城市,中国80%以上是农村、农民,这就决定了中国革命道路必须依靠农村、农民。所以,中国道路问题是个重要的理论问题,习近平总书记讲得很清楚,开展这次主题教育就是要坚持思想建党、理论强党。毛泽东思想的灵魂是群众路线,群众路线用十个字表达,"从群众中来,到群众中去",一听就明白。1931年,中共中央高层出了叛徒,顾顺章叛变,1933年,整个中共中央搬出上海这个最大的城市,迁到农村瑞金中央苏区。毛泽东担任中央苏维埃政府主席,主要做政府工作:一是募款,二是征兵,三是调研苏区的土地现状。所以毛泽东在这个时期进行了大量农村调研,于1930年写成《寻乌调查》《反对本本主义》等,他的那句"没有调查就没有发言权"成了名言。他接下来搞了一个兴国调查,发现中国80%以上的农民很苦,80%的土地在地主、富农手里,因此农民要起来只有一条路,就是革命,而要农民革命且支持苏维埃,又有一个前提,那就是"分土地"。毛泽东在农村调查时发现,土地革命当中农村各阶层利益得失不同,他分析得很具体:第一,土地革命当中,贫农有12条好处,分了田,分了山,分稻谷,不还债,吃到便宜米,讨到老婆,办丧事不花钱,等等;中农有6条好处,讨老婆不花钱,办丧事不花钱,等等。第二,他在调查中发现雇农这个农村真正的无产阶级,好处却不多,因为他没有财产,完全靠打工为生,他分了田,分了山,但买不起农具,没有生产资料,难以耕种。地主、富农跑了,没人雇用他,他赚不到钱了。婚姻自由了,但农村女孩子看不起雇农,雇农讨不起老婆,他们虽然地位很高,但没有文化,在政府当不了权。好在雇农人数很少,影响有限。毛泽东在调研中发现富农往往反革命最厉害,为什么?革命把富农致富的路给堵塞了,所以有的富农跑出去跟国民党走了,反对共产党。而地主已经富到头了,因此有些地主不反革命。只有像毛泽东这样经过详细调研,才可能得出这样的结论。我们讲,城市依靠无产阶级,农村也应该这样,但其实不是,农村依靠的,早期是贫雇农,后来是贫下中农,这两个阶级其实也是有产阶级。这就是中国国情,毛泽东认为贫下中农是关键,要依靠他们推动整个农村土地制度改革,这才是我们所依靠的阶级。

人民的利益就是党的利益,这句话讲到极致了,在全世界只有共产党这样一个党是全心全意跟人民绑在一起的。党的七大以来就形成了群众路线,这是我们党的生命线,也是全党最基本的一个路线。新时代群众观,习近平总书记讲得很清楚,以人民为主题,这是一个新时代的价值追求。十八大以来,我们党一直在进行群众路线教育活动,从"三严三实""两学一做"到今天的主题教育,都围绕人民的利益至上这个主要目标。

三、必须坚持党性的科学原则

毛泽东于1942年讲得很清楚,党史研究必须坚持科学性原则。习近平总书记提出了学习党史必须把握历史主题、主线、主流和本质,历史不可分割,科学评价历史人物和事件等原则。这次又提出历史辩证关系的问题,这也是历史学一个最基本的理论。

"今天的中央档案馆保存着一份珍贵的历史文物——毛泽东亲自填写的中共八大代表登记表。在登记表的'入党时间'一栏,上面写的是1920年。中国共产党1921年才成立,为何毛泽东1920年就入党了呢?"历史证明了:就在毛泽东尝试用改良主义方法改造湖南、改造中国的时候,中国的共产主义运动已经萌芽。1920年3月,李大钊就在北京大学组织了马克思学说研究会;5月,陈独秀在上海发起马克思主义研究会;8月,党在上海的早期组织在老渔阳里 2 号陈独秀寓所筹建了,当时的名称就叫"中国共产党",陈独秀任书记。在上海成立的这个早期组织,实际上起到了中国共产党发起组的作用,是各地共产主义者进行建党活动的联络中心,为后来建立全国统一的共产党奠定了基础。

1920 年 5 月,毛泽东来到上海,多次到老渔阳里 2 号拜访陈独秀,两人讨论了阅读马克思主义书籍和信仰问题,这是毛泽东思想发生重大转变的时期。他后来在与美国记者斯诺的访谈中回忆,1920 年在上海,"和陈独秀讨论我读过的马克思主义书籍。陈独秀谈他自己信仰的那些话,在我一生中可能是关键性的那个时期,对我产生了深刻的印象","他对我的影响也许超过其他任何人","我一旦接受了马克思主义是对历史的正确解释以后,我对马克思主义的信仰就没有动摇过……到了 1920 年夏天,在理论上,而且在某种程度的行动上,我已成为一个马克思主义者了,而且从此我也认为自己是一个马克思主义者了"。毛泽东说接受了马克思主义以后,将原来脑子中的无政府主义、西方民主主义等全部丢弃了。

1920 年底,毛泽东、何叔衡等创建了湖南共产党早期组织,成为我们党的创始人。至此,毛泽东在思想上和行动上都已成为一个完全的马克思主义者。毛泽东在 1945 年党的七大上回忆自己的入党经历时说:"我们开始的时候,也是很小的小组。这次大会(指中共七大)发给我一张表,其中一项要填何人介绍入党。我说,我没有介绍人。我们那时候就是自己搞的。"毛泽东作为党的重要创始人,将自己创建党的早期组织的 1920 年认定为入党之时,是合理的。

上海的渔阳里社区无疑在我们党的创建历史中具有极为重要的意义。上海有两个渔阳里,老渔阳里建党,新渔阳里建团,党团正式成立后,又分别成为党和团的最早的中央驻扎地。中共中央最早的机关所在地就在渔阳里,这栋房子既是陈独秀故居,还是《新青年》编辑部旧址,更是我们党中央最早的所在地。

所有的一大代表和早期党员如李大钊、陈独秀讲得很清楚,上海这个组织当时一开始建立就叫中国共产党。中共一大召开,党为什么选择了上海?因为上海符合了马克思主义基本理论。无产阶级先进政党必须在工人阶级中心,必须在现代化大都市。1919 年,全国工人阶级总人数近 200 万人,上海一地有 50 多万,占比超过 1/4。中国共产党建在上海具有历史的必然性。中国共产党一定是跟新的生产关系在一起的。世界上第一个共产党不会诞生在非洲，必然诞生在欧洲这个工业革命最发达的地方。上海思南路、南昌路，包括一大会址，两个渔阳里，毛泽东住过的博文女校，共产国际代表住宿地，中国第一个印刷厂，中共几个编辑部、杂志社，都相距不远，上海就是中国一个伟大政党酝酿、筹备、发动、联络、成立、宣传、开会、办公的地方，最后就在这个地方指挥全国革命，1933年从这个地方出发，开始了百年长征。所以我们讲中国革命就在这个地方发生，红色基因就在这里生根发芽、开花、结果，这里，就是中国革命的红色源头。初心在哪里？初心就在这个地方，党的精神家园就在这里形成，这里就是中国红色基因的发源地。

第七章

国际文化交流与中国形象

导　言

　　文化，是一个国家和民族生生不息的血脉和灵魂，是推进经济、社会与科学发展的重要支撑。文化的发育程度决定着一个国家和民族的文明程度，文化所形成的内在力量是一个国家和民族是否具有向心力和凝聚力的决定性因素。文化代表着国家身份和民族形象，对比政治与经济，其产生的吸引力和影响力更为持久。德国哲学家恩斯特·卡西尔曾提出一个著名论断："所有文化形式都是符号形式。"卡西尔这一命题为我们研究纷繁多样的文化形式提供了一个新颖的角度，即是说，当我们把一种文化形式置于符号的范畴考察时，或许会获得对这种文化形式的特性的新认识。中国形象正是一个符号形式，是中国软实力在海外的投射与反映，是中国梦、中国价值、中国文化等多重因素在外国受众中的塑造。因此，把握准确的中国形象，探寻传统中国、梦想中国与中国形象之间的关系及其互动，以及通过文化外交构建和传播中国形象，正是我们亟须研究的重要方向。

　　中国形象是国家软实力的重要组成部分，关系到中国梦的实现。习近平总书记强调："要注重塑造我国的国家形象，重点展示中国历史底蕴深厚、各民族多元一体、文化多样和谐的文明大国形象，政治清明、经济发展、文化繁荣、社会稳定、人民团结、山河秀美的东方大国形象，坚持和平发展、促进共同发展、维护国际公平正义、为人类作出贡献的负责任大国形象，对外更加开放、更加具有亲和力、充满希望、充满活力的社会主义大国形象。"这四个"大国形象"指出了中国形象建设的明确方向，也提出了中国形象建设的紧迫要求。

　　中国形象除了上述积极、健康、明亮、丰富的特色以外，还具有复杂性、变动性以及多元性。中国是一个大国，内部矛盾纷繁，在发展过程中既解决了大量问题，但同时遗留了不少矛盾。中国在外界眼中的形象也是复杂的，既是一个崛起中的大国，也是一个发展中国家，还是一个社会主义国家。因此，我们不能对外界特别是西方对中国形象的积极评价抱过多的奢望，较好的情形就是让世界尤其是西方认识到中国和中国形象的复杂性。变动性指的是世界眼中的中国形象一直是变动的。中国曾是欧洲人的憧憬之地，在相当长一段时期内，中国在西方人心目中的形象是相当积极和正面的。但鸦片战争之后，中国成为西方列强的宰割对象，中国形象亦随之一落千丈。近年来，由于中国大国地位的崛起，在肯定中国成就的同时，对中国的猜测和惶恐情绪也在不断发酵。多元性体现的是世界眼中的中国形象是多元的，中国国度以外的个人和群体由于其自身背景，他们眼中的中国形象必然是不同的。中国形象的重新建构是新中国成立以后的重大使命，正如邓小平指出的："鸦片战争以来的一个多世纪里，外国人看不起中国人，侮辱中国人。中华人民共和国建立后，改变了中国的形象。中国今天的形象，不是晚清政府、不是北洋军阀政府，也不是蒋氏父子创造出来的，而是中华人民共和国改变了中国的形象。"

国际文化交流既是构成一个国家和民族文化的基本要素之一，也是连接世界和民族之间的桥梁，同时是塑造和传播国家形象的主要手段与工具。从中国与西方世界的文化交流而言，虽然人类历史上曾在西方出现过几次东方文化热，但就目前整个世界的文化交流态势而言，中国与西方的文化交流仍然是"逆差"。这就更要求我们充分了解交流对象国的语言、文化、历史、习俗，包括他国的意识形态、政治制度等，仔细分析不同受众的阅读习惯和审美趣味，在充分掌握交流语境的基础上制定策略、注重方式、扩大影响。

本章收入四篇演讲。王义桅的《"一带一路"再造中国，再造世界》提出了再造中国和再造世界的概念。再造中国，不是在国内再造一个中国，而是在海外再造一个中国，将来中国海外产出要超过本土。中国提出的"一带一路"倡议、人类命运共同体以及共商共建共享原则已经写进了联合国的决议，我们要给世界提供更多的公共产品和价值理念。我们还要再造世界。目前这个世界是西方主导的世界，为了让这个世界更加均衡、普惠、包容、可持续，我们需要再造世界，这才是真正的全球化。乔国强的《对中国文化走向世界的现实思考》一文认为，我们中国文化走出去的内涵是什么，中国文化上下五千年博大精深，哪些东西走出去，走到哪里去，怎么样走出去，这是我们需要思考的。因此，从国家层面来看，中国文化走出去需要有系统性的高端设计，要注重走出去的时间性和地域性。孙宜学的《讲好中国特色故事与中华优秀文化走出去》

指出，要向世界讲好中国故事，我们必须要明确讲什么样的中国故事，怎么才能讲好。既要有顶层设计之谋，又要有精准落地之策。我们要始终秉承中华优秀文化传统，真诚直面不同文化之间的冲突，要基于中华优秀传统文化和习近平新时代中国特色社会主义思想，有选择、有针对性、有步骤、有目标地将中国故事讲好，以真诚的中国情温暖世界人心。孙惠柱的《西方语境中的中国形象及其展示》从社会表演的视角探讨了中国形象及其展示，认为我国的经济和硬实力越来越强，而软实力的强度却很不成比例，在国际上的展示还很不理想，是我们的弱项。从人类表演学的角度来看，舞台下的表演可以称为社会表演，即用生动有效的甚至艺术性的方法来展示给受众，这也包括外交官所做的展示工作。向国际上传播中国的形象，要通过外交官自己的形象——讲的语言、讲的故事、讲的方式等来向外国人展示。外交官展示的这些形象和我们送到国际舞台上去展演的戏剧、音乐、舞蹈、影视一样，都是在讲关于中国的故事。以上四篇演讲均从国际文化交流层面阐述了中国文化走出去的必要性、可行性以及可操作性，为建构良好的中国形象提供了有益的借鉴和参考。

"一带一路"再造中国,再造世界

王义桅[*]

什么叫再造中国,再造世界?首先看一下历史,拿破仑以后,法国就没有打败过德国,而德国两次打败过法国——普法战争和第二次世界大战。法国为什么不经打?德国于1871年统一之后,修了很多密集型的铁路网络,而法国条条铁路通巴黎,中央集权,没有任何一个城市可以跟巴黎叫板。所以法国南部两座城市之间以前是没有铁路的,要到巴黎中转,一旦德国打进来就不行了。这种交通系统运兵周期很长,对内统治很方便,但一旦涉及对外战争,就打不过德国,因为铁路时代,铁路是运输、投送兵力的主要方式。为什么从这里开讲呢?今天的全球化就是法国这样的模式。中欧贸易的结算,不是用欧元,是用美元结算的。也就是说,今天的全球化是美国或者西方主导的一种全球化,尤其是在信息、金融领域,一旦美国经济衰退,出现债务危机,不愿意提供公共产品,这个全球化就持续不下去了,就会出现很多问题。最重要的是美国这种资本导航的全球化,让资本到处逐利,有很大的泡沫,整个世界热钱泛滥,凡是热钱到达的地方,经济一片繁荣,热钱一旦撤走,经济一片萧条。美国通过这种方式干涉别国内政,甚至颠覆一个国家的政权。一直到今天,欧洲、美国都没有完全走出金融危机的影子。所以我们必须开创一种新型的全球化,这就是为什么"一带一路"倡议在世界上能够引起巨大的反响。原来的全球化不可持续,所以要开创人类新型的合作模式和新型的全球化。

美国人写了一本书,叫《超级版图》,里面提到互联互通决定了21世纪的竞争力。"一带一路"倡议的关键词就是互联互通,这个互联互通不光是设施联通,还有政策、贸易、资金、民心相通,关键是互补,就是相互的、平等的、横向

---

[*] 王义桅,中国人民大学习近平新时代中国特色社会主义思想研究院副院长,国际关系学院博士生导师,国际事务研究所所长。

的联系。而以前是被美国连在一起的全球化，所以它不是横向、平等、相互开放、相互联通的。习近平总书记在2017年5月"一带一路"国际合作高峰论坛上谈到空中、陆上、海上、网上四位一体的互联互通的交通网络，提出要建立数字丝绸之路。很多人说"一带一路"倡议就是复兴古代的丝绸之路。这句话肯定是有问题的，古代的丝绸之路主要是做文化和贸易，今天的丝绸之路承载的内容非常多。"丝绸之路"这个概念不是中国人提出来的，是德国人于1877年提出来的。德国人为什么要提出这个概念？德国统一后，只能从陆上寻找空间，派了很多地理学家、文物学家、考古学家到中国来考察，到敦煌、新疆、河西走廊等，其中一个代表性人物就是李希霍芬，他写了一篇文章，提出了"丝绸之路"。为什么派他去考察？就是寻找东西之间联系的桥梁和纽带，包括把中国的文物掠夺走，这样他们就有中国文明的解释权。就像当年英国殖民埃及和两河流域，要垄断文明的话语权。李希霍芬的学生，一个瑞典人写了一本书就叫《丝绸之路》，在书中预测中国会复兴古代的丝绸之路，而且复兴之日就是这个古老民族的复兴之时。这是非常有远见的。2012年习近平总书记提出了"中华民族伟大复兴的中国梦"，2013年就提出了"一带一路"倡议。为了在理论上回答这个问题，我在《环球时报》写了一篇文章《中国梦也应是世界梦》，中国要做梦，让别人也要做梦，"梦梦与共"，天下大同。但怎么实现中国梦和世界梦呢？"一带一路"倡议解决了这个问题。伟大复兴，第一，不是恢复古代版图；第二，不是通过战争扩张的方式，而是通过和平、合作、共赢的方式；第三，我们的成就不仅要超过古代，而且要超过西方，超过人类历史上最高峰。中国的国运和丝绸之路的命运联系在一起。自从丝绸之路衰落之后，中国也就走下坡路了，海洋决定了大陆的命运。今天我们要复兴了，要实现陆海联通，开创新型的模式。从整个人类发展史来看，一个大国的崛起都会提出一套引领世界合作的倡议和价值理念。第一个就是葡萄牙，通过地理大发现，弹丸之地变成世界强国，15世纪成为葡萄牙世纪。西班牙后来也起来了，16世纪成为西班牙世纪。荷兰经过资产阶级革命起来以后，出了一个非常有名的思想家格劳秀斯，说"两牙"占的是陆地，海洋是公共的，提出了海洋自由论，奠基了国际法，荷兰成为"海上马车夫"，17世纪成为荷兰世纪。后来，法国，主要还是英国，通过自由贸易把整个世界纳入其殖民体系，更加巧妙，也更加庞大，包括打开了中国的大门，跟中国做生意。20世纪是美国世纪。美国比英国还要巧妙，把自由贸易变成了自由民主。其中三位政治学家做出了巨大贡献：第一个是李普赛特，第二个是罗伯特·达尔，第三个是亨廷顿。民主本来起源于欧洲，跟平等挂钩，但美国把民主跟自由挂钩，跟平等脱钩。在美国，民主就是自由选举、宗教自由、信仰自由、言论自由。美国由此垄断了自由的话语权，反而代表西方。我觉得人类命运共同体应在西方的基础上更进一步，就像当年的格劳秀斯一样，他并没有否定葡萄牙和西班牙，而是在"两牙"之外找到一个海洋。所以中国的崛起与西方不是简单的零和博弈，而是建立一个更大、更具包容性的体系，西方所倡导的价值在我们更大的体系里面只是一个特例而已，这才是成功的源泉。就像爱因斯坦并没有否定牛顿，只是指出了牛顿的边界在哪里，在宏观世界，牛顿三大定律是王，但到了微观世界，爱因斯坦才是王。所以，中国不是简单地对抗西方，而是要借力。

我们来思考三个问题，什么是"一带一路"？为什么要建"一带一路"？如何建设"一带一路"？

一、什么是"一带一路"

"带"，丝绸之路经济带，是习近平总书记在哈萨克斯坦提出来的。世界上90%的贸易是通过海上进行的，所以内陆国家离海洋远，比较落后。哈萨克斯坦是世界上最大的内陆国家，最需要互联互通。而且，哈萨克斯坦总统曾提出"光明之路"，一直在上海合作组织呼吁经济合作。2013年9月3日，我们提出丝绸之路经济带以及"五通"，现在整个世界上很多合作都是按照"五通"模式来进行的。

"路"就是21世纪海上丝绸之路。"一带一路"不是一条带、一条路，是万物从"一"开始，很多条。"一"代表了五千年中华文明，"路"代表了七十多年以来中国走了一条符合自身国情的发展道路，"带"是中国改革开放的浓缩。没有改革开放的成就，没有近代以来中国的探索，没有五千年中华文明，"一带一路"不可能在世界上有这么大的吸引力。"一带一路"开创中国改革开放新局面。改革开放是把世界的变成中国的，把发达国家的技术引到中国来，中国变成了"世界工厂"，但是问题就来了，雾霾严重，社会环境成本很高。今天"一带一路"把中国人变成世界人。比如说华坚集团到埃塞俄比亚生产耐克鞋。过去我们对于周边国家一无所知,我们的教育和文化出了问题,天天盯着严复翻译的《天演论》,追求适者生存,自己的灵魂和阶级属性没有了,忘记了自己是一个发展中国家。"一带一路"某种程度上就是要发现旧大陆,这个旧大陆就是欧亚大陆一些所谓的落后国家,GDP落后,但文化非常先进、繁荣。不能欧洲人说什么,我们也跟着说什么。我们原来以引进来为主,现在要走出去,而且要走进去、走上去,就是说,我们的产品服务理念、发展标准都要走向世界。像国家电网的标准将来就是世界标准,中国标准逐渐成为世界标准,这是对鸦片战争以来简单地盯着西方追赶的思维模式的巨大超越。为什么《习近平谈治国理政》能卖600万册?因为我们现在走的是符合自身国情的发展道路,是有普遍性的,原来的欧洲殖民地还用得着我们去教怎么学西方吗?某种程度上,我们今天所从事的事业超越了近代以来的西方,这就是我们今天看到的十九大的意义和习近平总书记在人类历史上的地位。我们探索的这种发展模式和成就超过整个西方,超过人类历史上所有这些帝国或者列强,这就叫伟大复兴。

第一,"一带一路"是立体的互联互通的交通网络。我们以前基建就是"铁公基",今天不仅是"铁公基",还有天电网、路海空、人机交互,万物互联。所以"一带一路"绝对不是古代的丝绸之路,而是高科技。中国在传统、新兴、战略性基础设施的设计、运行、建造、管理、标准、技术、培训、资金、人才等方面具有全方位优势,没有任何国家可以跟中国相提并论。别小看基础设施,港珠澳大桥克服了120个世界难题,这是整个产业链和国防科技体系能力的一个象征。所以解决世界经济发展泡沫化问题,要让资金引导投向实体经济。中国提出"一带一路",尤其是亚投行,为什么英国、德国带头加入?因为原来的全球化是不可持续的。我们成功地吸引了整个世界的参与,倒逼世界银行、亚行和其他金融机构的改革。"一带一路"一定要成功,这就是我们肩负的使命。

第二,"一带一路"是产业集群。中国的产业链是世界上最独立、最完整的,所以"一带一路"不仅是基建,还是整个产业的布局。比如说雅万高铁(雅加达至万隆),日本和中国去竞标,日本要求当地政府提供担保,但中国知道,印度尼西亚政府没钱,而印度尼西亚是"一带一路"最重要的一环,是世界上最大的伊斯兰国家、东盟秘书处的所在地,而且印度尼西亚1.75万个岛屿中爪哇岛拥有全国约一半人口(1.2亿),174千米的订单是有象征意义的,对整个沿线的开发有巨大的示范意义。我们国开行提供了担保,国开行代表开发性金融的理念,旨在培育市场。欧洲、美国强调市场经济,结果就是让落后的国家永远落后下去。我们最高明的地方就是不让他们继续落后下去,中国产业要转移到那边去,既然按照市场原则融不到资,那么中国特色是政府、市场双轮驱动,我们要培育市场,把市场先做大。当然,国开行提供担保的条件是资产抵押,是高铁沿线的开发权,可以就此引入中国企业到沿线去开发。所以,通过"一带一路",中国产业集群走向世界。

第三,"一带一路"是世界上最长的经济走廊,把亚太地区和发达国家经济联盟欧盟连在一起。《大棋局》讲得很清楚,欧亚大陆一直是人类文明主体和经济主体,一旦整合在一块,美国就会成为孤岛。整个世界上90%GDP产出来自温带和亚温带地区,主要是北美、东亚和欧洲。中国在东亚,所以我们的理想是联合欧洲,这就是我们"一带一路"倡议最开始的设想。"一带一路"沿线主要是原欧洲殖民地,欧洲有话语权。大国的崛起要站在巨人的肩膀上,中国的伟大复兴要借力欧洲。

"一带一路"倡议的最终目标是推动贸易投资便利化,深化技术合作,建立自由贸易区,形成欧亚大市场。"一带一路"要提升中国在全球投资和贸易规则中的话语权。"一带一路"愿景行动里面描绘的18个省份跟"一带一路"相关,新疆是"一带"的核心区,占整个中国面积的1/6,与8个国家接壤。乌鲁木齐有将近500万人口,现在中亚、南亚、西亚很多的体检、医疗服务、咨询服务都是在乌鲁木齐做的。昆明也是区域合作的一个中心。福建不仅是"一路"的核心区,也是海峡西区。2011年,重庆到德国杜伊斯堡开启了铁路运输服务,今天11个欧洲国家的29个城市和中国28个城市之间累计开行了5000多列中欧班列。杜伊斯堡是世界上最大的内陆港口,而重庆是中国最大的内陆港口。整个世界上1/3的平板电脑、1/5的智能手机、1/9的汽车是在重庆生产的。所以中欧班列一下子就把内陆贸易带动起来了,原来重庆到鹿特丹海运要35天时间,现在12天不到,成本只有空运的1/5,这就是优势。大型设备和保质期长的食品走海运,保质期短、贵重的东西走空运,而汽车零配件以及各类电子产品都由中欧班列承运。问题还是有的,空车很多,空载率还比较高。但"一带一路"也要造势,因为现在它成功了,所以很多人就在唱衰它,尤其是西方舆论。我们要记住毛主席的一句话,凡是敌人反对的,我们就要拥护。什么时候敌人不反对,我们还得考虑是不是我们做错了。

中巴经济走廊也叫"旗舰走廊"。中巴经济走廊有四大支柱:第一个是能源,第二个是基础设施,第三个是开发区,第四个是港口。最关键是能源,中巴经济走廊的第一笔丝路贷款就是建卡洛特水电站,解决了210万巴基斯坦用户一年的用电量问题,让2020年巴基斯坦能源实现独立。印度为什么反对?表面上说中巴经济走廊经过克什米尔地区,而印度和巴基斯坦有争端,最关键在于,按照中巴经济走廊部署,巴基斯坦能源独立,基础设施短板补上,开始搞工业化,到2030—2040年会成为中等强国,这是印度不希望看到的。我们在巴基斯坦瓜达尔建港,瓜达尔港包给中国43年特许经营权。我们在港口不仅搞开发区,还修机场、铁路、桥梁、学校,瓜达尔港经过4年的时间初具规模。瓜达尔港离世界上重要的"石油通道"霍尔木兹海峡约400千米,是咽喉地带。斯里兰卡2009年内战结束后,百废待兴,我们抓住这个机遇,把它的两个港口项目拿下,这两个港口一个离印度很近,一个离印度很远,由中国进出口银行投资,准备打造新型现代化港口。因为斯里兰卡经济不发达,要还贷的话需要99年,所以签署了99年特许经营权协议。我们在吉布提、毛里求斯都有投资,肯尼亚蒙巴萨港也开始建设。马来西亚马六甲黄金港完全按照"五通"标准来建,政策沟通、贸易畅通、民心相通,文化上还有张艺谋导演的《印象·马六甲》演出。这些港口全部连成一体,印度人或者西方媒体说这叫"珍珠链",这从反面说明了"一带一路"海上丝绸之路的战略意义。所以,"一带一路"倡议是大手笔、大智慧,正如习近平总书记所说,大时代需要大格局,大格局需要大智慧。

中国发展模式能够在海外推行,巴基斯坦是一个重要的试点。如果在西方眼中的一个落后国家、一个伊斯兰国家能够快速发展,实现工业化,我们这套经验就可以在整个世界上推行,就具有普遍意义。还有重要的一环在于绕开了马六甲海峡,可以直接进入印度洋。"一带一路"国家不搞基础设施就一直发展不起来,其他国家又不肯帮他们,只能让中国干,所以,这些国家的命运越来越紧密地跟中国连在一起,这就是人类命运共同体。孟中印缅经济走廊,由于印度不积极,就干不成什么事情。中南半岛经济走廊非常重要。前不久BBC公布了世界上五大战略通道,一是中欧班列,二是蒙内铁路,三是中巴经济走廊,四是中缅油气管道,五是泛亚铁路。泛亚铁路就在中南半岛经济走廊,把老挝、柬埔寨、泰国等都连在一起了。中国在非洲五个国家搞试点,分别是埃塞俄比亚、肯尼亚、坦桑尼亚、尼日利亚和刚果(布)。只要试点成功,这些国家学习中国模式,对于整个非洲的影响将是巨大的。我们强调战略对接,把别的国家的发展战略和"一带一路"倡议进行对接,而不是取代。比如说俄罗斯实际上一直反对"一带一路"倡议,一直到2015年初才加入,反对的理由很清楚,因为经过中亚。所以,虽然哈萨克斯坦一直在提与上海合作组织的经济合作,但一直不成功。经过与俄罗斯的八轮谈判,并满足了其提出的三大前提条件后,俄罗斯才答应加入"一带一路"。三个条件是:第一,帮助俄罗斯远东大开发,包括俄罗斯铁路的升级;第二,跟欧亚经济联盟对接;第三,要带动欧亚经济联盟,从欧亚经济发展带,一直到现在的亚欧倡议。但我们的意思是,你的东西要纳入我这里来,包括把G20纳入"一带一路"里面去。北冰洋在融化,可以通过北极到欧洲了,所以俄罗斯又提出了"冰上丝绸之路"。美国在2011年还提出"新丝绸之路"战略。我们最初的"一带一路"倡议设想,现在已经从欧亚大陆,一直扩展到非洲和拉丁美洲了。

中国政府没有公布过任何一张"一带一路"地图,但德国墨卡托中国研究中心发布了一张图。这张图涉及铁路、桥梁、港口,很全面。现在看起来有点令人震惊,但几十年以后再看,就可能逐步实现了。几十年前无人能想象中国能搞"一带一路"倡议。我给大家举个例子,中国的人口是美国的4倍,中国的机场才500个,美国则有17 000个机场,但我们没有必要建那么多,因为我们的高铁"八纵八横"很厉害。"一带一路"沿线国家将来要建很多机场,按照麦肯锡的预测,到2050年,"一带一路"沿线国家可新增30亿中产阶级,产生大量需求。中国的"一带一路"倡议是和平发展、经济合作倡议,国外某些媒体却说我们扩张,构成威胁了。这是毫无根据的。

"一带一路"倡议对我们来讲,第一,在国家层面是一个倡议,别的国家愿不愿意接受,参不参加,要商量。第二,它有两个组成部分,一个陆上,一个海上。习近平总书记说,"一带一路"是中国和亚洲腾飞的两只翅膀,互联互通是血脉经络。第三,美美与共,天下大同。四个关键词,绿色、健康、治理、和平。绿色,不是产能过剩,把污染的产业转移到国外。健康是有益于老百姓的。有很多人说中国人投资就是跟政府打交道,老百姓的受益很少。其实不然。比如中医药走向世界,中药没有那么多的副作用,成本又很低,更重要的是中医的理念。中国医学要治未病之疾,西方医学是有病了才去看医生。所以中医越来越受到重视,它的统筹协调的思维方式,就像中国的全球治理观一样。要通过创新的方式搞"一带一路"建设,不能重复原来的老路;通过发展促安全、促和平,和平又进一步促进、巩固发展。互联互通,战略对接国际产能,推进装备制造合作,尤其是高铁和核电站。共同开发第三方市场,例如中国和法国合作开发英国核电市场,因为中国的核电运用能力超强,世界上37%的核电站在中国运行,而法国的核电技术很先进。中国应用能力很强,欧洲思想很强,美国创新很厉害,如果结合在一块,就可以相互借力,把"一带一路"沿线市场开发起来。通过"五通"、"六廊六路多国多港"、六大经济走廊的布局基本成形。关于七大地区的进展,目前我们已经投资了七八百亿元于八大领域,即基础设施、经贸合作、产业投资、能源资源、金融合作、人文交流、生态环境、海上合作。

二、为什么要建"一带一路"

中国的改革开放从东南逐步到西北,而世界的西北就是欧洲,中国新长征要把"一带一路"合作理念传播出去。可以从三个维度看为什么要建"一带一路"。

第一个维度,就是50年之变局。中国发展模式经过50多年的探索,尤其是改革开放40年很成功,但也有问题,长期靠出口投资拉动,最多的时候中国制造的产品1/4出口到美国,1/4出口到欧洲,当美国、欧洲遭受金融危机打击,买不起中国制造的产品的时候,中国产品大量积压,产能大量过剩,单单河北省唐山市瞒报的钢铁产量都超过德国,再不搞"一带一路",我们要"憋死"了。仅仅一个钢铁行业就涉及上百万人的就业,高铁将来国内建完了,总要到国外去建。现在国内五大产能严重过剩,钢铁排第一位,还有电解铝、化肥、平板玻璃等,这些都是别的国家需要的基础设施,这是我们搞"一带一路"的必要性和可能性。

中国于2010年超过美国成为第一大工业制造国,现在引领人类新型的工业化和城镇化,所以我们有这个底气搞"一带一路"。我们的工业制造产值是美国的160%,比美国、日本、德国的总和还要多,我们一年新增的工程师比美国、日本、德国的总和还要多,中国的网民比欧洲人口还要多,这就是我们的优势。双环流价值观理论对于理解"一带一路"倡议非常关键。在整个全球产业链里面,改革开放初期中国是最低端的,现在我们总体上到了中低端,接着我们要向高端迈进。以前我们改革开放主要跟发达国家合作,但现在和发达国家越来越有竞争关系,德国制造面临的最强劲对手就是中国制造,因此,光是盯着发达国家的话,发展是有瓶颈的。而广大"一带一路"沿线国家产业链比中国要低,他们就是我们的市场,而且他们经济增长、发展潜力最大。俄罗斯开始反对"一带一路",后来被西方制裁以后终于认识到,只有融入"一带一路",才能融入全球产业链,改善经济结构,从而不被淘汰。我举几个例子,第一个例子是印度,有一次我到一位百万富翁家里做客,一看 CD 机是步步高的,他说不是因为飞利浦、索尼价格贵,而是因为步步高什么碟都能读,兼容性和纠错能力很强。所以,我们一定要坚定自信,我们的产品是非常符合广大"一带一路"沿线国家民众甚至百万富翁需求的,他们所处阶段相当于我们改革开放初期。第二个例子是非洲,海尔洗衣机和西门子洗衣机在那里竞争,西门子洗衣机做广告,我们的质量好,售后服务也好,保证你用一二十年也没有问题。但非洲人穿衣只需一块布,用洗衣机洗太浪费了。非洲人的主食是马铃薯,能不能洗洗马铃薯呢?一洗,西门子洗衣机马上坏了,海尔洗衣机就没问题。后来海尔专门开发大排量的专门洗马铃薯的洗衣机,好用极了。还有一个手机的例子,原来非洲手机市场 1/3 是苹果,1/3 是华为,1/3 是三星。而现在苹果手机已经没有了。华为手机待机时间长,正好符合要求。华为手机也慢慢被中国传音手机淘汰,这个手机只要 50 元,待机时间 7 天到 10 天,虽然不能照相,不是智能的,但符合非洲人的需求。

我们要超越原来瞄准美国的发展方式,超越西方近代以来的中心论。点一盏灯,让世界亮起来,"一带一路"倡议就是给世界点灯。我们改变了一种单向度的全球化,推动一种新型的全球化。我们推出的是真正的全球化,让老百姓能够有更多的参与感、获得感和幸福感,我把它称为包容性的全球化,后来我进一步提出,"一带一路"是中国的中式全球化,超越规则导向的欧洲中心论,开启了五千年的变局,从内陆走向海洋,从农业走向工业和信息化,从区域走向全球。

第二个维度,空间维度,让欧亚大陆回归到人类文明的中心地段。新疆将要成为全球交流枢纽地带。自从丝绸之路断了以后,物流成本很高,很多国家都想复兴丝绸之路,其中土耳其于 1954 年就提出了丝绸之路复兴计划,中国是最晚提出来的,但最成功。新中国建立了独立、完整的国防工业体系,按照联合国工业体系的分类,59 门大的工业体系、191 门中等工业体系和 525 门小的工业体系,在世界上只有一个国家全部具有,这个国家就是中国,由此可见中国产业链之庞大。虽然中国的世界竞争力排名第 27 位,按照人均来算一定是低的,但排在中下端已经很了不起了,乘上 13 亿就很可观了。我们一年有 800 万大学生、500 万中专生毕业,武汉和西安在校大学生 120 万人,而在欧洲超过 120 万人口的城市没几个。所以这是我们的优势。天下大势,合久必分,分久必合,欧洲人善于分,中国人善于合。高铁是能够把世界合起来的,美国于 1991 年提出要修高铁,到现在美国修了多少高铁? 零。我们现在在国外修高铁、港口,就是要把世界合起来。

第三个维度,彰显中国模式的魅力,学习中国发展模式,解决世界上普遍的发展性难题。比如说电,整个世界上 13 亿人没有电,而一般发电用煤和油,会增加碳排放。习近平总书记于 2015 年在联合国提出了智能电网、特高压和清洁能源三位一体的方式解决这个问题。例如尼泊尔是世界上第二大水资源丰富的国家,却没有电,结果我们葛洲坝集团过去,帮其发电,过了几年就把电出口到印度去了。阿富汗没电,南部巴基斯坦和伊朗都缺电,中国建了能源走廊、特高压,把中亚地区的能源变成电,通过特高压输送到南亚。还有一个智能电网,这是华为在突尼斯做的事情,使电的利用率大大提高。现在发展中国家电的利用率只有 1/3,大部分电被浪费掉了。智能电网、特高压和清洁能源这三招,有利于解决整个世界的能源问题,全球能源互联网计划办公室就设在北京。

三、如何建设"一带一路"

一定要从全局的角度来看待"一带一路"建设。我们现在于 20 个国家建立了 56 个开发区。很多老百姓说中国用钱的地方很多,为什么对外去撒钱呢? 不是对外撒钱,不是对外援助,是对外投资。不是用外汇储备投资,用的是种子基金,撬动更多的资金投入,现在 PPP 模式就是这个模式。例如欧洲融客投资,200 亿欧元基本金,15 倍的杠杆率,撬动 3 150 亿欧元基础设施建设。而且这200亿欧元里面,欧盟委员会占一半,欧央行占一半,其中欧央行还对外出售债券,中国也买了一些。所以,将来要发行人民币债券,就像我们当时发国库券一样,要建立起全球人民币债券市场,为"一带一路"融资。香港和上海在这方面可以大有作为。

风险怎么化解?有人说"一带一路"风险很大,"一带一路"沿线国家有动乱和恐怖主义。实际上现在发生恐怖主义的不仅是这些国家,巴黎、马德里也有恐怖活动。"一带一路"是用标本兼治的方式解决恐怖主义问题。有人说"一带一路"国家处于文明的断裂地带、板块的交接地带。以突尼斯为例,突尼斯原产地的东西可以零关税进入欧洲,所以交接地带恰恰是它的优势,一定要辩证地看,风险中是有机会的。还有利润和风险是成正比的,如果这个地方满地都是鲜花,还轮得到中国?当然,"一带一路"确实存在风险。第一,国内政治风险。这个地区政局动荡,签好协议后,可能过两天就撕毁了。还有多党制、部落制的麻烦,再加上腐败。怎么办?慢慢应对。第二,安全风险。20世纪60年代中国帮助巴基斯坦修建了喀喇昆仑公路,派了3万建设者去,牺牲了700多人。为什么牺牲率这么高?因为海拔四五千米,呼吸都困难,还要搞建设,还有泥石流。但事实证明,我们的付出还是有回报的。第三,经济风险。有债务、双重收税等问题,也有外汇管制问题,赚了钱汇不回来。建起来不容易,运行起来更难,等等。第四,法律风险。例如,老挝刚加入世贸组织,相关法律条文也看不懂,需要我们的帮助。第五,道德风险也是存在的,好心不要做坏事情。所以,对风险不要过度夸大,但也不要低估,要实事求是地评估。当然,不要用西方的舆论、媒体报道、西方智库的研究报告来评估,因为他们总是唱衰"一带一路"倡议,按照西方的报告,巴基斯坦是风险最大的,千万不要投资,要听他的就完了。所以这一点一定要清楚。我们必须建立自己的风险评估体系,培养自己的研究能力。

最后回到主题,为什么叫再造中国?再造中国,绝对不是在国内再造一个中国,而是在海外再造一个中国,将来中国海外产出要超过本土。大英帝国最辉煌的时期,海外产出是本土的8倍,现在我们是1/8。我们2010年GDP总值超过日本的时候,日本是不服的,说他们还有一个海外日本。我们要再造一个制度中国,中国设计的亚投行、"金砖+"机制已经成为全球合作机制。还有一种观点,中国提出的"一带一路"倡议、人类命运共同体以及共商共建共享原则已经写进了联合国的决议,我们给世界提供了公共产品和价值理念。我们还要再造世界。目前这个世界是西方主导的世界,为了让这个世界更加均衡、普惠、包容、可持续,我们需要再造世界,这才是真正的全球化。所以,我们的文化不仅要适合自己,还要适合全世界。互联互通才是真正的全球化。我们要再造一个世界,再造世界新的文化、人类新的文明。

对中国文化走向世界的现实思考

乔国强[*]

一、内涵丰富的中国文化

关于中国文化,我只简单概述一下,因为中国文化太博大精深了,如果详细讲的话恐怕篇幅不够。中国文化要走向世界,我们就要思考,中国文化走出去的内涵是什么?中国文化上下五千年博大精深,哪些应该走出去?中国文化从一般常识上来讲有古典文化,或者说古代文化、传统文化,这部分是我们文化的根基。如果对这部分文化不了解,特别是不了解这些文化当中哪些是精华,哪些是糟粕,我们中国文化走出去就会遇到困惑和麻烦。一是我们作为文化传播者自己会感到困惑,二是我们介绍过去的国家的当地人民和政府也会产生一些困惑。比如说在中国传统文化中,道家、儒家思想是最主要的,它们之间到底是什么关系?还包括与佛家思想之间的关系。中国过去讲过,儒释道不分家,它们之间到底是什么关系,哪些是精华的部分?这需要做一些区分。于丹在介绍中国文化的时候,介绍了很多有关伦理道德方面的东西,实际上她做了一个很好的工作,尽管她介绍的过程当中有许许多多的问题,但她至少从正面和负面对中国文化的介绍有所推动,使得中国传统文化的当代阐释成了一个话题,这是很有必要的。但是她的介绍,让人觉得中国的传统文化特别是儒家的侧重面是在伦理道德的层面,而忽略了中国传统文化特别是儒家思想对于国家建制、国家权力机构以及对权力机构的认知和实践的深刻影响。如果在这方面没有介绍或者介绍很少,就会形成一个问题,即我们对中国儒家文化的认识偏见,仅仅是停留在伦理道德方面。

---

[*] 乔国强,上海外国语大学上海全球治理与区域国别研究院教授、博士生导师,犹太研究所所长;教育部"长江学者"特聘教授。

我们都知道西方学者柏拉图、亚里士多德是西方文明的源头之一,这是因为西方在这方面做了很多研究和传播工作。这可以让我们从中得到启发,有所借鉴。西方文化知识界在介绍亚里士多德的时候是介绍得非常全面的,不仅仅介绍他的文艺理论思想,还介绍了他有关伦理学方面的成就以及他在研究方法方面的贡献,比如说亚里士多德首推的有关演绎的方法,这个是非常重要的。而我们介绍中国传统文化的时候,更多的是注重儒家的家庭伦理道德思想,而政治伦理道德介绍得不多,这是一个问题。而且,我感觉我们有一个误区,即中国在介绍传统文化的时候基本上只介绍儒家,很少介绍道家,殊不知儒家在很大程度上跟道家有一种渊源关系。汉以后,特别是唐宋时期,儒释道这三家是融合的,儒释道三者关系在对外文化传播时一定要讲通讲透,否则对中国传统文化的介绍就会流于单一。我认为,中华文化走出去,对中国的传统文化特别是诸子百家的介绍应该比较宏观,并注重系统性,否则,过于单一的话,西方人看到的就只是帝王专制和"大一统",这正是西方对中国文明的诟病之处,以为这就是他们认知的中国。其实不然,在先秦的时候,诸子百家是非常活跃的。

中国传统文化对西方也有很大的影响,比如说在 18 世纪对启蒙运动及其思想家的影响。当然也有负面影响,孟德斯鸠就认为中国是专制的,这既是我们介绍得不全面而导致的,也是他们主观上了解得不全面所造成的。中国文化除了经典的、传统的古代文学文化思想之外,我们还有近现代和当代的文化,这也是中国文化走出去的内容。

孔子学院在国外介绍中国文化,或者培训学中文的学生时,常常把重点放在中国民间文化或者是跟艺术相关的琴棋书画、中国的戏剧、中医中药、民间工艺、武术等。这部分当然应该包括在中国传统文化的范围之内。中国琴棋书画跟中国的文人和文化是不可分的。历朝历代几乎所有文学家、思想家,在这些方面也都颇为精通,甚至个别人对中医中药也有所研究。因此琴棋书画是我们中国文化走出去的重要内涵之一。另外,像少林寺武术、李小龙的武术、李连杰与成龙的表演在国外也都有一定的影响。说一件趣事,2001 年左右,我在英国读书的时候,当时上映《卧虎藏龙》,我们学校很多老师也去看了,他们从剧场里出来,看到我,立马感觉我这个中国人一定也是一个武术高手,从此见了我就愈加亲切。琴棋书画和武术等中国文化也许不如儒家的思想那么宏大、高深,但是却能给他人带来潜移默化的影响。而且,中国武侠小说、电影更多宣扬的是一种侠气和正义,其中的精神元素也是中国文化走出去不可忽略的一个部分。

二、走出去的几个关键问题

第一个问题是什么走出去。中国文化内涵可以分成几大块,这几大块当中哪些应该走出去,这是一个非常重要的问题。从国家层面来看,我认为中国文化走出去非得有一个高端设计不可,因为文化走出去是一个系统工程,而不是随意而为的。有的时候介绍出去一样东西的时间先后顺序不一样,其影响效果就不一样:有的是相得益彰,有的还会相互抵消,所以我们走出去必须是系统的、经过高端设计的,要分孰轻孰重、前后关系、因果关系等。比如说,我们讲中国文化走出去,只介绍儒家的思想,后果是我们把儒家思想介绍出去了,让大家了解了儒家思想,但是同时会产生另外一个效果,即西方认为儒家思想就是当今认可的一种思想,不一定是领导阶层的,或者是国家层面的,至少是中国民众或者学术界认可的。假如我们不对儒家思想进行全面的介绍,而只介绍了其中的一部分,比如说政治伦理,"君君,臣臣,父父,子子"之类,那么西方社会也会产生一种误解,这种介绍在传播儒家思想的同时,也可能让西方世界对我们中国的认知产生一些误解。所以走出去要全面、有因果关系,而且对传播效果要有预先的评估,先介绍什么会出现什么效果,后介绍什么会出现什么效果,等等。因为文化传播有时间性和地域性——这与文化认同程度有关系。时间性是指先后关系,像老师讲课一样,这节课介绍什么,下节课介绍什么,以时间的先后顺序来体现知识的系统性,所以这是文化走出去必须考虑的一个问题。如果没有这样的考虑,我们只介绍少林寺,只介绍武术,而没有介绍音乐、绘画,那么也许人家会认为这个好看、很酷,但同时,也许会认为这是一个崇尚武术的国家。这个话题需要一个系统的统筹安排。系统就是必须要考虑它的连带关系和连锁反应,要有足够的认识和足够的评估。

第二个问题是谁走出去。这个话题也是非常重要的。我们回想一下,当年西方传教士到中国来,屈指可数,特别是能够留下名字的。他们为什么一开始不派别的人来,而派传教士过来?这是一个值得思考的问题。因为传教士传播宗教的影响力，或者用马克思的话讲，它是一种精神鸦片，对人们精神方面的影响比其他的东西大得多，要更有效一些，而教会派出的这些传教士一定是有献身精神的，而且对自己所传教的内容非常熟悉。我们再看中国当年派出去的留学生。晚清王国维出去了，出去两次，第一次两个月，第二次五年，这两次出国有什么影响呢？他当时20多岁，类似于现在的青年学者，他出去以后的结果是什么呢？他首先写出了一部评述《红楼梦》的著作，其次开拓了甲骨文这些新的研究领域。这不仅仅是回国之后对中国人的影响，而且在日本也有非常大的影响。我举这两个例子就是想证明，谁出去是至关重要的。

我个人感觉我们现在漫撒沙子的做法会有一定作用，孔子学院在国外办了很多，效果是有的，但是我们要做出一个非常实际的评估，要把负面的东西考虑足了，才能够进一步推进以后的工作。我们现在派出去到孔子学院的有影响的学者屈指可数，不是没有，但是屈指可数，对此，我觉得应该做一个实事求是的评估。此外，我们国家留学基金资助的对象有一个年龄界限，不能超过55岁；美国富布莱特项目也有一个年龄界限，不能超过50岁。年龄界限告诉我们一个问题，即美国富布莱特项目想干什么，为什么要设这个年龄限制，这里面是否考虑了这样一个问题，即美国是让年轻人出去接受他们的教育，年轻人比较容易接受新的思想，50岁以上出去再接受教育就不容易改变其思想了，所以它设置了年龄限制。而我们国家留学基金设置了一个年龄线，在这一点上可能是没有意识到，55岁以上的资深学者出去是影响别人的，而年轻人出去是接受别人影响的。我们国家自己花钱，让自己的年轻人接受他国的教育。当然，接受一点西方的教育不是不好，有好处，但是从一个国家文化走出去战略来看，如果提高到国家层面，我以为，对出国人员实行人为的年龄限制，对我们中国文化走出去是会有一定影响的。我们国家出钱，让一些做外语研究的人出国留学，更多的是吸纳别人的东西，这需要再斟酌。因为文化走出去牵扯到国家利益和民族利益。大家都说出国时间越长越爱国，出去的人对爱国体会很深，这是相对而言。涉及中国文化走出去这个话题，从国家资助的层面看，我认为应该一方面让一部分年轻人出去受教育，另一方面让年长的、有影响力和独立思考能力的专家也出去，这样更有利于提升中国文化的对外影响。这是谁走出去的话题。未来应该考虑多让那些能真正把我们中国的文化精华传播出去的人走出去。

第三个问题是走到哪里去。我们在海外建了很多孔子学院,欧美都有,还包括非洲国家,或其他的第三世界国家。从国家的层面而言,对中国文化走到哪里去,也应该有全面周详的考量。我前几年去过几个以前的社会主义国家,这和去美国、英国、法国感觉是不一样的。我去美国讲课,记得有一次有一百多人参加,我讲完了以后,大家提什么问题的都有,也有很不友好的问题,有的甚至问一些与讲课内容不相干的问题。这给我的感觉是有点"话不投机"。去匈牙利这些地方讲学就有不一样的感觉,不是说他们更为客气一些,而是我们的共同话题很多,比如说我们在谈马克思主义思想的时候,谈他们的美学思想的时候,特别容易沟通。俗语道,下棋先占地,从国家层面上考虑,我觉得我们对于中国文化走出去要有布局,怎么样先易后难,难的和容易的地方应该怎么样去做,都应该有所考虑。例如美国有一些州对中国不太友好,有一些高校的学者不太友好,我们应该如何应对?美国人有一个特点,喜欢强调他与你不一样,以此来凸显自己,这种情况下我们又应该怎么应对?而欧洲又是另一种情形,你这里有了,我那里也想有,是这样的一种心态。所以,由此可以引申出去,我们在文化走出去和布局方面,要对当地的文化、民族心理有所了解,这方面的一些基础工作是必须要做的。

第四个问题是何时走出去。这个时间不是指哪一年走出去,而是先后顺序。例如加拿大温哥华那个地方华人多一点,在那里先建一个孔子学院,过两三年再建一个,用渐进的方式。如果同时一下子建了好几个孔子学院,我相信西方社会有相当多的学者会认为是中国文化大举入侵。所以何时走出去,特别是对于某一个特定的区域来说,是值得思考的问题。

第五个问题是怎么样走出去。这也是比较大的话题。这个话题和前面的话题都是密切相关的。我们走出去的形式非常多,办孔子学院是一个方式,一些学者、教授出去讲学也是一种方式,还有一种方式是大家谈得比较多的,即翻译。国家社会科学基金鼓励翻译学术著作,中国作家协会鼓励翻译文学作品,我个人感觉不管是社科基金还是中国作协,都有一点各自为政,缺少一个统领的顶层设计,这是其一。其二,单纯的翻译和介绍是一种途径,可取,但是也有所偏颇。因为现在翻译出去的经典作品多,而现当代特别是当代一些学者的著作非常少,即便有个别当代学者的著作翻译出去,其内容也是有关古典文化和科技方面,几乎没有或很少涉及当代热门话题,也很少有人文社科研究的学术著作翻译出去。我认为，从中国文化走出去角度来看，这样做是不妥的，至少是没有一个大的战略眼光。

三、关于走出去的现实思考

文化走出去的现实有两方面：一是国内的现实，二是国外的现实。西方慕课搞得比较早，最早在2000年左右，英国就有人开始设计慕课，主要从商业角度出发。我们知道，讲课对人类的影响非常大。我们中国学生出去要考托福、GRE、雅思，因此要学习西方教材，所以这不单单是一种考试，还是一个学习过程。20世纪20年代，大约1920年和1924年，美国为了限制移民，就对他们的语言能力提出了要求。西方国家设置语言考试也是有这个考虑的，这是一个问题。第二个问题，我们要看考试的内容是什么。西方在这个方面我觉得是蛮聪明的。我们现在也做到了，比如说中央电视台的汉语大赛，要求参赛的外国人会唱中国歌，会讲中国故事，这个非常好，这个过程就是一个弘扬中国文化的过程。慕课的效果也是这样的。老师通过讲课，包括讲课的内容和讲课时的举止言谈，也在传达一些东西。我们有很多去日本、韩国学习的年轻人，回国之后，上课的时候不仅腔调变了，肢体语言也变了，这是很奇怪的现象。上课包括举止言谈都能对人产生很大影响。我们中国人善于学习，这是我们的优点，但有时候过度学习模仿，不仅仅服饰变了，妆容、语言、行为不一样了，连看人的眼神都不太一样了。本来我们想通过派出去的学子和学者把自己的中国文化传播出去，结果却得到这样的效果，这是很值得深思的现象。这个方面民间还有很多案例，比如有些女孩子以找一个国外的男朋友为荣，等等，这其实就是外国文化对我们的反向影响。西方现在搞了慕课，我们也可以考虑多设计一些慕课。

再来谈谈翻译。我们文化走出去不能总是讲汉语。我们有位老师写了一篇文章，说我们开会来几个外宾就算是国际研讨会了，有的时候整个国际研讨会都要跟着用英语发言，凭什么？还有，我们凭什么要用英文在国外发表？关于这个问题，我的看法是，我们当然可以坚持用中文，但要看场合和目的，我们既要考虑怎么样把我们的中文介绍出去，也要考虑如何跟世界融合，在国际交流场合，为了达到传播中国文化的目的，只讲中文不讲外语肯定是行不通的，至少在最初阶段单纯用汉语行不通。这个时候必须会一门外语，我们必须借助外语这种语言工具对中国文化进行翻译。谈到翻译,我们就要考虑以下问题,翻译什么出去,怎么样翻译,有什么样的翻译观,这是非常重要的。莫言于2012年获得诺贝尔文学奖,全国沸腾了,特别是翻译圈里面,葛浩文一下子声名斐然了。我们国内把葛浩文捧得特别高,他成为介绍中国文学走出去的第一翻译家。其实葛浩文的翻译观,就是把翻译看成改写,认为译者有权利操控文本,甚至对原文进行再创造。葛浩文翻得好不好,我们可以从技术层面讨论。但葛浩文提出的这种改写式的翻译,值得商榷。不能因为他翻译的莫言的小说获了诺贝尔文学奖,就对他的翻译主张不加以质疑。此外,我们还要考虑一个主体性的问题和效果。为了说明这些问题,学理上的东西我就不展开了,我举个例子。我们国内有学者竟然说葛浩文翻译莫言的小说是一字不差的翻译。对这样的学者我是比较气愤的,我看他根本就没有看莫言的小说,也没有看葛浩文翻译的莫言的小说。比如葛浩文翻译的莫言的《丰乳肥臀》这部小说,将第39章全部删掉未译,1.1万多个字,而莫言小说中有关性爱的部分葛浩文则是全部重写,他还将小说中提到的"观世音"译成"圣母玛利亚",如果这也叫"一字不差"的翻译,是言过其实的。对于西方的翻译观,我们国内学者应该多加分析和思考,不能全盘接受。

我们现在提倡学术多元化,非常好,但是在面对这些问题的时候,同样应该有一些不同的声音,要对这些现象进行分析和评价,应该提出自己的观点,而不仅仅是只有一种声音。如果让这些学者把中国的文化介绍出去,那么介绍出去的、经过改写的中国文学也好,学术思想也好,还是中国文学或者是中国学术思想吗?这种被改写的作品走出去,还是中国文化吗?这是我们要思考的问题。我们特别要看被改写的是哪一部分,如果被改写的是无关紧要的东西,可以忽略不计,但是如果把一些特别能够表现中国文化思想的、特别精华的东西改掉了,或者写成相反的东西,这是我们应该抵制的。如果是扭曲的改写,走出去以后会曲解所介绍的中国文学文化,进而使国外读者对我们有所误解甚至抱有敌意。所以,翻译是非常重要的。究竟由谁来翻译是一个问题,怎样翻译也是一个问题,而对待翻译的不同意见,怎么样能够形成一种讨论式的局面,而不是单一的声音,有自己冷静的思考和独立的价值观,就更是一个问题。作为学者,如果重复别人的东西就等于自杀,爱默生在宣扬其超现实主义思想时明确提出,模仿就等于自杀。

通过翻译这个途径走出去，我们还要考虑国外的市场，不同的区域与不同的国别有着不同的市场，就是有不同的流通方式、读者群、接受方式、运作方式，等等。比如说，从出口中国产品方面来讲，要想进入英国市场，直接找百货大楼、超市、经销商，充其量可以做成一笔小买卖，但从此之后就完了。正确的途径是找他们的进出口公司或者承包商，通过这样的渠道才能够进入英国的市场。青岛海尔空调进入英国市场用了不到8个月，做得还是蛮成功的，这也是在英国人的帮助下，得知了进入市场的正确路径。如果途径不对的话，就很难。我们国内另外一家格力空调是最早进入英国市场的，但是市场份额也就是零点几，它的错处就是一开始通过经销商把自己的产品摆到超市里面了，结果得罪了一大批进口商和承包商，所以路径非常重要。市场是一种低调而隐蔽的权力话语。

就翻译出版而言，在美国想出书特别是文学作品的话，没有书商的认可是很难的。国外出版社编辑的权力相当大，跟我们国内编辑不可同日而语。在美国编辑有全部运作的决定权。那通过他出版中国文化作品可不可以？或许是可以的，但是书出来以后整个流通领域会抵制，书商方面会抵制，所以我们要找对正确的路径。我们需要了解、适应这个市场，用实力和财力在一定程度上跟这个市场并行不悖。尽管莫言获诺贝尔文学奖，但是根据观察，莫言的书只是摆放在书店不起眼的地方，而且也就《丰乳肥臀》这一本，在旧书店还有几本二手书而已。这一严酷现实值得我们思考。国内有几位作家的作品，例如刘震云、贾平凹的作品，都翻译出去了，但国外图书市场上几乎看不到，这是值得我们思考的。如果不了解市场的话，文化走出去就非常难。

西方市场喜欢什么？用葛浩文的话讲，他喜欢带有政治和性的中国作品。政治一定是跟西方社会主流的东西有差异的，一般的差异还不行，最好是能够逆向的。为什么张艺谋拍的《红高粱》《大红灯笼高高挂》在西方受欢迎？因为符合西方对中国的想象，给西方的第一个印象就是中国如此之落后、低下。这是非常不好的。虽然张艺谋在介绍中国文化走出去方面起到一定的作用，但是这个作用我个人以为可能未必是正面的。李小龙武打片中积极的东西很快就给抵消掉了，这是我跟西方朋友交流的时候，他们提出的问题和想法，我觉得这是比较遗憾的。我想以后我们要考虑到西方市场这种隐蔽的权力话语，既要适应他们，又要按照我们的思路去做。

讲好中国特色故事与中华优秀文化走出去

孙宜学[*]

党的十八大以来,随着中国综合国力不断提升,我国的国际传播影响力、中华文化感召力、中国形象亲和力、中国话语说服力、国际舆论引导力不断提高,中国故事逐渐成为海外刚需。但相对于海外日益增长的"中国需求",以及消解一些国家出于意识形态偏见对中国的负面认知的迫切需要,我们向世界讲好中国故事的能力仍然偏弱,在内容和方法的精准方面仍存在着很大的差距。

传无定法,真诚为先。要向世界讲好中国故事,我们必须要明确讲什么样的中国故事,怎么才能讲好。既要有顶层设计之谋,更要有精准落地之策。我们要始终秉承中华优秀文化传统,真诚直面文化冲突。我们要基于中华优秀传统文化和习近平新时代中国特色社会主义思想,有选择、有针对性、有步骤、有目标地将中国故事讲出去、讲进去,以真诚的中国之情温暖世界人心。

一、讲好和而不同的中华传统,助力世界文化和谐共生

中华文明是以华夏文化为中心、不同民族文化和谐相处、进而追求天下归心的文明综合体。和而不同是中华文化的传统,万国咸宁是中国古人追求的世界大同理想。中华文化虽然有很多表现形态,但本质都是以和为贵。这一中华文化传统已融入了华夏儿女的血液,成为中国人的标志和象征。

2014年5月15日,习近平总书记在北京出席中国国际友好大会暨中国人民对外友好协会成立60周年纪念活动并发表重要讲话,他指出:"中华民族的

---

[*] 孙宜学,同济大学国际文化交流学院院长、教授、博士生导师。

血液中没有侵略他人、称霸世界的基因,中国人民不接受'国强必霸'的逻辑,愿意同世界各国人民和睦相处、和谐发展,共谋和平、共护和平、共享和平。"中华民族历来追求和平,并致力于为世界创造和平。

国有边界,文明无界。任何民族的文化都属于全人类,是人类共同的精神财富。在中华民族开启向第二个百年奋斗目标进军的新征程之际,世界百年未有之大变局也在加速演变,新冠肺炎疫情对人类社会带来的难以预测的影响也前所未有,世界不同文化之间交流、交融、交锋较以往更加频繁,甚至更加激烈。而中国未来越发展,就必然越要面向世界,也必然要面对越来越激烈复杂的文化冲突。当前,"中国威胁论"不断变换面孔出现,且越来越具有欺骗性,某些国家对中国的崛起充满恐惧,甚至上升到国家安全战略层面加以防范。在这样的背景下,更需要中国智慧协同世界一切追求和平进步的力量,打破人为的地理阻隔、心灵栅栏,实现不同文明的无障碍交流,完成人类共同的美好追求,建成一个世界各民族同心同德的幸福大家庭,推动中国与世界各国合力构建和谐的文化生态,消解各国不同民族文化之间的矛盾,为中国形象的世界性建构营造良性内外环境,最终推动实现国与国之间一律平等,各国人民有尊严地生活。

文化因差异而多彩,不同民族文化共同构成了世界文化繁花似锦的大花园。中国故事作为一株根深叶茂的民族花,与世界其他民族的故事一起相映生辉,共同装扮了世界的春夏秋冬。向世界讲好中国故事,首先,必须充分认识文化的差异性,并基于差异性对世界上不同民族文化进行细致调研分析,进而确立差异化的讲述手段和方式,做到有的放矢。其次,要主动去"探幽析微",以求"曲径通幽",细致入心,在差异化中寻找中国故事与所在国故事的共同点,以同求同,然后以同传异,以异容同。只有这样,才能充分尊重外国受众的欣赏习惯和审美情趣,用他们听得懂的语言和方式,讲述中国故事,实现中国故事的本土化。最后,在条件允许的情况下,中国还应担起责任,主导建立各国故事交流的平台,推动各国故事之间互鉴互学,推动不同国别故事之间实现跨本土融合,形成相关理论,提炼成熟经验。这样不但能使中国故事的传播效果最大化、泛在化,也能直接促进不同国家之间的文化交流、经济交流、政治交流。

中外文化交流的历史经验告诉我们,处理好世界文化与中华优秀文化的关系是讲好中国故事的前提。客观世界是交换的世界,有物质文明的交换,也有精神文明的交换。我们要讲的中国故事里要包含我们有而别人没有且需要的东西。也就是说,我们要推动具有中国智慧、中国特色、中国气派的中国故事走出去,这样的故事是世界渴望认知的,是对人类共同发展有益的,是能丰富世界生活和文化的。在这个过程中,我们还要尊重其他民族文化,秉承文化平等态度,以我们的文化自信推动其他民族发掘并坚持本民族的文化自信。

任何有传播价值的文化符号,在重视传播手段的同时,都更应找到自身的文化逻辑、情感逻辑与传播对象之间的合理对应逻辑,让接受对象能感同身受,潜移默化地接受并喜爱传播者要传播的文化精神,即所谓"不识庐山真面目,只缘身在此山中"。只有入乡随俗,客观深入研究、融合不同文化的异同,外来文化才能在异质文化中生存并去异质化而成为所在国文化的内在组成成分。这是所有历经沧桑、命运跌宕起伏却依然保持旺盛生命力的文化符号的共同特征。因此,要向世界讲好中国故事,必须在坚持文化相通性的前提下,在尊重其他文化的基础上,加强相互了解,加深相互认识,基于文化多元共生理念,传播本民族文化。

在西方意识形态偏见视域内,中华文化是异质文化。为了迟滞中国的崛起,西方一些国家正采取多种手段,宣扬西方所谓的民主自由,通过文化全球化推行文化霸权主义。为了消解西方文明自带的这种偏见和傲慢,我们还要有针对性地向世界讲清楚中华文化的世界同质性。我们要让世界知道,在追求美好幸福生活方面,在喜怒哀乐方面,在捍卫民族尊严和个人尊严方面,中华民族和世界上任何民族、中国人和世界上任何个人都没有区别。

二、讲好自强不息的中国故事,向世界描绘真实的中国

中国的发展历史,尤其是中国共产党的百年奋斗史,本身就是一部苦难与奋斗的历史,是一部不畏艰难险阻、能够战胜一切困难的历史,本身已经形成中华民族的伟大精神传统,本身就是中国好故事的底本和阐发源。我们向国外民众讲述中国人自强不息的故事,就是在讲述真实的历史中国故事、当代中国故事和未来中国故事。

中国故事就是中国人的生活故事,是由一个个中国生活细节积累而成的

群体故事。江海源于细流,泰山积于细壤。普通人的生活琐事、家长里短、喜怒哀乐等,都具有世界性,都是不同国家、不同民族的人们愿意了解、愿意听的好故事。因此,讲好中国生活中的细节故事、点滴故事、柴米油盐酱醋茶小故事,实际上就是讲好中国大故事。当前,只有向世界客观展示日常化、生活化的当代中国,才能帮助海外听众形成完整的中国观,才能推动世界与时俱进认知和研究历史中国、未来中国,并助力中国向世界表达自己。

"美美与共"是中国自古以来的日常生活和文化传统,也是向世界讲中国故事的本质目的。郑和下西洋故事、"一带一路"故事、绿水青山故事等,都是这种源于日常生活的中国最真实的生存观和世界观的日常表现形态,是日用而不觉的中华文化传统和现实的真实面貌。

中国生活故事就是一个个中国人的梦想故事。中国梦是每一个中国人的梦。我们向世界所讲的中国人民对幸福美好生活的向往与不懈追求的一个个小故事,共同组成了中国人民追求中华民族伟大复兴的大故事。任何一种文化都融汇在这种文化所养育的人的血液中,文化养人,人载文化。正是因此,博大精深的中华优秀文化,就是中国人的日常生活,就在中国人的一举一动之中。从这个角度看,向世界讲中国故事的起点,仍在国内,那就是中国故事的一个个载体,即每一个中国人。我们既需要从娃娃抓起,培养中国人在国际视野下讲好自己的故事的意识和能力,也要通过有效的方式,让外国人习惯于讲中国人的故事,进而发现生活细节中的中国、有血有肉的中国。

外国人讲中国故事将成为中国故事走进世界的重要途径。中国梦想故事要成为世界梦想故事系列中的重要篇章,需要越来越多的外国人主动加入讲中国故事的行列。但要保证他们讲好中国故事,主动推动世界塑造真实的中国形象,首先需要我们帮助他们掌握中华文化的精髓和向世界讲中国故事的方法,引导他们客观、准确地认识和热爱中国。

在华留学生是将来向世界讲中国故事的重要力量。他们既有海外成长经历,又有中国生活体验,还有国际人际关系和跨文化交流经验;既是中国故事的承载者,也是中国故事的传播者。实践证明,在国际传播中讲故事被认为是最有效的手段之一,而来华留学生可以成长为中国故事最好的讲述者。目前,在华留学生教育还基本上属于相对封闭的"象牙塔"教育,我们要通过生动活泼的组织形式,吸引他们主动走进最真实的中国生活语境和社会环境,像盐一样融入中国当代生活的海洋,与中国老百姓一起生活,贴近中国的心脏,感受中国的心跳,感悟中国国情,思考中国胸怀,从而获得真实的中国生活体验,并能以所在国乐于接受和理解的方式向世界讲中国故事,实现中国故事落地无音、润物无声。

事实证明,借洋眼洋嘴向世界讲中国故事是一条创新有效的途径,这样可以使得中国丰富的文化和当代巨大的发展成就为世界所感知、所认知、所理解。留学生们将像一颗颗星星,在世界各地共同闪烁着中国之光。他们是中国故事走出去的一道道门、一座座桥,将与中国人民一道,共同向世界描绘一个真实的中国、发展的中国、负责任的中国、世界的中国。

三、讲好休戚与共的人类故事,共推世界和平发展

每一种文化既是其他文化发展的外力,也是内力,既是借力者,也是助力者,从而构成一个生命同一体。全球化时代,也是文化一体化时代。任何民族文化都是世界文化的一部分,世界文化既是民族文化的入口,也是出口,是果,也是因。世界一体化态势下,任何民族文化的传承、创新和交流都不再囿于一个或数个国家或地区,而是全球文化自成一个生态循环,实现一体化运动和发展。中华优秀文化有胸怀也有能力弃坦途就荒径,辟不毛为沃野,真正发挥民心互通功能,让自身在融入世界的过程中,成为世界文化生态体系中的常态存在,使中国的发展切实畅通地施惠于世界的美好未来。

人类命运休戚与共,彼此不可分离。我们要能够担起重任,负起责任,要敢于牺牲,借力中国发展把人类对美好世界的向往变成现实。

"千人同心,则得千人力;万人异心,则无一人之用。"不同国家在掌握独立命运的基础上,还要为人类共同命运奋斗;在独立发展的前提下,实现共同发展;在自尊的基础上,实现相互尊重。历史与事实证明,任何国家都不可能孤立发展,只有彼此尊重,命运与共,协同发展,国家的命运才会融入人类共同的命运,才会真正形成命运相连相依的共同体。

中华民族历经列强欺凌,备受屈辱,更加懂得民族尊严的可贵、和平的珍贵。中国人民希望中国的历史悲剧再也不要在其他民族身上重演,同时将中国人对中国梦的美好期盼变成全人类的共同期盼,推动各个国家、地区在"各

美其美"的同时相互支持,共同为同一个和谐美满的幸福未来而奋斗。

未来的世界仍将一如既往在风险与动荡中发展,世界多元文化仍将伴随着碰撞和摩擦持续交流,中国故事走出去所面对的阻力和障碍也必将长期存在且复杂多变,其中既有文化的因素、经济的因素,也有政治的因素。目前,我们对世界"中国热"的判断与世界对"中国热"的直接感知并不一致,还有较大的落差。要向世界讲好中国故事,要找到并推动消除这些落差,包括因我们长期疏于向世界主动表达而形成的误解,在此基础上不断加强中国故事在世界的融入广度和深度,加快世界从历史中国到当代中国的了解和理解进程。在这个过程中,我们要坚持以我为主,更要秉承世界文化一律平等的原则,异中求同、同中存异、科学分析、综合平衡、脚踏实地,做到内外兼工、粗中有细、细中有异,精准对接海外接受群体,形成给即所需、所愿能给的中国故事精准落地新局面,从而让中国故事润泽世界心灵,让中国智慧惠及世界发展。

四、中外媒体融通,合作合力讲好中国故事

国内外媒体是讲好中国故事的主要渠道,也在一定程度上影响着讲中国故事的效果和质量。因此,我们应推动建立媒体与中国故事走出去的合作模式,使媒体能有意识地根据中国故事传播的新情况及时调整、突破自身的局限,主动讲好中国故事。

中国媒体是讲中国故事的主体。中国故事走出去,是要以中国文明消除文明隔阂,以文明、和平、共存等超越文明优越与霸权,实现不同文明之间相互理解、相互尊重、相互信任。目前世界多极化、经济全球化、信息爆炸、文化多样性占世界发展主流,中国要通过提升中国的国际影响力而影响世界政治格局和经济结构,离不开媒体的阐释与沟通工作。也就是说,中国故事能不能讲好,讲了能不能让外国听众听懂,听懂后能不能理解和赞赏,与中国媒体的国际传播能力密切相关。中国媒体要更主动、更精准回应世界关切,加强协力、协同、协调,从源头上确立统一的中国故事资源库和话语体系,确立中国故事关键词和传播效率评价体系,确立"话语出口"质量标准,以普适性的价值观为基础,以本土化的话语方式为媒介,既讲好中国故事,又注重增强中华文化感召力与亲和力,以中国故事冲淡文化差异,消除文化冲突,培养目的国民众对

中国的认知和喜爱。民心通了，路就顺了，中国故事就好讲了，讲了别人就容易懂了、信了。从这个角度讲，新闻媒体就是"一带一路"建设所必需的中外文化的"暖心工程"。

打造中外媒体讲中国故事同心圆。媒体之间的交流与合作也是不同文化之间的合作。实际上，向世界所讲的中国故事本身就是沟通不同文化的媒体，因此，借力媒体实现中国故事与其他民族故事互通交流的同时，也自然会实现媒体之间的自身交流。中国媒体在推动中国故事走进世界的同时，也必定会走向世界，与世界不同国家、不同背景的媒体合作搭建讲中国故事的平台与桥梁，共同打造融通中外的新概念、新表述。但目前，在讲中国故事时，国外媒体常常以主观视角解读客观事实，无论是正面还是负面解读，在一定程度上都会造成误读。这说明中外媒体就同一中国故事的阐释还缺乏有效的互动、沟通与协同。中国媒体要加强与海外媒体的有效沟通与交流，以讲好中国故事为圆心，以共同讲清中国故事中的和平发展理念和互惠互利为目的，形成中外媒体同心圆。中外媒体合力向世界阐释中国发展的中国目标和世界目标，坚定推动相互理解，不断提升相互信任度，推动世界成为一切爱好和平的国家可以同行的幸福村。

西方语境中的中国形象及其展示

孙惠柱[*]

我国的经济和硬实力越来越强,而软实力的强度却很不成比例,这是怎么回事呢?软实力主要是文化的力量,我们中华文化不是很强吗?是的,但是在国际上的展示却还很不理想。"展示"在英文里常常是"表演"(performance)的同义词,这是我们的弱项。表演可以分两个方面来研究。近四十多年来西方兴起一门人文社科的交叉学科,叫人类表演学(performance studies),涵盖各种各样的人类表演。这个新学科的定义很多,我把它分为两大块:艺术表演,就是话剧、影视、戏曲、舞蹈、钢琴等,都是舞台上的表演;其余都是舞台下的表演,可以称之为社会表演,包括外交官、政治家、推销员等专业人士所做的展示工作——把本人以及所代表的集体用生动有效的甚至带艺术性的方法展示给受众。我们要向国际上传播中国的形象,首先要用自己的形象——讲的话、讲的故事、讲的方式等,来向外国人展示。这些形象和我们送到国际舞台上去展演的戏剧、音乐、舞蹈、影视一样,都是在讲关于中国的故事。

一、艺术表演怎样讲好中国故事

(一)要有共通性和软力量

艺术表演主要是文艺界的工作,我们要把文艺作品做好,不仅给中国老百姓看,还要扩大国际受众面,这方面我们做得并不太理想。中国那么大,国家投入也不少,但文化输出的效果有时候还比不上一些小国,比如我们的邻国韩

---

[*] 孙惠柱,上海戏剧学院原副院长、教授、导演、剧作家,纽约《戏剧评论》编辑联盟轮值主编。

国。四十年前他们好像还不如我们,但这些年进步得非常快,在电影、电视、音乐剧这三方面都取得了很大的国际影响力,"韩流"已经影响了我国很大一部分年轻人。对文艺工作者来说,他们在国际上讲好自己国家故事的方法,很值得我们学习。

先来举一个我们自己探索讲好中国故事的例子。2012 年在上海犹太难民纪念馆首演的我写的《苏州河北》,后来改为音乐话剧《白马 Cafe》,英文是"Shalom Shanghai"——犹太人的说法。这个戏于 2012 年 3 月 1 日在上海首演,首演第二天我就飞纽约了,原来我跟纽约电影学院说好要给他们排一个布莱希特的戏,到了那儿跟他们的校长、教务长说起我有这么个戏刚首演,他们说那你就排这个戏吧。他们都是犹太人,都知道第二次世界大战时犹太人在上海的故事——这事全世界都知道,因为犹太人的影响非常大。我们在饭桌上就决定,马上开始在纽约排一个全英文的讲犹太难民在上海的故事的话剧。上海的双语演出是在原来的犹太教堂(摩西会堂)实景演出的,就是现在的上海犹太难民纪念馆。

我们跟外国人讲中国故事,要想引起普通外国人的兴趣,完全讲中国的故事——例如红旗渠的故事,他们多半会摸不着头脑,觉得是宣传,不会有太大的兴趣。我们讲的故事能不能跟他们有点实在的联系呢?犹太难民在上海的故事是现当代最易于在国际上讲好的中国故事之一,很多犹太人用他们自己的话已经说过了,但一直没有一部大型艺术作品。20 世纪八九十年代,上海市的领导就注意到这个题材,很多历史故事是可以变成戏、变成电影的,好莱坞就有很多基于历史的电影。领导关注这个题材,想做文艺作品,为什么拖了很久呢?因为这里面没有冲突,中国人和犹太人没什么冲突,连日本人对犹太人跟纳粹比起来也似乎客气太多。没有冲突不好编剧,可以做舞蹈,戏剧最难,电影也难——纪录片可以,故事片就难。因此拖了很久。

我在美国读书、教书十五年,认识很多犹太朋友,但那时并不太了解上海犹太人的故事。回来后一个导演跟我说了一个历史事件,我听到后就说可以写戏了。1943 年希特勒要求日本占领者"解决"上海的犹太难民问题,日本人把 1938 年以后进入上海的所谓无国籍犹太人集中到四个街区——上海的"隔离区",没有通行证不准出来。这是一种不直接杀人的集中营,如果有人病重拿不到通行证,不就生命危险了吗?我根据这个历史背景开始编剧。这里有尖锐的冲突,但我们强调的是上海人和犹太人面对日寇压迫同舟共济。上海离苏北的新四军总部很近,有个当过新四军卫生部副部长的犹太医生就是从上海过去的。上海是当时的贸易中心,西药从海外进来都要通过上海。我在戏里安排一对犹太父女开个咖啡馆,一个日本军官常到这里来,地下党也到这里找医药商人买药送去苏北根据地。这个戏近十年的多轮演出中有很多外国人参加,曾有美国人建议,为了加强戏剧性,设计一个新四军来上海买军火的情节,但我们认为治病救人更能打动人,还是以新四军买药为主要线索。全剧最后,犹太老人病重,如果硬被赶进隔离区,得不到救治就要送命,来买药的地下党要把药和老人一起通过苏州河送去苏北,但老人不想耽误新四军送药救人,反而挺身而出为他们牵制日本兵争取时间,让药得以从苏州河运出去。

这个戏得到上海犹太难民纪念馆和各级领导的支持,演出后得到各方面包括各国人士的很多好评。纽约的演出也得到戏剧界的关注,看过戏的一个有名的犹太导演后来到上海再度导演此剧。这个故事反映了不同文化之间的交往,里面还有日本人——那当然不可能是好人,但这日本角色不是"抗日神剧"里面简单化的杀人魔鬼,他看上犹太老人的女儿,每天到这里来追女孩。但犹太女孩偏偏喜欢上了我们的地下党,地下党又有革命重任在肩。这个咖啡馆就像《卡萨布兰卡》(讲第二次世界大战故事的著名好莱坞电影)中的里克酒吧,也有很多政治的内容。后来我们将其发展成了音乐剧,还放进了新四军战士唱的《游击队歌》。这是个完全符合主旋律要求的戏,但也可以让外国人看,欧美人都觉得很真实,而且很感人。

首演时我请了复旦大学中文系主任陈思和与上海作家协会主席王安忆来看。陈思和看后说,他认真地比较过中国的抗日作品和犹太人关于第二次世界大战的作品,二者反映的是同一个正义的斗争,但作品在国际上的接受程度却很不一样。我们的片子大多突显暴力反抗,作品很难走出国界,而犹太裔导演斯皮尔伯格的《辛德勒的名单》等一大批第二次世界大战影片走遍了世界,他们刻画的多半是犹太人受难,而不是造反,是因为犹太人都是窝囊废吗?显然不是,以色列的军事力量谁敢小觑?但他们在向世界讲自己故事的时候,韬光养晦的功夫实在了得。犹太人的这种智慧,很值得我们好好研究。我当时听他这些话还有点吃惊,现在越想越有道理,对于外交宣传更是特别有用——对外国老百姓我们应该更多地示强还是示弱?其实我国的核弹头数量比美国、俄国少得多,我们真要增加也不见得赶不上去,但我们没有。哪怕我们真做到了核武器数量超过美俄,也决不能说出去。为了提高我们的软实力,宁可多说我们其他方面的成就,也不要多炫耀武器。

往回看,以前中国的软实力是怎么样的呢?20世纪30年代抗战前夕,是中国的硬实力非常弱的时候,奇怪的是软实力相对而言倒还不太差。那时候的对外交流有至少三种渠道。第一种是外国人的讲述,像赛珍珠这样的大作家可遇不可求——现在就很难找到能把中国故事讲那么好的外国文化名人了。当时还有一位斯诺,采访毛泽东后写了《西行漫记》,给中国共产党做了很大的正面宣传。赛珍珠写了一系列小说,是一种更软的"宣传"。赛珍珠一岁不到就被她的传教士父母带到中国,住在镇江附近的农村。有个不识字的保姆跟她讲了无数的故事,讲了很多传统文化,让她对中国农民和农村的文化了解得非常深刻,她写中国农民甚至超过了中国作家。她笔下的中国老百姓生活得很艰苦,人物有好有坏,但总体给大家的印象是很正面的。她最有名的小说《大地》得了诺贝尔文学奖,拍成电影又得了奥斯卡,可惜后来西方的"政治正确"让这个白人演员主演的电影的影响力大大削弱了。现在如果能有更多这样的讲好中国故事的小说、电影,会对我们的工作有很大的帮助。

第二种是林语堂这样的中国作家,他的《吾国与吾民》先是用英文写的,畅销了近百年,现在还在不断加印。我们需要更多这样中西兼通的人来介绍我们的传统文化——他们在孔子学院成立半个多世纪前已经做了很好的铺垫。

第三种的代表是戏曲界的梅兰芳——中国戏剧艺术家中空前绝后的人物。他是个专演女人的男演员,有些用西方政治观点来看问题的人批评说,西方人只喜欢他的手软,好像是变态的。国内也有人批评梅兰芳,鲁迅说梅兰芳不过是男人看着像女人,女人看着像男人。胡适原来主张全盘西化,说戏曲是封建时代的产物,应该全部取消,但后来他们发现草根老百姓很喜欢戏曲代表的传统文化,不可能取消。当梅兰芳要去美国巡演的时候,胡适给他写了序言,就说他好。果然梅兰芳出去取得很大的成就,那些受到西方教育的文化人的大力协助也起了很大的作用。他的表演外国人看不懂,要有英文、俄文、日文的翻译介绍,文化人和外交官全力配合做好宣传,让当地的人能够理解这么一种跟他们完全不一样的艺术,看到它的妙处。

这几个人的做法似乎都不是我们现在主流的外宣方法,但是他们做的文化交流效果非常好,让外国人不再瞧不起中国,让人觉得中国的艺术、文化非常好。

再往前推,在18世纪时,欧洲人心目中中国的形象似乎好得不得了,但那是虚幻的形象,被他们浪漫化了。伏尔泰根据中国元杂剧改写的《中国孤儿》到处演出。伏尔泰在法国是个持不同政见者,坐过牢,但写了很多书。他从传教士那里了解到中国的制度跟他们的完全不同,孔子的学说、中国的科举考试,他都觉得好极了。欧洲的文官制度相当程度上是借鉴了中国的比他们贵族世袭制更好的考试制度。

一百多年后,西方的中国人形象发生了很大的变化。有两个西方人写东方人的戏特别有意思。普契尼的《蝴蝶夫人》其实跟中国没有关系,讲的是日本人,但现在欧美最成功的华裔戏剧家黄哲伦解构了《蝴蝶夫人》,写了《蝴蝶君》,一个有华人主角的百老汇话剧,1988年得了托尼奖,两三年前又重演了。这部戏里有一个观点特别有趣。美国的左派知识分子批判《蝴蝶夫人》,说它歪曲了亚洲人的形象。《蝴蝶君》也用了一部分原剧故事来嘲讽它。蝴蝶夫人是自杀死的,因为她那美国大兵丈夫家里有老婆,在日本"娶"她玩玩,回去就再也不来了。这个亚洲女人用自杀体现出来的献身精神,在西方男人眼里是一种悲剧性的美,但如果颠倒过来,一个金头发的"肯尼迪"女士被一个矮小的日本商人玩弄了,她会自杀吗?要是她也自杀,你会说她美吗?这个戏的华人主角对西方男人说:你们用欧洲白人的沙文主义和大男子主义来看亚洲人,好像我们全都是雌性的,丝绸是软的,艺术是软的,而你们就都是硬的,枪炮是硬的,科技是硬的,你们的钱也是"硬"通货。这个亚洲人告诉他们:其实我不比你软。最后竟是那个法国外交官爱人自杀死了,跟他的"蝴蝶夫人"颠倒了角色。

(二)注重跨文化交流

在很多跨文化的交流中,往往都有一开始的蜜月期。一百多年前中国人刚开始接触现代话剧,1907年中国留学生在东京演了一台改编自美国小说的戏《黑奴吁天录》,后来这一年正式定为中国话剧的起始年。这本小说是19世纪美国最畅销的小说之一,据此改编的舞台剧版本也非常多。美国南北战争以后,有这么个传说,林肯总统见到了小说的作者,握着这位白人女士的手说,没想到你这个小女人的小说引起了这么大一个战争。这说明文艺有很大的作用,北方人看了这本畅销小说,普遍同情受苦受难的南方黑奴,支持林肯总统发起南北战争解放黑奴。中国没有白人、黑奴这样的事,中国人觉得我们也在西方白人的压迫下,也可以像黑奴那样站起来为自己的权利而抗争。

演外国故事带来了一个表演上的问题。中国人演黑人、白人怎么演?演黑人脸上涂黑,演白人以前要戴假发,再精致一点的话,鼻子还要垫高,肤色就涂白一点,但没想到美国人来批评我们了。20世纪80年代初,我们演美国非常有名的《推销员之死》,而且是剧作家米勒本人导演的。没想到他看到我们要戴金色假发、垫高鼻子,说不可以,这是种族主义。因为一百多年前美国流行过一种奇怪的剧种,白人涂黑了脸演黑人嘲讽他们,这是美国历史上的一个污点,白人演黑人是种族主义——再推而广之,一切跨种族的化装表演都是种族主义,都不允许。他以为我们的化装也像在嘲讽,其实完全不一样,我们是仰慕他们,学习他们,所以演黑人就涂黑脸,演白人就化装成白人。中国的话剧艺术家花了好几十年功夫把种族化装做得惟妙惟肖——每次演出要提前好几个小时来化装,现在居然听这个美国左派说决不可以,北京人民艺术剧院的艺术家尴尬了。剧作家本人导演自己的戏,不许中国演员用种族化装,英若诚又是翻译,又是主演,怎么办呢?最后是折中,把金色假发改成带点棕色的头发,中国观众看还是外国人。米勒不了解我们的文化,我们只好跟他解释。

《中国梦》是我和费春放写的话剧,于1987年首演。后来用这个概念的人越来越多,现在我们都在说"中国梦"。有学者考证,历史上南宋一个词人第一次把"中国梦"这三个字放在一起,那是一千多年前。当时有北宋、南宋,北方给外族侵占了,所以他有中国梦。然后一下就跳到了1987年,上海人民艺术剧院排了这个戏,领衔的导演是黄佐临,上海人民艺术剧院的原院长。演员是现任上海文联主席的奚美娟和周野芒两个人。

这个戏也遇到了"卡司"的问题。最早写的剧本里面就两个演员,男的要演五六个角色,后来美国人看了,说怎么可以这么演?还要加个演员。因为在美国,演员是不可以进行种族化装的,白人只能演白人角色。一旦出现中国人或华裔,必须请华裔来演。而我们这里就不用顾虑这种"种族主义"的批评,我们就用中国演员,中国角色、外国角色都可以演。

这个做法也用在京剧《徐光启与利玛窦》里,这是我最新写的一部跨文化戏剧。徐光启的墓在上海徐家汇,利玛窦的墓在北京市委党校。徐光启被余秋雨教授称为"第一个上海人",徐家汇就是他家族的所在地。这两个人合作翻译了一大批书,对中西文化交流起了非常大的作用,很多书现在还在徐家汇藏书楼里面。这也是一个领导期待了多年的好的中国故事题材,但很久没看到大型艺术作品出来。同样的问题:两个好朋友怎么写戏? 你好我好的故事在舞台上未必吸引人,怎么办?

2012年,意大利最大的剧院米兰皮克洛剧院和交流多年的上海戏剧学院想合作一个剧目,我就提议做《徐光启与利玛窦》。中国和意大利以前有一个马可·波罗,但不能百分之百确定是真的故事,而徐光启、利玛窦时间更近,留下了大量真实的史料。利玛窦在中国住了28年,中文非常好,又穿汉服,完全可以让他和徐光启一起成为京剧的主角。利玛窦在中国跟他的耶稣会同事在文化策略的问题上有矛盾。有些传教士为了把尽可能多的中国人改造成他们的信徒,不惜使用暴力,而利玛窦反对,他觉得不要着急,他走软实力的路,花很多时间学中国的儒学——他们视之为儒教。这个大学者文理兼通,求知欲特别强,他如饥似渴地学中国文化,同时跟徐光启合作,把古希腊的《几何原本》译成了中文。他在耶稣会受到的批评是传教不力,光去做科学了。好在我们的儒学并不排外,徐光启就是最好的代表:我们可以接受他者的文化,也可以让他者相信我们的东西,并不要求他们放弃原来的信仰。徐光启、利玛窦应该是世界历史上文化交流最好的例子之一。

为了让他们的故事成为戏,需要冲突。我根据史料在他俩之外设置了一个坏人。利玛窦在日记中写道,他带了很多宝物到中国想献给皇帝,但朝廷怕洋人的邪气,不让他去北京,一开始他只能住在澳门,然后到南昌,过几年才让他往北挪一点,很多年后觉得他没那么危险,终于让他住北京了,也进了紫禁城,但是皇帝不上朝,不见他。在他等待的这些年里,他带来宝物的事已经传出去了。有个太监得知后买通强盗去偷,这就发生了冲突,利玛窦还因此坐了几天的牢。我把这个故事编到戏里,利玛窦坐牢后,徐光启听到消息去救他出狱。徐光启为什么会去救他呢? 利玛窦名声很大,最厉害的是过目不忘的记忆术。记忆在科举时代太重要了,所以很多人都想结交他,徐光启早就听说这个奇人,听到他坐牢自然要去救他出来,这就成了好朋友。但好朋友之间还是要有文化冲突,毕竟他们有很多看法不一样。比如有个小孩病得要死了怎么办? 这一点天主教徒未必比我们的中医强。耶稣会也有一些药,但利玛窦来时带的药早已失效;天主教徒会祈祷,那还不如我们的中草药——祈祷没有科学道理,对成年人也许有心理治疗的作用,对小孩起不了作用。这个情节意大利人也完全接受,因为四百年前天主教对治病也没多少好方法,他们知道中国的中草药在对某些病的治疗上确实比他们强。

二、社会表演怎样讲好中国故事

讲了艺术表演以后,讲一点社会表演。各种各样的培训班见过不少,基本上都是一个人讲,大家边听边记笔记。教育最好的方法不是一个人讲,一群人听。我在美国大学教了十年书,1999年回到上海后力推讨论课,让听课的人也发表意见进行互动。社会表演学强调各行各业都要教大家怎么进行对话,希望通过社会表演的教育培训,人人都学会有理、有效、有风度地说话。而我们千百年来的传统教育,一直是老师说,大家记,记住了考试考好。好学生的标准是"听话",有的时候选干部也是这样,但你表面上听了话,是否一定能把事做好呢?听话当然很重要,不仅要听清楚,还要得体地说话回应。社会表演就是要跟各种各样的人打交道。企业要跟客户打交道,单位内部上下级要打交道,跟外国人打交道更会有不同的意见,不同意见要按规则说出来,开会要让大家轮流说话、互相讨论。

我们的目标是把中国的故事讲好,让外国人真的相信中国把事情做得很好。我在海外时虽然不是外交官,无形当中也觉得有这样的责任,因为大学里有不少民间外交活动,该怎么说话?跟老外说中国这不好那不好,还是说中国样样都好?这需要说话的技巧,要根据不同的场合、不同的对象来说。

各种各样的国家中,我最熟悉的是欧美,住得最久的是美国,纽约、波士顿、洛杉矶都住了好几年,加拿大住了一年,意大利去了很多次,犹太朋友很多,但世界上的文化各种各样,学无止境。

我刚才说到林肯总统战争胜利后见到《黑奴吁天录》一书的作者,说你的书给我帮了很大的忙。他是想表扬一下作者。这个"很大的忙"到底占了百分之几?很难衡量。各种文化的领导人都很重视软实力,宣传很重要。南北战争时主要是经济利益决定了北方一定要发动这个战争,但难得的是有一本小说为黑奴喊冤。有时候一本小说、一部电影,可以起到硬的要素起不到的作用。

我想到一个建议。如果外国朋友要到中国来,往往会在来之前问中国外交官,对去哪里看看有什么建议。如果是我,会告诉他们不要去看那种国家花几百万元、上千万元,在一个地方只演一场的大制作——戏剧界最忙的是农民工,每天都在装台拆台,真正演出的时间倒很少,这样的戏宣传得很厉害,但不一定好。中国最值得让外国人看的是社区文化,他们看了一定会说好——而且是老百姓自发做得好,主要不是政府宣传得好。十几年前,上海办世博会之前,文化局领导找专家测算需要两万台演出,急得要命。我跟他们说不用着急,豪华剧院弄两百台演出人家也不要看,上海的社区文化做得很好,就让他们看广场舞之类的活动,大妈们脸上的笑容不是政府宣传出来的,有外国人采访,她们一定会说好话。特别是对中国有歧视的那些国家的人,来看了就会知道,这些表演实实在在地说明中国的老百姓日子过得挺好——这比很多国家基金项目要好得多,而且随时都可以看到。我国文化领域最好的一张名片是社区文化,而不是高级剧院的演出。

好些年前宋祖英在两会上发言,说中国艺术团体扎堆去维也纳金色大厅演出是她开的头。那里的文化领事说金色大厅把他们忙死了,各种各样的团都要他们去送票找人来看,弄得当地华人不胜其烦,既浪费了我们国家的钱,从宣传来说还起了反作用。与其这样派出去,还是让文旅部门少浪费点钱吧。我一直呼吁要给国内的社区文化多一点支持,多一点编制,让我们的毕业生也可以到社区工作帮助大妈们。从对外宣传来讲也比专业院团的效果更好,专业院团偶尔才弄出一两个好戏,但社区是每天都在那里活动。

不用到场租很贵的金色大厅去。如果跟当地的社区民众一起交流,会很有意思。至于要不要用"沉浸式"的标签,这要跟当地人一起论证。从学术上说我是反对的,但万一当地人认为这个标签能吸引更多人来看,那我也不反对。我们在国外向外国朋友推荐来中国看的景点时,可以考虑选几个社区活动点,做成欢迎外国人来看的大众乐园——自然是沉浸式的,但无须那外国名词,排出时间表——像迪士尼一样,什么地方几点到几点演什么节目,跳广场舞、唱戏曲、唱歌曲、老年时装模特表演,等等。中国的老年时装模特很有特色,西方的模特都是年轻的,我们这儿老人也很喜欢。一旦疫情过去旅游开放了,那样的社区文艺活动点会是国内向外国人讲好中国故事的好地方。我在拉萨去了一个著名的公园看各种"锅庄"——藏族的广场舞，比汉族的更好，男女老少都参加。最好上海也弄几个这样的地方，都不用收门票，文旅局做这样的事很有经验。将来也可以考虑送出去，最好跟当地社区合作，而不是出国去自娱自乐。

我有学生在东华大学当老师，东华大学以前叫中国纺织大学，可以找一个社区来合作，专门设计一下男士服装。我们习惯看西方的女模特表演，而上海社区有"老克勒"这样的特色男模。年轻人、年老人如果一起表演会怎么样？如果跟社区一起做会很有意思。对外国人来说，草根式的社区文艺活动更能够代表好的中国故事。上海犹太难民纪念馆演我那个戏的剧场，也可以说是沉浸式的。我反对的是大家走来走去的沉浸式，那样大家不会认真看戏，对演员不尊重，戏也就浪费了。我赞同固定座位的沉浸式，整个环境要设计得让人感觉到自己跟演员在同一环境里，但表演时不能让观众走来走去，走来走去还容易出事故。

跋

陈圣来

"天下大势,分久必合,合久必分",这是罗贯中《三国演义》开宗明义的卷首语;"天下大势,浩浩汤汤,顺之者昌,逆之者亡",这是孙中山先生的警世名言。今日天下大势,正经历百年未有之大变局,世界政治正向多极化发展,世界文化正向多元化发展,世界经济正向全球化发展,独霸一方、定于一尊、垄断一体都是逆潮流而动。由于突如其来的新冠肺炎疫情肆虐,在将近三年时间内,全世界都笼罩在它的阴影中,难以解脱。正常的生活被打乱了,正常的工作节奏被破坏了,正常的人际交往被阻缓了。在某种程度上,全球化也一时受挫,世界又陷于割裂和困顿之中,其波及的涟漪甚至使我们从 2014 年春季开始的中国文化外交官研修班无奈在 2020 年停摆了一年。

2021 年秋季,我们选了疫情暂时相对平静的间隙,又在北外滩黄浦江之畔成功地办了一期。研修班结束时,我与文化和旅游部人事司的领导谈及出版第二册文化外交官高级研修教程之事,他鼎力支持。我们在 2016 年曾出版过第一册,取名为《向世界讲好中国故事——文化外交官高级研修教程》,将培训班上的授课教授的讲义结集成册、确立主题、分门别类,并给每一章节写了导言。这就使培训的讲义有了系统性、针对性和逻辑性,成为阐述我国文化外交的一部高级研修教程。书中汇集的这些授课教授都经过我们精心挑选,具有相当理论造诣、学术声望,并有不同方面的专门研究与实践经验。因此授课的内容既高屋建瓴,又深入浅出;上接中央政策,下接百姓地气;理论性强,可读性强,指导性强。当时这本书出版后收到很好反响,国家新闻出版署还将其列为推荐读物。现在又过了五年,积累的各位名家大师的演讲稿更为丰厚,应该可以筹划出版第二册了。于是根据讲课的内容,我们以"天下大势与文化外交"为题,续编了文化外交官高级研修教程。

2012年10月，经国家文化部批准，在上海设立了第一家国家对外文化交流研究基地，其主要任务就是为我国的对外文化交流提供科学决策依据、理论智力支撑，以及探索试验的实证指南。作为基地的负责人，我当然要考虑和谋划怎样充分发挥国家基地的职能与功效。我曾当了十几年的中国上海国际艺术节的总裁，因此对文旅部国际局的功能比较熟悉，知悉将文化使节包括文化工作人员派往全世界，是国际局的职责。每年总会陆续有文化和旅游外交官派驻世界各地，他们担负着文化外交的崇高使命。随着中国在国际事务中的地位越来越高，影响越来越大，对这些文化和旅游外交官的要求也越来越高，他们是肩负着重塑中国作为正在和平崛起大国形象使命的第一线工作者，需要向世界讲好中国故事，传播好中国声音，从而树立好中国形象。因此思想和理论的根底很重要，他们固然需要业务和政治的培训，同时需要理论的武装与培训。我觉得作为国家研究基地，有责任也有义务担当起这样一个职责，我将我的想法向当时文化部的主要领导汇报了，得到他的大力支持和亲笔批示。于是2014年开始，基地承担了培训国家文化外交官的重任。培训的主旨就是怎样向世界讲好中国故事。

这一培训班也是文旅部开放培训机制的一大尝试，将文化外交使节的培训放到文旅部的合作研究基地来进行。基地以上海社会科学院专家为基础，在社会上广聘名师。时任文化部部长蔡武曾亲自来调研视察并看望培训班学员，还就对外文化交流与文化外交官培训发表了重要讲话。每次培训，文旅部人事司的司长、副司长都亲自带队，他们与基地共同研究磋商培训计划；上海社会科学院的主要领导也对培训班表现出热切关心，并亲自担任授课讲师；上海市委宣传部的领导也几次参加培训班的开班仪式。此外，上海市文旅局和徐汇区、虹口区、奉贤区的区委宣传部和文旅局也为历届的研修班提供了支持和帮助。在相关各方的积极努力下，这一文化外交官的培训已日臻成熟，并发展成为国家对外文化交流研究基地的特色和品牌，在文旅部和下属系统广受欢迎。

习近平总书记在中共中央政治局第三十次集体学习时，提出构建具有鲜明中国特色的战略传播体系，着力提高国际传播影响力、中华文化感召力、中国形象亲和力、中国话语说服力、国际舆论引导力这样一个重大主题，我相信，所有文旅部外派的外交使节都肩负着这样光荣而神圣的使命。这部书的正式出版,将是很好的教材,感谢国家文旅部副部长张旭亲自为本书作序,本书不仅面向文化外交人员,包括高校的师生、相关研究人士和普通的文化读者也都一定会有兴趣一读。

中国走向世界,首先中国文化要走出去,而中国文化走出去既是一个实践问题,也是一个科研问题,需要理论的介入,需要教育培训的介入,从而需要人才的介入。希望本书的出版能起到理论建树和对实践工作推波助澜的作用。

天下大势,千回百折,波澜跌宕,但终不可挡,这是趋势,也是本书的宗旨。

图书在版编目(CIP)数据

天下大势与文化外交：文化外交官高级研修教程 / 陈圣来主编 .— 上海 ：上海社会科学院出版社，2022
 ISBN 978 - 7 - 5520 - 3914 - 6

Ⅰ. ①天… Ⅱ. ①陈… Ⅲ. ①外交—教材 Ⅳ. ①D8

中国版本图书馆 CIP 数据核字(2022)第 132496 号

天下大势与文化外交——文化外交官高级研修教程

主　　编：陈圣来
副 主 编：花　建　任一鸣
出 品 人：佘　凌
责任编辑：包纯睿
封面设计：周清华
出版发行：上海社会科学院出版社
　　　　　上海顺昌路 622 号　邮编 200025
　　　　　电话总机 021 - 63315947　销售热线 021 - 53063735
　　　　　http：//www.sassp.cn　E-mail：sassp@sassp.cn
照　　排：南京理工出版信息技术有限公司
印　　刷：上海万卷印刷股份有限公司
开　　本：710 毫米×1010 毫米　1/16
印　　张：29.75
插　　页：1
字　　数：483 千
版　　次：2022 年 8 月第 1 版　2022 年 8 月第 1 次印刷

ISBN 978 - 7 - 5520 - 3914 - 6/D · 655　　　　　　　　定价：128.00 元

版权所有　翻印必究